谨以此书纪念世界反法西斯战争暨中国人民抗日战争胜利70周年

回望二战烽烟

亚太厮杀

余志和　编著

经济科学出版社

图书在版编目（CIP）数据

回望二战烽烟·亚太厮杀／余志和编著 .—北京：经济科学出版社，2014.9
ISBN 978 - 7 - 5141 - 5101 - 5

Ⅰ.①回… Ⅱ.①余… Ⅲ.①第二次世界大战 - 史料 - 亚洲 Ⅳ.①K152

中国版本图书馆 CIP 数据核字（2014）第 243259 号

责任编辑：刁其武
责任校对：杨　海
版式设计：齐　杰
责任印制：李　鹏

回望二战烽烟·亚太厮杀
余志和　编著
经济科学出版社出版、发行　新华书店经销
社址：北京市海淀区阜成路甲 28 号　邮编：100142
教材分社电话：010 - 88191345　发行部电话：010 - 88191522
网址：www.esp.com.cn
电子邮件：houxiaoxia@ esp.com.cn
天猫网店：经济科学出版社旗舰店
网址：http://jjkxcbs.tmall.com
固安华明印业有限公司印装
710×1000　16 开　27.5 印张　460000 字
2014 年 12 月第 1 版　2014 年 12 月第 1 次印刷
ISBN 978 - 7 - 5141 - 5101 - 5　定价：48.00 元
(图书出现印装问题，本社负责调换。电话：010 - 88191502)
(版权所有　翻印必究)

历史不会忘记

　　第二次世界大战已经过去70周年。但是，这场最惨烈、最血腥的浩劫留给人类的苦痛和思索，却如江河行地，日月经天。

　　历史不会忘记，在这场灾难中，有60多个国家的20亿人（约占当时世界人口的80%）被卷入战争。

　　历史不会忘记，在法西斯的屠刀下，苏联死亡了2700万人，中国死亡了2100万人，美国军人也有40多万丧生。

　　历史不会忘记，在那腥风血雨的时空里，人类的道德也空前堕落。德国野兽在疯狂轮奸了俄罗斯女英雄卓娅后，又用烧红的烙铁烫焦了她的乳房和下身，强迫她赤裸着身子在零下三十多度的风雪中来回行走。在中国南京，日本鬼子用刺刀逼着公公奸污儿媳，强迫儿子侮辱母亲。

　　物换星移，时过境迁，但法西斯的阴霾至今未散。在德国，还有少数年轻人身着纳粹军服，高呼"万岁，希特勒"的口号，而在日本，竟有执政者带头参拜靖国神社，篡改教科书，甚至以当年侵华巡洋舰"出云"之名为新建直升机航母命名，严重践踏历史事实和国际法理，公然否定世界反法西斯战争的胜利成果，对战后国际秩序发起恶意挑战。

　　历史真的不会忘记吗？……

目录

抗日战争

大战前奏 / 3
日本侵华大事记 / 10
卢沟桥事变 / 14
日本炮制伪满洲国 / 21
淞沪会战 / 23
铁血男儿抗倭寇 / 30
南京保卫战 / 33
惨绝人寰的大屠杀 / 39
徐州会战——喋血台儿庄 / 44
武汉会战 / 54
东方慕尼黑阴谋 / 60
常德会战 / 64
滇西大反攻 / 68
滇缅公路——抗战的生命线 / 77
八路军与新四军 / 82
平型关大捷 / 89
国军子弹误伤林彪 / 94
"名将之花"凋落黄土岭 / 97
百团大战 / 101
聂荣臻与日本小姑娘 / 110
地道战·地雷战 / 114
雁翎队 / 120

杨靖宇的最后日子 / 123
重庆大轰炸 / 126
破译日军密码 / 128
日军"731"细菌部队 / 133
中国的慰安妇 / 137
日本在哈尔滨的间谍学校 / 140
川岛芳子其人 / 142
南京智破日谍集团 / 147
我们在伪满洲国的游击队 / 155
苏联援华始末 / 161
陈纳德与美国飞虎队 / 165
驼峰航线 / 168
"史迪威事件"与中印公路 / 170
红十字的光辉——纪念抗战时期的国际援华医疗队 / 174
抗战中的宋庆龄 / 180
国际主义战士白求恩 / 183
雅尔塔的秘密交易 / 185
中东铁路的变迁 / 191
外蒙古独立记略 / 195
百万雄师出动消灭日寇 / 201
狂欢之夜——延安人民庆祝日寇投降举

行火炬游行速写 / 202
中国审判日本战犯 / 204

东亚战争

从张鼓峰到诺门坎 / 211
南进："建成大东亚共荣圈" / 219
香港——"最先失守的要塞" / 224
日军占领马来亚 / 228
新加坡轻陷敌手 / 233
荷属东印度战争 / 236
缅甸战事与中国远征军 / 240
中美缅北反击战 / 252
英帕尔战役 / 260
日军侵占菲律宾 / 264
麦克阿瑟苦苦挣扎 / 269
巴丹死亡行军 / 273
胜利病 / 277
反攻菲律宾 / 281
朝鲜人民的抗日斗争 / 285

太平洋战争

偷袭珍珠港 / 291
"我带队偷袭珍珠港"——日本前海军上校渊田美津雄的自述 / 303
珍珠港事件之谜 / 307
中途岛海战 / 310

中途岛战役目击记 / 319
阿图岛血战 / 322
瓜岛争夺战 / 324
伏击山本五十六 / 333
塞班岛战役 / 337
日本零式战斗机 / 344
硫磺岛之战 / 346
攻击即将开始 / 350
莱特湾大海战 / 355
冲绳：最后的海战 / 362
尼米兹在潜艇上移交指挥权 / 368

日本投降

美军的战略轰炸 / 373
神风突击队 / 377
日本帝国覆灭 / 379
原子弹！原子弹！ / 390
"他们看上去简直不成人样了！" / 399
日本关东军覆灭记 / 403
落日——记日本签字投降的一幕 / 409
东京审判 / 415
执行死刑 / 419
东京靖国神社供奉的日本战犯 / 424

参考文献 / 429

抗日战争

大战前奏

历史学家郭廷以曾一针见血地指出:"两千年来,中国施之于日本者甚厚,有造于日本者至大,百年来日本报之于中国者极酷,为祸中国者独深。近代中国所遭受的创痛,虽然不能说全部来自日本,但实际上以日本所给予的最多最巨。"

第一次世界大战使日本挤进了帝国主义大国的行列。日本自认为在日俄战争中为亚洲"解放"付出了生命和鲜血的代价,因而在中国东北、朝鲜和其他亚洲国家大肆攫取"特殊利益"。当中国东三省总督兼署奉天巡抚徐世昌试图通过首相伊藤博文说服日本政府,并对激进的日本民意进行约束时,伊藤博文公然搬出了"丛林法则":"若说日本人民意思,则凡事只问能力若何,如彼此能力不相当,即无所谓持平办法。"

1927年(昭和二年)7月,主张强硬外交的大军阀田中义一当上首相后,主持召开了有陆军、海军、外务3省以及驻华外交官等参加的所谓"东方会议",制定了《对华政策纲领》,声言中国东北"在(日本)国防和国民的生存上有着重大的利害关系"。会议就侵略中国事宜进行了精心策划。田中还向天皇奏呈了"田中奏折",阐述了日本进行扩张的"必要性"。他说,历史表明,强国在自己周围建立一个帝国,把邻近地区置于自己的控制之下,这对大家都有好处。他的方案不仅包括经济和军事内容,而且还包括精神内容,即想通过神道教和对天皇的崇拜来保持国家的统一。他特别指出:"如欲征服支那,必先征服满蒙;如欲征服世界,必先征服中国。倘支那完全可被我国征服,其他如小亚细亚及印度、南洋等异服之类,必畏我敬我而降于我。"就这样,日本走上了侵略中国的道路,妄图首先强占东北,进而兼并华北、侵吞中国,再建立臭名昭著的"大东亚共荣圈"。

日本政府一方面大力扩充军备,改进军队的技术装备,建立过去缺少的坦克部队、摩托化部队以及化学武器部队等现代化兵种,进一步把国民经济纳入军事化轨道；另一方面，它又竭力推行军队的法西斯化，大肆宣传"武士道军人典范"和"肉弹攻击法"，即以士兵肉体为"武器"，不计伤亡、死打硬拼的战法。

关东军制造"九一八"事变

1928年6月3日晚8时，奉系军阀张作霖乘火车仓促离开北平返回沈阳。为了防备意外，他在专列前面挂了一节压道车，而他本人则待在第八车厢里。就在这天晚上，日本关东军高级参谋河本大作为了干掉这位不太听话的大元帅，特别准备了30包烈性炸药，并指定3名得力干将到皇姑屯设伏，其中包括沈阳独立守备队第4中队的中队长东宫铁男。4日凌晨5时23分，当张作霖的专列行至皇姑屯路段时，东宫铁男迅速按下起爆钮，只听一声巨响，列车被炸上了天。张作霖浑身鲜血地倒在铁路边，咽喉被撕开了一个口子。当时恰从沈阳赶来的一队人马——前来迎接的仪仗队，手忙脚乱地把大帅塞进了一辆汽车。张作霖问："谁干的？"部下回答："除了日本人，还能有谁！"张作霖只说了一个"打"字，就昏过去了，再也没有醒来。

日本关东军本想利用皇姑屯事件吞并中国东北，但由于时机尚不成熟，又没有得到政府批准，这一阴谋未能得逞。

1931年六七月间，日本参谋本部制定了名为《解决满洲问题方策大纲》的侵略计划，并在7月传达给了关东军司令官本庄繁。9月18日晚10时25分，日本一小股工兵按照事先的布置，用42包黄色炸药，在中国东北沈阳北大营附近的柳条沟，炸坏了日属南满铁路不足1米长的一段铁轨，然后向文官屯川岛中队、虎石台大队和沈阳特务机关同时发报："东北军炸毁柳条湖南满铁路，我中队为保路护桥，决定向敌人进攻！"接着，日本兵用事先从旅顺运来的大口径榴弹炮，猛轰中国东北军的营地北大营。其时，驻守在北大营的东北军独立7旅共约7000人。日军在一阵炮击之后，南满铁路独立守备队第2大队第3中队的180名士兵，率先向北大营发起了攻击，制造了震惊中外的"九一八"事变。日本《昭和史》中摘录了事件亲历者花谷的这段文字：

18日夜，弯月挂起，高粱地黑沉沉一片；疏星点点，长空欲坠，岛本大队中岛中队的河本末守中尉，以巡视铁路为名，率领部下数名向柳条湖方向走去，一边从侧面观察北大营的兵营，一边选了离兵营约800

米往南去的地点。在这里,河本亲自把骑兵团用的小型炸药安放在铁轨下,并点了火,时间是10点多钟,爆炸时轰的一声,炸断的铁轨和枕木向四处飞散。

北大营驻军参谋长荣臻急向北京的东北军总部请示,对方的答复是:"要慎重从事,一切听从南京政府,不许抵抗,坚决不抵抗!"于是,荣臻只得含泪向第7旅传达命令:"不准抵抗,把枪锁进仓库里,挺着死,大家归天成仁!"次日凌晨,日军穷凶极恶地向中国士兵射击,以武力占据了北大营,进而侵占了整个沈阳城。张学良的东北边防军长官公署被贴上了"大日本国关东军占领"的封条,办公桌和铁皮箱里的文件被统统抢走。事后,张学良亲自拟定了发给蒋介石的电报,但他得到的回答依然是:"避免时局恶化,坚持不抵抗。"

9月20日,日军发兵长春。22日,吉林沦陷。前后不到一个星期,除辽西外,辽宁、吉林的千里沃野,全部落入日寇手中。11月,日寇侵占了黑龙江省,次年1月2日又占领了锦州,几十万中国军队被迫全部撤至关内。

在东北沦陷过程中,蒋介石对日本侵略的态度是既痛恨又忍让。9月20日,他在日记中写道:"闻沈阳、长春、营口被倭寇强占以后,心神哀痛,如丧考妣,苟为我祖我宗之子孙,则不收回东省,永无人格矣!小子勉之!内乱平定不遑,故对外交太不注意。卧薪尝胆,教养生聚,忍辱负重,是我今日之事也。"

如何"收回"东北?蒋介石在同一天召开干部会议,寄希望于国际仲裁,即把问题提交国际联盟和1928年《非战公约》签字国解决,"以求公理之战胜"。22日,国联作出决定:中日两国停止战事,军队退回原防,听候联盟派员调查裁判。但是,日本根本不把国联放在眼里。24日,日本政府复函国联,蛮横地拒绝调查,声言"满洲事件"不容国联及第三国置喙,而应由日中两国直接交涉。国联的态度随之软化,转而赞成日本的主张。此后,蒋介石虽曾萌生过"与倭寇决一死战"的想法,但他在骨子里仍然是软弱无力的。是年12月22日,在全国民众要求抗日的压力下,他只好下野返里。

美英两国对日本的侵略行径奉行了纵容和姑息的绥靖政策。"九一八"事变的前一天,日本驻美大使出渊与美国国务卿史汀生就达成了一项秘密谅解:美国答应不干涉"满洲事变",日本则许诺美国在中国"什么事都可商量"。事变发生后,美联社称:"全世界都应该感谢日本在远东进行的反布尔什维克的斗争"；英国《泰晤士报》则说：日本的侵略扩张"亦情理所应有"。

1932年1月18日，日本侵略者又在上海制造了所谓"日本和尚"被中国义勇军打伤的事件，在上海燃起战火。1月28日，日本军队在铁甲车的掩护下，从日租界出发，向闸北、江湾、吴淞等处发起进攻。驻守上海的蒋光鼐、蔡廷锴将军自动奋起抵抗，给予日寇以迎头痛击，粉碎了他们在4小时内占领上海的妄言。2月13日，日寇5000多人又疯狂进攻上海北郊的中国军队蕴藻浜阵地，19路军100名战士组成敢死队，在胸前胸后捆上炸弹，并以火油浇身，分成几路潜入敌阵。当他们周身的炸弹一齐爆响时，敌人被炸得粉身碎骨。与此同时，上海几十万工人举行声势浩大的反日总同盟罢工，各界人民群众也纷纷组成义勇军、救护队、运输队，支援19路军的抗日将士。

同年3月，日本以"自治"、"独立"的名义，扶植清朝废帝溥仪在中国东北建立了"满洲国"傀儡政权。9月15日，日本胁迫伪满签订了《日满议定书》，用法律形式固定了日本在其领域内所享有的一切特权。

长城抗战

1933年年初，日本开始向中国热河（今河北省东北部、辽宁省西南部、内蒙古自治区东南部）、察哈尔和华北其他地区扩张侵略势力。1月3日，日军轻而易举地攻占了中国长城重要关口山海关。2月21日，数千日军和9万伪军分兵3路进攻热河。当时，蒋介石拼命鼓吹"攘外必先安内"，"救国必先剿共"。在这种形势下，热河守军虽有20万人，但他们放弃抵抗，日本仅用10天时间便占领了热河全省。

3月11日，蒋介石任命其亲信何应钦接替张学良的职务，担任国民军事委员会北平分会委员长。何应钦虽然经过整编和增员，在长城一线组织了8个军的力量，但他仍然惧怕抵挡不住日军的进攻，丢了华北，受到谴责，于是又请求蒋介石大量增兵。此后，何应钦制定了长城抗战部署：商震指挥第32军，守卫东边的界岭口、冷口一线；宋哲元指挥第29军，担任中部喜峰口、马兰峪、罗文峪一线的防守任务；杨杰指挥第8军团拱卫北平，并以主力前出至南天门、古北口方向；傅作义指挥第7军团，担任察东、察南的阻击任务。

日军逼近长城后，略作准备，就从冷口、喜峰口、古北口3个方向，对中国军队发起猛烈攻击。进攻喜峰口的日军混合第14旅团的对手是号称"西北虎"的第29军。3月9日，激战于喜峰口一带的第37师一部，在师长张自忠将军指挥下，深夜摸入敌营，几百名战士肩背大刀，手握步枪，分别把住各处营房。只听一声令下，勇士们破门而入，先是一阵手榴弹，炸得不少日军士兵梦中便回了东瀛。然后连刀带枪，把日本守军全部歼灭。在接下来的10多天里，日军又转攻罗文峪、冷口、古北口，均被中国军队击败。

日军进攻长城各口受挫，便向滦东进攻，强占了滦东大片地区。3月下旬，守卫长城一线的中国军队又遭到日寇的夹击，被迫撤出长城各口。日军乘机大举进关，强渡滦河，进攻滦西、遵化、唐山等26个县。

此时，蒋介石拥有陆海空三军共170万人，理应通过组织几个大的战役，把日军赶回老家去。但是，他把大部分主力集中在江西、湖北、安徽等地，想同红军作最后的决战。在他看来，日本鬼子只要不再发动新的进攻，那就万事大吉了。为了维持北方长期对峙的局面，让他能抽出兵力"剿共"，他委托何应钦与日方代表谈判。5月31日，国民党政府同日本签订了《塘沽协定》，规定"中国军队一律迅速撤退至延庆、昌平、高丽营、顺义、通州、香河、宝坻、林亭口、宁河、芦台线以西、以南地区，尔后不得越过该线，更不得有挑衅捣乱之行为"。这就在事实上承认了日本对东三省和热河的侵占，向日本敞开了华北的大门，使平津受到直接威胁。

日本不断扩大对中国的侵略，激化了帝国主义国家之间的矛盾。1933年，美英法3国增加了对国民党政府的经济技术援助，以便与日本的侵略势力相抗衡，保住它们在中国的利益。日本对美英法的行动极为不满。1934年4月17日，日本外务省情报局长天羽英二发表声明，声称日本"对于维持东亚的和平与秩序，有特殊使命；对美英法的行动不能置之不理"。

全国掀起反日浪潮

国难当头，中国共产党及时发表了反对日本帝国主义侵略和对日作战的宣言，提出"以民族革命战争驱逐日本帝国主义"的主张。大批城市的工人、学生深入农村，同农民一起，形成声势浩大的反日斗争浪潮。哈尔滨各界联合会发表宣言：东北之3000余万民众，200余万健儿，各输其财，各捐其躯，誓与日本帝国主义者作最后之决斗。"宁教白山黑水尽化为赤血之区，不愿华胄倭奴同立于黄海之岸！"

部分没有撤退的东北军在爱国将领的率领下，纷纷组成东北义勇军展开抗日斗争。仅 1932 年，由马占山等率领的东北义勇军就袭击了辽宁、吉林等省的城市 30 多次，并击毁了沈阳和哈尔滨的飞机场，破坏了抚顺的发电站。

1934 年，东北的抗日队伍在中国共产党的领导下，组成统一的东北抗日联军，由杨靖宇、周保中、李兆麟等爱国将领指挥，更加有力地打击了日寇。长白山下、松花江畔，到处燃起了抗日的烽火。抗日联军的爱国将领创造了无数可歌可泣的英雄事迹。后来，杨靖宇将军殉难，抗日联军又在周保中的领导下，狠狠打击侵略者，有力地牵制了日军进攻关内的力量。

1935 年 6 月 27 日，察哈尔省民政厅长秦德纯同日本关东军代表土肥原贤二通过谈判，达成《秦土协定》，答应日本人可以在察哈尔自由往来，并取消国民党在该省的机关。7 月 6 日，国民党政府军事委员会北平分会主任何应钦致函日本天津驻军司令梅津美治郎，正式承认日寇关于中国方面从河北省撤退驻军和国民党机关，取缔抗日运动等无理要求，出卖了中国对河北省的主权。这就是臭名昭著的《何梅协定》。11 月 7 日，日方策动宋哲元等进行"华北五省自治运动"。11 月 25 日，汉奸殷汝耕在通州成立"冀东防共自治政府"，使 20 多个县脱离了中国政府的统治。12 月 7 日，国民党政府又决定设立"冀东政务委员会"，欲把河北、察哈尔两省置于中国行政区域之外，成为变相的"满洲国"。

在此民族危难的关键时刻，中国共产党、中国工农红军在长征途中，于 1935 年 6 月 15 日发表了《为反对日本并吞华北和蒋介石卖国宣言》，呼吁各党派抛去成见，以"兄弟阋于墙，外御其侮"的精神，为抗日救国事业共同奋斗。此时，北平学生大声疾呼："华北之大，已安不下一张平静的书桌了！"在中共华北地下党组织发动和领导下，北平 1 万多大、中学生于 12 月 9 日举行了声势浩大的示威游行。数九寒天中，热血青年们迎着警棍、皮鞭和水龙，高呼"停止内战一致对外"、"打倒日本帝国主义"、"反对华北自治"等口号，向国民党政府提出了抗日救亡的基本条件。这就是著名的"一二·九"运动。

次年，南京中央大学校长罗家伦代表该校师生前往绥远前线看望抗日将士时，发表了一篇《告绥远将士书》，其中说："经我们血染的山河，一定永久为我们所有。民族的生存和荣誉，只有靠自己民族的头颅和鲜血才可保持。这次我看见各位将士塞上的生活，已认识了我们民族复兴的奇葩，正孕育在枯草黄沙的堡垒中等候怒放。我深信各位不久更可以使世界认识我们中华男儿还是狮子，并非绵羊。我们全国同胞的热血，都愿意奔放到塞外的战壕里，助各位消灭寒威，激荡忠愤。"

侵华势力耀武扬威

20 世纪 30 年代，日本法西斯军阀内部分为两大派，即主张以恐怖手段实现军部法西斯独裁的"皇道派"和主张采用合法手段的"统制派"。1936 年 2 月 26 日清晨，日本陆军中的"皇道派"1400 人，在法西斯分子荒木贞夫的率领下，在东京策动军事政变，袭击了首相官邸、警视厅等政府机关。日本内阁大臣、前首相斋藤实，藏相高桥是清，陆军教育总监渡边锭太郎当即遇害，天皇的侍从长铃木贯太郎也负了重伤。东京笼罩在一片血腥的暴乱中。事件发生后，以东条英机为首的陆军"统制派"借机通过所谓"肃军"，掌握了军部的主导权。3 月，日本组成了法西斯专政的广田弘毅内阁。3 月 7 日，广田内阁的"五相会议"通过了纲领性文件《国策基准》，规定日本的外交和国防要互相配合，确保日本帝国在东亚的地位。由此，日本国内掀起了海军主张的"南进论"热潮。"南进论"者声称，日本有 3 条生命线：一是中国东北，二是"内南海"即太平洋的委任统治地，三是"外南洋"即荷属东印度（今印度尼西亚）、菲律宾等地。

是年，日本不断大批增兵华北，在古北口修筑炮台，在北宁路屯驻重兵，并占领了丰台，作为切断华北与南方联系的重要军事据点。11 月 25 日，日本与德国签订了《反共产国际协定》，形成了东京－柏林轴心。此后，日本依仗德国的支持，大举增兵中国。

1937 年 6 月 30 日，日本贵族院议长、公爵近卫文麿组成第一届近卫内阁。近卫内阁组成的第三天，日本关东军参谋长东条英机即向政府建议："从准备对苏作战考虑，根据当前中国形势，必须立即打击中国国民政府。"在日本军部的策划下，一支驻扎在平津地区的日军于 1937 年 7 月 7 日晚，在北平（今北京）挑起"七七事变"。8 月 13 日，日军又借故进攻上海，全面入侵中国。11 月 6 日，日本同德意法西斯签订 3 国协议书，意大利正式加入了日德《反共产国际协定》，3 个法西斯轴心国侵略集团正式成立。日本法西斯在西方伙伴的支持下，更加肆无忌惮地在东方推行侵略扩张政策。

日本侵华大事记

1874 年

5月，日本以台湾高山族人杀害54名琉球渔民为由，悍然出兵3600余人侵占台湾，残酷杀戮高山族同胞。

10月，日本迫使清政府签订《中日台事专条》及"会议凭单"，默认琉球人是日本人，并赔偿日本50万两白银。

1879 年

4月，日本派出一支由450名军人和160名警察组成的队伍，镇压了已有200年不设军队的琉球"藩王"，将王室强行迁至东京，并废除藩政，将琉球改为由日本政府直辖的冲绳县。

1894 年

6月，日本以清军入朝为借口，调遣大批日军赴朝，迅速抢占从仁川至汉城一带各战略要地。

7月25日，日军不宣而战，向牙山中国驻军突击，同时，日本军舰袭击在丰岛海面执行护航任务的中国军舰，重创"济远"号和"广乙"号；击沉"高升"号运输舰，造成700多中国官兵死亡，挑起了侵略中国的甲午战争。

10月，日军分两路侵犯中国辽宁省。

11月，日军占领大连、旅顺。日军进入旅顺后，见人就杀，在4天3夜的大屠杀中，全市近两万中国人全遭杀戮，只有埋尸的36人幸免于难。

1895 年

1月，日军从水陆两路夹攻驻威海卫中国海军，2月，北洋舰队全军覆没。3月，日军占领整个辽东半岛。同时，日本内阁秘密通过决议，将钓鱼岛"编入"冲绳县管辖。

4月17日，日本迫使战败的中国清政府在日本马关签订了割地赔款的《中日马关条约》。条约要求中国割让台湾、澎湖列岛和辽东半岛给日本。钓鱼岛等作为台湾"附属岛屿"一并割让给日本。5月5日，日本因俄、德、法等国的干涉，被迫"放弃"了辽东半岛。

5月27日，日军进犯台湾。11月，日本占领台湾全岛。同月，日本强迫清政府签订《中日辽南条约》，中国向日本加付3000万两白银，才"赎回"辽东半岛。

1898年

4月，日本强行将福建划为势力范围。

1900年

5月，日、俄、英、美、德、法、意、奥八国联军进犯北京。8月14日，八国联军攻陷北京，在京烧杀淫掠。

8月24日，日舰"和泉"号上的陆战队在厦门登陆。28日，又从台湾派两个步兵连入侵厦门。同时，日本将钓鱼岛改名为"尖阁列岛"。

1901年

9月7日，清朝政府与日本等11国在北京签订《辛丑和约》，同意外国军队驻扎在北京到天津、山海关沿线的12个地区，赔款白银4.5亿两，日本从中分得3479.31万两。

1904年

2月8日，日本不宣而战，偷袭俄国在中国旅顺口的舰队。10日，两国相互宣战，日俄战争爆发。12日，清政府宣布中国"局外中立"。

1905年

1月，日军攻陷旅顺。3月，日军占领奉天（沈阳），与俄为争夺中国领土和权益在中国东北进行大规模厮杀。12月22日，清朝政府和日本政府在北京签订《中日会议东三省事宜条约》。条约规定，清朝政府同意根据日俄《朴茨茅斯和约》将俄国在辽东半岛的租借地转让给日本，并在中国东三省增加开放城市和港口，安东（今丹东）和奉天之间军用铁路由日本经营，禁止修建与"满铁"平行的线路。

1906年

6月，日本成立了对中国东北进行政治、经济、军事、文化侵略的大本营"南满铁道株式会社"和关东都督府。

1907年

7月，日本与法、俄签订秘密协定，把南满和福建定为日本势力范围。

1914年

8月，第一次世界大战爆发后，日本把山东黄河以南地区划为日本对德"交战区"。

10月，日军占领济南和胶济铁路全线。

11月，日英联军攻占青岛。英军约1000人很快撤走，日军却拒不撤军，妄图长期侵占山东。

1915年

1月18日，日军驻华公使日置益会见袁世凯，针对中国政府要求日军撤出山东的照会，提出了秘密条款，即"二十一条"。

5月，日本以最后通牒方式，迫使袁世凯接受灭亡中国的"二十一条"。

1925年

5月15日，日本人开枪打死上海日商内外棉纱厂工人代表顾正红，打伤工人十余名。后又伙同英国制造了震惊中外的"五卅惨案"，当场打死工人和学生71人，打伤数十人。

1926年

3月，日舰炮击大沽炮台，中国驻军死伤10余人，后日本调军舰于大沽对中国进行威胁。3月18日，北京群众举行集会向段祺瑞政府请愿，遭到镇压，47人被打死，200余人被打伤，酿成"三一八"惨案。

1928年

5月3日，日军制造"济南惨案"，打死中国军民1000多人，5月11日攻占济南，并大肆烧杀，中国军民共死亡6123人、伤1700多人。

6月，日本在沈阳皇姑屯车站炸死张作霖，阴谋乘乱夺取东北。

1931年

9月18日，日本关东军炸毁沈阳郊外柳条湖的"南满"铁路，诬指中国军队所为，悍然对附近的北大营和沈阳城发动进攻，制造了"九一八"事变。

1932年

1月28日，日军在上海挑起"一二八"事变。驻防上海的中国19路军奋起反击，与日军激战33天，中国军民死伤达1.6万余人，财产损失达20亿元以上。5月5日，中日双方在上海签订了《上海停战协定》，日军得以进驻上海。

3月9日，日本制造的伪满洲国在长春宣告成立。

1933年

1月至5月，日军攻占热河省后，大举进攻长城各口，先后占领察哈尔省及河北省大部分土地，进逼北平、天津。5月31日，迫使国民党政府签署了限令中国军队撤退的《塘沽停战协定》。确认长城一线为日军占领线，等于认可了日本对东北4省的非法侵占；划绥东、察北、冀东为日军自由出入区，便利了日本进一步控制整个华北。

1935年

10月至12月，日本制造了"华北事变"。10月22日，日本在河北香河指使汉奸暴动，占据县城。11月7日，策动宋哲元等进行"华北五省自治运动"。11月25日，策动殷汝耕等汉奸在通州成立"冀东防共自治政府"。冀东22个县宣告脱离中国政府管辖，沦为日本殖民地。

1937年

7月7日，"七七事变"爆发。这是日本全面侵华战争的开始，也是中国全国性抗战的起点。

卢沟桥事变

日本侵略者入关以后，在北平、天津两地派驻了重兵。北平外围的3面已由日军或汉奸占有，仅余西南一隅同南方相连。守军宋哲元所部第29军10多万人，布防于平津两地及北平至保定一线。毫无疑问，欲占北平，必须切断该市西南部的唯一通道，而这个通道的咽喉卢沟桥，便成为两军必争之地。

1937年6月29日，日军在卢沟桥附近举行夜战"演习"时，竟向卢沟桥街市进行实弹射击。日本全面侵华战争有如弦上之箭，一触即发。为了防止不测，中国29军37师师长兼河北省主席冯治安，在省政府所在地保定下达命令，对北平实施夜间特别戒严，各城门增加了卫兵，并加设了流动哨；在长辛店北面高地构筑了新的散兵壕，并禁止日军在龙王庙堤防和该处南面的铁路附近自由行动。

7月3日清晨，冯治安在北平通知日本驻华武官今井武夫，约他去保定参加新落成的外宾招待所开幕式，以便利用同赴保定的机会，提请日方注意29日的实弹射击事件。当列车驶过良乡田野时，今井望着车窗外装模作样地自言自语："啊，多么平静啊！"接着又掉头问冯治安："阁下最近在北平实施夜间特别戒严，不知是何缘故？"冯治安反问："那么请问：日军以夜间演习为名，于6月29日向卢沟桥实弹射击，对此，阁下能否作出令人满意的解释呢？"今井诡辩说："这是根本令人无法想象之事！"

此后一天晚上，日本华北驻屯军司令田代皖一郎等为软化中国官兵，便通过冀察政务委员会在中南海怀仁堂举行联欢宴会，招待日驻北平连以上军官，由驻北平的第29军团以上军官作陪，还邀请了吴佩孚等名人。席间，几名日本军官跳上桌子唱起了日本歌曲，以示挑战。在场的第37师第100旅旅长何基沣也当即跳上桌子，唱了一首中国歌曲，以示应战。接着，一名日军顾问又舞起刀来，中方第38师第114旅旅长董升堂愤然跳上席，打了一套八卦拳，又耍了一套大刀。独立26旅旅长李致远也舞了一趟"滚堂刀"，表明中国军人不可欺。日军目瞪口呆，纷纷上前敬酒，企图将李灌醉。李致远冒死与之对饮。日军见不是对手，又提出比书法，哪知正中中方下怀。吴佩孚挺身上前，当场挥毫泼墨，写出一个大条幅，龙飞凤舞的醉笔，惊得日本人无不吐舌称好。最后，日本人高喊号子，将29军军长宋哲元及北平市长秦德纯高举过头顶，中方军官也把两名日本军官举起。此时，双方剑拔弩张，怒目圆睁，如临大敌，大有一触即发之势。宋哲元见势不妙，忙讲了几句所谓中日应亲善之类的话，才使风浪平息下来。

卢沟桥边突发激战

7月7日傍晚，日军驻扎丰台的牟田口联队第8中队为了滋事寻衅，在中队长清水节郎大尉的指挥下，未向中国军队作任何说明，便来到卢沟桥以北1公里的龙王庙附近，再次进行夜战"演习"。当夜10时，日军队列中突然传出枪声。清水立即集合部队，清点人数，发现一个名叫志村菊次郎的士兵失踪。清水查问，众说不一，其中有人说中国军队从卢沟桥北面向日军开枪。清水马上派传令兵前往丰台，向大队长一木清直报告。一木接报后，打电话给在北平的牟田口，说是演习部队遭遇中国方面的"非法射击"，请示该怎么办。牟田口回答："立即占领宛平城外平汉铁路支线旁边的'一文字山'，做好战斗准备。"

小兵志村因拉肚子"失踪"20分钟后就归队了，但清水没有把这个消息向一木清直报告，而是带队前往宛平东的五里店野营。8日零时20分，牟田口打电话给北平特务机关长松井太久郎，要他同中国方面交涉，允许日军进入宛平搜查"失踪士兵"，惩办"肇事者"。守城部队宋哲元部第37师219团拒绝了日军的无理要求，双方僵持不下。

为了平息事件，中方提出了组成混合调查组的建议。日方假意应承，派遣顾问樱井和日军在丰台驻军的森田彻中佐会同中国第29军参谋周思靖及宛平县县长、冀察外交委员会专员等，驱车前往卢沟桥，进行实地调查。守卫卢沟桥的中国军队，37师吉星文团部下两个连队的指挥官，断然拒绝了日方的指责，申明中国军队既未开枪，也没有俘虏日本士兵。

可是，早有策划，意在挑衅的日方仍蛮横纠缠。他们一面与中国交涉，一面又从丰台派出300名军队赶到卢沟桥。当天深夜，日军在大队长一木清直少佐的指挥下，强占了宛平东北角的沙冈，野蛮地向卢沟桥开炮。

　　7月8日凌晨4时许，中日双方进入宛平县城内继续谈判。正在这时，东门外突然响起了枪炮声，接着西门外也枪声大作，日本蓄谋已久的对中国发动的全面大规模进攻开始了。守卫卢沟桥的37师吉星文团的两连士兵，在营长金振中率领下，奋起迎战，响亮地提出战斗口号："我们要把敌人埋葬在卢沟桥！"

　　8日下午，战斗更为炽烈。中国的两连士兵部署在卢沟桥南，日军部署在卢沟桥北，双方奋力争夺对卢沟桥的控制。日军凭借优良装备，不断炮轰中国守军阵地，企图阻止中国军队冲上桥头。但是，中国军队毫不示弱，冒着大雨奋勇冲上了卢沟桥，与敌军展开了激烈的白刃肉搏战。与此同时，中国驻北平西苑的29军的另一部分战士在五星店、大井村方面切断了敌人的通路，并击退了回龙庙及刘庄一带的敌兵。深夜12时，吉星文团的四五百人组成了一支决死奇兵队，冒着黑夜中的蒙蒙细雨，猛然插入卢沟桥西北的敌营，用大刀消灭了数百名敌寇。

　　当天，中国共产党通电全国，大声疾呼："平津危急！华北危急！中华民族危急！只有全民族实行抗战，才是我们的出路！我们要求立刻给进攻的日军以坚决的反攻，并立刻准备应付新的大事变。全国上下应该立刻放弃任何与日寇和平苟安的希望与估计。"毛泽东、朱德、周恩来等9人又联名打电报给蒋介石："红军将士愿在委员长领导下为国家效命，与敌周旋，以达保地卫国之目的。"9日，彭德怀、贺龙、刘伯承、林彪等人又打电报给蒋介石表示："我全体红军愿即改名为国民革命军，并请授名为抗日前锋，与日寇决一死战！"

　　当时，中日两国力量悬殊，中国穷得只有蒋介石一人有专车。要不要打？敢不敢打？国民政府内外都有人积极主和，或者提出推迟大战时间，并且问道："拿什么去打？"但是，此时的蒋介石却一改"九一八"事变时的软弱态度，决心应战，就连声名欠佳的戴笠也说："哀兵必胜，猪吃饱了等人家过年，是等不来独立平等的。"7月8日，蒋介石复电北平市长秦德纯："应先具必战与牺牲之决心，及继续准备，积极不懈，而后可以不丧主权之原则与之交涉。"

　　为拯救危难中的祖国，全国民众再次掀起抗日救亡高潮。处于前线的北平，劳苦工人走在支前第一线。7月8日，长辛店工人带着大批枕木、铁轨、麻袋、工具，冒着枪林弹雨，同29军官兵一起筑工事、送弹药、救伤员。北平城内，各行各业组成劳军团、战地服务团、看护队、慰问队，支援前线抗日将士。上海《文汇年刊》就此指出：从卢沟桥事变这一夜，中国开始了它的新生，在全民族的统一与团结中，展开了神圣的全面抗战之序幕。

7月9日，中日军队达成3项口头协议：双方立即停止射击；日军撤退到丰台；中国军队撤退到宛平以西。但是，日军很快就破坏了停火协议。

从11日起，中日双方在平、津两地同时谈判。在天津，负责与日方谈判的是天津市长兼38师师长张自忠。谈判一开始，日方便蛮横地提出，要中国单方面从卢沟桥撤兵，并惩办"肇事者"。日方的无理要求激怒了张自忠，他义正词严地指出："要惩办的不是中国人，而是日本人。至于从卢沟桥撤兵，我们可以把正规军撤走，换上保安队维持治安，不知日军又将采取什么措施？"在北平的谈判中，日军同样提出无理要求，被29军副军长兼北平市长秦德纯断然拒绝："决不同意从卢沟桥撤退中国军队！"

"七七事变"发生后，日本军国主义分子欣喜若狂，公然叫嚷中国政府和中国军队的生存时间不超过3个月。日本内阁则宣称："政府在本日内阁会议上下了重大决心，决定采取必要措施，立即增兵华北。"

7月11日，日本发表《关于向华北派兵的政府声明》，近卫内阁召开紧急会议，宣布"政府已下定重大决心，关于派兵华北问题，决定采取应该采取的必要措施"。日本陆军参谋总长发布命令，从驻中国东北的关东军和驻朝鲜的部队中抽调两个师团到华北加强前线兵力，还派海军舰队开往华北沿海。14日，日军在平津一带集结了两万军队和100多架飞机，继续对国民党政府施加压力。

初秋，当日本京都第16师团的战船出现在天津大沽口海面上时，该师团第20联队士兵东史郎在日记里写道："昭和十二年九月十二日，船到达大沽海面……这下终于到达了中国。大陆！大陆！憧憬已久的大陆！……真是一片广袤无垠的大地啊！"

国共两党合力抗日

为了共同抗击日本侵略，中国共产党和国民党于7月17日在庐山举行会谈，周恩来代表中国共产党亲临庐山与蒋介石会谈，并提交了《中共中央为公布国共合作宣言》。《宣言》称：

（一）本党愿为彻底实现孙中山先生的三民主义而奋斗；（二）取消

卢沟桥事变 | 17

一切推翻政党政权的暴动政策及赤化运动，停止以暴力没收地主土地的政策；（三）取消现在的苏维埃政府，实行民权政治，以期全国政权之统一；（四）取消红军名义及番号，改编为国民革命军，受国民政府军事委员会之统辖，并待命出动，担任抗日先锋之职责。

当日，蒋介石在庐山第二次谈话会上作了著名的《对日一贯的方针和立场》的讲演。他在讲演中说：

万一真到了无可避免的最后关头，我们当然只有牺牲，只有抗战，但我们的态度，只是应战而不是求战，应战是应付最后关头必不得已的办法。……至于战端既开之后，则因为我们是弱国，更没有妥协的机会，如果放弃尺寸土地与主权，便是中华民族的千古罪人，那时候便只有拼民族的生命，求我们最后的胜利。……总之，政府对于卢沟桥事件已确定始终一贯的方针和立场，且必以全力固守这个立场。到最后关头我们只有抗战到底。我们希望和平，而不求苟安；准备应战，而决不求战。我们知道全国应战以后之局势，就只有牺牲到底，无丝毫侥幸求免之理。如果战端一开，那就是地无分南北，年无分老幼，无论何人，皆有守土抗战之责任，皆应抱定牺牲一切之决心。

7月26日，驻天津的日军司令部向中国29军发出最后通牒，要求37师于48小时内撤出北平。未等中方答复，日军便调动200余士兵进攻北平彰仪门，并在四郊挑衅。中国军队分别将进犯的敌人击退。日本受挫后，又耍和平诡计，而29军军长兼冀察政务委员会主席宋哲元竟答应日方可以派飞机来"视察"29军阵地，以示中国方面的和平诚意。

28日，日机20架飞临南苑上空，进行所谓"视察"。敌机在空中盘旋几圈后，突然实行猛烈轰炸。中国军队猝不及防，伤亡很重。随即，日军地面部队也配合进攻。一时间，北平城里城外火光四起，日军坦克、步兵协同，向中国守军发动一次又一次攻击。29军将士浴血奋战，顽强抵抗。双方鏖战竟日，副军长佟麟阁、132师师长赵登禹壮烈殉国。守军阵地被毁，伤亡惨重。29军寡不敌众，被迫撤退。7月29日，古城北平沦陷。30日，天津也落入日寇魔掌。从此，日本侵略气焰更为嚣张，一面实行全国的战时动员，一面以其在华北的30万大军，分兵4路，长驱直入，大规模向中国内地侵犯。

日军一路由平绥路、同蒲路进攻山西省，一路由平汉路进攻河南省，一路由津浦路、胶济路进攻山东省，一路由张家口沿平绥路进攻绥远省。此外，日军还分兵一路进攻上海，于8月13日发动淞沪战争，妄图在3

个月内吞并中国。日军的暴行和侵略气焰,激发了中国人民的爱国热情,从南到北,从东到西,燃起了全国抗战的烈火,使日寇变成一头闯入火网的蠢驴。

苏联英美态度迥异

日本1937年发动全面侵华战争,激起了全世界人民的极大愤怒。苏联主张制裁日本法西斯,并大力支援中国抗战。1937年8月21日,中苏签订了互不侵犯条约。此后不久,苏联政府就以巨额军火贷款,使中国获得了大批飞机大炮等武器装备。然而,美国和英国政府却对日本采取姑息、怂恿的绥靖政策,妄图利用日本侵略军来镇压中国人民的革命运动,以牺牲中国来换取它们自己的利益。

对日本发动全面侵华战争,美国政府不仅不谴责,反而口口声声说要保持"友好公正的立场"。美国国务院甚至宣称,"中日之间的武装冲突给和平和世界进步事业带来严重打击",双方应负"共同责任",公然偏袒日本侵略者。

英国政府采取了同美国政府一样的立场。"七七事变"爆发后,英国便邀请美国共同"斡旋",替日本转达所谓的"和平条件",即要蒋介石政府投降。1937年9月12日,中国就日本全面侵华向国际联盟提出申诉,要求世界各国制裁日本。然而,当时把持国联的英国对此百般拖延和阻挠,敷衍了事,企图把中国的申诉推到国联之外。1939年4月,英国驻华大使往返于日本和蒋介石政府之间,积极策动"中日议和"。与此同时,日本则在中国的沦陷区内进行反英活动,并寻找借口封锁了天津的英国租界。日方声称,若"英国不同日本全面合作",日本将不解除对英租界的封锁。在日本的强大压力下,英国决定向日本让步。1939年7月2日,英国政府发表声明,表示"承认中国的现状和在华日军的特殊需要"。7月17日,英国政府又同意关闭滇缅公路3个月,切断了所有通过香港援华物资的运输。

英国和美国不仅在政治上姑息纵容日本侵略者,还在经济上通过贸易渠道向日本提供大批战略物资。据日本官方统计,仅1937年上半年,日本就从美国进口钢铁130万吨;"七七事变"后的一年内,美国运往日本的军事战略物资竟占日本全部消耗的92%。英国不仅供给日本大批军用器材,还租船帮助日本进行军事运输。《华盛顿邮报》1937年8月29日写道:"美国的废钢铁在远东起了可怕的作用。日本用美国的废钢铁在降血雨。枪炮、炸弹、军舰都是用旧金属制造的。"

为了维护各自的利益，日本和美国在亚洲问题上互相利用，讨价还价。日本为了在侵占中国部分领土后继续向亚洲南部推进，提出日美"共同防共"，要求美国承认"满州国"，同意日军留驻华北和内蒙古，并迫使蒋介石投降等条件，以便独霸中国，为侵占南洋做准备。美国由于其战略重点在欧洲，因此采取了同日本妥协的政策。美国虽然同意"共同防共"，承认"满州国"，诱使蒋介石投降等条件，但同时表示不能放弃对蒋介石的影响，力图保住它在中国的利益。此外，美国还要求日本遵守"机会均等、门户开放"政策，并极力要求日本维持西南太平洋地区的现状，以保护美国及英法荷等国既得的殖民利益。

从1941年3月至日本偷袭珍珠港，美日双方共举行了60多次谈判，妄图实现美日妥协、牺牲中国、反共反苏的"东方慕尼黑阴谋"。然而，美日之间的肮脏交易最终以日本偷袭珍珠港而中断，美英策划的"东方慕尼黑阴谋"宣告破产。

日本炮制伪满洲国

1931年"九一八"事变后,日本帝国主义侵占了中国整个东北地区,长春沦为日本的殖民地。为了加强日本的统治,关东军司令官本庄繁采纳了沈阳日本军部建川美次的提议:"树立以宣统皇帝为盟主而受日本支持的政权"。

是年10月底,沈阳特务机关长土肥原贤二奉命到天津哄骗前清废帝爱新觉罗·溥仪说:关东军绝无领土野心,只是诚心要帮助满洲人民建立新国家,由你当元首,"一切可以自主"。按照土肥原的策划,11月10日晚,溥仪逃出天津,乘船到了营口,接着又被转移到旅顺肃亲王府藏匿待机。

1932年2月23日,板垣征四郎在旅顺接见了溥仪。一心想当皇帝的溥仪听说是做"执政",表示异议。板垣大怒,蛮横地警告他说:"如果你不接受,日方只有用对付敌人的手段加以答复。这是军部最后的话!"溥仪只好屈服。

溥仪在《我的前半生》中回忆当时的心情说:

我从此开始了对日本人百依百顺的历史。这并非完全由于害怕,也不像后来关内某些报纸上揣测的"迫不得已"。固然自从和板垣打过交道之后,我有了"瓷人"的感觉,觉得处境有如踩着老虎尾巴,但另一方面,有了日本租界的七年生活,我的灵魂的根子已深深扎在这种特定土壤内。我相信要满足自己的欲望——从最低的生命安全到最高的复辟清朝,只有借用日本人的势力,求得日本人的庇护和慷慨。

3月6日,当板垣赴长春途经汤岗子时,将一份标明"三月十日"的《溥仪-本庄繁换文》的密约文本交给溥仪,要他画押。溥仪顺从地在卖国密约上签了字。密约规定:

一、将"满洲国"的国防及维持治安权委托于日本;

二、日本军在国防上认为必要时,得以管理满洲国的铁路、港湾、水路和空运等，并得增设；

　　三、对于日本军需要的种种设备，"满洲国"须加以援助；

　　四、推荐日本的贤达名望之士为"满洲国"参议；

　　五、以上各条，作为两国签订正式条约的基础。

　　3月9日，一场傀儡戏在长春旧道尹衙门上演：爱新觉罗·溥仪就任"满洲国"的"执政"，年号为大同。长春改称"新京"。

　　8月8日，日本政府任命关东军司令官武藤信义为驻"满洲国"特命全权"大使"。这个太上皇于9月15日带着伪国务院总理郑孝胥来到"执政府"的勤政楼，煞有介事地宣布日本承认"满洲国"，并同溥仪签署了一份《日满协定书》。协定书规定："满洲国"确认日本在东北的一切既得权益和《溥仪－本庄繁换文》规定的特权：日军驻扎"满洲国境内"，"两国共同担负防卫国家"。《协定书》签订后，日本以"条约"形式囊括了东北军事、政治、经济上的控制权。武藤和他"保荐"的"总务厅长官"驹井德三以及各部日籍"次长"掌握着"国家"的实权。溥仪在《我的前半生》中说："原来的密约成了议定书不公开的附件，在议定书的烟幕下，日本'主人'从我手里拿走了一切要拿的东西。"

　　1934年3月1日，溥仪在"新京"南郊杏花村举行登基典礼，改"满洲国"为"大满洲帝国"，溥仪为"皇帝"，年号康德。中国东北遂成为"五族协和的王道乐土"。

　　伪满洲国的"领土"包括现中华人民共和国辽宁、吉林和黑龙江三省全境以及内蒙古东部与河北省承德市（原热河省），共113万平方公里。据1940年伪满洲国国务院编纂的《康德七年度临时国势调查报告》，当时的总人口为4320万人。

　　为达到使满洲最终成为日本人国土的侵略目标，日本以开发伪满的名义展开"国策移民"活动，计划在20年内从日本向伪满移民100万户、500万人。1936年4月，日本关东军在长春召开移民会议，制定《满洲农业移民百万户移住计划案》。截至1944年9月，居于伪满各地的日本移民（包括开拓团民）共166万人。1945年后，大部分日本移民被遣返回国。

　　伪满洲国建立时，一批法西斯政府和其他政府承认了这个"国家"。其中，1941年4月13日，苏联和日本在莫斯科签订《日苏中立条约》，苏联表示尊重伪满洲国地区的领土完整和神圣不可侵犯性。但是，中国南京国民政府一直不承认这一政权，国际联盟也主张中国东北地区仍然是中国的一部分。

淞沪会战

卢沟桥事变后，日本立即全面入侵中国。外相伊藤博文在东京召见驻华日军总司令板垣和对华派遣军司令冈村宁次时宣称，日本将集中精锐力量，从陆海两面同时向华北、青岛、上海进攻，通过南北策应，夺取战略要地。伊藤特别指出，上海是中国的经济和政治中心，占领上海就能切断中国的海上补给线，迫使国民党政府投降。接着，他又传达了"淞沪作战计划"，确定8月发起进攻。7月8日板垣返抵中国后，即派特使萱野秘密到了上海，会见驻沪日军司令白川大将，授意他制造事端，为进攻上海寻找借口。

国民政府当然也很警觉。还在卢沟桥事变前的7月5日下午4时，蒋介石就密电上海警备司令杨虎：时局外弛内张，注意发生事变，暗中加强防范，适时报告。7月15日，国民政府同意国共合作，并任命冯玉祥将军为第3战区司令。冯玉祥将军受命后，立即召集战区高级将领部署防务：第9集团军驻防上海，第8集团军驻防杭州湾，第10集团军驻防浙江沿海。

日军借"虹桥事件"攻击上海

7月中旬，白川指挥日本海军陆战队在闸北举行越界演习。月底，日本驻上海领事照会上海当局，诡称水兵失踪，要求中国飞机停飞。国民党当局为避免事态扩大，两次都作出了让步。日军见挑衅未能成功，便策划了新的阴谋。

8月9日下午5时，一辆军用摩托车驶出日本海军陆战队驻闸北的兵营，车上坐着两个人：一个是日本上海驻军特别陆战队西部派遣队第1中队中队长大山勇夫中尉，一个是一等水兵斋藤要藏。斋藤开摩托，大山挎着相机，坐在跨斗上。摩托车直向军事重地——虹桥机场冲去。两人到机场附近后,大山朝着远处的军事工事一阵拍照。拍着拍着,他发现离目标太远,于是命令斋藤再往前开。斋藤一踩油门,竟朝机场大门撞了过去。守卫机场的一名中国保安战士立即做出手势,要求他们停止前进。大山二话没说,拔枪向中国警卫射击。机场内的保安战士闻声赶来,见战友倒在血泊中,不禁义愤填膺,纷纷开枪还击。此时日军摩托车急向右转,沿机场东面牌坊路仓皇向北逃窜。在中国保安战士的追击下,日军摩托车在距机场大门100米处中弹起火,大山饮弹毙命。斋藤见势不妙,弃车向东北方向逃窜,最后也中弹身亡。

"虹桥事件"是淞沪会战的导火线。

日本驻上海领事立即就此事向上海市长俞鸿钧交涉,要求惩办"凶手"并赔偿损失。俞鸿钧答称,须先调查真相。当晚9时,中日双方代表到达现场勘察。晚10时,双方的交涉毫无结果。当夜,驻沪日军司令白川命令日海军陆战队1.5万人做好战斗准备。第3战区司令冯玉祥将军获悉情况后,于8月上旬调驻苏州、无锡、常熟一带的第87师、88师进入上海防卫,统由京沪警备总司令兼第9集团军司令张治中将军指挥。

8月13日3时许,驻沪日军司令白川以中国士兵在虹桥机场枪杀日本官兵为借口,指挥日本海军陆战队炮轰上海闸北、虹桥和江湾。9时,日本侵略军在坦克的掩护下,沿宝山路向上海进攻,日本海军的舰艇则向人口密集的上海市区进行猛烈炮击。淞沪会战就此开始。张治中将军率领警备区部队奋起抗敌,凭据工事、路障和坚固的建筑物,以严密的火力阻遏日军的进攻。

下午3时,日军地面部队在海上和空中火力的掩护下,从租界出发,又一次向闸北地区的宝山路、八字桥和天通庵路发动进攻。《纽约时报》首席记者哈雷特·阿班这样描述被炸后的南京路:"路面尽毁,数百死伤者已被抬离,人行道上留下凝结的残血,一片黏滑。虽然铺撒了沙子,又大量喷洒消毒剂,街上仍弥漫着藏尸间的恶臭。跑马场周围,墙上,广告牌上,栅栏上粘挂着人头碎块,依旧未获清理。"

中国军队寸土必争

淞沪会战是中国大地上第一场立体性的大会战。从会战一开始,空中战斗就异常激烈。8月14日凌晨2时,驻扬州的第5航空队接到封锁长江的命令,即令24中队执行任务。顿时,18架轰炸机向上海飞去。3时30分,机群飞临吴淞口外白龙港上空,对集结在港湾里的50艘日军舰艇发起攻击。500磅的炸弹自空而下，江面登时化为一片火海，一艘日舰被击沉，其余日舰慌忙向港外逃窜。当天的外电这样报道："中国空军出现在黄浦江上空，向日舰投弹轰炸，日舰纷纷放高射炮，华机毫不畏缩，盘旋于高射炮之烟幕中，奋勇轰炸。市民赴外滩及各大厦屋顶，观战者颇为热烈。这是中国空军成立后的首次空战，一艘日军潜艇被击沉，两艘袖珍军舰烧毁。日本第3舰队的旗舰'出云'号也遭重创。但空战中也出了岔子，初出茅庐的中国空军，追击日舰'出云'号时，被日军高射炮击中，误将一颗炸弹掉落在汇中饭店，另两颗掉落在跑马场附近，那里是交通拥挤的十字路口。"

当日，国民党政府通过外交部发表声明："中国之领土主权，横遭日本之侵略——中国决不放弃领土之任何部分，遇有侵略，唯有实行天赋之自卫权以应之。"

15日凌晨，张治中指挥的87师、88师向日军发动大规模反攻，日军不支，向后逃窜。日空军出动一个大队的战斗机，对中国部队进行轰炸。中国航空第4大队起飞还击，双方展开长空激战。大队长高志航右臂中弹，仍坚持战斗。分队长乐立群英勇作战，击落敌机4架，其余敌机仓皇逃窜。

8月中旬的一天早晨，中国第5航空队24中队见习官阎海文奉命率6架轰炸机轰炸通天庵日军司令部。他们冒着日军高射炮喷出的火网，俯冲扫射、投弹，日军司令部腾起了浓烟烈火。激战中，阎海文驾驶的2号僚机被高射炮射中左翼，飞机向下坠落，阎海文立即跳伞。他降落到通天庵公墓地带，日军前来搜捕。他勇敢地拔出双枪抵抗，击毙日军7人。敌军从四面把他包围起来，喊话要他投降，但他不为所动，继续向日军射击。当他只剩下一颗子弹时，他高呼："打倒日本侵略军！"随即用这颗子弹自尽。

8月20日，国民政府军事委员会发布命令，把淞沪、江苏南部和浙江划定为第3战区，司令长官冯玉祥，副司令长官顾祝同，前敌总指挥陈诚，下辖第9、第15、第19集团军，总兵力后来达70多万人。

同日，第9集团军88师在师长余济时的率领下，突破日军阵地，从虹口公园打到汇山码头的黄浦江边。日军被压缩在通天庵司令部老巢。司令官白川惊惶失措，电告日本当局：进攻上海失利。日本大本营接到急电，立即派松井大将率领10个师团，乘军舰从日本本土向上海进发。

22日拂晓，松井率领的舰队驶进上海海面。23日凌晨，松井命令3个师团登陆，向吴淞、川沙港等地进攻。守卫吴淞口的第9集团军的一个团，在日军进攻兵力数倍于己和炮舰、空军的强大火力攻击下，伤亡很大，防线很快被日军突破。占领吴淞口的日军迅速向纵深推进。

日军另一支登陆部队在火力掩护下，以坦克为前导，向宝山、浏河镇等地猛攻，以威胁上海左翼。为了遏止日军，第9集团军的5个师沿长江南岸一线，与敌军登陆部队展开激烈战斗。24日拂晓，中国航空军2大队11中队分队长沈崇海，奉命袭击海上日舰。沈崇海率6架轰炸机飞临长江上空，立即向日舰投弹，可惜炸弹未能命中。沈崇海决定撞毁敌舰，轰炸员任云阁也愿与他同死。于是，沈崇海果断地一拉操纵杆，猛地向敌舰冲去。日舰被炸后迅速下沉，而两位英勇的战士也光荣殉国。

9月初，日军自吴淞口溯江调来30余艘战舰，几百门舰炮齐轰宝山县城，试图从中路突破中国军队防线。宝山县城为一弹丸之地，城市建筑多为土木结构，哪经得起如此炮火。成吨的炮弹落地，便削去一片房屋。一时间，宝山城房倒屋塌，满城火光。城内居民扶老携幼，四下逃散。

中国守军第18军583团3营姚子青部500余人，在火光熊熊、硝烟滚滚的城中与日军展开巷战，寸土必争，半步不退。激战两昼夜，全部壮烈牺牲。上海《大美西报》发文赞道："此次姚营全部殉城，其伟大壮烈，实令人内心震动而肃然起敬，此非仅为中国人之光荣，亦为全人类之光荣，其伟业将永垂史册而不朽！"

第14师参谋长郭汝瑰带领8000人奋战几天后，伤亡惨重，军长担心他守不住，就派人去问他是否需要援兵。郭汝瑰在回信中说："我八千健儿已经牺牲殆尽，敌攻势未衰，前途难卜。若阵地存在，我当生还晋见钧座。如阵地失守，我就死在疆场，身膏野草。他日抗战胜利，你作为抗日名将，乘舰过吴淞口时，如有波涛如山，那就是我来见你了。"

800壮士浴血奋战

9月上旬，冯玉祥将军鉴于形势的变化，一面急向南京求援，一面召开战区军事长官会议，决定部队由进攻转为防御。张治中将军按会议精神，将第9集团军撤退到敌舰射程之外，凭据工事阻遏敌军。

10月下旬，日军进攻上海的兵力已达11个师团，约30万人，飞机100余架，战舰30多艘。鉴于敌众我寡，10月26日，冯玉祥将军下令部队全部撤到苏州河南岸，继续防御。为了顺利完成大部队撤退任务，张治中将军亲自召见88师525团团长谢晋元，命他率领所部，坚守苏州河北岸四行仓库阵地，掩护大部队的撤退。

谢晋元是黄埔军校1926年毕业生，年方32岁，血气正旺。

四行仓库是一座7层楼高的钢筋混凝土建筑，墙厚楼高，钢筋扎架，易守难攻。28日，苏州河北岸的四行仓库内，谢晋元带领800壮士浴血奋战。苏州河南岸的公共租界，数万群众隔河相望，每击毙一名日寇，南岸便掌声雷动，欢呼震天。当天下午，上海商会秘书长严谔声接到谢晋元电话，要求送一面国旗过河。女童子军杨惠敏闻讯后，将一面国旗裹在身上，冒着生命危险游过苏州河，将旗送到目的地。美国记者惊叹不已，称杨为"圣女贞德"。不过，由于旗子太小且无旗杆，是日晚，市商会童子军团长叶春年拿了家里两根最长的晾衣竿和商会最大的一面国旗，带了6名童子军趁夜色匍匐进入四行仓库。29日清晨，仓库顶上一面巨大的国旗迎风飘扬。南岸群众欢声雷动，许多人流下眼泪，肃立脱帽。

在四行仓库阵地上，谢晋元在接受了童子军赠送的锦旗后表示，决心和所率800名士兵与日军战斗到最后一刻。800勇士在仓库中，从底楼到顶楼，层层设防。底楼有反坦克火炮，顶楼有高射机枪。谢晋元率领800将士日夜坚守，打退敌人几十次进攻。仓库四面的墙壁无一处不留下累累弹洞，多处被火炮打穿。但是，楼房未倒。

日军进攻受阻，便用坦克开路。猛烈的炮火把守军压制在工事后面，情况十分危急。谢晋元当机立断，立即组织了3人一组共15人的爆破敢死队，去炸毁敌军的坦克。战士们怀抱炸药包，跃出工事，向坦克冲去。前3个组的战士先后牺牲，余下的两个组，一组正面冲击做掩护以吸引敌人，另一组从侧面迂回，接近坦克。这一战术果然奏效，敌人坦克终于被炸毁了。

接着，日军又组织了两个连的兵力，强攻中国守军阵地。守军以猛烈炮火封锁，敌军纷纷中弹倒地。狡猾的敌人见强攻无效，便组织了一个连，悄悄从左侧猛攻上来。守军左侧阵地被突破。见此，谢晋元亲自率守军迎了上去，与敌人展开肉搏战，将敌人赶出阵地。

10月28日，日军见屡攻不下，就组织一个十几人的小分队进行突击，企图用炸药包炸毁四行仓库的墙体，打开一个突破口。他们为了防止遭到枪击，就顶着一块厚钢板移动到墙下。敢死队员陈树生情急之下，二话不说，在身上绑满手榴弹，从6楼跳了下去，与10多名敌人同归于尽。谢晋元看着楼下的浓浓烟火，流着泪说："全体壮士早已立下遗嘱，誓与四行最后阵地共存亡，但求死得有意义，但求死得其所！"

经过4昼夜的激战,谢晋元率领的战士牺牲10余人,受伤30余人,毙敌200多人,坚决守住了四行仓库阵地,完成了掩护大部队后撤的任务。

战斗正酣时,谢晋元作诗自勉:

勇敢杀敌八百兵,抗战豪情以诗鸣;
谁怜爱国千行泪,说到倭奴气不平。

10月30日晚9时,天空一片漆黑,谢晋元奉命率部突围,胜利地回到了苏州河一侧的我军阵地。事后,毛泽东高度赞誉"八百壮士"的英勇无畏精神,把他们誉为"民族革命英雄"的典范。还有人编写了一首《八百壮士之歌》:

中国不会亡,中国不会亡,
你看那民族英雄谢团长;
中国一定强,中国一定强,
你看那八百壮士孤军奋守东战场;
四面都是炮火,四面都是豺狼,
宁愿死,不退让,宁愿死,不投降,
我们的国旗在炮火中飘扬!飘扬!

八百壮士一条心,十万强敌不敢挡,
我们行动有力,我们志气豪壮。
同胞们起来!同胞们起来!
快快赶上那战场,
拿八百壮士做榜样,
中国不会亡!中国不会亡!

经过3个月的防御战,第9集团军在击毙敌军9115人,击伤31257人后,自己也筋疲力尽,弹尽粮绝。冯玉祥将军在无奈之下,于11月9日下令放弃上海,向苏州、福山一线转移。第9集团军撤至苏州、福山一线后,立脚未稳,敌兵已至,于是继续向无锡、江阴一带撤退。此后,因仍未能阻止日军的追击,第9集团军又被迫向皖南、南京一带溃退。

战事结束后,《上海生活》杂志署名白华的文章这样写道:"时间一年多了,苏州河的血腥气洗刷了?不,没有洗刷,正沉淀在水底层。暂时河面是恢复了平静,可是,可是,河那边的一片焦土,就是劫痕没有磨灭的告诉。"上海名医陈存仁也在《抗战时代生活史》中说:"抢购米粮不必说,作为燃料的煤球也贵到几倍,因为上海的存煤越来越少,所以这时电力限制使用,每一户电表,最初限制每月只能用15度,后来最少限到7度。超过限度,要加倍付费。马路上的霓虹灯及电灯装置,几乎全部停用。我们感觉整个上海,快要成为黑暗世界了。"

铁血男儿抗倭寇

抗战中的上海，无愧"英雄城市"四个字，无数有名或无名的英雄，在这座城市里创造了许多热血传奇！

1937年11月12日，中国军队撤离上海。沦陷后的上海，处于日军及其傀儡政权的黑暗统治下，特务肆虐，血腥屠杀，触目惊心；统制禁运，物资匮乏，民不聊生；强占接管，民族工业横遭劫夺。

然而，反抗无处不在，上海城市内外，热血志士刺杀敌酋，伏击日寇，给历史留下无数热血镜头……

拳 师

1937年11月，日军占领松江，到处搜查，至郝自修拳师授拳所居之处，发现藏有刀枪剑矛多种武器，认为有意抵抗，顿时一拥而入。日军拥入时，郝自修与同样精于拳术的胞弟郝西章从容在内堂持"九节鞭"对背而立，就在敌人冲入时挥鞭一击，数敌立死于鞭下。余敌大惊，退而呼援。一番恶战之后，郝氏兄弟终因寡不敌众，被绑在厅中的大柱上，敌泼油纵火焚烧，住宅遂成瓦砾。

郝自修时年50多岁，在火焰中竟能用力脱绑，奔出跳入河中，向对岸泅去。不幸被敌人窥见，开枪击中。但他仍游到南岸登岸，终因弹中要害，救治不及而死。临死时，他对身边人说："我弟已被烧死，但敌人死于鞭下的至少5人，重伤的也有二三人，这可使他们看到中国人是不可征服的。"

飞 翔

上海作家赵丽宏在抒情长诗《沧海之城》中，记述了这样一幕：

"一个勇士/站在你的屋顶上/大声呐喊/'中国万岁'

一个殉国者/在上海的天空中/勇敢飞翔/'中国万岁'

他把自己的身体/写成一个惊叹号

飞翔在上海/阴暗的天廓。"

1937年12月3日上午，5000名日军携带野炮、机枪，整队通过公共租界，向上海各界示威。当日军进到南京路大世界时，此时正在大厦上修理霓虹灯的工人杨剑萍高呼着"中国万岁"纵身从楼上跳下，以身殉国。

刺 杀

1941年8月1日傍晚，日伪拟在兆丰公园（今中山公园）集会游行"庆祝"轴心国结盟一周年暨德意等国承认汪伪政府，高中学生李鑫、张志炘、达世清前往投弹锄奸，奸逆死伤甚众，李鑫、张志炘牺牲。

牺牲时，李鑫20岁、张志炘19岁。

上海沦陷期间，热血志士的刺杀行动不计其数，日伪惶惶不可终日。最著名的刺杀发生在1932年4月29日，朝鲜志士尹奉吉在虹口公园，向日军侵华总司令白川大将投掷炸弹。白川当场肚皮炸裂，滚到台下；海军司令被炸瞎了眼。

尹奉吉巍然而立，仰天长笑，英勇就义。

"试看倭奴凶焰到几时"

"八一三"淞沪战役，70余万中国军队血战上海，临战之勇、死事之烈，令后人血脉贲张。在准备充分、装备精良的侵华日军面前，中国军人顽强抵抗近3个月，打破了日本侵略军3个月内灭亡中国的美梦。

在上海壮烈牺牲的数十万中国军人，大多数没有留下名字，然而在发黄的史料中，战士的呼声激昂壮烈，在历史中久久回荡。

"……此去当与敌一争高下，试看倭奴凶焰到几时？吾兄弟或将从此永别，此无丝毫悲虑，为国家民族生存，真大幸焉！"

1937年10月底，第11预备师第21旅第41团少校方学苏在赶赴上海参战前夕，给弟弟方强写下这封家书。11月8日，方学苏部在金山枫泾镇与敌激战，负伤不退，仍指挥所部奋勇杀敌，10日，饮弹壮烈牺牲，时年30岁。

"我死了连长接替我指挥,连长牺牲了,排长接替,排长死了,班长接替,班长死了,老兵接替!"

1937年9月上旬,第18军98师292旅538团第3营营长姚子青在敌人再一次攻势前大声呐喊。9月7日,宝山城东北角被日军攻破。姚子青身先士卒,率领预备队几十人与敌人展开白刃巷战,旋即被敌弹片击中腹部,肠子外流,血染全身。牺牲之时年仅29岁。姚营最后所剩20余战士奋力杀敌,直至全部壮烈牺牲。

武器之劣,血气之勇

"一寸山河一寸血",当年回国参战的国民党将领黄维目睹了中国军人在淞沪抗战中的巨大牺牲后,发出这样的感叹。

在河网密布,无遮无挡的战场上,武器低劣的中国军人面对的是日军海陆空的协同作战。但中国军人反复冲杀,寸土不让,阵地白天失去,晚上再夺回来。

"敌人火力很猛,我在战壕里用刺刀把一顶军帽撑出去,转眼间帽子上就被打了十几个洞。"杜重石回忆说,"我们的队伍每天一个师一个师地开往前线,有的师上火线之后3个钟头就死了一半,有的支持了5个钟头,就死了三分之二。五天五夜打下来,我们一个军的人马,只能勉强编成一个旅……"

(据《新华每日电讯》报道改编)

南京保卫战

1937年11月7日，还在日军攻克上海之前，日本统帅部即下达命令，由上海派遣军与第10军编组成"中支那（华中）方面军"，并由松井石根大将担任司令官。命令规定该方面军在苏州－嘉兴一线以东地区作战。20日，当松井发现从淞沪战场上撤退下来的中国军队溃不成军时，便提议立即攻打南京。他认为，"现在敌军的抵抗，各阵地均极微弱"，如不继续进攻，"不仅错失战机，且令敌军恢复其士气，造成重整其军备的结果，恐难于彻底挫折其战斗意志"。24日，日本参谋本部正式撤销了有关华中方面军原作战地区的规定，并于12月1日下令该方面军"与海军协同，攻打敌国首都南京"。松井立即着手部署兵力，令中岛今朝吾中将指挥的第16师团、吉住良辅中将指挥的第9师团、谷寿夫中将指挥的第6师团、末松茂治中将指挥的第114师团作为进攻主力，并调集了获洲立兵中将指挥的第13师团、牛岛贞雄指挥的第3师团，总共8个师团的兵力，分为3路，向南京发动钳形攻势。日军从一开始就企图切断中国军队的退路，使南京守军处于3面被围、背水一战的困境。

在通往南京的路上，日军每进一个村庄，必定先把村民尽数杀掉，然后才开始宿营。离去前，他们则将该村彻底烧毁。第16师团第20联队士兵东史郎在日记里讲述了这样一件悲惨之事：

我们立即扫荡了村子，抓来了五男一女……被绑在树上的人，有的被刺死，有的被斩首，有的被射杀。我们对其中一对青年男女很感兴趣，所以把他们放在最后处死。"把这个女人从男人身边拉开！"中队长下令道。一个士兵扳开女人的手，使劲把她拖开。另一个士兵"嗨"的一声，用刺刀刺进男人的胸膛。女人"啊"地大叫一声，发疯似地冲过去，紧紧抱住男人，哭了起来。她号啕大哭，好像要吐出血来。真是个非常动人的戏剧性场面。不一会儿，她把紧紧地埋在男人胸口的满是泪水的脸抬起来，冲着我们怒目而视。她怀着对倒在血泊中奄奄一息即将失去生命的男人深深的爱，怀着对我们的刻骨仇恨，用手指着自己的胸膛说："刺吧！"不，应该说是她严厉地命令我们。一个普通女人俨然像将军一样以巨大的威严命令我们！又是"嗨"的一声，女人"呜"地倒下了，像保护恋人一样倒在男人的胸膛上……我们当即在村子里放了火，接着便向另一个村子进发了。

上海沦陷后不久，1937年11月16日，国民党政府召集国防最高会议，决定迁都重庆，长期抗战。此时，对于南京是战是守，军中意见不一。高级将领中普遍反对"固守"，甚至有人明确表示，不应在南京作没有"战略价值之牺牲"。蒋介石一时拿不定主意，并在11月17日的日记中写道："南京应固守乎？放弃乎？殊令人踌躇难决。"不过，蒋介石和唐生智都认为，南京既为首都，不可不作重大牺牲。蒋介石还表示，他愿自负死守之责。将领们认为统帅不宜守城，时在病中的唐生智便自动请缨。19日，蒋介石任命唐生智为南京卫戍司令长官、城防总司令官，守城时间为3个月至1年。卫戍司令部设在鼓楼百子亭附近的一栋两层楼内。

11月25日，蒋介石下达了保卫首都的部队战斗序列：共计7个军、14个师及其配属单位，10万余人。参加南京保卫战的中国军队有第78军军长宋希濂等。

11月27日，蒋介石在巡视南京城防工事时叹息道："南京孤城不能守，然不能不守也。"

此时，中国军队不管是兵员素质还是士气，都与淞沪会战时大不相同。有的部队还来不及补充就投入战斗，有的部队补充的大批新兵还没有受过训练，战斗力严重下滑。面对来势凶猛的20万日军，中国守军屡战失利，南京外围战略要地相继陷落。

唐生智声言死守

11月27日，唐生智向外国记者发表谈话说：

中国为一爱好和平之民族，从不侵略他国，"九一八"后，日本以数十年之准备，大举进犯中国国土，中国在物质上虽乏准备，但精神上则具无上之抵御决心。自卢沟桥事件以来，我军在各地多遭挫败，但吾人将屡败屡战，至最后胜利为止。本人奉命保卫南京，至少有两事最有把握：第一，即本人及所属部队誓与南京共存亡，不惜牺牲于南京保卫战中；第二，此种牺牲定将使敌人付与莫大之代价。

12月4日，蒋介石飞抵南京，向卫戍军师以上将领发表讲话，叮嘱他们抱定不成功便成仁的决心，努力固守南京。

南京的防御工事分为两种："外围阵地"和以城墙为主要依托的"复廓阵地"。12月5日，日军进攻南京的部队已经到达中国卫戍军外围防线附近，进抵南京城郊，不断对中国守军发动攻势。中国卫戍军奋力与日军苦战，损失奇重，节节后退。6日晚，蒋介石偕夫人宋美龄，接见了参与保卫南京的团以上将领。根据速记，蒋介石在训话时说：

总理的陵墓在这里……我们不能轻言放弃，轻易放弃。今日，首都已变成一个围城……但现在，各方面的战争形势都在继续发展，我不能偏于一隅，所以责任逼着我离开，这在我内心是感到异常的沉痛。今天我把保卫首都的责任交给唐生智将军，唐将军是身经百战、智勇兼备的将领，他必定能秉承我的意旨负起责任。大家要服从唐将军，正像服从我一样……万一有什么不幸，那也是成了保卫国家的民族英雄。

12月7日凌晨4时，蒋介石就起了床。5时30分，他和宋美龄出现在明故宫机场。快上飞机时，蒋介石似乎想起了什么，于是手写一张字条，叫人交给唐生智。字条上写着："应用火车将岔路口一线堵塞，阻止敌人的战车通过。"10分钟后，他们心情沉重地登上飞机。这时候起飞是最安全的，等天亮了，日本飞机就又来空袭了。上飞机后，蒋介石叫飞行员驾机在南京上空盘旋一圈。他向南京投去最后一瞥。

8日，日军攻陷淳化镇和镇江炮台后，向南京城突进。9日，日军进抵南京城下，并用飞机向城中投撒华中方面军司令官松井石根致中国守军的最后通牒——《劝降书》：

百万日本军已席卷江南，南京处于包围中。由战局大势观之，今后交战有百害而无一利。惟江宁之地，乃中部古城、民国首都，明孝陵、中山陵等古迹名胜猬集，颇具东亚文化精髓之感。日本军对负隅顽抗的人格杀勿论，然对无辜民众及无敌意之中国军队则以宽大处之，不加侵害。至于东亚文化，尤存保护之热心。贵军苟欲继续抵抗，南京将毁于战火，千年文化将毁于一旦，十年苦心经营将化为乌有……

南京卫戍司令唐生智对松井的最后通牒置之不理，并于当日下达命令，作为回答："本军目下占领复廓阵地为固守南京之最后战斗，各部队应以与阵地共存亡之决心尽力固守，决不许轻弃寸土、摇动全军，若有不遵命令擅自后移，定遵委座命令，按连坐法从严办理。"

12月10日下午2时，日军地面部队见中国军队拒绝投降，就在飞机、大炮的掩护下，向雨花台、通济门、光华门、紫金山等阵地发起全面进攻。在城市东南方向，因复廓阵地已基本丧失，日军直接进攻城垣。卫戍司令部急令第83军的第156师增援光华门、通济门城垣的守备，并于城内各要点赶筑准备巷战的预备工事；同时将第66军由大水关、燕子矶调入城内，部署于中山门及玄武门内，准备巷战；另调刚刚由镇江撤入城内的第103师、第112师由教导总队总队长桂永清指挥，负责中山门附近城垣及紫金山阵地的守备。当夜，第156师选派小分队坠城而下，将潜伏城门洞中的少数日军全部歼灭。在雨花台方向，日军两个师团主力和步、炮、坦克及航空兵协同攻击，将第88师右翼第一线阵地全部摧毁。国军残部退守第二线阵地。

同一天，日军攻占芜湖，中国军队后路遂被切断。

11日，日军第16师团猛攻紫金山南北的中国军队阵地。在紫金山及其以南地区，教导总队坚决抗击。激战终日，日军毫无进展，只有右翼部队攻占了第2军团防守的杨坊山、银孔山，进至尧化门附近。日军为使其第16师团便于进攻，并适时切断守军的东退道路，又从正在镇江等船渡江的第13师团中调山田支队，从第16师团右翼加入战斗，向乌龙山、幕府山炮台进攻。日军第10军的第114师团、第6师团主力继续攻击雨花台。中国第88师的第二线阵地又被摧毁，守军被迫据守核心阵地。

蒋介石下令撤退

南京保卫战期间，蒋介石所在的武汉大本营对南京的战况极为关注，每日均有询问及指示的电报。当蒋介石发现撤至南京的部队士气低落、阵地失守时，为避免南京守军被敌围歼，便于11日中午考虑撤退，并要当时在江北的顾祝同打电话把他的想法转告唐生智。当晚，蒋介石又致电唐生智："如情势不能久持时，可相机撤退，以图整理而期反攻。"唐生智马上找罗卓英、刘兴两位副司令长官和周斓参谋长研究，决定于14日夜开始撤退。但是，蒋介石第二天又改变主意，致电唐生智说："经此激战后，若敌不敢猛攻，则只要我城中无恙，我军仍以在京持久坚守为要。当不惜任何牺牲，以提高我国家与军队之地位与声誉，亦为我革命转败为胜唯一之枢纽。"他还说："如能多守一日，即民族多加一层光彩。如能再守半月以上，则内外形势必一大变，而我野战军亦可如期来应，不患敌军之合围矣！"

然而，形势急转直下。12日，日军5个师团对南京复廓阵地和城垣发动猛攻。中午时分，日军第114师团右翼部队开始攻击中华门，城门被炮火击毁，防守此处的第88师只得撤退。南京失陷已成定局。当时，大批逃难居民与溃退的散兵拥挤在街道上，城中秩序开始陷于混乱。唐生智等决定提前到当夜撤退。17时，卫戍司令部召集南京守军中师以上将领开会，布置撤退行动。唐生智首先简要说明了当前战况，询问大家是否还能继续坚守。与会将领无一人发言。唐生智于是出示蒋介石命守军相机撤退的电令，并由参谋长周斓分发了参谋处已油印好的撤退命令及突围计划。

卫戍作战命特字第一号命令
12月12日15时于首都铁道部卫戍司令部
一、敌情如贵官所知。
二、首都卫戍部队决于本日（12日）晚冲破当面之敌，向浙、皖边区转进。我第7战区各部队刻据守安吉、柏垫（宁国东北）、孙家铺（宣城东南）、杨柳铺（宣城西南）之线，牵制当面之敌，并准备接应我首都各部队之转进。芜湖有我第76师、其南石炮镇有我第6师占领阵地，正与敌抗战中。
三、本日晚各部队行动开始时机、经过区域及集结地区，如另纸附表规定。
四、要塞炮及运动困难之各种火炮并弹药，应彻底自行炸毁，不使为敌利用。
五、通信兵团，除配属外部队者应随所属部队行动，其余固定而笨重之通信器材及城内外既设一切通信网，应协同地方通信机关彻底破坏之。
六、各部队突围后运动务避开公路，并须酌派部队破坏重要公路、桥梁，阻止敌之运动为要。
七、各部队官兵应携带4日份炒米及食盐。
八、予刻在卫戍司令部，尔后到浦镇。

自行决定由下关渡江的军、师长，大多未按命令规定的时间开始行动，而是在散会后立即部署部队撤退。有的部队在接到命令前即已撤走，如卫戍司令部第2军团负责固守乌龙山，应最后撤退，但徐源泉于12日下午即率其第 41 师和第 48 师，从周家沙和黄泥荡码头乘坐预先控制于该处的民船，最早渡至江北，经安徽去江西整顿。乌龙山要塞部队在徐源泉部撤走后，也于当晚毁炮撤去江北。有的将领只向所属部队打撤退电话，或回去安排一下撤退事宜就脱离部队，先行到达下关，随同卫戍司令部和第 36 师乘渡船先到江北。

由于城中部队多沿中山路向下关撤退，而挹江门左右两门洞已经堵塞，仅中间一门可以通行，各部争先抢过，你推我搡，不少人因挤倒而被踩死。下关的情况更为混乱——各部队均已失去控制，争先抢渡。由于船少人多，有的船只因超载而沉没。大部官兵无船可乘，纷纷拆取门板等物制造木筏渡江，其中有些人因水势汹涌、不善驾驭而丧生。同时，日军第 16 师团的一部也乘舟艇进至八卦洲附近江面，切断了中国军队的退路，并出动舰艇横扫江面上利用船只、木排渡江的中国军人，有三四千名中国军人被敌寇枪炮打死或被敌舰撞翻坠入江中溺死，宪兵副司令萧山令即死于半渡之中。

与此同时，日军各师已分由中山门、光华门、中华门、水西门等处进入南京城内；原在镇江的天谷支队已渡过长江，正向扬州前进；国崎支队已至江浦，正向浦口前进。已渡至江北的中国军队沿津浦路向徐州方向撤退。

南京终于沦陷！

13 日，当南京城墙四周的枪炮声渐渐沉寂下来时，日军第 16 师团步兵第 20 联队的中队长四方藤造，用白漆在中山门城门的铁扉上写下这样一行字："昭和十二年十二月十三日午前三时十分大野部队占领。"然而，当这个疯狂兴奋的少尉手舞足蹈地从废墟上下来时，却踩响了中国士兵埋设的一颗地雷。

12 月 14 日，根据中国大本营的指示，唐生智在临淮关宣布南京卫戍司令长官部撤销，撤至江北的卫戍军部队改隶第 3 战区。南京保卫战基本结束。

惨绝人寰的大屠杀

发生在20世纪30年代的南京大屠杀，是日本侵略军一手造成的一场骇人听闻的惨案，它被称为"现代史上破天荒的残暴记录"。南京大屠杀充分暴露了日本军国主义的野蛮和凶残，也反映出中华民族遭受帝国主义欺凌和宰割的苦难。

血腥杀戮

经反复查证确认，从1937年12月13日开始，侵华日军在6个星期的时间里，总计在南京杀害了34万多人，其中被集体屠杀者计28案19万多人。例如，1937年12月15日，日军在汉中门外集体屠杀被俘军警和平民2000多人，在鱼雷营集体屠杀9000多人；12月16日，在中山码头集体屠杀难民5000多人；12月18日，将囚禁在幕府山下的5.7万军民押往草鞋峡集体屠杀，在大方巷将难民4000多人押至下关以机枪集体射杀。也是在12月，日军在鱼雷营、宝塔桥一带集体屠杀市民3万多人；在燕子矶江滩集体屠杀军民5万多人；在上新河集体屠杀军民28700多人；在中华门外凤台乡、花神庙一带集体屠杀7000多人，等等。

在集体屠杀时，日军将一群群被捆绑的中国人用机枪扫射后将尸体推入江中，或用木柴浇上汽油焚尸，或将被害者以铅丝缚住手脚推下江河湖塘溺死，或将机枪扫射后未死的人集中驱押到一些茅舍内，然后把木柴堆在四周，放火活活把他们烧死。

至于零散屠杀，由1947年中国军事法庭查证有据的就有858案，被杀者达15万之多，尸体掩埋工作进行了数月。担任掩埋尸体的慈善机关——世界红十字会南京分会，掩埋尸体43071具，南京崇善堂掩埋尸体112266具。

在屠杀中国军民时，以谷寿夫为师团长的日军第6师团最为残忍。

他们攻进中华门后，逢人就杀，见房就烧。从中华门到市区街道，一路鲜血，一片火海，大街小巷血肉狼藉，尸体纵横。第二天下午，日军攻下挹江门、和平门，又把屠杀的范围扩展到城外。一部日军冲到下关车站和中山码头，对聚集在那里准备渡江逃难的十多万中国难民和已放下武器的军人，用机枪扫射，用手榴弹滥炸，成千上万的人中弹身亡；被迫跳入江中的，不是被淹死，就是被日军的枪弹打死。一时，鲜血染红了江水，尸体浮满了江面。其状之惨，目不忍睹。

日本人松岗环在《南京战》一书中讲了这样一件事：在下关，日军第一天进行大屠杀后，当天夜里就发生了一件令他们震惊的事情——一间宿舍里住了11个小队长级的日本军官，其中一人有事外出，第二天回来时发现，10个人全被杀死了。侦查发现，只有一个人越墙而入。日军抓不到这个人，就随便找来100个中国人，把他们全都杀了。

日军在大屠杀中，不仅使用了现代化的武器，还采用了种种野蛮、残酷的杀人方法，如砍头、劈脑、切腹、挖心、水溺、火烧、活埋等，真是无所不用其极。

残暴的日军在屠杀中国军民时，竟然丧心病狂地开展杀人比赛，最典型的例子是日军第16师团第19旅团所属第9联队（联队长片桐护郎大佐）的两个少尉向井敏明和野田毅。在日军进攻句容时，二人相约比赛砍杀100名中国人，看谁最先"建立功勋"。他们一路杀来，到汤山时向井杀了89人，野田杀了78人。12月10日中午，两人在紫金山下相见时，他们的军刀都砍缺了口。野田已杀了105人，向井杀了106人。这两个恶魔因为超过了原定目标而狂笑。然而，由于无法确定谁最先杀满了100人，他们决定这次杀戮是不分胜负，重新再赌谁先杀掉150名中国人。当年的《东京日日新闻》和英文报纸《日本报知者》，都曾连续报道此事。

据日本历史学家洞富维调查，当时进犯南京的日军是按"将俘虏处理掉"的命令而屠杀俘虏的。这道命令曾从华中方面军军部逐级下达到师团、旅团直至联队（团）。日军上等兵东史郎后来承认："对于我们来说，杀人是很容易的，因为我们接受的是这样的教育：除了天皇，其他所有人的生命，甚至连我们自己的生命，都一钱不值。如果我的生命不值钱，那么一个敌人的生命，就必然变得更不值钱。这种人生观使我们鄙视敌人，最终导致了大规模的屠杀和虐待俘虏。"

1939年4月27日，南京国民政府立法委员王鸿恩在上海日本《朝日新闻》召开的座谈会上发言说："南京市人口在事变以前，即国民党统治的全盛时期，计有 107 万之多，及至事变后，人口骤减至 17 万"，"沦陷前后南京人口相差如此之大，除事先撤退和逃避他乡者外，实际上是日军疯狂屠杀所致"。

奸淫妇女　纵火抢劫

战后远东国际军事法庭判决书说：南京"全城无论是少女或是老年妇女，多数都被奸污了。在这类强奸的事例中还有许多属于变态的淫虐狂行为。许多妇女在被强奸后又被杀，她们的躯体还被斩断。南京被占后的一个月内，发生了两万起左右的强奸事件。"曾参加攻打南京的日本士兵田所耕三说："……受害最深的还是女人，不论老年的也罢，什么人也罢，全都给奸污了。我们从下关派出木炭卡车到各村落、各街坊去，抓来许多女人，分给士兵们。大致 15 至 20 人分到一个。然后找到仓库墙角等挡太阳的地方，拿些树干树枝遮一下，便当做强奸的场所。中队长将图章盖在纸上，叫做'红券'，让大家拿着……轮流入场。士兵没有一个不干的。而且干过后，大多还要将女人杀掉。那些女人，只要我们一松手，就会拔腿跑掉，于是砰的一声，从背后给她一枪了事。"

侵华日军对南京人民犯下的另一重大罪行就是放火。日军进城后，好几个星期，南京城内的许多高楼大厦还在燃烧。武汉《大公报》1938 年 1 月 23 日写道："日寇……到处纵火狂烧，猛烈之巨火浓烟，日夜笼罩全城，达一月之久。此空前大火，使全城仅剩下的少数居民，无时不在惊骇恐怖之中。其延烧区域，计有中华门、夫子庙、太平路、中正路（今中山南路）、国府路（今长江路）、珠江路以及陵园新村等。这一带所有高大建筑及商店房屋，均付之一炬。颓垣断壁，目不忍睹。"

除了屠杀、强奸、放火外，侵华日军还在南京大肆抢劫中国的公私财物，而这也是有组织的集体犯罪行为。日军士兵往往在长官的指挥下，把大卡车、小汽车开到大公司、大商店的门前，将货物洗劫一空，然后放火把房屋烧掉。日军见到什么就抢什么，如布匹、衣服、自行车、箱柜、金银首饰、古玩字画、书籍、手表、家具、银元、金条、钱币以及粮食、牲畜等，就连火柴、手电筒、手套等一般日用品也不放过。他们甚至把难民的东西劫掠一空。第 16 师团长中岛今朝吾就曾抢到蒋介石的字画等 32 捆财物。

国际支援

当时许多常驻南京的外国机构和外国人士，曾目睹和记录了南京大屠杀的惨状，有的机构和人士还设法拯救中国军民。

1937年11月，一位名叫亚奎诺·德·贝桑日的神父，在上海市南部成功地为战乱地区的20万难民建立了一个"国际安全区"。同年同月，南京一批热心公益事业的外籍人士也以上海安全区为范例，建立了南京国际安全区。这个安全区位于南京市内西北部，自南至北约3公里，自东至西约2公里，总面积达3.8平方公里。南以汉中路、东以中山路、北以山西路、西以西康路为界。这个范围内有日、美、意使馆，荷兰公使馆，以及司法院、最高法院、金陵大学、南京神道学院等。12月10日日寇攻进南京时，难民如潮水般涌入安全区，最多时曾达29万人。然而，在日军的屠刀下，安全区内的大多数难民也未能幸免于难。日军以"搜捕便衣队"为借口，强行实施"难民登记"，设下罪恶的陷阱，大肆杀害早已放下武器的中国士兵和平民百姓，还明目张胆地强奸难民中的妇女，抢夺民财。

南京大屠杀发生不久，曾目睹现场情况的《纽约时报》记者蒂尔曼·都亭即向全世界发出了第一篇报道。翌年7月，英国《曼彻斯特卫报》驻华记者田伯烈（中国名字）即哈罗德·约翰·廷伯利所著《战争意味着什么——日军在华暴行纪实》一书，出了伦敦版和汉口版（中文译为《外人目睹之日军暴行》）。1941年，埃德加·斯诺所著《为亚洲而战》也已面世。就连希特勒法西斯德国也有官方人士对日军的暴行嗤之以鼻。纳粹驻外代表罗森就日军暴行向本国政府报告说："这是整个陆军本身的残暴犯罪行为。他们是兽类集团。"

1997年，美国传教士约翰·马吉拍摄的长达37分钟的南京大屠杀纪实影片公诸于世。从1912年到1940年5月，马吉在南京下关挹江门外的道胜堂教堂传教，南京大屠杀期间是国际红十字会南京委员会的主席和南京安全区的委员。同年，美籍华裔女作家张纯如的名著《被遗忘的南京大屠杀》在美国畅销，进一步表明日本法西斯的暴行铁证如山。

2004年，在丹麦人辛德贝格的故乡奥胡斯市，人们为了褒扬他当年帮助中国人免遭日军杀害的义举，把一种玫瑰命名为"永远的南京·辛德贝格黄玫瑰"。现在，这种玫瑰每年都开放在南京侵华日军大屠杀遇难同胞纪念馆前面的和平广场上。10年后，丹麦女王玛格丽特二世站在怒放的玫瑰花前深沉地说:"侵华日军南京大屠杀遇难同胞纪念馆记录了77年前在这座美丽的城市发生的最黑暗的一段历史。我们无法改变残酷的历史,但我们可以从中学到经验和教训。今天,我们纪念它,不但要回顾过去,还要面向未来。"

抗日战争胜利后,远东国际军事法庭对屠杀南京人民的罪魁给予了应有的惩罚。华中派遣军司令长官松井石根,经审理被判处绞刑。南京大屠杀中的另一名刽子手谷寿夫,被引渡到南京受审,于1947年被处以死刑。

徐州会战

——喋血台儿庄

全国抗战爆发5个月后，侵华日军已经在关内占领了中国国土南北两大地盘。南以沪浦为中心，北以北平、天津、石家庄、太原为据点。中国陇海铁路一线守军，阻断了日军两部，南北日军如欲合流，向中原侵袭，就非拿下徐州不可。于是，从1937年12月至1938年5月，中国军队同日本侵略军展开了正面战场上大规模的徐州会战。

徐州为苏北重镇，位居黄河、淮河之间的苏鲁豫皖4省相接之处。城中津浦线纵贯，陇海线横穿，为扼东西南北大动脉的要冲。城外丘陵起伏，河川纵横，古往今来为兵家必争之地。

日军统帅部根据侵华战争的新形势，制订了新的作战计划，决定以南京、济南为基地，从南北两端向徐州夹击，首先攻占徐州，打通天津至浦口的铁路线，把南战场和北战场连成一片，进而夺取武汉、广州。1937年年底，侵华日军最高指挥部调集矶谷和板垣两支精锐部队，海陆并进，企图在鲁南地区的台儿庄会师，然后直驱徐州，一举歼灭中国第5战区的有生力量。

台儿庄距徐州150公里，中方只有少量军队驻守在该庄东南的禹王山上。日军如占领了台儿庄，则徐州唾手可得。为了加强防备，蒋介石任命国民党桂系领袖李宗仁为第5战区司令长官，李宗仁立即赶赴徐州坐镇。

李宗仁部有12个集团军，约60万人。他将重兵布置于徐州以北，抗击南犯日军；一部分兵力扎营于津浦线南段，阻击日军北上。

临沂之战挡住日军两师团

1938年1月12日，由海路进犯的板垣师团在青岛崂山湾和福岛两处强行登陆,然后沿胶济路西进,至潍县转南,到了2月初,其前锋直指鲁南军事重镇临沂。与此同时,从陆路进犯的矶谷师团也已沿津浦线南下,与板垣师团遥相呼应。

临沂距徐州300多公里。一旦临沂失守,徐州则失去一道外围屏障。然而,在李宗仁连夜召开的紧急军事会议上,由于难调守军,众将一筹莫展。最后,当李宗仁的目光触到地图上的海州时,他才茅塞顿开,计上心来——应把驻守海州的庞炳勋第3军团火速调往临沂据守!

庞炳勋的第3军团是杂牌军队,实际上只有5个步兵团,枪支弹药装备非常缺乏。当李宗仁把军需武器送到庞炳勋军团总部时,士卒一片欢腾。庞炳勋十分感动,表示誓同日军拼个短长,就是为国捐躯也万死不辞!他立即率军开往临沂,只用几天时间就把临沂的防御工事修筑加固完毕。

2月下旬,板垣率日军1万多人,以坦克为前导,骑兵殿后,浩浩荡荡抵达离临沂不到10公里的鹅庄、独树头一带,并命令人称"猪头"联队长的河野满去闯开临沂的大门。不过,河野满的联队刚从土丘后面露头,"轰"的一声,从第3军团防御阵地飞来的一发炮弹,就把日军的膏药旗炸得无影无踪。河野满损兵折将,满脸血污,逃窜回去报告:"临沂的中国兵的厉害……"板垣大怒,派出师团的精锐部队,并配属一个山炮团、一个骑兵旅,向庞炳勋部队扑杀过来。

庞军5个团的将士面对气势汹汹的敌人,毫不畏惧,拼死抵抗。日军虽反复冲杀,却不能前进一步。捷报传到徐州,中外记者纷纷拥向李宗仁官邸打听消息,并抢发新闻:"名不见经传的中国杂牌军队,痛击最优秀的日本皇军。"

在鹅庄、独树头一带坐镇指挥的板垣感到难言的羞辱,发誓要踏平庞炳勋的第3军团,血洗临沂城,于是下令加紧进攻。第3军团因伤亡惨重,弹药不足,渐感不支。庞炳勋急电徐州请求增援,李宗仁遂令参谋长徐祖贻急调张自忠的第59军由海州开赴临沂参战。细心的李宗仁此时突然想起,张、庞二人之间似有私仇,于是又拿起电话,把张自忠叫到自己的办公室。

谈话中,一提起庞炳勋,张自忠就骂了起来,说是中原大战期间,两人本是在冯大帅的指挥下同老蒋作战,但庞炳勋后来被老蒋收买了,就调转枪口打他。张自忠说:"那次战斗我们伤亡过半,我也负了重伤。当时我就发誓,此仇不报,决不为人。"但是,面对气焰嚣张的日本鬼子,经过李宗仁的一番劝解,张自忠最后表示:"李长官,我明白了,我服从你的命令,立即开赴临沂前线!"

第二天清晨,当日军向临沂发起猛攻时,忽闻四面枪声大作。庞炳勋站在临沂城上看得真切,高声喊道:"兄弟们,援军到了,赶快配合出击!"军号声声,士气大振,士兵们端起刺刀冲出城门,打击敌人,迫使日军狼狈后撤。

3月29日下午,张自忠下达了全军总攻击的命令。在中国军队的强大攻势下,日军被迫撤退。当59军的官兵追击到沙岭时,日军突然停止退却,凭借已有工事和优势火力顽强抵抗。中国军队几次冲锋,都难以突破日军阵地。张自忠在前沿阵地上,耳边不时传来一阵阵炮声。听到这炮声,将军的热血沸腾了。他猛地拿起笔,写下3条手令,其中说:"敌人亦到最后关头,看谁能忍最后之一秒钟,谁就能成功。我困难,敌之困难更大;我苦战,敌之苦处数倍于我。望率所部撑眼前这一极小之时间,甚盼,甚盼。"张自忠的手令转达到部队以后,官兵们争相传阅,部队士气大增。在中国军队的冲杀声中,日军败退了。

持续数月的临沂保卫战,张自忠、庞炳勋两支部队互相配合,挫败了日军两个师团在徐州北面会师的企图,正如李宗仁在回忆临沂之战时所说:"临沂一役最大的收获,是将板垣、矶谷师团拟在台儿庄会师的计划彻底粉碎,造成尔后台儿庄血战时,矶谷师团孤军深入,为我围歼的契机。"

王铭章以死报国

板垣师团在临沂的失败,使矶谷感到十分庆幸,认为这是他抢占头功的好机会。3月中旬,矶谷以坦克为前导,以重炮为后盾,只经过小小的交火便占领了邹县。于是,矶谷头脑发热,更加自信和轻敌。他鼓吹:"半天拿下滕县,3天占领台儿庄。"

矶谷师团大军压境,滕县人民十分恐慌。百姓眼巴巴指望驻守当地的122师保护城池。122师师长王铭章是1937年9月从成都请缨来到滕县驻防的,他当时就立下"誓以必死报国"的遗嘱。

122师虽说是1个师,但却只有两个旅,每个旅实际只有1个团。日军不仅在数量上占有优势,而且还装备有山炮、野炮、重炮等多种特种兵器,武器装备上的优势更加明显。但是,王铭章师长对抗日满怀信心,他曾坦率地说:"以川军薄弱的兵力和窳败的武装,担当津浦路上保卫徐州第一线的重大任务,力量不够是不言而喻。我们身为军人,牺牲原为天职，现在只有牺牲一切以完成任务，虽不剩一兵一卒，亦无怨尤。不如此，则无以对国家，更不足以赎20年川军内战的罪愆了。"

当时，徐州空虚，援军尚未调到。蒋介石得知敌情后，即向第5战区下达命令："四十一军王铭章，务必死守滕县三日，以待增援部队巩固徐州。"

形势危急。滕县百姓自动组成担架队、运输队、劳军队等，捧茶端酒犒劳部队。122师官兵感动得热泪盈眶，决心与百姓同生死，与城市共存亡。

这是一场惊心动魄的战斗。矶谷命令开炮，猛击县城，城墙被炸坍了，士兵们端起刺刀，与日军展开肉搏战。日军坦克冲上来了，守军缺少爆破器材，就把手榴弹捆在身上，滚到坦克履带之下。师长王铭章把参谋人员和后勤人员组成预备队，哪里战斗最烈就补充到哪里。在弹药消耗殆尽，人员损失过半的情况下，官兵仍然士气高昂。

当李宗仁看到滕县的战报时，已是血战的第三天了。此时矶谷已派出两支精锐部队，准备随时截击援军。由于增援受阻，李宗仁只得向王铭章说明要以大局为重，坚决死守。王铭章表示要血战到最后一分钟，拖住日军。恰好此时中央军精锐部队汤恩伯的第20军团奉调到第5战区准备参加徐州会战，先头部队85军已到，李宗仁刻命令该军速去解滕县之围。然而已经迟了！

3月17日下午，援军仍未到来。王铭章意识到，这是报国的最后关头了。他向司令部发出了最后一份电报："目前敌用重炮、飞机从晨至午不断猛轰，城墙缺口多处，敌步兵屡次登城，屡被击退。"最后，王铭章表示："决心死拼，以报国家，以报知遇。"

当王铭章缓缓向一处阵地走去时，忽然看见滕县县长周同站在身边。他停下脚步，和蔼地说："周县长，你可以走了，你应该走了。守城，有我指挥。"周县长回答说："王师长，守土有责这四个字，我是明白的。抗战以来，只有殉国的将军，没有殉职的地方官。我们食国家禄的，非常惭愧！王师长这样爱国，这样爱民，我们深受感动。我为一县之长，决不苟生。我要做一个为国牺牲的地方官。"

日军从东面和西面攻入县城。王铭章把指挥所设在县城十字街头，亲自督战。看到日军冲过来，他举起枪，怒吼道："弟兄们，我们要坚守到最后一分钟，要拼到最后一滴血！"

蒋介石下达的坚守3天的时限早已过去了，战斗还在继续。突然，一颗子弹击中了王铭章的胸部，鲜血很快染红了将军的衣服。卫士见状，急忙用绑腿为将军包扎。正当卫士要把受伤的王铭章转移时，一排子弹射过来，师长光荣殉国。

3月18日，滕县、临城陷入日军之手。3月20日，韩庄、峄县被日军占领。

外围战大败日军

军事上的又一次得手，使矶谷更加骄狂，他竟不顾与板垣原已订好的会师台儿庄的计划，孤军直扑台儿庄。

李宗仁连日召集新近调防徐州的第2集团军孙连仲部和第20军团汤恩伯部的高级将领开会，针对矶谷轻敌骄狂的弱点，做出相应的部署。会上，孙连仲拍案而起："俺是冯玉祥西北军出身的，防守是俺的拿手好戏，台儿庄的防御战，该俺第2集团军露脸了！"第2集团军所辖30军军长田镇南、42军军长冯安邦、30师师长张金照、31师师长池峰城等也慷慨激昂地随着请缨。李宗仁当即命令号称"国军精华"的20军团当钓饵，诱敌深入，以便围歼。

这一天，矶谷的先头部队遭到汤恩伯第20军团的伏击，津浦线上顿时枪弹横飞，杀声震天。矶谷得知日军咬住了国军的精锐部队，不禁大喜，下令不惜一切代价全歼这支部队。

日军摆出了决战的架势，但20军团却打打退退。被胜利冲昏头脑的矶谷越发自信，遂命部队穷追不舍。20军团让开津浦路正面，退入抱犊崮东南的山区。矶谷哪里知道，20军团是调转矛头，以截断他与板垣师团的联系，于是率队直奔台儿庄。3月23日，矶谷先头部队抵达台儿庄，于凌晨发动总攻，下午即突破30军田镇南的防线，冲进了台儿庄北泥沟、车站。

此时，孙连仲所部在台儿庄外围各村落，同日军展开激战。两军逐村逐寨争夺，互不相让，打到村中时，最后多以白刃战解决问题。几天下来，台儿庄以北附近村庄多毁于战火，墙垣残破，遍地瓦砾。当地村民为杀日寇、保家园，纷纷让出院落，腾出房屋，搬出家具衣被，供守军构筑工事、街垒之用。

24日晨，矶谷采用焦土政策，动用飞机、坦克和各种火炮，对蒲旺、辛庄、凤凰桥等一线防御工事实施毁灭性打击。第2集团军虽伤亡惨重，但将士们仍以血肉之躯抵住日军的炮火和坦克，死守不退。

守卫台儿庄的第31师官兵与日军展开激战，不时以灵活的战术同日军周旋。日军的炮火把台儿庄城寨东北角的城墙炸塌了，日本鬼子看到城墙中的这个突破口，纷纷往城里冲锋。池峰城师长看到情况万分危急，厉声命令："敢死队，跟我上！"突入台儿庄城东北角的日军两面受到威胁，立足未稳，就被中国军队歼灭了。李宗仁看到台儿庄第一天的战斗报告，当即传令：奖赏敢死队银圆10万。敢死队队员听到李宗仁的嘉奖令，一致表示："只要抗日，不要银圆！"日军猛攻了3昼夜，才于27日冲入台儿庄街区。接着，两军展开巷战，争夺每寸土地。

　　李宗仁数次急催汤恩伯加快南下，但汤恩伯为了保存实力，在姑婆山区逡巡不前。李宗仁大怒，直接驱车前往姑婆山，对汤恩伯当面训诫道："如果再延误战机，当呈报蒋委员长！"汤恩伯不敢再拖，只得遵命。

　　正当汤恩伯磨磨蹭蹭，带兵南下时，台儿庄的守军几乎已伤亡殆尽。到4月3日，台儿庄2/3的地方已被日军占领。孙连仲的第2集团军仍据守南关一隅，伤亡人数超过了7/10。在此情况下，台儿庄前沿阵地的指挥官、第31师师长池峰城请求孙连仲暂时撤出台儿庄，退至运河南岸等待援兵。

　　当孙连仲请示李宗仁时，李宗仁毅然下令："今夜向日军发动夜袭，以打破敌军明晨拂晓进攻的计划。"孙连仲得知李宗仁的意图后，对池峰城说："台儿庄必须坚守。士兵打完了，你就自己顶上去；你牺牲了，我就顶上去。再言撤退，杀无赦！"池峰城咬紧牙关，坚定地回答："我就把这一腔热血洒在鬼子头上了！"

　　孙连仲立即进行紧急部署，将轻伤员、炊事员、勤杂人员等组成十几支敢死队，并命令士兵抓紧时间休息，待命出击。午夜，数百名敢死队员臂缠白毛巾，在暮春浓雾的掩护下摸向敌营。疲惫的日军此时正在酣睡，毫无察觉。敢死队勇猛冲杀，日军仓皇败退。第2集团军一举夺回被日军占据的3/4的地区。矶谷见大势不妙，忙下令部队撤到台儿庄北门，打算坚守到天亮再说。然而黎明刚到，台儿庄北面就猛然响起重炮声——汤恩伯军团已出现在矶谷师团的背后。矶谷如梦初醒："我被包围了！"忙下令撤退，可是已经来不及了。

　　前来督战的李宗仁见决战时机已到，遂令孙连仲率领台儿庄的守军全线出击，自己的随员也协同作战。霎时杀声震天，士兵个个勇不可挡。矶谷师团已成强弩之末，弹药打光，汽油耗尽，机动车辆大部被毁和瘫痪。溃不成军的日寇只好退至峄县。经清点，矶谷共损失1.7万人。

台儿庄岿然不动

　　日军侵华最高军事统帅部不甘惨败，重新拟定了进犯台儿庄的计划。除给矶谷师团补充火炮弹药外，又拨伪军刘桂堂部供其调遣。矶谷稍加喘息，便与板垣率近4万日军，分两路向台儿庄杀来。

　　坐镇武汉的蒋介石一方面为台儿庄初战的胜利感到高兴，另一方面又为下一步的对策大伤脑筋：由于孙连仲已无力投入战斗，据守台儿庄的只剩下汤恩伯军和于学忠的一个师，兵力不足两万，急需增援新军。

　　这期间，正值滇军60军于1938年年初奉调保卫武汉。60军的军长是卢汉，师长有张冲、高荫槐等。该军调到武汉后，蒋介石立即召来卢汉，当面授命60军转赴徐州参加会战。卢汉异常激动，表示不负重托，努力杀敌，誓雪国耻。

　　此时，驻守台儿庄的汤恩伯和于学忠听说矶谷、板垣又来进犯，恐兵力不敌，便于21日晚从左右两翼后撤，使得台儿庄一带的防线出现了一个缺口。日军先头部队的两个步兵连和骑兵四五千人，在30余门火炮和20余辆坦克的掩护下乘隙而入，妄图扩大缺口，撕开我军防线，向南攻占台儿庄。

　　4月21日卢汉率军抵达徐州后，兵分3路向台儿庄疾进。4月22日拂晓，各路人马渡过了运河。8时左右，第183师潘朔端团和陈钟书旅在陈瓦房、邢家楼一带与日军遭遇。卢汉急令不惜一切代价堵住缺口。在陈瓦房，潘朔端团的尹国华营与先期占领该地的一个日军大队展开激烈战斗。尹国华率领尖刀连，用"恶虎掏心"的战术直捣日军指挥部，然后由内向外，分割围歼，终于将陈瓦房夺了回来。

　　矶谷立即下令日军切断中国军队增援陈瓦房的道路，以优势兵力将尹国华500多官兵团团围住。交战中，尹国华和全营官兵壮烈殉国。卢汉在率领大军顺利进入阵地后，眼含热泪，咬紧牙关，通令三军牢记血债，努力杀敌！

　　在邢家楼、五圣堂地区，陈钟书旅也同日军展开了艰苦的遭遇战。陈旅长机智果敢，先敌一步抢占了阵地，顶住了日军的多次进攻。激战至下午5时，陈旅长带头跃出战壕，冲入敌群。日军败逃，陈钟书率兵乘胜追击，不料一个倒地装死的日军少佐突向他连开数枪，击中了他的头部。陈钟书怒目圆睁，猛将刺刀插入敌人胸膛，然后挂枪挺身，高声呼道："弟兄们，冲啊！杀啊……"最后英勇牺牲。

经过 4 月 22 日一天的激战，60 军将士扼住了缺口，稳住了阵地。次日，183 师、182 师又在凤凰桥、五窑路、蒲旺、辛庄一带夺回并守住了台儿庄正面一线的阵地。

自 4 月 24 日凌晨起，矶谷、板垣师团又集中兵力，向 60 军的正面防线发起猛攻。经过反复拼杀，团长云龙阶不幸阵亡。入夜，邢家楼及辛庄等地相继被日军攻陷。卢汉只得命令部队退到第二线阵地，等待援兵。矶谷误认为 60 军已无力进攻，便于 27 日午后，用 3 个联队对 60 军正面防御据点东庄展开重点进攻。守卫东庄的张仲强营长急令全军隐蔽，待敌人离阵地只有 50 米时才猛烈开火，歼敌 300 余人。

面对严峻的形势，卢汉召开军事会议，决定只留一个团的兵力据守台儿庄，而将主力转移到台儿庄东南的禹王山。此地位于运河东岸，左可控制台儿庄，右能控制黄石山，俯视全局。师长张冲在率 184 师先期移师禹王山后，迅速沿东、西、北 3 面赶筑工事，待全军到达后再展开以禹王山为主的阻击战。

60 军移师禹王山，使矶谷和板垣预感到局势不妙，于是匆忙调兵遣将，以坦克骑兵为先导，于 28 日凌晨扑向禹王山。张冲坐镇禹王山顶指挥，见敌人到来，一声令下，漫山遍野枪炮齐鸣。士兵还将事先堆好的石头掀下山顶，砸得敌军人仰马翻。营长魏开泰身先士卒，不失时机地组织小分队出击，不幸被流弹击中倒下。"为营长报仇！"士兵们呐喊着向敌军冲去。到 11 点左右，终将来犯之敌全部歼灭。

经过 8 昼夜鏖战，中国军队终于守住了台儿庄。日军迫不得已改变了战略部署，在 4 月 29 日后将主力转移到鲁西及苏、皖北部，企图对徐州进行迂回包围。台儿庄战役宣告结束。

台儿庄之役后，日军恼羞成怒，调集了华北方面军和华中派遣军的 13 个精锐师团，共 30 余万人，决心一举歼灭徐州地区 50 个师的中国军队。日军此次改用了南北对进、侧翼迂回的战术，很快就攻克了徐州周围的若干重镇。5 月中旬，南北日军会师安徽砀山，对徐州形成包围之势。坐镇武昌军委会的蒋介石见势不妙，急令李宗仁火速突围，经皖豫山区，收缩中原。5 月 19 日，徐州陷落。然而，由于中国数十万军队安全撤退，日军围歼中国主力部队的计划宣告失败。

无名英雄夏文运

台儿庄战役的胜利，同准确及时的情报密不可分。事隔多年，李宗仁才在回忆录中透露："何君冒生命危险,为我方搜集情报,全系出乎爱国的热忱。……(何君)未受政府任何名义,也未受政府分毫接济。如何君这样的爱国志士,甘作无名英雄,其对抗战之功,实不可没。"

"何君"是谁?就是夏文运的化名何益之。因在家中排行末位,俗称"夏老九";又因长得白白净净,聪明腼腆,又被称为"夏大姑娘"。

夏文运是大连市金州七顶山人,1905年生,1929年成为日本京都帝国大学文学部硕士研究生,1932年毕业后回到大连,应聘为奉天冯庸大学教授兼校长秘书,"九一八"事变后日本侵占了东北,冯庸大学被迫迁至北平,夏文运因此失业。后经人介绍进入伪满洲国政府机关工作,很快就担任了侵华日军参谋部第二课课长和知鹰二的随身翻译,因而结识了许多日军高层军官。

1931~1936年,两广处于军阀割据状态,日本侵略军为了利用这种局面,便派夏文运到广州游说桂系军阀李宗仁。李宗仁见他年轻热情、为人正派,就约他一谈。李宗仁诚恳地对他说:"我看你是位有德有才的青年,现在我们祖国如此残破,你的故乡也被敌人占据,祖国的命运已经到了生死存亡的边缘,你能甘心为敌服务无动于衷吗?"夏文运经此一问,泪如雨下,当即向李宗仁表示:"如有机会替祖国报效,万死不辞!"

机会终于来了。1937年12月27日,日本华北方面军占领济南后,又把目光转向中国南北大动脉津浦线和东西大动脉陇海线的重要枢纽徐州。在此危急关头,第5战区司令长官李宗仁决心在台儿庄一带痛击日军。身居上海的夏文运闻风而动,冒着生命危险收集、传递日军绝密情报。由于夏文运得到和知鹰二的庇护,在沦陷区行动自由,他便从大特务土肥原贤二等处获取了许多极为重要的情报,然后通过设在上海法租界一位日籍友人寓内的秘密电台发出。中国第5战区情报科以专用电台接收、专用密码译出,然后交给李宗仁使用。李宗仁称其情报在抗战初期是"独一无二的"。

1938年2月上旬,李宗仁接到夏文运密报:坂垣师团将从胶济线进军蒙阴、沂水等地,李宗仁据此命令庞炳勋军团驰往临沂堵截敌人。庞炳勋军团实际上只有5个步兵团,浴血奋战到3月中旬后,渐渐抵挡不住日军的攻势,急电李宗仁求援。此时南北战线都很吃紧,李宗仁手下无兵可派。正当他一筹莫展之时,夏文运又从上海发来密电:日军北动而南不动。于是,李宗仁迅速抽调张自忠的59军北上,庞、张二部并肩作战,在临沂歼敌3000多名,使日军后退90余里,彻底粉碎了坂垣、矶谷两师团在台儿庄会师的企图，从而为台儿庄大捷创造了条件。

此后，夏文运一直为李宗仁和国民党重庆方面提供日军情报。例如，1940年12月，夏文运在致孔祥熙的密函中，就报告了他同年赴日期间收集到的各种密闻。太平洋战争爆发后，夏文运频繁传递情报的活动引起了日方的注意，因而遭到日军的搜捕，他被迫逃出上海。

1943~1945年，夏文运在担任伪山西省政府建设厅厅长时，曾利用自己的特殊身份，经常同八路军进行物资交换，并掩护、解救过包括董必武在内的许多共产党人。日本投降后，夏文运在北平被国民党政府逮捕入狱。在此期间，民国山西省政府建设厅曾函复山西省高等法院检察处称："伪建设厅厅长夏文运罪行无案可稽。"1947年，夏文运经北平行辕主任李宗仁保释出狱，1948年回上海定居。

20世纪50年代，夏文运辗转去了日本，与日本妻子和孩子定居东京，退休后以经营料理店为生，1970年11月15日因脑溢血去世，终年72岁。现在，他的名字已被载入《大连人物志》，他在大连的故居也被有关部门列入修复规划。

武汉会战

武汉会战,中方又称"武汉保卫战",日方则称"武汉攻略战"。

1938年6月11日至10月25日,蒋介石为了保卫武汉,投入了110个师、120万人,而日军前后动用了35万人。中国军队在4个多月中以伤亡约40万人的代价,歼敌14万人,最后主动放弃了这座城市。日军惨胜,战争进入长期相持阶段。

1938年5月徐州陷落后,日军气焰更加嚣张,决定进一步扩大侵华战争,将贪婪的目光投向两江相会、三镇鼎立的华中重镇武汉。鉴于武汉当时是中国抗战的政治、军事和文化重心,日本陆军部、参谋本部第二部(情报部)认为:"从历史上看,只要攻占武汉、广东,就能统治中国";"攻占汉口作战,是早日结束战争的最大机会";"通过这一作战,可以做到以武力解决中国事变的大半"。

5月26日到6月3日,毛泽东在延安抗日战争研究会上发表了《论持久战》的著名演讲,正式提出抗日持久战的防御、相持、反攻3个战略阶段。作为中共代表在武汉工作的周恩来也于10月10日发表了《辛亥、北伐与抗战》一文,文中指出:"武汉是中华民国的诞生地,是革命北伐时代的最高峰,现在又是全中华民族抗战的中心。"

当时,中国军队刚刚赢得正面战场第一次重大胜利——台儿庄大捷,有人被局部的胜利冲昏了头脑,认为"中国抗战已越过危险阶段",再打几次这样的大胜仗,就能把日本鬼子赶出中国。与此同时,又有人散布"亡国论"的主张,说是"再战必亡"。在这种情况下,正是以国共合作为基础的抗日民族统一战线的建立,坚定了全民族以持久战打败日本侵略者的信心。

江南江北　多线作战

1938年5月徐州失守后,全国亿万军民众志成城,严阵以待,做好了保卫大武汉的作战准备。蒋介石最后确定的破敌之策是:徐州作战后,主力退至皖西、豫中,并根据中原形势,在汉口的长江以南成立第9战区,以陈诚为司令长官。江北的鄂北、皖北、苏北仍为第5战区,由李宗仁指挥。江北的马当要塞、湖口对岸及田家镇要塞,还有武汉卫戍区等,均归第9战区指挥。总的作战方针是:以主力在武汉外围,凭依江南之鄱阳湖、九岭山、幕阜山和江北之大别山、桐柏山及长江两岸之丘陵、湖泊地区,进行持久作战,以牵制消耗敌人,粉碎日军的进攻企图。作战区域达10多个省,作战面积达300多万平方公里。

5月21日,蒋介石得知徐州突围出来的部队乱成一团,受到日军围歼,热血直冲脑门,便带着商震等将领急奔郑州。当他在郑州又得知国军无法堵住南下的日军部队时,真的急了,突然踱到地图前面,指着黄河地区问道:"水淹三军,古已有之,我们能不能试试这一招?"商震想了想,说:"这个主意也行……但是,黄河水能淹死敌人,同样也会淹死我们无数的百姓啊。这个办法不能用,不能用。"蒋介石不同意商震的看法,态度十分坚决:"一切服从军事需要,我已经决定了,就这么办!"

实际上,在此之前,蒋介石的德国顾问团团长法肯豪森就已向蒋提出建议:一旦日军打到开封、郑州一线,黄河就成为中国军队的最后战线,适宜做有计划的人工泛滥,以增厚其防御力量。蒋介石十分赞同这一想法,并在法肯豪森的建议书旁边批道:"最后抵抗线。"

这一天,蒋介石在下达了炸开黄河花园口的命令后,就匆匆返回了武汉。6月9日,郑州市北郊17公里处的黄河南岸渡口——花园口被扒开,洪水如脱缰的野马,任意奔腾向前,由中牟、白沙、郑庵越过陇海路,向南面和东南方向泛滥,经贾鲁河直入安徽境内,越淮河、运河奔入长江,灾及河南、安徽、江苏3省的44个县。

对于蒋介石这一举措,军史学家们褒贬不一。从一定意义上讲,它确实给日军造成了重大伤亡。据日本防卫厅防卫研究所战史室编写的《中国事变陆军作战史》记载,洪水之后,日军只能用航空兵团空投后勤物资。决堤后,由于形成黄泛区这一巨大地障,迫使日军在平汉路以东停止前进,从而消除了唐白河流域和汉水中游面临的威胁,并守住了军事重地郑州。

6月15日，日本御前会议再次研究进攻武汉和广州的作战计划，认为进攻武汉的兵力已经准备就绪。18日，日军大本营根据御前会议的决定，下达了第119号命令，全面部署武汉作战。这个命令明确指出，攻占武汉以初秋为期。于是，日军在第11军司令官冈村宁次、第2军司令官东久迩宫稔彦等指挥下，企图以长江两岸的30多万兵力实现"速战速决、征服中国"的美梦。

武汉会战包括马当战斗、九江战斗、黄梅战斗、广济战斗、田家镇战斗、瑞昌战斗、马头镇战斗、星子战斗、万家岭大捷、富金山战斗、信阳战斗，等等。

枪声先从南线响起。日军主力按预定作战方案沿长江西进，第一步是夺取安庆、九江等城市，建立进攻武汉的前进基地。6月11日夜间，日本海军的20多艘舰艇护送波田支队（台湾混成旅），驶抵安庆附近水面。12日凌晨下起了倾盆大雨，波田支队的官兵冒雨在安庆登陆后，首先占领了郊区机场。当日18时，川军27集团军杨森部的防御阵地被日军突破。次日，日军占领安庆。蒋介石大怒，电斥杨森"轻弃名城"，并要他反攻安庆。杨森回电说，徐源泉的26集团军挡不住日军第6师团的攻击，暴露了他的侧背，他才不得不退出安庆。

波田支队在攻占安庆后，继续搭乘海军舰艇溯江西进，6月下旬抵达江防要塞马当的封锁线外。这个要塞由德国军事顾问设计，耗资无数，坚固异常，蒋介石对它寄予厚望，认为它至少能阻止日军1个月左右。要塞附近的守军为李韫珩的16军，当时，他不顾形势危急，竟然办了一个为期两周的"抗日军政大学"，并于6月24日举行结业典礼，邀请16军各级军官和当地士绅参加，大吃大喝。日军得此情报，于当日凌晨在16军防地登陆成功，然后顺利攻下香山、香口等地。幸亏防守马当要塞长山核心阵地的海军陆战队2大队没有派人参加结业典礼，在大队长鲍长义指挥下，经过顽强抵抗，才打退了波田支队的多次大规模集团冲锋。

眼见16军暂时指望不上，鲍长义赶紧发报给在武汉的老上司谢哲刚。谢哲刚一看电报，吃惊不小，立马报告了蒋介石。蒋介石旋即打电话给在田家镇视察的白崇禧，让他快想办法。白崇禧看了看地图，马上打电话到彭泽的167师，要师长薛蔚英立刻率部增援长山。但是，薛蔚英部未按白崇禧指明的大道及时赶到战场。鲍长义的2大队在坚持两天后，伤亡过半，弹药消耗殆尽，不得不撤离阵地。马当炮台随即失守。蒋介石连夜把陈诚叫去臭骂一顿。陈诚命令16军和49军反攻马当，但中国军队屡屡受挫，伤亡惨重，陈诚不得不下令停止进攻，退守彭泽。

后来，李韫珩被撤职查办，薛蔚英则吃了枪子。

8月22日，日军大本营下达了进攻武汉的作战命令。日军24个师团（占总兵力的70%）兵分几路发起进攻，声称将通过武汉会战歼灭中国军队，切断中国的国际补给线，达到"将国民政府驱逐于中原之外"的政治目的。

10月中下旬，日军第11军和第2军逐渐逼近武汉。长江南岸的日军第9师团和波田支队在辛谭铺附近渡过富水河，攻占阳新、大冶，占领葛店后，准备进攻武汉。第9师团企图占领贺胜桥，第27师团向咸宁前进，企图在咸宁附近切断粤汉铁路，直接威胁武汉右翼。日军9个师团20多万人从东面、南面和北面对武汉形成了3面包围，武汉会战处于最后的关键阶段。

日本侵略军在向武汉进攻的同时，又在广东省大亚湾登陆，驻守广东海防的国民政府第12集团军竟然没有发现登陆的日本鬼子，在不利形势下被迫放弃广州。

蒋介石眼见武汉难守，认为武汉在战略上的重要性已经减弱，便决定放弃武汉，撤出军队。撤退前，蒋介石命令军队破坏各种战备设施，以防被日本侵略者利用。10月24日深夜，蒋介石同夫人宋美龄一起乘飞机离开武汉，前往湖南衡阳以北的南岳。谁知飞机在黑夜中迷失方向，飞了3个多小时仍然无法找到衡阳机场。机组人员急得满头大汗，不得不冒险飞回汉口。25日凌晨1时30分，蒋介石和宋美龄乘坐的飞机在汉口机场降落时，工作人员已经开始破坏机场，日军的炮弹不时落在机场上。敌情严重，蒋介石和宋美龄立即换乘另一架飞机，匆匆起飞，在晨雾中飞向南岳。

10月26日早晨，冈村宁次指挥的第11军波田支队侵占了武昌。下午，日军第6师团占领汉口。27日，日军第106师团和第6师团各一部占领汉阳。武汉三镇丧失，国军保卫武汉失利。至此，中国的北平、天津、上海、徐州、南京、广州、武汉等7大城市相继沦入日本侵略军的魔掌。

11月1日，冈村宁次在卫兵们的簇拥下，骑着高头大马踏入武汉。他频频挥手，向街道两旁持枪立正的日本官兵致意。他刻意把司令部安排在第9战区司令长官陈诚的官邸。

尽管武汉保卫战没有长时间的城市激战，但街上同样是一片悲惨、凄凉的景象。日军进入武汉时，许多居民早已逃走避难，留下的大多是一些贫苦人和老年人。国民政府的政治、军事机关几乎全部撤退，往日车水马龙的商场和市场现在都用砖块把大门和窗户堵死,有价值的东西几乎都已搬走,就连冈村宁次的司令部所在地、原省政府大厅也是空空荡荡。

武汉会战期间,中国空军和海军也积极参加作战。在苏联志愿空军大队的配合下,中国空军鏖战长空,与日军航空兵空中大战7次,击毁日机78架,炸沉日舰23艘,有力地支援了地面部队的作战。中国海军也英勇作战,击沉击伤日军舰艇和运输船只共50余艘,击落日机10余架。

10月31日,蒋介石发表了《告全国国民书》:

……吾同胞须认识当前战局之变化与武汉得失之关系,我国抗战根据,本不在沿江沿海浅狭交通之地带,乃在广大深长之内地,而西部诸省,尤为我抗战之策源地。此为长期抗战根本之方略,亦即我政府始终一贯之政策也。……我守武汉之任务已毕,目的已达。……就军事言之,武汉在战事上的价值,本不在其核心之一点,而实在其外围之全面。今我在武汉外围鄂豫皖赣主要地区,远及敌人后方之冀鲁辽热察绥苏浙各干线,均已就持久作战之计划,配置适宜之根据地与兵力,一切部署均已完成。……我军之方略,在空间言,不能为狭小之核心,而忘广大之图,以时间言,不能为一时之得失,而忽久长之计。故决心放弃核心,而着重于全面之战事。

我国在抗战之始,即决心持久抗战,故一时之进退变化,绝不能动摇我国抗战之决心。唯其为全面战争,故战区之扩大,早为我国人所预料,任何城市之得失,绝不能影响于抗战之全局。

往昔敌军本已深陷泥淖,无以自拔,今后又复步步荆棘,其必葬身无地矣。

在整个武汉会战中,双方军队伤亡在130万人左右;中国将军以上的伤亡达十多人,日军将校级军官近百人被打死;日军在战争中使用毒气达375次之多;中国平民死亡近百万人。较量的结果,中国军队主动放弃了武汉,全师而退,保存了继续与日军周旋的实力,而日军在付出惨重代价之后,仅仅获得一座空城,其聚歼中国军队主力、迫使中国求和的初衷灰飞烟灭。经此一战,日本国力大伤,被迫放弃"速战速决"的战略,中日战争转入对日本最为不利的持久战争阶段。

中国工业大搬迁

　　蒋介石当时提出的战略思想是"以空间换时间",把东南方向的物资运至西北、西南,大力建设后方根据地。他说:"保卫武汉之军事,其主要意义原在于阻滞敌军西进,消耗敌军实力,准备后方交通,运送必要武器,迁移我东南与中部之工业,以进行西北、西南之建设。吾同胞应知此次兵力转移,不仅为我国积极进取、转守为攻之转机,且为彻底抗战,转败为胜之枢纽。"

　　上海被日军占领后,占中国"半壁江山"的工业尽落敌手,损失惨重。日军利用这些工厂快速生产,以战养战,而此时,西南、西北等地工业十分薄弱,支撑整个抗战的工业体系走到了悬崖边缘。

　　国民政府决定立即在西南、西北地区建立新的战时工业基地。在《武汉会战方针及指导原则》中,明确提出通过组织大规模的会战,阻滞日军攻势,为工厂抢运赢得宝贵时间。

　　此前,由于战事紧迫,组织仓促,沿海仅170余家企业内迁武汉。为了吸取教训,1938年3月,国民政府专门成立了迁建委员会,进行了广泛宣传动员,并提供了1000多万元的资金保障,组织沿海内迁企业以及湖北沿江各大工厂紧急西迁。在短短几个月的时间里,仅从武汉西迁的企业就有223个,10余万吨设备安全抵达川、滇、陕、黔等地。

　　据当时资源委员会委员兼工业联络组组长林继庸回忆,要迁一个工厂,有如下一些严格的步骤:动迁、选择、拆卸、装箱、报关、运输、保险、设站、检验、接收、工人安置,此外还要面对临时出现的各种问题。

　　这是一次悲情而壮观的罕见大搬迁。时任陈诚机要秘书的郭大风说:"江边码头极为繁忙,大小船只来回穿梭,足足运了几个月。人们依依惜别,抱头痛哭。……如果没有这些工厂的安全转移,抗战是不可能坚持8年的。别的不说,子弹就供应不上啊。大批的机关、学校西迁也要经过武汉,要是没有充足的时间,后果不堪设想。"

　　抢运一直持续到最后一天。一些无法运走的机器、设备被全部炸毁。1938年10月25日,当日军铁蹄踏入武汉时,长江上最后一行满载着人员物资的船队刚刚缓缓驶离,日军只得到一个烈焰冲天的空城。

　　中国工业的大举西迁,是中国近代工业史上的一次突变。依靠武汉保卫战赢得的宝贵时间,一大批工矿企业最终得迁后方,从而奠定了战时中国工业的基础,为全民族抗战取得最后胜利做出了不可磨灭的贡献。

东方慕尼黑阴谋

淞沪、太原、徐州、武汉四大会战后，日本侵略军虽然占得中国半壁河山，但其有生力量遭到极大的消耗，中日战争进入战略相持阶段。此时，日本转而采用以战为主，以诱和为辅的两手策略，加紧实施"以华治华"的阴谋，特别是在政治上从反蒋转变为诱蒋投降，分裂国共合作，分化抗日统一战线力量。蒋介石也随之使用两手对付日本，一方面坚持以武力抵抗日军进攻，同时在某些时候、某些方面，也不排斥亲自掌控同日本的谈判。

早在1937年11月2日，日本外相广田弘毅就把日本议和条件告诉德国驻日大使狄克逊，再经由德国驻华大使陶德曼，转告了中国政府。这些条件包括：内蒙古自治；华北不驻兵区域扩大到平津铁路以南地区；上海停战区域进一步扩大，并由国际警察管制；停止排日；减低日货进口关税；尊重外国人在华权利。由于全国人民的坚决反对，日本这次劝降国民党的阴谋未能得逞。不过，日本仍然在同中国某些民族败类的"合作"方面取得了一定成效：1937年12月24日，以大汉奸王克敏为首的"中华民国临时政府"在北平成立；1938年3月28日，在日本的扶持下，梁鸿志在南京成立了"中华民国维新政府"；日本人还在内蒙古扶植了以德王为首的"蒙疆联合自治政府"。

1938年11月3日，日本政府发表声明，再次呼吁以蒋介石为首的"国民政府抛弃以前的一贯政策……参加新秩序的建设……"1939年3月，日本首相平沼在国会演说中提出："蒋介石将军与其所领导之政府，如果能重新考虑其反日态度，与日本共同合作，谋东亚新秩序之建立，则日本准备与之作中止敌对行为之谈判。"

日本的侵华新策略，以只反共不反蒋为核心，这对英美以及蒋介石都有很大的诱惑力。于是，英美劝和、蒋介石愿和的气氛空前地活跃起来。

1938年冬，一些帝国主义国家就曾互相串通，沆瀣一气，密谋召开太平洋会议，解决中日战争问题。武汉失守后，英国不断示意蒋介石议和，首相张伯伦也表示要参加"远东建设"。1939年4月间，英国驻华大使卡尔频繁往返于日蒋之间，积极策动中日谈判。

欧洲战争爆发后，英国忙于应付希特勒的侵略，东方慕尼黑活动的主角便由美国人来扮演。美国远东政策的基本原则是：扶植日本成为远东反苏反共的有效堡垒；在"门户开放"的幌子下，与日本均分赃物，共霸远东。所以，在日本侵华问题上，美国采取了"坐山观虎斗"的策略。一方面，美国向日本提供大量战略物资和市场，怂恿日本侵华；另一方面，它又接济中国一点东西，让中国作一定的抵抗，等待时机出面干涉，在既保持它的远东利益，又不伤害日本反苏实力的条件下，结束中日战争。

1937年8月，美国总统罗斯福就曾对国民政府特使孔祥熙说：满洲国成立已有6年，现在不论法理如何，其存在已为事实。目下各国虽未承认，但将来不免有一二国家与日本在互换条件下，开始承认。1941年3月8日，美国国务卿赫尔与日本驻美大使野村举行了第一次会谈；到日本偷袭珍珠港前夕，日美谈判60多次。

同时，蒋介石集团与日美的接触也日益频繁。1938年2月17日，国民党政府外交部主管对日事务的科长董道宁秘密到了伦敦，会见了日本参谋本部第八课课长影佐祯昭。回国时，他携带了影佐致张群、何应钦的亲笔信。内称：董道宁来英，以身传达贵国诚意，使我当局大为感动。4月16日，国民党政府外交部另一要员高宗武与董道宁又从汉口去香港，会晤了日本人西义显。高宗武称，蒋介石要求日本尊重长城以南中国领土主权之确立与行政之完整，即"恢复卢沟桥事变以前原状"——这就是蒋介石谈判的底线。

武汉失守后，以国民党第二号头目汪精卫为代表的国民党亲日派主张与日本直接谈判投降，而蒋介石集团则主张经英美调停议和。汪精卫得悉日本有意促他另立中央后，野心勃发，梦想成为中国的"一号人物"。1938年，他派亲信高宗武等赴日，签订《中日和平草案》。11月中旬，高宗武又同日本军方在上海会谈，达成一系列卖国协议和防共协定。12月18日，汪精卫根据日本事先制订的计划，率领一伙亲信潜离重庆，假道河内，当了汉奸。于是，原来的日蒋周旋转化成了日蒋汪三角交易。

1939年5月6日，汪精卫等人乘日轮"北光丸"号由河内到了上海。9月19日，在日本主子的撮合下，汪精卫、王克敏、梁鸿志在南京召开会议，商谈成立伪中央政府事宜。自10月底开始，汪精卫与日本断断续续在上海进行了两个月的谈判，于12月30日秘密签订了卖国的《日华新关系调整要纲》。与此同时，日本驻香港武官铃木卓尔也同国民党代表宋子良进行了多次会谈，怂恿蒋汪合流。

1940年1月15日，汪精卫向王克敏、梁鸿志发出了"青岛会议"的邀请。1月24日上午，3方正式进行了第一轮会谈并达成协议，确定新中央政府"以反共亲日和平为宗旨"，定名为"国民政府"，首都设在南京，国旗为青天白日旗加小黄三角布条，上书"和平反共建国"字样。15日上午，三方进行了第二轮会谈，决定了伪中央政府的组织机构和各既成汉奸政权的归宿。伪中央政府为标榜"正统"，遥奉重庆国民政府主席林森为"主席"，汪精卫为"行政院长"兼"代主席"。政府设立行政、立法、司法、监察、考试五院和军事委员会，下设若干部委，与重庆国民政府基本相同。

根据"青岛会议"拟定的日程，汪精卫搜罗了几个前清遗老、北洋军阀余孽，以及效忠于他的少数国民党骨干，于3月30日在南京成立了伪政权，并扬言这是"国民政府还都"。五院院长及华北政务委员会委员有：汪精卫、陈公博、温宗尧、梁鸿志、王揖唐、王克敏。

1940年3月7日至10日，日本代表铃木卓尔、今井武夫等和蒋介石的代表宋子良、章友三、陈超霖等在香港召开了中日会谈预备会议，讨论了中国承认"满洲国"，放弃抗日容共政策，缔结秘密防共协定，日军驻屯内蒙古、华北以及蒋汪合流等问题。3月17日，日方决定坂垣征四郎中将等人为正式谈判的全权代表。会后，宋子良回重庆报告了预备会议的情况。4月11日，宋子良重返香港，与日方继续会谈。宋子良等说明重庆对承认"满洲国"和驻兵问题有困难。日方立场强硬，不得结果。及至6月6日会谈结束时，双方终于取得一致意见：蒋介石、汪精卫和坂桓征四郎3人在湖南长沙会谈，一举解决所有问题。但是，汪精卫做贼心虚，不敢去长沙，坂桓于是又想同蒋介石单独会谈，实现中日全面停战。蒋介石要求日本拒绝承认汪伪政权，这与日本"和平谈判以汪蒋合作为前提"的既定方针相抵触。矛盾无法解决，会谈延宕下来。1940年11月29日夜，蒋介石的电报到了香港，任命前驻日大使许世英为正式会谈首席代表，而日本于11月30日签订了日汪基本关系条约，承认了早在1940年3月30日就宣告成立的汪伪政权。日蒋谈判结束中日战争的活动被迫终止。

1937年11月15日，蒋介石对德国驻华大使陶德曼吐露心迹说，如果他接受了日本灭亡中国的条件，他的政府就会被舆论浪潮所冲倒，中国就要发生革命，唯一的结果就是共产党将在中国占有优势。1941年2月，美国总统罗斯福的代表居里访问重庆时，曾向蒋介石提出："本人来渝，常闻传言，某某等秘密对日进行和议，请直言相告。"蒋介石的回答是：

自由中国绝无一人愿与日本言和。倘英、美能继续予以援助，亦决无人表示不满。此间人士皆决意除最后胜利外，他无所求，何言隔（个）别之和平！我人已作此最大之牺牲，日本已陷无援助、无希望之绝境，英、美已在精神上、物质上予我以一切援助，故不论日本以任何动人之条件向我求和，而此未成熟之对日和平，余将一律视为中国之失败。余可向阁下保证，对日和议必在英、美参加之和平会议席上谈判之，此外无中国可以接受之可能。余愿时机成熟之时，此项会议由美国召集之，一如召集九国公约之华盛顿会议。惟华盛顿会议时，无苏联参加，深盼此会议亦有苏联一席耳[①]。

---

① 引自杨天石著《找寻真实的蒋介石》，山西人民出版社2008年版，第287页。

常德会战

中国抗日战争进入战略相持阶段后，正面战场上仍然进行了频繁和激烈的战斗，如1939年的随枣战役、第一次长沙会战，1940年的枣宜会战，1941年的豫南战役、上高战役、晋南战役、第二和第三次长沙会战、宜昌战役，1942年的浙赣会战，等等。

日军经过1939年的冬季攻势，用他们自己的话来说，其军力已如"溺水者攀草求生"。1940年，日军自认进入"最暗淡的时期"，参谋次长泽田茂就曾哀叹："外强中干是我国今日的写照，时间一长就维持不住了……"即便如此，侵略者仍然指望依靠武力决战，尽快"解决中国事变"。

1943年9月，盟军开始进行反击缅甸日军的战役。侵华日军为了策应南方日军在太平洋战场和印缅作战，亟欲牵制中国军队经由四川、湖南调往云南。为此，日军计划发动一次进攻常德的战役，以便寻歼中国军队主力，铲除第6战区的根据地。

常德是湘西北重镇，川贵的门户，素有"西楚唇齿"、"黔川咽喉"之称，历来为兵家所重视。

10月上旬，日本派遣军由皖南、赣北、武汉、随枣、信阳等地陆续调集了大约8个师团和1个独立旅团，外加5个师的伪军，共约10万兵力投入常德会战。在此前后，中国军队统帅部已经判明日军动向，遂电令第6战区作了相应部署，中美空军也已作好了准备。第6战区的作战方针是：诱敌深入澧水和沅江两岸，然后将之压迫到洞庭湖畔予以歼灭。中国军队共投入兵力20多万人。

11月2日下午6时，日军在从松滋到华容之间漫长的战线上，分兵4路，向松滋、公安地区、藕池口以及安乡等地中国军队阵地展开全面进攻。中国军队奋起迎战，凭借已经修好的阵地逐次抵抗。日军攻势迅猛，又施放大量毒气，中国军队一部反攻受阻，向西部山地且战且退。

11月12日，日军主力开始南下进攻常德，14日陷石门，18日陷滋利；随后，各路部队陆续进抵常德四周，形成合围之势。

战役初期，驻守该城的国民党74军57师在易攻难守、无险可凭的情况下，以8000之师，对付装备精良的4万之寇，孤军奋战了16昼夜。

国民党当时有五大王牌师，其中就有74军的57师。74军因在抗战中英勇善战而被称为"抗日铁军"，而57师则被称为"虎贲"师。师长余程万，广乐人，黄埔一期学生，1936年2月5日被授予少将军衔。

会战前夕，蒋介石在开罗会议上向罗斯福表示，中国一定能守住常德。为此，他特别电谕第9战区司令长官薛岳和74军军长王耀武："一定要保住常德，驻军必须与城共存亡。"他还钦点"虎贲"师赴常德坚守城池。当蒋介石电令余程万"固守常德"时，余程万立即回复道："奉电寄重，保卫常德，本师官兵，极感光荣，均抱与常德共存亡之决心，达成任务，以副期望之殷。"为了示范牺牲的决心和准备，余程万临战前给妻子写了绝笔书："程万此次奉命保卫常德，任务固甚重大，但我以担负这个任务为光荣，文天祥说'人生自古谁无死，留取丹心照汗青'。在此诀别的时候，我谨将后句改为'留取光芒照武陵'。"遗嘱写好后，他即率领全师官兵宣誓："非将敌寇驱退，决不生离常德。"他指嘱常德城某高地为战死后的葬身之地。

11月18日，余程万疏散全城百姓，并在这座"自断后路"的城池，向全师官兵发表了一篇长达3563字的《保卫常德文告》："无论敌寇对我们施以如何大的压力，我们唯一的答复，是血，是死，是光荣！"

11月21日，日军攻陷常德的东南门户德山，同时进攻常德南站，常德保卫战由外围攻防转入城郊鏖战。25日，日军出动飞机对常德狂轰滥炸。27日，日军久攻不克，竟大量施放毒气。翌日，战火更炽，日军以重炮轰城，又施放毒气，继而分路向城内猛攻。北门和大西门守军与敌人短兵相接，肉搏多次，打退了日军进攻。日军向常德城内空投劝降书，守军未予理睬。

12月2日，守军与冲入城内的日军逐巷殊死争夺，武器军械缺乏就用手榴弹、大刀、长矛与日军搏斗。但是，日军步步紧逼，援军又途中受阻未能及时赶来解救，常德守军已损耗殆尽。此时，整个常德街道没有一块青石板上没有尸体，被俘的守军没有一个不是伤员。12月3日，日军以"减员一万"的代价占据了这座血城。一些没有被俘的守军，或藏在地窖、夹墙、枯井中，或混在尸体堆里，一直挨到12月9日——先期突围的余程万在毛湾迎来援军攻入常德，冲出重围，常德遂陷入敌手。

常德失陷后，中国各路援军缩紧对该城的包围，先后攻占德山、陬市、河洑、王家桥、白鹤庵等外围要地。12月9日，中国军队由东门突破常德城。20日，日军在伤亡4万余人后仓惶败退长江以北。

对于常德会战，新华社记者后来收集到会战参加者的零碎回忆，这些回忆生动展示了这场会战的某些细节。

机枪手李超说："大约是11月下旬的一天，我们奉命进入碉堡阵地和散兵壕防御工事阻击敌人。只听班长冲我喊了一声：'打！'机枪喷出火舌，冲在前面的几个鬼子顿时倒了下来。鬼子疯狂反扑，我握机枪的手都震麻了，后来觉得手掌黏糊糊的，一看是血——是跳动的枪身把我的手掌震裂了。11月24日早晨6时，日军向刘家桥进发，一营副营长李少轩一个班前去增援守军。弹药耗尽后，大家与日军展开了白刃战，李少轩在肉搏中与敌同归于尽，全班只有3人生还。我们后撤时看到那些殉国的士兵，死了仍和鬼子死死地掐成一团。28日中午，一股日寇从马木桥方向攻入常德城，我们在大街小巷和鬼子拼开了刺刀。师部除师长留下负责指挥和联络，其他40多人全部与敌肉搏。这次战斗，我们杀死了100多个日军。"

迫击炮连观测员刘志青说："当时我们在阵地坚守了7天7夜，与敌人展开拉锯战，鬼子就是没能攻上来。在经历多日反复的拉锯战后，大家都非常疲劳。一天拂晓，人困马乏，大家都在阵地上睡着了。我突然听到前面20米处有一阵'呼、呼'的声音，抬头一看，月光下，一群鬼子正弓着腰悄悄向我们阵地摸过来。我想完了，因为我们在二线，敌人肯定已经突破第一道防线了，我便抓起身旁的手榴弹，向敌群连续扔出了好几颗，10多名鬼子被炸死。爆炸声惊醒了沉睡的步兵，人们一跃而起，与敌展开激战。……从我们进入阵地到常德会战结束，鬼子也未能攻下我们的阵地。"

卫生员顾华江说："11月18日晨，常德临澧县郊的河滩打响了第一枪，师长发出命令，誓与阵地同存亡。当时，我和几个勤务小兵被抽调出来，集中到卫生队学看护。战斗开始后，不断有伤员送来。11月28日，日军向北门阵地发射了两枚窒息性毒气弹，但很久不见爆炸。我们冒险打开，大伙儿都乐了，原来是4大包子弹。真是雪中送炭。师长开玩笑说：这可比十万大洋都重要啊！从29日开始，全城转入激烈的巷道战，我170团坚守上下南门，弟兄们整整一天都没来得及吃饭。我上去给他们送水时，一个兄弟还没喝完水，就看见敌人往上冲，他手里只有手榴弹，就等敌人离我们20米左右时，拉断两根导线冲了上去，与四五个鬼子同归于尽。12月1日，我军终因力量悬殊，防区越来越小。从那天起，我们白天护理伤兵，晚上防守城垛，当时手无寸铁，大家灵机一动，拆出担架竹竿，将一头削尖，制成竹标枪。一天深夜，我们发现敌人顺着3架云梯爬城，我们几个人守在城垛上，来一个就用竹标枪刺一个，鬼子们哇哇叫着跌落下去，大多摔死。结果我们连续刺死了12个鬼子。"

169团书记吴荣凯说："11月23日，日军从马木桥一带集中了40门重炮轰打东门城墙，那一仗打得惨烈无比，我们不少士兵连人带枪被埋进了断墙里。经过10多个昼夜的激战，守城士兵的子弹打光了，就与敌人拼刺刀，都是一个对敌人三四个。由于寡不敌众，许多士兵被鬼子刺得浑身是洞。11月30日凌晨，师长到169团召开紧急会议，决定组织部分人突围，向从德山方向赶来的援军求援。几天后，我随援军进入常德城，才得知团长柴意新已经阵亡。他身边的士兵说，他身中4弹，全身衣服被鲜血浸透，死时紧抱着枪不松手。那时，柴意新刚结婚不久，他扔下新婚妻子奔赴前线，这一别竟成永诀。"

常德城失守，使从开罗归来的蒋介石大为光火，他下令将余程万押至重庆，扬言要把"临阵脱逃"者处以死刑。由于众将求情，余程万后来被判服两年徒刑。但是，他在被囚4个月后即被无罪释放，并被任命为74军中将副军长。

余程万率部死守常德的战斗业绩，在中国抗战史上写下了光辉的一页，余程万也被人们敬为"忠骨英雄"。这次会战因战事惨烈，被史学界称为东方的"斯大林格勒保卫战"。战后，日军以"凄绝"二字来形容这场战役，承认中国军队的抵抗"堪为保卫上海战役后最激烈之一次"。1945年，张恨水先生据此写成《虎贲万岁》这部反映国民党正面战场著名战役的长篇小说，这也是中国第一部现代战史小说。2009年，常德保卫战被搬上银幕，名为《常德大血战》。

滇西大反攻

1942年，由渡边正夫指挥的日军第56师团的6个联队，以及第2师团和第18师团各一部，在缅甸打败中英美联军后，由腊戌向滇西进犯，于5月1日侵入中国云南边境，5月3日占领畹町，接着占领芒市、龙陵、腾冲，一直打到怒江边的惠通桥西岸，致使大批难民从桥西蜂拥而来。中国守桥部队为防万一，事先在桥上安放了炸药，并派宪兵在桥上维持秩序。

日军先头部队为了夺取惠通桥，竟化装成难民，赶到离桥不远的地方。这时，从桥东开来一辆卡车，想要逆行过桥，因而堵塞了道路。情急之下，宪兵以"妨碍执行军务罪"，把车主拉到河边，一通乱枪将其击毙。化装成难民的日军听到枪声，以为是中国士兵发现了他们，慌忙开枪乱射。中国士兵马上还击。但是，日军火力太猛，大桥眼看守不住了，慌乱中有人想到炸桥，便马上点燃了导火索。中国军队随后陆续赶来，在怒江东岸严密布防，挫败了日军渡江的企图。中日两军在怒江两岸形成对峙局面。

时间过去两年，国民政府没有在该地区组织大规模的反攻，甚至也没有制订相应的计划，致使抗日大后方的安全受到严重威胁。当时，重庆的国民政府甚至已做好了再次迁都的预案：一旦战事不利，就把首都迁到西南边境上的西康省，在那里继续战斗。

渡江作战　千难万险

1943年年初，滇西的中国军队在驻防怒江、游击作战的同时，开始了大规模的整训。美军也通过"驼峰航线"，向中国运来大量的武器装备，并开始对滇西30个师的中国军队进行训练，其中包括培训了500名军医，为每个作战师配备了野战医院。

盟军最高当局要求中国尽快发起反攻，但蒋介石为了保存实力，显得极为谨慎。他在给罗斯福回电中说：如果再强行投入超出中国国力的战斗，必将招致日军入侵云南、四川，造成新疆革命、山西赤化与最终全国赤化的局面。中国战区盟军参谋长史迪威对此很是气愤。1944年3月，经美国总统罗斯福同意，史迪威向蒋介石发出最后通牒：如果中国中央政府不愿反攻，他将把援华物资提供给愿意反攻的中国其他军队——这当然是指共产党的军队。在美方的压力下，蒋介石答应派宋希濂的第11集团军和霍揆彰的第20集团军，共约20万人组成新的远征军，由卫立煌统领，即刻开赴怒江前线。远征军司令长官部也从楚雄移到马王屯。这就是1944年中美关系史上有名的"怒江危机"。

当时防守滇西的日军主力仍是第56师团。日军在怒江沿岸并没有密集设防，而只是在怒江以西的腾冲、龙陵和松山3个地方驻扎重兵。在这3地中，松山又是重中之重，因为它正好在滇缅公路的咽喉惠通桥的附近。

1944年4月，蒋介石签署了《中国远征军怒江作战命令》。他还致电远征军说："此次渡江出击之胜负，不仅关乎我军之荣辱，且为我国抗战全局成败之所系。"丘吉尔立即致电蒋介石，对中国决定发动怒江攻势表示欣慰，说他会"伫候其进展之佳音"。

5月11日，第11集团军集结在怒江东岸的两万多部队，在怒江150公里正面12个渡口，开始强渡水流湍急的怒江，拉开了滇西大反攻的序幕。

强渡怒江的具体计划是绝密的，为了出敌不意，出发命令甚至只提前几个小时才下达。由于橡皮艇数量不足，渡江部队事先在江边悄悄埋放了许多木船和竹排。不过，由于日军在怒江对岸的防守比较薄弱，大雾又为渡江行动提供了掩护，整个渡江战斗进行得较为顺利，满江的橡皮艇、木船和竹筏迅速抵达对岸。在总共11天的时间里，远征军唯一的损失是17名后援人员乘坐的木船触礁倾覆。

第11集团军渡过怒江后，按照作战计划，有3个师的部队绕过松山去围攻龙陵，另有3个师的部队攻打松山。

松山位于怒江惠通桥西北约6公里处，海拔2260米。滇缅公路由惠通桥向西，环松山过腊勐街，经狭长起伏的冈岭滚龙坡而至龙陵。日军以两年时间在松山腊勐构筑大堡垒群16座，小堡垒群5座，各堡垒间均有隧道直通，还有储备充足的粮服弹药仓库，工事至为坚固。

然而，最先横亘在中国远征军前面的是高峻陡峭的高黎贡山。山上的灰坡，是到达山顶的必经之路。为了夺取这个阵地，远征军198师592团的官兵同日军展开了残酷的厮杀。在第二次冲击失利后，师长叶佩高亲临前沿阵地，给自己立下军令状："如若第二次攻不下灰坡，这里便是本人的成仁之地！"叶佩高平常穿衣服比较随意，那天却穿上了他的毛呢军装，威风凛凛地站在坡下。一营人冲上去后又退了下来，但听见师长"给我打回去"的命令，他们又转身向灰坡冲去。就这样，战士们抱着炸药包，握着手榴弹，奋战3个昼夜，终于拿下了灰坡，而他们付出的代价是有近3000人长眠在登山途中。

在山地行军中，后勤供应是最难解决的问题。在这关键时刻，滇西民众为远征军成功翻越高黎贡山做出了巨大贡献。腾冲北边只有10个乡，要凑1万多民工十分困难，于是，3000多妇女加入了运粮队伍。男的背60斤，女的背40斤，由于下雨，民工们又冷又饿，路上就病死了300多人。

一天，在攻取日军一个据点后，有士兵发现，路边的水坑里泡着十几具尸体，他们的大腿、臀部和胳膊上都有刀割的痕迹，而且深入骨头。这是怎么回事？美军联络官弗兰克·多尔将军很快就揭开了日军令人发指的惊人秘密。当他们冲到日军一个指挥部的食堂时，发现日军竟把人肉当成美味佳肴。日军已经整理好的尸体，像干柴一样堆在地上，有的被剥了皮，有几个人只剩下骨头架子。多尔将军还看见有的日本兵正在晾晒人肉肉干、咸肉，而另一些日本兵正在烹煮人肉，其状令人恶心。

当地老百姓还向远征军讲了这样一个故事：和顺乡一个名叫寸长宝的男人，一天被日本兵抓住。日本兵先让他到菜园里弄些大葱、生姜，然后又把他捆在树上，剖开他的肚子，掏出他的心脏煎了吃。

在渡江战斗打响十几天后，远征军秘密调整战略部署，右路第20集团军继续做出进攻姿态，迷惑敌人，左路第11集团军部队则沿怒江东岸向南行进。所有部队车辆都在夜间行军，不得开灯或暴露目标。

1944年6月1日凌晨，远征军左翼在30架美军B-25轰炸机猛烈轰炸中展开攻势。第11集团军一个加强师随即开始仰攻松山第一个日军据点腊勐寨。第71军军长钟彬中将从望远镜里看得清楚，士兵们搜索前进，保持警觉，等待敌人出现。前进500米，日军枪声未起，再进200米，日军仍然沉默。不妙！钟军长心中突然涌起一丝不祥的预感。霎那间，无数烟柱腾空而起，地雷和手榴弹的爆炸声盈塞山间，滚滚黑烟吞没了中国士兵的身影。日军的机枪响了，不是10挺，也不是50挺，而是超过了100挺。机枪、掷弹筒、山炮从隐蔽的地堡中喷吐火舌，交叉射击，大量士兵倒在敌人密集的火力之下，第一轮进攻仅仅持续了15分钟即告失败。据说当时上去400人，下来时不到10人。后来，美军的大炮和飞机继续猛轰松山上的日军工事，摧毁了部分地面上的碉堡，但是，中国士兵再次冲击时，更多的暗堡又从冲锋的士兵身边向他们开火。

松山初战不利，双方僵持了1个月。7月1日，怒江大桥修复通车，总司令卫立煌派出李弥将军的第8军赶来增援。远征军直属炮团以及军、师炮群的百余门大炮随后也被运送过江。

松山为何屡攻不下？原来，在它失守的两年中，日军腊勐守备队作了长期固守的打算，他们以松山主峰为中心，筑起了腊勐街、长岗岭南、竹子坡、鹰蹲山、滚龙坡等坚固的据点。每个据点可以独立作战，又互为犄角，相互照应。各阵地以中国地支子丑寅卯辰巳午未来命名。日军严守机密，不仅远征军的谍报部门对堡垒分布一无所知，就连当地居民也被蒙在鼓里。事后得知，日军当时宣称松山是插在中国喉咙上的一把钢刀，他们所说的"喉咙"指的就是滇缅公路。他们认为，中国即使用100万军队攻击100年也打不下来。

松山外围阵地被攻克后，主峰上仍然有密密麻麻的工事。按照过去的速度，要在9月18日前攻下松山几乎是不可能的。军长李弥急得团团转。有一天，他的美军顾问突然想出一个办法——挖地道，把地道一直挖到松山主峰日军阵地下面，用成吨的烈性炸药把它炸掉。

8月初，远征军开始秘密挖掘通往松山顶峰的隧道。挖了近20天后，敌人发现了，也开始反挖。但是，日军兵力有限，进展极慢。远征军一边挖，一边往隧道里背了几百箱炸药，并设置了两个起爆点。隧道完工后的一天，只听3吨TNT黄色炸药轰隆一声巨响，土块石块夹杂着破铜烂铁、胳膊大腿满天飞，日本兵鬼哭狼嚎。松山的最高峰被拿下来了，日军在这一据点的守备部队几乎全部被炸身亡。

与此同时，美军飞机在大雨中冒着危险，空投了大量弹药和给养，驻扎在昆明的美军飞虎队也派出战斗机，突袭日军装甲部队，击毁了敌人几乎所有的坦克和辎重，这才使前线部队稳住阵脚。

1944年9月7日下午，距离国耻纪念日还有9天，松山上的残敌被全部肃清。历时3个月的松山之战，远征军死伤6763人，日军死伤850人，双方阵亡人数之比接近8∶1。当天，东京广播电台宣称："腊勐（松山）守军全员玉碎。"

日寇把腾冲变成迷宫

1944年7月,正当远征军左翼向松山日军阵地猛攻时,右路军霍揆彰率领的第20集团军的5个师分别攻下南、北斋公房,完成了对腾冲的四面包围。

腾冲旧名腾越,是南方丝绸之路上的一座古城。该城战前有5万人口,城墙周长约4公里,高约7米,厚约4米。日军盘踞腾冲两年多,在城内修筑了30多座重点堡垒和四通八达的战壕。

8月2日,美军第14航空队的60多架轰炸机猛轰城墙,地面部队也发射了数千发炮弹。攻城的6个团阵亡了数百士兵,然而,古老的城墙纹丝不动。美国飞行员在投弹后,仍在空中观察:难道日本人掌握了什么不可思议的城防加固方式吗?这种中国明朝修建的城墙不可能原本就这样坚固吧?

殊不知,腾冲是座石城,它的城墙是用当地火山岩建成的,不像北方城墙那样把砖和土作为建筑材料。火山岩不仅坚硬,而且表面光滑,富有弹性,如果炸弹投落的角度不对,就会被向外弹开。两年前,这道城墙没有成为阻挡日军的"长城",今天却被日军当成抵抗远征军的大盾!后来,美军飞行员在云南驿机场想了个办法,在炸弹上装上两根钢钎,然后在城墙上找准位置投弹,钢钎插到城墙的石缝里,城墙就被炸开了。美军每天都出动十几架飞机,最多时一天出动60架,终于在城墙的东南西北炸开了缺口,为远征军官兵开辟了道路。但是,等待远征军的却是日军经营了两年,充满杀机的一座迷宫。

8月18日,远征军各攻城部队从3个方向突入腾冲城区。这里大街小巷交错,高房巨宅毗连,日军据守其间,同中国士兵殊死搏斗。原53军副师长王理寰回忆说:"敌人利用街道城垣及群众房屋顽强抵抗,进行巷战,我伤亡很重,每取一墙或一院落,非先用炸药爆破,将墙垣房屋炸倒,则不能前进。"进入腾冲城5天,巷战推进速度极为缓慢——城西的部队推进了15米,城东只推进了10米,而且代价极大。

8月30日,当53军166师从城东进入,攻打文昌宫时,部队在一座大钟前被挡住了。这口大钟是大明景泰元年为了纪念这座古城而铸造的,现在,许多中国士兵竟然死在它的前面。后来发现,日本人把这口钟当作掩体,在钟上凿了一个大洞,子弹就是从这个大洞里射出来的。远征军士兵发现这个洞后,就用步枪、机枪朝洞射击,但是无法准确地击中目标。此时，一名士兵搞来一根木棒，猛敲大钟，直到钟内没有响动了，才把钟抬了起来。仔细一看，发现钟里的那个日寇已经死了。他两耳流血，鼻子流血——他被钟声震死了。

霍揆彰在9月9日得到消息——蒋介石火了，电令卫立煌务须于9月18日即国耻日前夺回腾冲。霍揆彰随即签署一项命令："自明日起，限5天内将各地域之敌彻底肃清，违限者，各军师长应负贻误之责。"9月10日，中国远征军实施了最后的总攻。日军长官吉野孝公在回忆录中写道："（日军）剩下的守备队兵力有350多名，中国军队根本不把兵力很少的我们放在眼里，抱定最后一击的决心，像狂涛一样席卷而来。奋战，奋战，城内战场在充满怒吼和叫骂的激烈肉搏中化成一片血腥的荒野。中国人在我军的抵抗下付出了沉重的代价，他们拉起我战友们的尸体和重伤员的身体绑到阵前，或将其堆在一起，这显然是为阻止我方反击而采用的攻心战术。这一招，确使我军的斗志在一定程度上受到了挫伤。"在从9月9日到9月12日的4天中，远征军伤亡军官128名，士兵1132名。很多排长、连长都已负伤或阵亡，部队只能由营长、团长亲自带队冲锋。其时，城里难见好砖好瓦，几乎每片树叶上都有枪眼。

《扫荡报》记者潘世征在《战怒江》一书中说，就在这时，他看到了一个非同寻常的场面："我军登上南门城墙后，发现对面北门一条一条小巷里常有三三两两的女人穿着花花绿绿的衣服从那儿匆匆经过。有一件事非常值得我们警惕，那就是多数来自日本的营妓。营妓的生活同士兵一样，每天两包饭团或者一包饼干，她们戴上钢盔，帮助士兵搬运弹药，甚至用机枪或手枪向我军射击。"

滇西沦陷后，即1942年5月，日军在芒市三棵树、树包塔和龙陵县镇安街首先建立了慰安所。此后，凡日军师团部、联队部、大队部驻地均如法炮制，甚至一个中队到某地暂驻也要设立临时慰安所。初期慰安妇数量不多，因而军官之间或士兵之间常常发生争夺慰安妇的械斗，甚至发生士兵枪击军官的事件。5月底，日军从台湾运来100多名慰安妇，并命令龙陵维持会给日军提供600个"花姑娘"。当时，龙陵的老百姓大多逃入深山，于是日军四处扫荡，到处搜索，把抓来的妇女当作慰安妇，先后在董家沟、白塔、龙山卡、平戛、腊勐等地建立了慰安所。在被迫充当慰安妇的当地妇女中，有3个妇女的丈夫也被日军抓去烧水，而日军就当着她们丈夫的面蹂躏她们。

失败在即，吉野孝公终于接到命令：准备突围。他回忆当时的情景说："虽然师团命令确保死守到10月，但无论如何，谁也不想死在守不住的地方。9月13日,太田大尉给师团部发出最后一份电报,大意是,在敌人炮火的绝对控制下,我们已经忍受了前所未有的痛苦,请理解全体官兵的心情。接着,太田大尉发出冲出去的命令,要生存人员集中进行游击战。"

潘世征在《战怒江》中还记载了日本营妓的结局——她们在日军突围前,同重伤员一起被"处理"了。据一个替日本营妓打洗脸水的10岁左右的中国女孩说,当时她们全都躲在一个大防空洞里,一天黎明时分,忽然来了一个日本军官,用枪逐一结束了总共13个营妓的生命。

吉野孝公对腾冲日本兵的命运做了夸张和煽情的回忆:"昭和十九年九月十四日早上,腾冲守备队三千余人的生命在玉碎的美名下,犹如风中的灯烛,摇晃着熄灭了。"然而,事实并非如此,日本兵并没有发动所谓玉碎式的自杀冲锋。据远征军594团团长董铎记录:"残余日军被迫集结于城南二百米方圆的地区内,此时,我军发动喊话:'放下武器,投降不杀!'穷途末路的敌人只得乖乖地立起白旗。"

经过血战,整个腾冲城仅剩下两座比较完整的建筑,其中之一就是腾冲的文庙。第20集团军战报称:1944年反攻腾冲以来,历经大小40余战,毙敌联队长藏重康美大佐以下军官100余员,士兵6000余名;中国军队伤亡军官1334员,士兵17275名。

1945年7月7日,腾冲军民在城南建起了一座"国殇墓园"。墓园占地5公顷,其中埋葬着把热血抛洒在滇西战场上的9000多个中国英灵和14名美国官兵。园内有蒋介石、于右任、何应钦、卫立煌等撰写的挽联。中国改革开放后,毕世铭先生根据自己的童年回忆并经过多方查证,完整地恢复了墓园当年的一草一木。

龙陵大捷

1944年夏天,几乎在远征军攻击腾冲城时,左翼宋希濂部也在围攻龙陵城。

边陲重镇龙陵古名黑水笼,东汉永平十二年为哀牢县。东距松山70公里,北距腾冲约100公里,扼滇缅公路要冲,沿途山峦起伏,地势险要。一旦失去龙陵,日军在滇西事实上已无险可踞,因此,日军在龙陵周围的高地构筑了大量永久性坚固堡垒网群,在城内每一幢房屋都筑有堡垒,每堵砖墙上都有枪眼。日军准备在龙陵挡住远征军的西进,使之有可能"将主力集结于芒市周围,在龙陵方面击灭云南远征军主力之后,前出至怒江一线，在援救腊勐、腾冲守备队的同时，切断印中之间的联络"。

龙陵之战前后出现3次反复。第一次攻击于6月5日开始，第11集团军第71军第87师、第88师向龙陵发起攻击，第2军第76师向平达进攻，直逼日军第56师团驻地芒市。6月10日，远征军先后攻克了镇安街、黄草坝、腾龙桥等，从而切断了龙陵与芒市、松山、腾冲的公路，并一度攻入县城。城内日军仅300余人固守3个据点。当时连降大雨，空中补给和老百姓的骡马运输都很困难。远征军渡江以来所消耗的弹药未能及时补充，粮食也几乎告罄，士兵便以芭蕉根、山芋充饥。

在这次战斗中，88师副师长熊新民率军攻打龙陵城外日军据点老东坡，战斗进行得异常激烈。据他记述："攻打老东坡接连调换了三个团，步兵协同攻了好几天，还是攻不下来。我在返回尖山寺师指挥所途中，突然传来消息，说老东坡已经被我军占领了。我立即赶往老东坡，登上山头，亲见敌阵地被我打得七零八落，到处血迹斑斑，罐头、饼干、纱布、绷带丢弃满地。看到敌人的狼狈相，我们都感到高兴和自豪。此时，我军连电话兵都下坡追击敌人去了。"

此战结果还来不及证实，前线的第一个捷报就传到了重庆，国民政府军事委员会立即向新闻界宣布了龙陵大捷的消息，后方各大报纷纷刊载，同盟国的新闻媒体也作了报道。

然而，日军在短暂的沉默之后，发布通告宣称，龙陵仍在他们控制之下。事实确实如此。远征军71军某部机枪手王德五回忆说："我们营打掉了日本人的仓库，里面尽是军大衣和军靴、干粮、罐头，一些兄弟以为龙陵就此拿下，于是扛起战利品就想占为己有，不料不大一会儿，遍山的日本人又反攻过来，我们敌打不过，不仅退出城来，而且死伤大半兄弟。军大衣、军靴扔得到处都是。"就这样，日军再度占领了龙陵城。错报军情让蒋介石在同盟国首脑的追问下颜面尽失。两个月后，宋希濂调回后方休养，由黄杰代任第11集团军总司令之职。

7月中旬，远征军第71军集结5个师约3万兵力，从东、北、南3面向龙陵县城一带的日军据点发起第二次围攻。日军迅速增派第56师团、第2师团主力15000多人增援龙陵，向远征军发动疯狂反扑。这是远征军指挥部始料未及的。总司令卫立煌意识到，日军战略部署或许出现了重大转变。以往日军的增援，大多是小股部队，多至两三千人，少的只有几百人，而现在突然出现的1万多日军，是从哪儿钻出来的呢？直觉告诉他，日军肯定是耍了什么花招。他请盟军空军指挥官密切注意

滇西大反攻 | 75

滇缅公路上的日军动态。美军侦察机最近几天拍回的照片引起了他的注意:芒市南面沿路多了许多奇怪的"小树丛"。在每天拍回的照片上,"小树丛"的位置都有变化,有的居然消失了。卫立煌立即命令情报部门彻查这些会移动的"小树丛"。游击队的侦察报告最后证实,这些"小树丛"是日军的军车和帐篷——所有车辆都盖有绿色的防空网,有的还漆成树丛状的伪装图案。紧接着,远征军长官部又从缅甸地下组织获得情报:日军第33军纠集近4个师团的兵力,正在向中国军队西面的芒市、龙陵靠拢。卫立煌随即部署第三次攻击龙陵。

10月底,中国远征军各部向龙陵守敌发起总攻。机枪手王德五又回忆道:"第三次攻打龙陵时,我们做了充分的准备,在炮兵火力和美国双身子飞机(P38轰炸机)轰炸后,我们几个师的部队一起围上来,经过激烈的巷战,终于把日本人压缩在一个小面积内。巷战时,我们一步一步地打到街心,与日本人面对面。街这边是我们,街那边就是日本人,就连歪把子机枪都看得清清楚楚。"

11月1日,远征军各攻击部队向中央合围,在300门大炮和美国空军协同下,一鼓作气攻占了日军在城中的核心据点。3日凌晨,中国远征军收复龙陵。据11集团军黄杰将军回忆:"此役我曾经过三次攻略,敌亦曾经过两次增援反扑,为全战役中时间最长、兵力最多、战斗最惨烈之会战。计敌共死伤10620员名,我军共死伤28384员名,约为一比二点七。"

收复松山、腾冲、龙陵的三大会战,在世界军事史上统称为"龙陵会战"。在中国抗日战争中,这是唯一一次由中国军队在正面战场上发起并全歼日军的战略进攻。克复龙陵后,日军赖以盘踞滇西的强固阵地均被扫除,日本侵略者被驱赶到芒市一线的一马平川之地,无险可守。中国远征军各路部队在滇西中缅边境各处勇猛出击,继攻占畹町后,又相继拿下芒友、猛卯、术遮,将日军在滇缅路上的归路截断,大踏步向西追击。

1945年1月28日,中国远征军、中国驻印军会师于芒友。在举行会师典礼时,中国远征军在通往祖国的大路上拉起白布横幅:"欢迎驻印新军凯旋回国!"卫立煌长官、索尔登总指挥、孙立人军长、黄杰总司令威武地站在旗杆下面。卫立煌致辞说:"今天是会师东京的开始。"索尔登将军致辞说:"到东京会师去,让两国的国旗飘扬在东京上空。"

会师典礼之后,中国远征军便启程回国,而中国驻印军为确保中印公路安全,返身攻打腊戍去了。

滇缅公路

——抗战的生命线

在中华民族艰苦卓绝的抗日战争中,由滇缅公路、中印公路和驼峰航线构成的运输大通道,在很大程度上支撑着抗日战场战备物资的运输和大后方的经济供应。其中,滇缅公路的修筑和使用尤其震撼人心。对于中国的抗战来说,这条蜿蜒上千公里的公路,确是一条不可或缺的生命线。

形势逼人

抗战爆发后,日军迅速占领了中国北方的京津地区和南方的南京、上海、汉口、广州等市,中国沿海几乎所有的港口相继落入敌手。

当时,旅居海外的华侨纷纷捐款捐物,筹集了大批国内急需的物资。国民政府也拿出极为宝贵的外汇,从西方国家购买了大量物资,特别是汽车、石油、武器、药品等,并将之堆放在越南的海防港——滇越铁路的起点。在越南受到日军威胁后,中国只有一种选择——在大后方的云南建设一条通往印度洋的交通线。

早在抗战刚刚爆发的 1937 年 8 月,云南省主席龙云就向蒋介石提出了《建设滇缅公路和滇缅铁路的计划》。据说,蒋介石当时连声叫好,并要铁道部和交通部"照此办理"。后来,由于建设滇缅铁路的工程过大,国民政府决定暂缓修建。于是,滇缅公路的建设就被提上了日程。

1937 年 10 月,在上海沦陷之前,国民政府官员火速赶到昆明,同云南省政府协商建修滇缅公路事宜。11 月初,最后方案确定下来,这条公路由昆明经下关、保山、龙陵、芒市、畹町出国,在缅甸的腊戍同缅甸的中央铁路连接,然后再通达仰光。

滇缅公路的路线确定后,龙云即派缪云台作为特使,前往缅甸同英国殖民当局洽谈解决在缅甸筑路的问题。

1938年1月，滇缅公路总工程处紧急成立。由于时局空前紧张，国民政府提出了公路建设"先求通、后求好"的方针。据此，龙云严令公路沿线的地方当局在1937年年底以前开工，限期3个月之内建成一条简易公路。所谓"简易公路"，就是先整路基，再在上面铺上碎石，并用压路机压平。

艰巨的工程

1938年年初，滇缅公路沿线近30个县的约20万劳工被征集到公路上。由于严重缺乏施工机械，他们只能用自己的双手来修筑这条世界上最为崎岖的公路。这些劳工绝大多数是老人、妇女和孩子，因为此前云南的青壮年都已开赴前线。这支世界上最奇特的筑路大军来自不同的民族，大多穿着用蓝色土布制作的衣服。孩子们带来了自家的宠物：狗、鸡和长尾巴小鹦鹉。在傣族地区，跟着大人做工的孩子还带着猴子。

当时，修路的压路机就是一种大石碾子。这种碾子高约1.8米，重约3~5吨。如果采石场就在附近，人们便就地取材，但更多的时候是要到较远的地方去寻找石料。当然，在筑路工具中，最引人注目的还要数满眼的竹背篓。

罗巍曾在《建设抗战生命线——滇缅公路》一文中写道："滇缅公路修建之难，主要难在公路经过的80%的路段是崇山峻岭，而这其中又有一半是要通过坚硬的岩石地段。在这些地方，筑路者只能通过爆破来开山劈石，为滇缅公路强行开路。工地上没有筑路专用的炸药。由于时间紧迫，筑路者们只好用传统的黑色火药代替。然而，黑色火药的威力实在太小，有时候，如果炮眼凿得太深，里面的火药会像放焰火一样向上飞溅，而不能把石头炸开。为此筑路者们只能搞无数小规模的爆破，平均1天至少5000多次。爆破之后，更艰巨的工作开始了。筑路者们必须把爆破现场清理成为平整的公路，还要把附近松动了的岩石全部清除掉，以保证日后的行车安全。"

工程开始后，大规模爆发的疟疾很快就夺去了众多筑路者的生命。从各地赶来的劳工一批批地来，一批批地死，死去的人无法统计。当年的公路管理局局长谭伯英1945年移居美国后，在他用英文写成的《滇缅公路》一书中说："在那些日子里，我们无法知道明天谁将离我们而去，许多不可代替的工程师和能干的工人都死了，人越来越少，工程随时可能停下来。"但是，滇缅公路每天仍以巨大的代价艰难地向前延伸。

架设三座钢索大桥

滇缅公路上共有 3 座大桥：惠通桥、昌淦桥和功果桥。在这 3 座桥中，惠通桥最为重要。1942 年 5 月 4 日，日军从缅甸突然攻入云南西部，直抵该桥，中国军队为了保护大西南后方，被迫把桥炸毁。

1938 年春天，为了能在怒江和澜沧江上建造能够通行载重卡车的柔性钢索大桥，桥梁总设计师徐以枋先生被派往缅甸，向仰光的一家桥梁构件厂定购所有建桥器材。他从工地出发，步行约 500 公里，走到中缅边境的畹町，然后乘汽车抵达仰光，便一头扎进工厂不肯出来。他在办公室里搭了一张床，夜以继日地拼命工作。谭伯英在《滇缅公路》一书中对这位设计师充满了敬佩之情："他的忘我精神给这家工厂留下了极其深刻的印象，并且得到了回报。厂方保证以最低价格提供他所要求的所有东西，并保证在最短时间内加工完成。"

要把建材运到造桥的河边，途中须穿越 485 公里的丛林小径。于是，数百名劳工和无数骡马开始了他们在大森林里的漫漫征途。大概花了 1 个月的时间，这些材料才运到建桥工地。此时，两边的桥塔已经建好，下一步就是铺设钢索。这需要派人把一卷很长的绳子带过河去，绳子的另一端连着建桥用的钢索。工程师们试图用木船把人渡过去，但船一下水就被河水冲向礁石，撞成碎片。无奈之下，工程师们只能指派水性好的人带着绳索游过去，而这无异于自杀，许多人为此献出了生命。但是，附近的老百姓表示，他们愿意为国家冒险。于是，一些水性很好的男人陆续下水，终于有一位名叫王兆友的强壮汉子成功游到对岸。

原定的 3 个月的工期很快就到了。在台儿庄战役胜利，举国欢腾的气氛中，滇缅公路总工程处向龙云申请，工程延期至 5 月底完工。龙云向沿途各县发出十万火急的鸡毛信，严令县长们加强督导，但是到了 6 月底，滇缅公路仍未通车。此时，武汉保卫战已提前打响，龙云坐不住了，下达命令：各路段官员和工程技术人员"因恶习太深，敷衍成性，任意拖延，皆应从严惩处"。

1938 年 8 月底，滇缅公路通车，几乎没有举行任何仪式就马上投入使用。

这条公路全长 1153 公里，其中在中国境内长 959.4 公里。它跨越地球上以高大陡峭闻名的怒山、高黎贡山和在高山峡谷之间以水流湍急而著称于世的澜沧江和怒江。滇缅公路的两端分别是中国的昆明和缅甸的腊戍。从腊戍往南，经过缅甸中部城市曼德勒可直达缅甸首都仰光。从昆明往东北方向，经过贵阳，是连接中国战时首都重庆的西南公路。所以，中国政府从海外采购的军火以及盟国的援华物资，可以从仰光港运抵中国的大后方，直至中原腹地。

滇缅公路的建成震撼了全世界。当时的美国驻华大使詹森在1938年回国述职之前，专程到滇缅公路的沿线进行了考察。回国后，他在国会向美国人民发表演说时说："此次中国政府能于短期内完成此艰巨工程，此种果敢毅力与精神，实令人钦佩。且修筑滇缅路，物资条件异常缺乏，第一缺机器，第二纯系人力开辟，全靠沿途人民的艰苦耐劳精神，这种精神是全世界任何民族所不及的。"

争分夺秒运输忙

滇缅公路刚一竣工，马上就成为中国与外部世界联系的唯一的一条运输通道。这时，它又多了一项任务：往大后方运输生活用品和工业原料。为此，国民政府军事委员会成立了西南运输处，负责该地区军用物资的运输和进出口业务。当务之急是大量招募和培训司机。

这时，旅居海外、特别是旅居东南亚的华侨，向祖国伸出了救援之手。华侨领袖陈嘉庚于1939年2月8日发表了《南侨总会第六号通告》，号召华侨中的年轻司机和技工回国服务，与祖国同胞并肩抗战。这个通告很快就传遍了东南亚各地，志愿回国服务的华侨司机和修理工共达3192人，他们被称为"南侨机工归国服务团"。从1939年2月到8月，南侨技工先后分9批回到祖国，在昆明的潘家湾接受两个月的军事和政治培训。这些司机过去大多在城里开车，来到云南后，他们几乎都要从头学习如何在崎岖的山路上避险。

滇缅公路的黄金时代并没有延续很长时间。从一开始，日本人就想方设法要把公路切断。1940年日军占领越南后，他们的飞机就开始从越南的基地起飞，轰炸滇缅公路全线。在不到半年的时间里，日军为了轰炸昌淦桥和惠通桥，共出动飞机400多架次。每次空袭之后，大桥抢修队就不分昼夜地工作。1941年1月23日，满目疮痍的昌淦桥终被炸断，3个月后才被修复。

在1940年欧洲大战全面爆发以后，中国孤军抗战的形势出现转折。西方盟国、特别是美国，开始考虑对中国进行大规模的援助。为了提高公路的运输能力，从1940年春起，国民政府的交通部先后花费巨资向美国的美孚石油公司订购了2700吨柏油，开始铺设从中缅边境的畹町到保山的柏油公路。与此同时，国民政府还从美国购买了大量工程机械。1942年3月，当滇缅公路西段的柏油路正紧张铺设的时候，日军突然向缅甸进攻，仰光随即陷落。是年5月，日军长驱直入，攻入云南境内，并迅速占领了怒江以西的广大地区。此时，花费巨资修建的滇缅公路西段的柏油路正好把怒江以西的路段铺设完毕，由于日军的快速推进，大量工程设备还来不及撤到怒江以东，就连同西段柏油路一起全部落入敌手。

直到1945年日本投降后，滇缅公路才又重新开通。

八路军与新四军

　　西安事变后，国共两党围绕红军改编等问题，先后在西安、杭州、庐山和南京，进行了多轮谈判。由于蒋介石企图通过改编来削弱甚至消灭红军，谈判进展非常缓慢。为此，毛泽东写了一大摞信，发送给马叙伦、蔡元培、马相伯、朱蕴山、沈钧儒、沙千里、柳亚子、周建人、黄炎培、胡厥文、胡适、梁漱溟、楚图南等70多位民主人士，请他们敦促蒋介石联合抗日。原北京大学校长蔡元培读到毛泽东的信后，急忙赶赴南京面见蒋介石，要求国民政府接受红军改编，并为此绝食3天。

　　接着，周恩来也利用各种关系，拜会了一大批国民党地方实力派：冯玉祥、李济深、李宗仁、白崇禧、刘湘、龙云、黄琪翔等，开诚布公地表明红军抗日的决心。一日，冯玉祥径直闯进总统府对蒋介石说："人家共产党的军队要求改编为国民革命军，上前线打日本鬼子，这有什么不对嘛，你为何变着法子找理由不批准呢？"蒋介石回答："你有所不知，共产党精明得很，他们以抗日为口号，实际上却想得到政府的承认，得到政府的经费，好名正言顺地扩大自己的实力。"经过冯玉祥一番苦劝，蒋介石终于答应："好，就依你的话，同意他们改编。"

　　于是，蒋介石召来了军政部长何应钦，问他道："收编红军，准备给予3个师的番号。这3个师之上又给什么名义，划归哪个战区，防区划多大地盘，等等，我想听听你的意见。"何应钦想了想，说："整编桂系时，空着一个第八路军的番号，就授给红军算了；至于师的番号嘛，那更简单，东北军打了败仗，被撤销了一些师级番号，后来整编时又空出许多番号，随便用3个就行了。我看就用115师、120师、129师这3个番号，让他们用这些失败的番号，也算是一个暗示吧。再将他们划归阎锡山的第2战区，具体地盘嘛，干脆指定为太原以北、大同以东的晋察一带，这里是日本人近期进攻的主要目标，红军死于日军的铁蹄之下，也算是为国捐躯了。"蒋介石满意地点了点头。

正式改编

1937年7月7日，抗日战争全面爆发。由于形势紧迫，蒋介石急急忙忙地邀请中国共产党派代表参加国防会议。8月12日，中共代表周恩来、朱德、叶剑英、邓小平等飞抵南京与会，并同国民党谈判。18日，国共两党达成协议，将陕甘宁边区红军主力改编为国民革命军第八路军。22日，南京国民政府军事委员会正式发布红军改编命令和任命事项。25日，中共中央革命军事委员会发出改编命令，宣布中国工农红军第一、第二、第四方面军和陕北红军等部，改编为国民革命军第八路军。红军前敌总指挥部改为八路军总指挥部。全军共4.6万人。

在8月20日的国防会议上，为统筹全局，会议推举蒋介石为陆海空军大元帅，国民党政府军事委员会为抗战最高统帅部。军事委员会根据国共双方代表的意见，制定了以"持久战"为总方针的战争指导方案，并将华北、华中、华南沿海之地划分为5个战区。中共代表还在会上强调，只有动员全国军民，方可取得抗战的最后胜利。

8月25日，中国共产党在陕北洛川召开具有重大历史意义的政治局扩大会议，制定了《抗日救国十大纲领》和《关于目前形势与党的任务的决定》等文献。中国共产党的主张，推动了蒋介石国民党政府的抗战行动。

9月11日，国民政府军事委员会按全国陆海空军战斗序列（把各"路军"改编为"集团军"）下达命令：将八路军改称"国民革命军第十八集团军"，八路军总部改称"第十八集团军总司令部"。朱德改任总司令，彭德怀改任副总司令。9月14日，朱德、彭德怀发布了八路军改为第十八集团军的通令。不过，八路军改称第十八集团军后，仍然简称为"八路军"。

9月23日，蒋介石发表了承认中国共产党合法地位的谈话，从而开始了国共两党的第二次合作。从此，中国国民党和中国共产党领导的抗日部队，分别承担了正面战场和敌后战场的作战任务，共同构成了对敌斗争的态势。

红军改编后，国民政府军事委员会委员长蒋介石、军事委员会副委员长兼第2战区司令长官阎锡山、第5战区司令长官李宗仁、军事委员会副参谋总长白崇禧、西安行营代主任蒋鼎文、第7集团军总司令傅作义等国民党高级将领，纷纷电贺国民革命军第十八集团军朱、彭正副总司令。李宗仁、白崇禧贺电称："望东指之旌旗，赋同仇而御侮，歼朔方之倭寇，复失地以奏功。"蒋鼎文贺电称："率部抗敌，壁垒新增。行见马肥首蓿，壮秋塞之军容；酒熟葡萄，励沙场之斗志。"

在国共两党合作抗日的形势下，江西、福建、广东、湖南、湖北、河南、浙江、安徽8省14个地区的红军游击队从1937年10月12日起，陆续改编成"中国国民革命军陆军新编第四军"（简称"新四军"），由叶挺任军长，项英任副军长，张云逸、周子昆为正副参谋长，袁国平、邓子恢为政治部正副主任。新四军下辖4个游击支队、10个团、1个特务营，共10329人。1937年12月25日在汉口建立军部，1938年1月6日移驻南昌。

从此，侵华日军陷入中国人民全国抗战的汪洋大海之中。正面战场上，中国军队总有几条战线与其相持；在日军后方，中共领导的八路军、新四军开展的游击战，更使其大伤脑筋。东一块、西一片的抗日根据地，使日本侵略军感到好似鱼骨卡喉，木刺陷肉。至1943年，中共领导的抗日武装力量抗击了全部侵华日军的半数以上，敌伪军的95%。因此，毛泽东曾在《为人民服务》一文中自豪地说："我们的共产党和共产党所领导的八路军、新四军，是革命的队伍。我们这个队伍完全是为着解放人民的，是彻底地为人民的利益工作的。"

据岳思平编著《八路军战史》，从1937年9月至1945年10月，八路军、新四军和华南人民抗日游击队同日伪军作战12.5万余次，歼灭日军52.7万余人，伪军118.6万余人，缴获各种枪69万余枝（挺）、炮1800余门，解放国土近100万平方公里，人口近1亿，部队发展到1318294人，民兵达260余万人。加上东北抗日联军，部队共约132万人。

八路军发展壮大

八路军初期战斗序列为：

总司令：朱德；副总司令：彭德怀；参谋长：叶剑英；副参谋长：左权；参谋处处长：彭雪枫。政治部主任：任弼时；副主任：邓小平。

驻太原办事处主任薄一波；西安办事处主任叶剑英；香港办事处主任廖承志；南京办事处主任周恩来；桂林办事处主任李克农；新疆办事处主任邓发；兰州办事处主任谢觉哉；武汉办事处主任王明；重庆办事

处主任王若飞。

八路军除总部和直属队3000人外，下辖3个师：115师1.55万人、120师1.4万人、129师1.3万人。每师下辖两个旅，每旅下辖两个团。115师师长林彪，副师长聂荣臻，参谋长周昆，政训处主任罗荣桓，副主任肖华。120师师长贺龙，副师长萧克，参谋长周士第，参谋处长彭绍辉，政训处主任关向应，副主任甘泗淇。129师师长刘伯承，副师长徐向前，参谋长倪志亮，参谋处长李达，政训处主任张浩，副主任宋任穷。陕甘宁留守兵团司令员兼政委肖劲光，参谋长曹里怀，政治部主任莫文骅。

蒋介石在八路军出征前曾经明令：八路军在抗日战场的作用是配合华北战场国民党正面战场侧翼支援作战。然而，毛泽东及时准确地把握了局势的变化，曾在太原失守当天致电周恩来和八路军总部指出："八路军将成为全山西游击战争之主体。应该在统一战线之原则下，放手发动群众，扩大自己，征集给养，收编散兵，应照每师扩大三个团之方针，不靠国民党发饷，而自己筹集供给。"徐向前在《历史的回顾》中指出："那时，有些同志对独立自主的游击战争方针不甚了解，总想集中兵力打仗，不愿分兵发动群众。毛主席的这一部署十分及时，对我军坚持敌后游击战争，发展壮大自己，有重要指导意义。"

整个抗战期间，八路军对敌作战7.4万次，歼敌15万余人。其中，115师的主要战役战斗有：平型关大捷、广阳战斗、汾离公路三战三捷、陆房突围、梁山战斗、温塘战斗、町店战斗。晋察冀军区的主要战役战斗有：雁宿崖战斗、黄土岭战斗、百团大战、冀中"五一"反扫荡战役。山东纵队的主要战役战斗有：孙祖战斗。山东军区的主要战役战斗有：郯城战斗。120师的主要战役战斗有：雁门关外战斗、晋西北收复七城、齐会战斗、陈庄战斗、上下细腰涧战斗、百团大战。129师的主要战役战斗有：阳明堡战斗、神头岭战斗、七亘村战斗、响堂铺战斗、长乐村战斗、百团大战、沁源围困战。

日本陆军自卫队第80团师团长本政登士在战后所著《自卫队在前进》中说："共军的灵活机动和利用夜间行动，几乎可以说是神出鬼没。在谋略方面，共军同样有创造性的发展，使我们不得不甘拜下风的事例很多。日军部队为了讨伐共军，一到基地，居民手拿太阳旗在城门外列队欢迎。如果看不到居民，日军就要警戒，但军民如此热烈的欢迎，使日军疏忽大意进入城内。于是在城内同时受到四面八方的攻击，造成极大损失。这种事例在山西省发生过多起。"

汪伪政权出版的一本杂志上也刊载过一篇题为《八路军怪魔的游击战争》的文章："……不用枪，只肉搏，见到了对方的机关枪，那可红了眼，不管火力多么硬，不管火网多么紧，他们常硬着头皮冲上去……如果命令一下，干起来，向敌人冲去，即所谓'光荣'的躯干倒在地上，也不要紧。后面马上实行'同志爱'，为保卫这流尽最后一滴血的遗体，也要保护着枪，使用绳子把他拉下火线，先是你拿枪，我解子弹，然后再把尸首背回去。……"

当然，说到牺牲，使人痛彻心扉的莫过于左权将军。1942年5月25日凌晨，数万日军把八路军总部包围在辽县麻田以东的南艾铺一带。敌机疯狂地扫射投弹，彭德怀、左权决定分路突围，各自为战。左权坚决要求率部担任掩护和断后。敌众我寡，步枪刺刀迎战日军飞机大炮，一时间血火竞迸，天地变色。左权焦急地站在高地上呼喊指挥突围，不料两发炮弹落在了他的身边。

八路军发展到1945年8月，已有正规军91万人，民兵220万人。

新四军曲折前进

1939年2月，中共中央军委副主席周恩来到皖南视察，与新四军领导人商定了"向南巩固，向东作战，向北发展"的战略方针。根据这一方针，5月成立江北指挥部，统一领导第4支队和7月新编的第5支队、江北游击纵队。这一时期，新四军还增加了两支部队——第6支队和豫鄂独立游击大队。

1940年春，中共中央、中央军委作出八路军应派部队与新四军合力发展华中的部署。八路军第2纵队主力和苏鲁豫支队、陇海南进支队先后越陇海路南下，与新四军第6支队合编为八路军第4、第5纵队。7月，新四军江南指挥部率主力北渡长江，改称苏北指挥部；10月在取得黄桥决战的胜利后，与南下支援的八路军第5纵队会师。11月17日，在江苏海安成立华中新四军八路军总指挥部（23日迁盐城），叶挺任总指挥，陈毅任副总指挥并代理总指挥，中共中央中原局书记胡服（刘少奇）任政治委员，统一指挥陇海路以南、长江以北的新四军和八路军部队。留在苏南的新四军第2支队领导机关，组建了新的江南指挥部。

1941年1月7日，国民党当局发动皖南事变，围攻奉命北移的新四军军部。叶挺下山谈判被扣，项英、周子昆被叛徒刘厚总（副官）杀害，袁国平在突围时牺牲。1月17日，国民党当局宣布取消新四军番号。1月20日,中共中央军委发布命令,重建新四军军部,任命陈毅为代理军长,刘少奇为政治委员,张云逸为副军长,赖传珠为参谋长,邓子恢为政治部主任。陇海路以南的新四军和八路军部队,分别改编为新四军第1至第7师和独立旅,全军共9万余人。

新四军总结皖南事变的教训,加强了党的绝对领导,加强了部队的正规化建设和抗日根据地建设,并根据斗争需要,实行主力地方化,先后成立苏中、淮南、苏北、淮北、皖江等军区以及许多军分区,发展了地方武装和民兵。1941年至1943年,新四军进行了艰苦的反"扫荡"、反"清乡"、反"蚕食"、反"磨擦"斗争,渡过了抗日战争中最困难的时期。

1944年,新四军展开局部反攻,先后歼灭日伪军5万余人。根据中共中央军委关于向浙江、河南发展迎接战略反攻的部署,第1师主力渡江南下,与苏南部队和浙东游击纵队会师,成立苏浙军区。第4师主力西征豫东,恢复了豫皖苏抗日根据地。第5师派出河南挺进兵团北上,开辟了豫南、豫中抗日根据地。第5师还与南下的八路军第359旅会师,成立了鄂豫皖湘赣军区。

1945年8月15日,日本宣布无条件投降。新四军向拒不投降的日伪军展开全面反攻,到9月2日,共解放县城40座,重要集镇400余个,歼日伪军2.8万余人,占领了武汉外围和南京、太湖、天目山之间的广大乡村和中小城市,将苏中、苏北、淮南、淮北根据地连成一片。

8月26日,中共中央任命陈毅为新四军军长,饶漱石为新四军政治委员;后又任命罗炳辉为第二副军长。9月,根据中共中央在同国民党和平谈判中作出的重大让步,新四军在浙东、苏南、皖南的部队分别撤到长江以北。10月,执行中共中央作出的向北发展向南防御的战略部署,新四军军部北移山东临沂,并兼山东军区领导机关;新四军部分主力和留在山东的八路军部队组成津浦前线野战军,后改称山东野战军;仍在华中的新四军部队,组成华中军区和华中野战军。在此期间,新四军第3师开赴东北,第5师与八路军第359旅、河南军区组成中原军区。1947年1月下旬至2月3日,新四军兼山东军区以及所属华中军区、华中野战军、山东野战军合编为华东军区和华东野战军,新四军番号至此撤销。

在抗日战争中,新四军抗击和牵制了16万日军、23万伪军,作战2.2万余次,其中对日伪军作战1.9万余次,歼日伪军31万余人;反顽自卫作战3000余次,歼灭国民党顽固派14万余人;自身伤亡8.9万余人。

新四军从最初的1万余人,发展到拥有主力21.5万余人,地方武装9.7万余人,计31万余人;另有民兵自卫队96万余人。建立了地跨苏、浙、皖、豫、鄂、湘、赣7省的苏南、苏中、苏北、淮南、淮北、鄂豫皖湘赣、皖江和浙东8块抗日根据地,面积达25.3万平方公里,人口3420余万,为抗日战争的胜利作出了重要贡献。

平型关大捷

1937年"七七事变"日军占领平津后,其北方部队改编为华北方面军,并向西、南两个方向扩张。向西之敌以夺取山西为作战目标。9月13日,日军攻占大同后,便开始向太原方向进犯。

太原属蒋总司令划定的第2战区,战区司令是山西军阀阎锡山。下辖31个师又13个旅,约28万人,为日军兵力的两倍。日军占领大同后,又从晋北左云、怀仁、浑源、灵丘一线,兵分两路,齐头南下,一路直指雁门关,一路逼近平型关。

同年9月,八路军陆续从陕西韩城、潼关两处东渡黄河,开赴抗日前线。进入山西境内后,八路军分兵晋西北和晋东北两路迎击南下的日军。为了挫败日军的锐气,八路军总部决定以120师掩护雁门关一线,以林彪、聂荣臻、罗荣桓领导的115师主力凭借平型关天险,打击来犯之敌。

八路军晋境第一仗

115师下辖两个旅、4个团和1个直属团。343旅旅长为陈光,下辖两个团:685团团长为杨得志、686团团长为李天佑。344旅旅长为徐海东,下辖两个团:687团团长为张绍东、688团团长为陈绵乡。直属团团长为杨成武。教导队队长为韦国清。115师另有骑兵营、炮兵营和辎重营。

平型关位于山西省繁峙县境内,是古长城一处关隘。关北有恒山余脉,关南为五台山,附近山势险峻,峰峦比肩联袂,溪谷浑邃,阴森幽静,一条峡谷山路东通冀北,西抵雁门,是晋东北边陲重镇及内长城的要塞。平型关口至灵丘县东河南镇长约13公里的地段,崖高数丈,陡峭如削,崖顶平缓,杂草丛生,两侧高地便于隐蔽部署兵力、发挥火力和展开突击。因此林彪认定：这是个好战场。

115师从晋西南的侯马市登车起程。在车站月台上，成群结队的东北流亡学生冒着风雨，欢送抗日队伍开赴前线。战士们高呼："头可断，血可流，宁死不做亡国奴！"主力星夜来到平型关东南的冉庄后，师长林彪、副师长聂荣臻（实际履行政治委员职责）以及罗荣桓、肖华等，在当地一间茅屋中昏暗的小油灯下，在地图上爬了大半宿，才定出了作战方案。

9月23日夜幕降临时分，115师的指战员们赶到了山西灵丘附近的上寨村。远处隐约传来枪炮声和飞机的轰鸣声。晚饭后，团以上干部一丢下饭碗，就纷纷集中到师部开会。师长林彪走到地图前，神情严肃地说："据第2战区司令部电报说，日军蒙疆兵团于9月13日攻占大同后，正向怀仁、山阴进犯；日军第5师团9月11日占领蔚县、广灵，21日占领灵丘，正由灵丘经平型关向大营镇进攻。敌人如此猖狂，我们必须狠狠杀杀他们的傲气，给他们以迎头痛击。让国民党看看，鬼子不是钢铁，中国人不是豆腐……"说到这里，大家开始交头接耳，议论纷纷。林彪打了一个手势，等大家安静下来后又继续说道："我和聂副师长已立下军令状，只能打胜，不能打败。师部研究决定，战场选在平型关，任务是伏击日军板垣征四郎的第5师团。"

接着，林彪对平型关战役做了详细部署：685团截堵敌军之头，687团切断敌军之尾，686团拦腰歼灭敌人。林彪指出："日军进展很快，但骄横，疏于戒备。如果我师能利用平型关东北的有利地形出其不意，伏击歼敌，就可以杀杀日本军队的威风，长八路军的志气，长115师的志气。"聂荣臻也响亮地提出："这一仗必须打胜，打败了或者打个平手都不行！党中央和全国人民都在盼望八路军的第一个战报。"

根据战斗部署，115师决定在平型关至东河南镇，沿20华里的山沟伏击日寇。当天黄昏，115师所属各团迅速向埋伏区开进。担负主攻任务的686团在李天佑团长和杨勇政委的带领下，连夜赶到距平型关30余里的冉庄后，又冒着倾盆大雨，向预定伏击点运动，并在公路旁的山沟里隐蔽下来。

"攻击开始！打！"

25日晨，部队全都进入阵地。686团团长李天佑和副团长杨勇在指挥所里观察伏击区的情况时，发现公路以北是座三四百米高的秃山，山腰上有个不大的古庙，称为老爷庙，是控制公路的制高点。于是，李天佑马上电话通知3营：战斗打响后，必须以一个连的兵力首先抢占老爷庙。

7时许，100多辆汽车载着日本兵和军用物资，从山谷里爬了上来，后面跟着200多辆大车，再后面则是凶悍的骑兵和步兵。由于公路泥泞，日军的几十辆汽车在兴庄和老爷庙之间的公路上停了下来，后面的日军队伍在行进中突然受阻，互相挤成一团。经过观察，李团长料定这就是板垣师团的后卫。

李团长根据林彪的指示，立即传令担负突击任务的1营："攻击开始！打！"话音刚落，两侧山岗上埋伏的机枪、步枪、手榴弹、迫击炮顿时怒吼起来。霎时，拥塞在公路上的日军被打得人仰马翻、血肉横飞。

此时，林彪急令李团长到师指挥所去。师指挥所就在686团右后侧的山坡上。李团长带着警卫员，冒着枪林弹雨，跑到了师指挥所。林彪严肃地对李团长说："战斗不会马上结束。你们包围了敌军一个旅团共4000多人，不能一口吃掉。你们一定要冲下公路，把敌人切成几段，并派一个营抢占老爷庙！"

当李团长回到团指挥所时，战斗更加激烈。敌人把打坏的汽车作为掩护，疯狂地朝686团阵地攻击。为了加强战斗力，除团长留在指挥所负责全面指挥外，副团长杨勇带领其他非战斗人员，迅速下到各营去参加战斗。

日军发现我军想要攻占老爷庙，便派出几十个士兵，枪先爬了上去，并利用老爷庙居高临下的地形，向686团正面突击部队拼命扫射。9连的战士大多牺牲。

由于日军火力太猛，3营长决定让夺占老爷庙的突击队分多路迂回而上。当战士们迂回到离老爷庙只有30来米的坡地时，2营的增援部队赶到了。在我军火力的掩护下，突击队的勇士们跃到了敌人的面前，几十颗手榴弹掷向敌人的阵地，敌人的机枪顿时哑了。

3营占领老爷庙后，营长当即命令部队向公路上仍在抵抗的敌军冲去。

为了支持和掩护3营冲锋，李团长命令侧翼连队加紧向敌人攻击。山沟里顿时弹如雨下，敌人乱成一团。3营长趁机命令战士投出一排排手榴弹，然后在弥漫的硝烟中，带领部队一举冲上公路，同敌人展开了白刃格斗。战斗中，3营长不幸负伤。

此时，李团长又命令团里的其余两个营，集中火力打击挤在公路上的敌人。至此，686团全面攻击敌人的战斗开始了，密集的枪弹、炮弹呼啸着飞向敌群。

日军指挥官不甘心失败，挥舞战刀，叫嚷着指挥剩下的数百名敌兵，多次向老爷庙反扑。但是，3营战士仍然沉着、镇定，等敌人贴近阵地时才猛烈还击。敌军的尸体一具接一具地滚下山谷。第686团副团长杨勇在战斗中负伤，顾不上包扎，同战士们一起在战场上搏杀。危急时刻，连长曾贤生高喊一声："我们要用刺刀消灭敌人，就是牺牲，也要堵住敌人！"他带领全连战士首先冲进敌群，在与日军搏斗中光荣牺牲。

日军在平型关遭袭的消息很快传到第5师团，师团长板垣征四郎大吃一惊。前几日，他选择平型关作为进攻的迂回路线，是考虑到山西和河北交界的地方是中国军队防御的薄弱环节，谁料到会突然冒出来一支八路军精兵。于是，板垣严令在蔚县、涞源的第21旅团第42联队的日军火速赶往平型关增援。

但是，板垣的命令已经难以挽救平型关遭到伏击的日军的命运。林彪、聂荣臻早已料到日军的意图，把115师独立团和骑兵营配置在灵丘以北和以东的地区，使得增援的日军无法向平型关靠拢。

板垣为了救援日军，急忙调来6架飞机助战。被围日军听到飞机声，看到一线生机，再次组织部队猛攻老爷庙和附近的高地。然而，日军的希望再次落空了，平型关已被八路军围成铜墙铁壁，全部日军成了瓮中之鳖。

下午3时，兴庄至老爷庙之间的敌人被彻底消灭了。接着，师长林彪又命令686团和687团立即向西奔袭，增援拦截日军先头部队的685团。685团在两个兄弟团的支援下，也很快结束了战斗。

平型关一战，八路军共歼灭日军3000余人，击毁汽车100余辆，缴获步枪千余支、机枪20多挺和一批物资，取得了全面抗战以来第一个歼灭战的胜利，有力地打击了日本侵略军的嚣张气焰，极大地鼓舞了全国人民的抗战热情。毛泽东把平型关战役看作是在民族危难之际能够沮丧敌人、振起士气的大胜利，蒋介石则在贺电中表示："25日一战，歼寇如麻。足徵官兵用命，深堪嘉慰。尚希益励所部，继续努力，是所至盼。"

游击战的新篇章

日军在平型关受到重创后，改变战役部署，企图突破晋西北防线，猛攻忻口。10月初,忻口会战打响,朱德命令八路军的主力深入敌人侧后,广泛开展游击战。刘伯承、邓小平、徐向前领导的129师的先头部队769团,派第3营火烧阳明堡敌军机场,24架敌机被全部烧毁,敌酋华北方面军第1军司令官香月清司惊恐万状。同时,120师深入到大同附近,开展雁北的游击战,并数度占领雁门关。115师的一部分兵力还深入冀西积极活动,收复了一些失地,并进逼保定;另一部分兵力进入山东,开辟鲁中根据地。

  1937年太原失陷后,国民党军队向西南撤退,八路军于是在华北战场上进入了单独作战的阶段。

国军子弹误伤林彪

平型关大捷后,林彪奉八路军总部之命率 115 师 343 旅由五台山南下,于 11 月 4 日在广阳设伏,歼灭日军 1000 余人。1938 年年初,林彪率师部和 343 旅由晋东北南下,至吕梁地区开辟抗日根据地。聂荣臻则带领师独立团、骑兵营等约 3000 人,在晋察冀开展敌后斗争。

3 月 1 日,林彪穿着缴获来的日本军大衣,骑着东洋战马,带着师直属队 10 来人,途经国军阎锡山 19 军防区内的山西隰县前往武城途中,忽然听到了枪炮声。林彪立即命令侦察科长说:"你带一个骑兵班到前面看看。"侦察科长很快就回来向林彪报告:前方没有发现敌情。林彪又骑着马继续前进。

走着走着,后面突然传来一阵枪声,刹那间,一颗子弹钻进了林彪的右胸。当时,林彪和他身边的人都骑着在平型关战斗中缴获来的良马,林彪还把一件日本军官的呢子大衣搭在马上。就这样,阎锡山的官兵把林彪一行看成是日本官兵,给了他们一排子弹。说来也巧,林彪的随行人员安然无恙,只有林彪被打中了。

林彪迅速下马,说:"这怎么得了哇!"侦察科长等人见林彪负了伤,大吃一惊,立刻下马,把林彪扶到一条沟里。林彪略一思索,命令道:"赶快到后面找卫生科长,把箱子里的白药拿出来。"林彪所说的"白药"是指云南白药,这是当时的好药。卫生科长得知林彪负了伤,立即赶来治疗。

晋绥军官兵得知误伤了林彪,数名旅长、团长急急忙忙赶来道歉,再三说明他们的士兵事先确实不知道是林彪。晋绥军还把他们自己住的房子让给林彪等人住。115 师政治部主任罗荣桓,立即将林彪受伤的情况电告八路军总部和中央军委。毛泽东马上回电,指示把林彪送回延安治疗,并命令 343 旅旅长陈光代理林彪师长职务。

这一次枪伤看起来并不重,进行简单包扎以后,一直到黄河边,林彪都是自己走的。但可能伤着了脊髓神经，给他留下了终生未愈的植物神经紊乱症。他原来就有神经衰弱症，在指挥平型关战役时，头上就戴着金属制的健脑器。这次枪伤后，他逐渐染上了怕风、怕光、头痛、失眠、一紧张就出汗等毛病。由于伤痛，医生给他开了一些吗啡和杜冷丁之类的药品，久而久之，他服药成瘾。

林彪回到延安后，八路军的著名医生都来给他会诊，采用各种措施精心治疗，但林彪的身体依然很差。

毛泽东、朱德、张闻天等中央领导人多次到医院看望林彪，延安各机关、学校的负责人也纷纷去医院慰问他。过了一段时间，林彪的伤有了一些好转。他在抗大小住了一段时间，5月22日还在抗大第三期全校干部会议上作了一次报告。

可是，延安的医疗条件毕竟有限，无法根治林彪的伤病，中央决定送他到苏联治疗。对于党中央和毛泽东的这一决定，林彪感到高兴。苏联共产党中央委员会对林彪这位闻名中外的抗日将领很是热情，特地把他安排到莫斯科一家最好的医院，并精心挑选了两名医生为他治疗。出院后，林彪又在苏联休养了数年。这期间，德国法西斯突然向苏联发动全面进攻。林彪在多年的戎马生涯中培养了对战争的敏感，他仔细研究了苏德战场的局势，提出了苏军战胜德国法西斯的战略战术构想。

美国作家罗斯·特里尔在《林彪全传》一书中描述道：

斯大林看了林彪的建议，心潮起伏。他含着烟斗，喷着烟雾。他万万没有想到，中共党内还有这样杰出的一位军事天才。此人提出的军事设想，不仅切实可行，而且见解独到，按照这个建议去做，定能出奇制胜。像这样卓越的军事才华，在苏军高级将领中也太罕见。

斯大林决定，在百忙之中挤出时间会见林彪。

一辆豪华的小轿车把林彪接到了莫斯科郊外一所戒备森严的别墅里。斯大林在这里接见了林彪。

这位白发苍苍的老人——盖世闻名的政治家、军事家、第三国际的领袖，站起身迎上去，紧紧握住林彪的手。

"你今年多大年龄啦？"斯大林上下打量着林彪。

"我今年34岁。"

"你是年轻人。未来的世界，总是属于你们年轻人的。不像我这样，一天一天地走进坟墓。"斯大林诙谐地笑着说。

"你的建议，我很欣赏，我们今天随便谈谈。"寒暄几句，斯大林便进入主题。"有什么看法,哪怕是批评意见,都尽管随便谈吧。"

斯大林的态度平易近人,和蔼可亲。

林彪将早已成竹在胸的看法,都不慌不忙地讲了出来,斯大林听得非常认真,几乎没有插一句话,不住地吸着烟。翻译如实地把林彪的话翻译给斯大林,斯大林不住地点头。

斯大林说:"你们中国红军白手起家,没有巧妙灵活的战略战术是不行的。尤其是你指挥的平型关战役,更是指挥得出色。你们的武器那么差,人那么少,在强敌面前不怯阵,以智取胜是难得的。"

接着,斯大林拍拍林彪的肩膀,亲切地说:"林彪同志,你愿不愿意留在苏军中参加反对德国法西斯的战斗?"

林彪未置可否,只是微笑着,礼节性地说了几句谦虚的话。

后来,在延安和莫斯科,都谣传斯大林已经向中共中央正式提出,要用三个师的精锐部队,换林彪去指挥苏联红军同希特勒的军队作战。

1942年,林彪电告毛泽东,他决定回国。

2月中旬,林彪乘八路军驻西安办事处的汽车回到延安。……毛泽东让林彪担任抗日军政大学的校长。

抗大的学员们都说:"林彪校长确实是我们八路军高级将领中的一位杰出人才。他并没有魁梧高大、八面威风的大将风貌,而是像拿破仑一样,个头不高,像韩信一样,身体消瘦。但他却是运筹帷幄之中,决胜千里之外的帅才人物。"

一次,一位学员直接问他:"林校长,据说斯大林同志正式提出,要用3个师换你去打希特勒,是真的吗?"

林彪笑而不答。

"名将之花"凋落黄土岭

1939年10月下旬，日本华北方面军共两万多人，分多路对晋察冀抗日根据地进行冬季"扫荡"。11月3日，由涞源出动的日军500余人，被八路军歼灭于雁宿崖村。战斗刚刚结束，晋察冀军区第1军分区司令员杨成武立即意识到，恼羞成怒的日军一定会找八路军报复，于是命令部队脱离战场，隐蔽起来，作好连续战斗的准备。

果然，11月4日早晨，日军"蒙疆驻屯军"总司令兼独立混成第2旅团旅团长阿部规秀中将，率领独立步兵第2、第4大队1500余人，分乘90多辆卡车，向雁宿崖方向急进，企图寻歼晋察冀军区第1军分区主力部队。

雁宿崖是位于涞源县境内的一个险峻关隘，坐落在三岔口和张家坟的河床西岸，东边是连绵起伏的高地，最宽处三四十米，形似一个口袋。如果将敌人诱入这条死谷，敌人就插翅难逃。此刻，八路军就潜伏在黄土岭的群峰之间。

阿部规秀统领的独立混成第2旅团，在日军中堪称精锐，而他本人又是在日本军界享有"名将之花"盛誉的陆军大学的高才生。他擅长运用"新战术"，被称为"山地战专家"和"俊才"。1938年10月，原第2独立混成旅团旅团长常冈宽治少将被八路军在广灵县张家湾击毙，日军遂调阿部规秀出任该旅团旅团长一职，对其寄予厚望。这个骄狂的阿部规秀在此次出兵之前，写了一封家书："爸爸，我从今天起去南方战斗，回来的日子是11月13、14日。虽然不是什么大战，但也将是一场相当大的战斗。我们打仗的时候是最悠闲而且最有趣的，支那已经逐渐衰落下去了，再使一把劲它就会投降。……圣战还要继续，我们必须战斗。那么再见。"

11月7日，天空开始飘洒雨丝，云雾蒙蒙，有些阴冷。狡猾的日军先由小部队在前头开路，占据有利地形，然后才让大部队跟进，逶迤前行。但是，他们没有发现八路军已经完成了对他们的包围，乖乖地钻进了奇妙的"口袋阵"。下午3时许，当日军全部进入峡谷时，只听八路军指挥员一声令下，百十挺轻重机枪同时向日军密集扫射，一时间黄土岭上浓烟滚滚，杀声震天。日军伤亡惨重，阵势大乱，慌忙抢占了几个小山头，企图冲出包围。八路军把包围圈越缩越小。

阿部旅团在遭到突然而猛烈的袭击后，好不容易才发现大队长堤赳中佐的指挥位置在一个小山坳旁，较为隐蔽，于是就向那里转移。当阿部规秀到达小山坳时，又发现半山坡上有一处独立院落，便决定把指挥所设在那里。

"太暴露了！太暴露了！"堤赳中佐惊叫起来。

"那里有老百姓，最安全、最安全！"说着，阿部率先向山坡爬去。

这座四合院里住着陈汉文一家13口人。几个日本兵把他们全家赶到南屋，把一个条案抬到屋门口，铺上地图，再给阿部搬来一把太师椅。他们还在南耳房里架上电台、报话机和手摇发电机。

下午4时许，八路军第1团团长陈正湘在望远镜里看得清楚，在南山根东西向的山梁上，一个身穿黄呢大衣、腰挎战刀的日军指挥官和几个随员，正举着望远镜观察战况；在距山包100米左右的一个独立小院内，也有挎着战刀的日军指挥官进进出出。陈正湘判断：独立小院可能是日军的临时指挥部，南面小山包可能是日军的临时观察所。他当机立断，命令通讯主任跑步下山急调炮兵连。炮兵连上山后，陈正湘指给他们两个目标，要求他们务必将其摧毁。炮兵连长在目测距离后说："直线距离约800米，在有效射程之内，保证打好。"随着几声炮响，小院里腾起一股股烟尘，望远镜里再也看不见人影。4发炮弹全部命中目标，其中一发正打在日军指挥官中。

此时，阿部正在南屋的条案前看他的地图。一发炮弹在距南屋门口3米远的地方爆炸，弹片夹杂着碎石飞向阿部和他的参谋人员。

南耳房的几名日军官兵大多受了伤，陈汉文一家却安然无恙。大家暗中称奇："八路军的炮弹，神！" 70多岁的陈老汉后来回忆当时的情景说："当时屋里进来3个日本人，一个穿着像是军官模样的人面对门口坐在我家椅子上，另外两个忙着摆弄一个什么东西，现在想应该是发报机一类的东西吧。这时一发炮弹落在院子中央，轰的一声巨响，房子都在颤抖。两个日本兵因为有墙挡着没有受伤，而那个脸朝门口坐着的军官却被飞来的弹片击中，当即倒在地上。院子里的日本兵随即冲进来，把倒地军官抬起来迅速撤走了。"

日军战史也曾描述说：阿部旅团长把指挥所迁至附近一家独立院落中，立即召集各大队接受命令。在准备下达整理战场的命令时，突然飞来几发迫击炮弹，在院里爆炸，阿部的右腹和双腿数处负伤，但他仍大叫："我请求大家坚持！"然后跪在地上，俯首向东方遥拜，留下最后一句话："这是武人的本分啊。"说着就倒了下去。负伤后约三四个小时，即7日晚9时50分死去。

在部队进行战斗总结时，中共中央就从日本广播电台的广播中得知，阿部规秀旅团长已经在黄土岭丧命，于是立即将这一喜讯转告晋察冀军区。聂荣臻司令员马上打电话给杨成武："告诉你们一个好消息，延安拍来贺电，说你们击毙了阿部规秀中将，并向我们祝贺。"杨成武又惊又喜，抓起电话就转告陈正湘："老陈，告诉你，咱们打死了一个日本兵的大官！"

"大官，有多大？少佐，中佐？"

"比他们大！"

"大佐？"

"再大一点儿！"

"少将？"

"是中将！一名日军中将！"

参战各团知道这个消息后，四处寻找阿部规秀的遗物，当天就找到穿在一名战士身上的镶着两颗金星领章的阿部规秀的黄呢子大衣。很快，一把嵌有银菊花的指挥刀也被找到了，那是阿部家族的族徽。

11月12日，日本《朝日新闻》在第一版用整版篇幅报道了阿部规秀阵亡的消息，并在粗粗的黑框中刊载了阿部的戎照和生平。消息内容是：

本报华北前线记者川崎秀子报道：11月7日，富有山地"扫荡"经验的阿部规秀中将，亲率精旅，冒雨酣战，官兵争先冲杀，战至中午，皇军完全置于必胜位置。下午4时，不料敌军炮弹从天而降，将军右腹和双腿负伤，但他未被重伤屈服，大声疾呼，要坚持打下去。然后俯首向东方遥拜，留下一句话："这是军人的本分啊！"

11月23日，东京各大报又登载了一条发自中国战场的消息：《名将之花凋谢在太行山上》。《朝日新闻》称："自日军成立以来，中将级将官的牺牲，这是没有先例的。"

黄土岭战斗之后，驻张家口日军警备司令小柴"屈尊"给杨成武写了这样一封信:"麾下之部队武运亨通,常胜不败,鄙人极为佩服。现鄙人有两件事求教,一是请通知鄙人在黄土岭、雁宿崖被麾下部队生俘的皇军官兵数目、军职及他们的生活近况;二是战死的皇军官兵是否埋葬、埋在何处?可否准予取回骨灰,以慰'英灵'?"

阿部规秀毙命20天后,他的骨灰运抵东京,全市下半旗为这位罪魁致哀。

中共中央、八路军总部和全国各地的友军、抗日团体的著名人士,纷纷祝贺晋察冀军区取得的胜利。全国各地的报纸也纷纷报道黄土岭战斗经过,刊登各种祝捷诗文。蒋介石闻知此事也异常高兴,并给延安八路军总部发了贺电:

朱总司令:

据敌皓日(9日)播音,敌甡村部队本月江日向冀西涞源进犯……支日阿部中将率部驰援,复陷我重围,阿部中将当场毙命等语。足见我官兵杀敌英勇,殊堪奖慰。饬将上项战斗经过及出力官兵详查具报,以凭奖赏,为要。

百团大战

在抗日战争的战略相持阶段，日方采用了"军事打击为辅，政治打击为主"的策略，作战重心也从正面战场转向占领区，以确保"后院"的稳定；而八路军在完成了配合国民党正面作战的任务后，也转入了敌后游击战争，创建抗日根据地，发展武装力量，恨恨地打击了日本侵略者。

交通线是日军的生命线。敌后斗争的形式之一就是交通战。

1939年12月的一天，八路军总部收到冀中军区政治委员程子华和政治部主任孙志远发来的一份密电："敌最近修路的目的同过去不同。""一是以深沟高垒连接碉堡。由任丘到大城、河间的公路修得比地面高五尺，两旁沟深八尺到一丈，沟底宽六尺，沟面一丈六，把根据地划成不能相互联系支援的孤立的小块，部队也不能转移，便于敌逐次分区搜剿。第二种修法是汽车路的联络向外连筑，安国县已完成三层，敌汽车在路上不断运动，阻挡我军出入其圈内。"

日本侵略军的这套诡计，不仅在冀中推行，而且要在全华北实行。军事家刘伯承曾经形象地比喻说，这是日军企图以"铁路为柱，公路为网，据点为锁"，对华北军民实行"囚笼"政策，企图把敌占区军民"装进去凌迟处死"。显而易见，不打破"囚笼"，八路军就无法生存。因此，八路军总部提出，要截断正太（河北正定到山西太原）日军交通线，拔除该线南北地区若干敌军据点。

1940年7月22日，八路军总部发布了朱（德）、彭（德怀）、左（权）签署的《关于大举破袭正太路战役的预备命令》。《命令》说：为打击敌人的"囚笼"政策，打破敌进犯西安之企图，争取华北战局更有利的发展，影响全国的抗战局势，"决定趁目前青纱帐与雨季时节，敌对晋察冀、晋西北及晋东南'扫荡'较为缓和，正太线较为空虚的有利时机，大举破袭正太路"。"其他各重要交通线，特别是平汉、同蒲，应同时组织有计划之总破袭,配合正太铁道战役之成功"。《命令》决定调集聂荣臻领导的晋察冀军区和刘伯承、邓小平领导的晋冀豫军区的主力部队,发动以正太路为重点的大规模交通破袭战。这一注明"十万火急"的绝密电报发到延安,立即被抄送毛泽东、王稼祥、朱德、洛甫(张闻天)、王明、康生、陈云、邓子恢、任弼时、谭启龙和作战局。

瘫痪日军战略交通线

按战役进程的不同特点,百团大战可分为3个阶段。

第一阶段从8月20日到9月10日,中心任务是对敌人华北交通线展开总破袭。

正太路长250公里,它横贯太行山脉,在崇山峻岭间蜿蜒西去,把巍巍太行劈成两截,是敌人在华北的重要战略交通线。沿线有日军占领的阳泉、井陉两座煤矿。日军以重兵把守全线,并自诩为"钢铁封锁线"。

根据8月上旬八路军总司令朱德和副总司令彭德怀发布的命令,晋察冀部队将担负破袭石家庄到平定段的战斗任务,晋冀豫部队的任务则是破袭其他地段。

聂荣臻接受总部下达的任务后,立即组成了由熊伯涛指挥的左纵队,杨成武指挥的中央纵队,以及郭天民、刘道生指挥的右纵队。刘伯承、邓小平也即时召开了紧急作战会议,决定组成由范子侠、赖际发指挥的右纵队,由陈赓、陈锡联指挥的中央纵队和由周希汉指挥的左纵队。

正太路沿线驻扎着日军独立第4、第8和第9混成旅团,各个据点都构筑了坚固的堡垒群,构成了严密的火力网。为了在2500公里长的敌后交通线上狠狠打击侵略者,八路军参战部队对正太路沿线敌人的情况作了详细侦察,他们看地形,探敌情,查暗堡,定战术,战士们一个个摩拳擦掌,斗志高昂。

8月20日,八路军几十万大军在50个地点向敌晋中、晋东、冀西、冀中各交通线出击,扒铁路,挖公路,割电线,砍电杆,炸桥梁,拔据点,使得华北之敌蒙头转向,乱成一团。

8月23日,新华社自晋东南报道称:

十八集团军总司令部顷发表战报称:敌寇增兵晋冀,急闯大西北,断绝我交通,并从伪满北平增兵南下,妄图大举扫荡我华北各抗日根据地，我八路军为粉碎敌寇此种狠毒阴谋并保卫大西北，配合全军战局顺利开展计，乃决以百团兵力并决死队××××等部向正太、同浦、邓汉、津浦、北宁及白晋、石德、平绥各地大举进击。经多日之周详部署后，各线业已于八月二十日晚十时同时投入战斗，进展神速，士气极盛，前线民众联军参战亦极踊跃。迄至目前止各线战事正猛烈发展中。

正太路破袭战第一阶段的重点是攻占冀、晋两省交界处的天险娘子关。1937年10月，日军侵占这里后，依据险峻山谷，在旧有的国民党军队国防工事的基础上，又加修了4个大堡垒。

担任主攻任务的晋察冀军区右纵队第5团首先潜入娘子关村，消灭了驻守在村里的伪军，然后依托村庄向娘子关发起强攻。驻守娘子关的日军精锐部队听到山下的枪炮声，急忙在进入娘子关的路上筑起了3道关口。

右纵队第5团的战士在陡峭的山坡上，冒着浓密的火网，向娘子关上的堡垒发起仰攻。敌人居高临下，用机枪封锁了通道。为了避免更大的牺牲，5团决定派出16人的小分队，悄悄摸到敌人第一道关口。此时，小分队的战士踩响了日军埋设在关口的地雷。敌军的机枪顿时狂叫起来，子弹像雨点般地落在我军战士身上。

见此情景，第二梯队迅速冲了上去。这是一支由神枪手组成的分队，他们敏捷地选择了有利地形，掩护主攻部队冲锋。尽管八路军是仰攻，但子弹却像长了眼睛一样，把第一、第二道关口的日军打得死的死，伤的伤，逃的逃。八路军终将胜利的旗帜插上了娘子关。

与此同时，晋冀豫军区部队正按总部的部署，在正太路阳泉至榆次段上攻打上湖车站。

驻守上湖车站的是日寇的原田大队。这里依山傍水，碉堡林立，还有一座重要的铁路桥，敌人认为这是针插不进的地方。

八路军386旅16团的谢团长奉命率领部队进入了上湖车站旁边的芦家庄。子夜时分，16团的战士如猛虎下山扑向敌军，车站南面的3个敌堡首先被炸毁。友邻部队也攻占了车站西面的4个碉堡。日军从睡梦中惊醒。但等他们拿起武器准备抵抗时，车站上已火光四起，他们只好丢盔弃甲，朝西逃窜，退守到一个火药库中。16团战士抓住时机，用机关炮一阵猛轰，火药库立即中弹起火，仓库里的敌兵全被烧死。

与此同时，决死一纵队的25团和38团，也在上湖车站一侧的马首车站同日军展开激烈的战斗。25团1营在张营长带领下勇猛冲击，经过半小时激战，1连、3连攻占了车站两侧的碉堡。1营随即攻入车站，击毙日寇小队长以下20余人。

在八路军总部的指挥下，各路参战部队还展开了大规模的破路活动。军民团结一致炸桥梁、毁隧道、拆铁轨。日军华北方面军慌了手脚，急忙派出飞机对破路大军实行低空扫射。八路军各路部队立即隐藏起来，黄昏后又展开行动，巧妙地躲避开敌机的攻击。为了加快破路进度，八路军战士和群众还把拆下的铁轨放在枕木堆里燃烧。在千里铁路线上，白天烟雾弥漫，夜晚火龙飞腾。

9月7日，历时19天的正太路破袭战第一阶段初战告捷，全长249公里的正太路有235公里被破坏，华北日军的战略交通线瘫痪了。

破袭公路　拔除据点

从9月20日起，正太路破袭战进入了摧毁敌人要塞、攻克部分城镇的第二阶段。总部下达给晋察冀军区部队的任务是：破袭涞源、灵丘境内的公路，夺取这两座县城。

涞（源）灵（丘）地处交通要塞，战略地位极其重要。自从八路军在这一带的黄土岭战斗中击毙了号称"名将之花"的日军阿部中将后，日军独立混成第2旅团在涞源、灵丘等地增设据点，加紧了对八路军根据地的袭扰。

晋察冀军区司令员聂荣臻接到总部的命令后，立即把作战任务交给了杨成武指挥的中央纵队。9月22日晚，杨成武指挥部队对涞源城发起攻击。涞源守敌猛烈反击，施放毒气，攻击部队受阻。杨成武立即改变部署，决定只留一支部队监视敌人，先集中兵力扫除周围各个据点，而后再攻打涞源。于是，中央纵队1团和2团的各一部，开始攻击涞源城东的日军三甲村据点。23日晚，在我军炮兵的配合下，战士们和敌军激战数小时，全歼驻守在三甲村的日伪军80余人。

在这同时，3团战士在团长邱蔚的指挥下，集中力量攻击涞源城东北的东团堡。这里是敌人供应线上的中继站，也是日军封锁八路军根据地的一大支撑点，攻下它就能卡住涞源城守敌的脖子。为了进一步摸清东团堡一带的情况，邱蔚团长派了4名侦察员化装成老百姓打入城内，把敌人兵力和装备情况摸得一清二楚。23日晚，3团3营由民兵带路，匍匐前进，到达东团堡外馒头山日军碉堡前，没等敌守军惊醒，即扔进一串串手榴弹，将敌人送上了西天。

东团堡守敌是日军士官教导大队，他们在甲田大队长的指挥下，拼死抵抗，并不断施放毒气。中央纵队3团官兵猛打猛冲，激战到24日夜间，把东团堡村周围的堡垒全部攻下，残敌退入林中，凭几间房屋死守，并继续施放毒气，组织反扑。第3团官兵戴上浸过水的口罩前仆后继，勇猛冲击，经过两夜激战，占领了敌军外围工事，残敌麇集在一地主家的大院里挣扎待援。

日军甲田大队长赤膊上阵，率领80多名士兵挥舞战刀向我9连1排扑来。1排长带领全排战士与敌人展开了肉搏。他用刺刀接连刺死4个敌人。突然，一个日本兵举刀朝他砍去，1排长头上顿时鲜血直流。这时，又有5个敌人一拥而上，把1排长围在中间。就在这时，1排长猛地拉响了从怀中掏出的捆在一起的4颗手榴弹。1排全体战士在排长大无畏精神鼓舞下，勇猛击退了敌军的6次反冲击，最后终因子弹打尽而全部壮烈牺牲。

在八路军的猛烈打击下，敌军死伤过半。孤守在碉堡里的甲田见大势已去，增援无望，便绝望地命令仅剩下的27名士官跳入火中自焚。

10月10日，18天的涞灵战役结束，我军共歼日伪军1100多人，缴获大量枪支弹药和军用物资。

与此同时，太行、太岳部队也根据总部的命令，发动了榆（社）辽（县）攻坚战斗。陈赓、周希汉奉刘伯承、邓小平之命来到榆社城附近，指挥部队作战。

榆辽公路一线有敌人的7个重要据点，由日军第4混成旅团的池边大队主力防守，尤其是榆社城工事坚固，防守严密，易守难攻，号称"啃不动的骨头"。

9月23日夜11时许，周希汉率772团和16团，悄悄摸到城下，不料惊动了日军的警犬。犬叫声惊醒了敌军，但敌人只盲目地射击了一阵。接着，周希汉召开了部队军事民主会，战士干部积极为攻城献计献策，提出了压制敌人火力乘势攻城的建议。

陈赓和周希汉指挥772团和16团对榆社城进行了第三次强攻，16团5连1排长提了把大铡刀，一口气砍破了敌军阵地5道铁丝网，为冲锋部队打开了通路。另外一批战士抬着云梯，登上了30米高的峭壁，很快就占领了敌人的碉堡群。

敌军着了慌，马上派4架飞机来掩护。日军藤本中队士兵退缩进榆社中学里，依靠一座高大的碉堡和一堵围墙，负隅顽抗，并对八路军施放毒气。处在下风的我军指战员被熏得头晕眼花，咳嗽流泪。几名战士硬要把陈赓旅长拉到后方指挥所避一避，他坚决不肯，说："我要亲自指挥，拿下榆社城才走！"

指挥部再一次召开了"诸葛亮会"，有人提出：地面上攻不进去，干脆从地下进攻。第二天傍晚，一条直通日军盘踞的榆社中学下面的地道打通了。战士们找来一口棺材，在里面装满炸药，沿着地下坑道送到敌军核心阵地的下面，点燃了导火线。炸药爆炸了！攻城突击队趁着硝烟弥漫之际，奋勇突入日军阵地。经过一场激烈的白刃格斗，敌藤本中队士兵连同中队长本人，统统葬身在自掘的坟墓之中。

10月1日，正太路破袭战第二阶段以辉煌战果结束。八路军除了把敌人占领的铁路全部打瘫痪外，还使338里公路失去了作用，并将敌军全部据点荡为平地。次日，彭德怀、左权、罗瑞卿、陆定一致电"各兵团并报军委总政"：

百团大战一二阶段取得了伟大胜利，开辟了华北大规模进攻的新记录，证明了敌人的交通线与据点不是牢不可破的，大大地削弱、沮丧与疲劳了敌人，兴奋了全国，提高了我党我军地位，打击了投降派，巩固与开拓了根据地，锻炼了党政军民，提高了部队战斗力，保证了秋收秋耕，缴获了许多军需资材，对于百团大战的胜利任何估计上的悲观失望都是极端错误的。

反"扫荡"再立新功

华北地区的日军遭到八路军近两个月的连续打击以后，感到八路军对其华北驻军的威胁很大。日本侵略军为了稳定华北局势，从10月上旬开始，暂时放弃了对国民党正面战场的进攻而回师华北，调集重兵对华北各抗日根据地进行报复性的大"扫荡"。在这种形势下，反"扫荡"便成为八路军的主要任务。换句话说，百团大战发展到第三阶段，在作战样式上已由破袭战演变为反"扫荡"。

面对来势汹汹的日军，聂荣臻命令晋察冀军区主力部队立即转移，同时，组织民兵积极开展游击战。

10月26日，日军36师团冈崎大队的500多人被游击队引进了太行山区的关家垴。彭德怀副总司令和左权副参谋长得知敌人上了钩，立即指示炮兵部队向关家垴抵进，同时决定把385旅、386旅和新10旅主力及决死1纵队的两个团也调过来包围敌人。

10月27日凌晨，八路军的大炮齐声怒吼，各路部队向关家垴的日军发起了总攻。冈崎自以为兵多将广、武器精良，又有飞机在天上助威，便疯狂地进行反冲击。于是，在关家垴的几个山头上，双方展开了一场短兵相接的肉搏战。在八路军凌厉的攻势下，日军死伤过半。冈崎见势不妙，趁着硝烟弥漫，甩下部队，独自一人策马朝山沟里逃去。可是，他没跑出多远，就被八路军的一个班长打死在马背上。

在反"扫荡"中，各地方武装和民兵开展麻雀战、地雷战等，钳制了日军的兵力。

12月5日，百团大战胜利结束。这场震惊中外的大战役历时3个半月，先后有115个团参战，共进行大小战斗1824次，歼灭日军20645人、伪军5155人，俘虏日军281人、伪军18400人，八路军也付出了伤亡1.7万人的代价。大战还破坏敌军用铁路470公里，公路1500公里。

12月22日，由毛泽东起草的毛泽东、朱德、王稼祥给彭德怀的电报说："百团大战对外不要宣告结束，蒋介石正发动反共新高潮，我们尚需利用百团大战的声势去反对他。"延安《八路军军政杂志》上也发表了一首诗：

晴天霹雳太行头，万里阴霾一鼓收。
英帅朱彭筹此役，竟扶危局定神州。

对于百团大战，国统区《力报》发表评论说："华北胜利粉碎了敌寇这种阴谋，坚定了全国的抗战斗志，而使一般动摇分子无从其逞。"国民党第1战区司令长官卫立煌，电贺八路军总司令朱德、副总司令彭德怀："贵部发动百团大战，不惟予日寇致命之打击，且予友军以精神上之鼓舞。"国民政府军事委员会委员长蒋介石在给朱德、彭德怀的"嘉奖电"中称赞八路军道：

迭电均悉。贵部窥此良机，切断华北交通，予敌甚大打击，特电嘉奖。除电饬其他各战区积极出击，以策应贵部作战外，仍希速饬所部，积极行动，勿予敌喘息机会，彻底断绝其交通为要。

当然，"百团大战"确有失误。关于这一点，彭德怀在《自述》中曾有过系统的总结：一、对日军向我进攻的方向估计得不对，过早发动战役，从而减轻了日军对蒋介石的压力，客观上起到了援助蒋介石的作用；二、由于"百团大战"中我军暴露实力较大，从而使日军从华东、华中调回兵力，加强对华北根据地的进攻，给华北地区人民带来了本来可以避免的损失;三、战略指导上有蛮干的思想,致使我军得不到休整,部队过于疲劳,战斗力减弱,使一二九师伤亡过多。

但是,正如彭德怀所说:"对于这次战役的估计,不能离开当时我们所处的环境和当时担负的任务。如果抛开这些,而重于从另一方面来说'就是为了维护蒋介石的统治','就是资产阶级思想的战略方针',我认为这样来分析和推论一次战役行动,是有点过分,因为当时战役的胜利,实际上比损失要大得多。"

历史评说是非功过

人们对百团大战(1940年8月20日~12月5日)的评价有几次转折:1941年前后;1945年整风;1959年庐山会议和"文化大革命"阶段。

1941年,百团大战发生之后,共产党内外对此战役都是肯定。消息传到延安,毛泽东立刻给彭德怀发电报说:"百团大战真是令人兴奋,像这样的战斗是否还可组织一两次?"而9月4日,蒋介石也给朱德、彭德怀发来嘉勉电说:八路军"窥此良机,断然出击,予敌甚大打击,特电嘉奖"。

百团大战爆发时,蒋介石和板垣征四郎正准备于8月份在长沙进行首脑级会谈。中国共产党当时虽然还不知道日、蒋谈判的具体情况,但感觉到蒋方对日日益妥协的立场。正是在百团大战所鼓动的全国抗日高潮和抗日声浪中,蒋介石不得不将对日妥协的行动停顿下来。

八路军总部1941年年初所做的总结也肯定了百团大战:百团大战一方面粉碎了投降妥协的阴谋,振奋了全国军民的抗战热情,壮大了八路军的声望;另一方面也给了敌人很大的打击,粉碎了敌人向西北进攻的计划。

但是由于1941年以后,敌人对抗日根据地进行疯狂的扫荡,使根据地遭到很大的破坏,八路军的人数由1940年的40万人下降到30多万人,这个数目直到一年后才被超过。于是在共产党内形成了一个争论:百团大战的作用是积极的还是消极的?

1945年整风时,其中一个关于华北工作作风的座谈会彻底否定了百团大战,说它暴露了我军的力量,引起了敌人的扫荡。

到了1959年,在庐山会议上,党内的这个结论被公开化,有人指责彭德怀搞"独立王国","擅自发动百团大战"。

这些争议中的一个关键问题就是彭德怀是不是背着党中央发动了这次大战。

在研究者中，有人提出了一个"王稼祥疏忽了"的观点，说是王稼祥没有把发动百团大战的预备令上报给在医院养病的毛泽东。

当代中国出版社出版的《彭德怀传》对于这件事有一个明确的说法："这封被注明十万火急的绝密件（指预备令）发到延安，立即被抄送到毛泽东、王稼祥、朱德、洛甫、王明、康生、陈云、邓子恢、任弼时和作战局。1959年庐山会议以后，彭德怀被指责为'背着毛主席发动百团大战'，由于7月22日的预备令延安收文原件在案，'文化大革命'以后得以澄清真相。"

但中国抗日战争史史学会会长何理说："中央确实对百团大战的预备令没有批复。"

聂荣臻与日本小姑娘

1940年八路军开展百团大战时，由杨成武指挥的中央纵队于8月底攻取了井陉煤矿。1营某班的战士在肃清残敌时，听到废墟里传来孩子的啼哭声，其中还夹杂着日语的"爸爸"、"妈妈"的呼唤声。战士们走过去一看，果然发现了两个日本小姑娘：大的五六岁，身上的衣服又脏又破，小的只有1岁，右肩胛受了伤。正好这时走过来的连长在弄清情况后，马上对班长说："先把她们救出来。我们对俘虏还要优待，何况是两个不懂事的小姑娘呢。"

两个小姑娘被送到杨成武的指挥所。杨成武对连长说："你做得对。"他一边让医生给小姑娘包扎，一边把情况向聂荣臻作了汇报。聂荣臻听了很高兴，连声说："很好！很好！3团做了一件很有意义的好事。你们要把孩子照顾好，等她们吃饱后，马上派人送到我这里来。"

当战士们把这两个小女孩送到聂荣臻的指挥所时，已近傍晚。聂荣臻抱起那个襁褓中的小女孩，轻轻吻了吻她胖胖的脸颊，又看了看几处包扎着的伤口。小女孩似乎忘记了伤痛，安详地睡着了。聂荣臻望着小孩，叹息了一声，然后对身边的警卫员说："快去看看，这附近村子里有没有哺乳的妇女，请她们帮个忙，给孩子喂口奶。"

聂荣臻蹲下身，抚摸着那个稍大的孩子的头发，亲切地问道："小姑娘，你爸爸呢？"

送他们来的那个战士说，她们的父亲是井陉火车站的日本副站长，战斗时负了重伤，我们全力抢救，还是死了。她们的母亲也在炮火中死亡了。

聂荣臻听了，连忙抓起一个梨，放到小女孩手上。小女孩翻了聂荣臻一眼，怎么也不肯吃。聂荣臻又用水把梨冲洗了一下，小女孩又看了一眼这位身穿灰布军衣的伯伯，连忙把梨塞进嘴里，连吃了几口，显得不那么拘束了。

聂荣臻让炊事员煮了一小盆稀饭，凉了凉，把小女孩拉到自己怀里，用小勺一点一点地喂她。吃了两口，孩子似乎不认生了，自己拿过勺子，身子紧挨着聂荣臻，一口接一口地吃起来，乐得聂荣臻和旁边的战士们都笑出了声。

"你叫什么名字？"聂荣臻和善地问。

小女孩"嗯嗯"了几声。当旁人再次问她叫什么名字时，小女孩只会说一句话："妈妈死了。"在日语中，"兴子"的发音和"死了"的发音相近。翻译就说："这女孩叫'兴子'。"

两个日本女孩子在聂荣臻的指挥所里待了好几天，聂荣臻每天都要抽时间逗她们玩。那个五六岁的小女孩整天跟着聂荣臻，经常用小手去拽他的马裤腿，聂荣臻走到哪里，她就跟到哪里。

过了一段时间，聂荣臻经过反复考虑，决定把这两个小女孩送到日本去。战斗间隙，他让警卫员去找一名可靠的老乡，自己又精心挑选了一副柳条筐挑子。挑子虽然简陋，但翻山越岭不会颠簸。

真要把兴子送走，大家都有些舍不得。这天，聂荣臻抱起兴子，在她红嫩的脸蛋上亲了一口，恋恋不舍地把她扶进柳条筐里，又抓了10多个梨，放在筐子四周，让她在路上吃。

聂荣臻刚直起身，小兴子突然拉住他的裤腿，"哇"的一声哭起来了。

聂荣臻犹豫了一会儿，对挑挑子的老乡说："你等等，我去写封信，你带上。"他回到指挥室，写了一封致日本官兵的信。

日本军官长士兵诸君：

日阀横暴，侵我中华，战争延绵于兹四年矣。

中日两国人民死伤残废者不知凡几，辗转流离者，又不知凡几。此种惨痛事件，其责任应完全由日阀负之。

此次我军进击正太线，收复东王舍，带来日本弱女二人。其母不幸死于炮火中，其父于矿井着火时受重伤，经我救治无效，不幸殒命。余此伶仃孤苦之幼女，一女仅五六龄，一女尚在襁褓中，彷徨无依，情殊可悯。经我收容抚育后，兹特着人送还，请转交其亲属扶养，幸勿使彼辈无辜孤女沦落异域，葬身沟壑而后已。

中日两国人民本无仇怨，不图日阀专政，逞其凶毒，内则横征暴敛，外则制造战争，致使日本人民起居不安，生活困难，背井离乡，触冒烽火，寡人之妻，孤人之子，独人父母，对于中国和平居民，则更肆行烧杀淫斥，惨无人道，死伤流亡，痛剧创深。此实中日两大民族空前之浩劫，日阀之万恶罪行也。

但中国人民决不以日本士兵及人民为仇敌，所以坚持抗战，誓死抗日者，迫于日阀侵略而自卫耳。而侵略中国亦非日本士兵及人民之志愿，亦不过为日阀胁从耳。为今之计，中日两国之士兵及人民应携起手来，立即反对与消灭此种罪恶战争，打倒日本军阀财阀，以争取两大民族真正的解放自由与幸福，否则中国人民固将更增艰苦，而君辈前途将亦不堪设想矣。

我八路军本国际主义之精神，至仁至义，有始有终，必当为中华民族之自下而上与人类之永久和平而奋斗到底，必当与野蛮横暴之日阀血战到底。深望君等幡然觉醒，与中国士兵人民齐心合力，共谋解放，则日本幸甚，中国亦幸甚。

专此即颂

安好

聂荣臻

八月二十二日

聂荣臻把信交给挑挑子的老乡，又特意交代路上如何照顾两名小女孩，到石家庄后遇到日本军队如何应答。

这个老乡出色地完成了任务，把两个日本女孩送到了石家庄。令人意外的是，那个受伤的小女孩交给日本军队以后，却死在石家庄的一家医院里了。

聂荣臻写的那封信被日本官兵相互传看，许多人还给晋察冀抗日根据地的聂荣臻司令员回了信。

1980年，《人民日报》发表姚远方的文章：《日本小姑娘，你在哪里？》

海峡对岸，日本《读卖新闻》在头版标出大标题：《兴子姊妹，你们在哪里？阔别四十年后，聂将军在呼唤你们》。

兴子其实叫美穗子。经过中国和日本两国记者的认真查找，终于在日本九州宫崎县的一家小杂货铺里找到了美穗子。美穗子已经是3个孩子的母亲了。

消息传开，日本国北起北海道，南到九州，各地人民纷纷给聂荣臻元帅来信来电报，那些曾经参加侵华战争，曾经参加当年正太路作战的日本旧军人回忆起这件事的来龙去脉，感慨万分，称颂聂荣臻是"活菩萨"。

美穗子一家前来中国拜谢聂荣臻元帅时，北海道的渔民一定要美穗子带几盒干贝给聂荣臻元帅，日本旧军人的一个组织也要给"活菩萨"送去自己精心挑选的礼物。

1980年7月10日，美穗子一家第一次来到北京。聂荣臻元帅在人民大会堂新疆厅接见美穗子全家时，美穗子握着聂荣臻元帅的手，泪流满面，激动得哭出声来。1986年5月，美穗子随日本都城市友好访华团来到中国，5日下午，聂荣臻元帅在家中会见了美穗子夫妇。1989年5月5日下午，美穗子再次随日本都城市日中友好协会访华团一行来到聂帅家中，受到聂荣臻元帅的亲切会见。

1999年11月18日，为纪念聂荣臻元帅100周年诞辰，元帅的故乡四川省江津市与美穗子的故乡日本都城市结为友好城市。美穗子随日本都城市的官员来到中国，在江津市参加签字仪式时，美穗子激动地说："虽然聂荣臻元帅救起我时，我还很小，但我全靠聂帅才活了下来。今天在聂帅的故乡我受到如此高的礼遇，非常激动。我深深感谢江津人民的深情厚谊。正是江津培育了聂荣臻元帅如此优秀的人才，才有我的再生。愿中日两国人民世世代代友好下去。"

地道战·地雷战

抗日战争中,广大民兵配合八路军、新四军的战斗,创造了麻雀战、破击战、地道战、地雷战等整套战法,使敌人攻无目标,战无对阵,伤亡惨重,疲惫不堪。

地道战

1942年日军进行"大扫荡"后,斗争环境异常残酷。为了便于我军民坚持平原对敌斗争,党中央根据近年来开展道沟地道战的经验,在广大平原地区进一步开展了地道战。初期,村民主要在一些党员或"堡垒户"的住宅院内,挖掘能容纳一两人的小地洞,用以隐蔽斗争骨干,打击敌人。渐渐地,由于积累的经验越来越多,地道战便进入了一个新的发展阶段。在冀中平原和冀南一些地方,逐渐形成了房连房、街连街、村连村的地道网,形成了内外联防,互相配合,打击敌人的阵地。

1942年6月11日,新华社播发了一篇题为《神出鬼没敌寇震恐,冀中我用地道战术》的报道:

在冀中平原的一个村上,驻扎着一部分县游击队(不满百人)。一天早晨,被敌人包围了,敌人二三百并附有车子队。游击队协同村里的游击小组,伏在村边的防卫沟里,和敌人展开了激烈的战斗,枪声像爆豆子般,响成了一片,烟火迷漫,罩住了整个村庄。战斗就这样的继续着。出人意外的是,这个普通的村庄,竟比钢筋水泥的堡垒还要坚固,敌人用那么猛烈的炮火,都无可奈何,天晚了,敌人已伤亡几十个,还是不能接近村庄,第二天敌人增援,亦无效果。战到天黑,只是增加了几十死亡的敌尸。第三天敌人发狠,集中几个据点的兵力,用更大猛烈的炮火,拼命地向村庄压缩,又战了半天,到太阳西下的时候,才占据了那几间低低的土房。意外的事情又来了，村子上一个人也没有，牲口杂物猫狗什么都没有。街上只有秃光光的土墙，屋里也只有秃光光的土墙……敌人迷惘了，搜索了好久，什么都没有找到，敌人不得不惊恐的退走了。走出去不远，突然村里又响起来了，稠密的枪声，打屁股后又打来了。敌人到村里，依然又是空空的街和空空的墙……这样反复了二三次，最后敌人才发觉了这个秘密。原来家家都有地下道，敌人不敢进出，站在洞口，用枪向里射击，枪弹都打在土墙上，敌人逼着伪军去搜剿，一下去地雷炸了。敌用火烧，烟火往外冒，用水淹，水往外流。因老百姓早就防备了这一着。敌人守着洞口转圈子，天渐渐黑下去，就在这个时候，我们的游击队，我们的老百姓，早在地道的另一端退走了，老百姓到附近的村庄去休息，游击队又找好了隐蔽地，黄昏时分，敌人退走，我们又打了一次满意的埋伏。

原来，地道战开始后，敌人曾费尽心机，采用寻找洞口和放火、放水、放毒等办法进行破坏。但是，党领导群众不断改进地道，使其更加完善。为使敌人不易发现洞口，除对群众进行必要的保密教育外，还把洞口巧妙地隐蔽起来，用墙壁、锅台、水井、土炕做掩护；为使敌人不敢进入洞内，在洞口修筑陷阱、埋设地雷、插上尖刀，或者在洞内挖掘纵横交错的"棋盘路"；为了防止敌人用水、火、毒破坏地道，还在洞内设有卡口、翻板和防毒、防水门，或者将地道挖得忽高忽低、忽粗忽细，并且设有直通村外的突围口。这样，地道便成了进可攻、防可守、退可走的地下堡垒。

地道战的广泛开展，对平原地区进行的越来越严酷的反"扫荡"斗争，起了重大作用。

1943年3月，驻灵寿的日伪军200多人包围了正定县高平村。拂晓，敌人开始进攻，群众已进入地道，民兵游击组、爆炸组利用地道工事监视敌人。当敌人进入地雷阵时，先后两次拉响4枚地雷，炸死20多个鬼子，敌人吓得在街上乱跑，又接连响了9个地雷，加上手榴弹和冷枪，打得敌人到处乱窜，防不胜防。至中午，敌人伤亡40多人，狼狈逃回据点。

1945年4月1日，敌人约一个团的兵力向清苑县冉庄进攻，冉庄群众依靠地道击毙敌人17名。4月3日又打退了敌人3个团的进犯，击毙团长以下40人。

20世纪60年代以正定高平村为原型拍摄的影片《地道战》，是中国战争电影的经典之一。"文革"期间,这部电影曾被指定为人民战争的教学片。1966~1970年,全国只放映3部电影:《地道战》、《南征北战》、《地雷战》。《地道战》的插曲至今仍被人们广为传唱:

> 地道战,嘿,地道战,
> 埋伏下神兵千百万,
> 嘿,埋伏下神兵千百万,
> 千里大平原,展开了游击战,
> 村与村、户与户,地道连成片,
> 侵略者他敢来,
> 打得他魂飞胆也颤,
> 侵略者他敢来,
> 打得他人仰马也翻,
> 全民皆兵,全民参战,
> 把侵略者彻底消灭完。……

地雷战

新华社1943年10月22日在一篇题为《晋察冀边区地雷战使敌丧胆》的报道中说:

在晋察冀边区,连小孩子们都到处唱着"李勇要成千百万",可是,敌人一听见地雷就头痛,地雷是他们的死对头。在地雷的面前,他们的丑态可多了,不敢走正路,大家早就知道了。那么他走哪里呢?走麦苗地、走河沟、走山半坳、走山尖。在完县敌人甚至打穿墙,从墙洞里钻,但是不管什么地方都是地雷,遇地皆雷,真是使敌人走投无路。于是敌人乃用石碾或大车离开他们的队伍二三丈远,在前边走,或让驮骡羊只前边试路,但是仍是不行,偏偏那些东西走过去不炸,等敌人一踏上去就炸,这可真使敌人没法。在敌人经过的地方,敌人也用过到处画上圆圈儿或放上纸条或用铁丝圈起,那都是敌人认为有地雷的地方。当我们的地雷把"拉火"改为"踏火"的时候,敌人就马上到处挖翻地雷,并且用重赏来收买,但是我们的地雷马上就变了,只要动一动就炸,谁都要命谁敢来挖呢?敌人还会有什么办法呢?敌人曾经对着"可疑"的地方用机关枪扫射,企图扫射到危险的东西,但是在扫射时不声不响,等敌人一走上地雷,马上就开花了。最后还是到处出现了圈圈儿、纸条、铁丝圈等。但是"可疑"的地方太多了，一个敌指挥官见了一个沙土堆，就吹了半天，吹不出名堂来，后边的敌人们却都笑了，指挥官恼羞成怒，大骂一顿，并且说："你们谁胆大谁来前走。"可是谁也不敢前走。又一二个老百姓给敌人追上，有个老百姓的裤带脱了，在他俯身拾裤腰带的时候，追赶上的敌人以为在拉地雷，马上掉转屁股跑了。再一次敌人追赶一个民夫，那个民夫喊了两声"地雷"，就把敌人吓跑了。前次敌人在灵邱"扫荡"时，一连四次都没有敢进下关村子。敌人把大地雷叫大阎王，小地雷叫小阎王，敌人要"扫荡"边区，总是躲着道路走，但是敌人不能离地而行，到处是地雷，到处不平安，终归还是走到大道上来。起先硬是叫民夫走前头，但是民夫知道前边是死路，死也不走。又叫伪军走前头，伪军照样死也不走。敌人只好轮班走，今天你走头里，明天他走头里，碰运气，谁碰着地雷，谁活该。可是地雷并不讲运气，而且他并不躺在"可疑"的石头、土堆下面，而有脚步迹、马蹄迹、甚至汽车路上有汽车轮迹的地方，以及沙滩、水边、山坡、墙边，不论什么地方、什么时候，只要敌人一走上去，它就要开花，要和敌人一起躺在晋察冀边区的土地上。

对于这则报道中提到的李勇，记者仓夷当年在《反"扫荡"中的李勇》这篇通讯中写道：

反"扫荡"斗争越激烈，关于李勇的传说也就越多。被敌人抓去逃散的民夫，更把李勇和他的游击小组描画成天将神兵。据民夫们说：他们亲眼看见大队的日本兵挨炸了，山头上就出现了李勇在喊话："炸得好不好？"日本队伍里的翻译官吓得蹑手蹑脚地连忙答道："好！"山头上的李勇又喊道："好，再来一个。"喊声未完，就一个地雷从翻译官的脚下滚起，把他炸死了。还有，传说敌人在五丈湾驻扎时，李勇扮成民夫，混进敌人的厨房里，把大锅的大米饭拿走了，还说"这些大米是我们边区的，不能让鬼子吃"。敌人曾宣布牺牲一百个"皇军"的代价活捉李勇，但是怎能捉得住他呢？据说相距一个小山头，敌人追一节，李勇就退一节埋下雷，敌人追上就炸了，连追三个山头，都被地雷炸得没办法。

地雷多种多样，一般为压发地雷，还有效率更高的拉发地雷。使用拉发地雷的模式大致是这样的：夜间，民兵监视并发现日军从宿营地出发后，就派出两三个跑得快的人，预先赶到日军进发路线的前方等待。他们在路上埋设地雷并盖上伪装网，布置拉火索。为了达到"一击必杀"的目的，他们借助遮蔽物在不过10米远的地方隐蔽。他们会在日军踏上地雷的一瞬间，拉发地雷并伴随着爆炸一跃而起，如狡兔般脱离。由于他们熟悉地形，要抓住他们非常不易。原日军独混第5旅第12独立警备队卫生曹长桑岛节郎，在战后所写《华北战纪》中，举了1943年5月31日这一天的遭遇：

连续参加讨伐已经两个月了，这次作战渐近尾声。5月31日夜里3点，部队再次从大辛店向西南方向出发。我因为过于疲惫，在行军中居然睡着了，而且在昏昏沉沉的状态中走了大约一个小时。突然，"轰"的一声巨响把我从梦中唤醒，惊异中抬头看去，正看到眼前一根10米高的巨大火柱腾空而起。与此同时，感到我身边有人倒地并发出叫声。但是，黑暗中我无法看清他们。三木卫生军曹急忙从军医背囊中取出手电，光线下可以看到约10名官兵倒在地上痛苦挣扎。经过确认，总计9人为地雷所伤。在伸手不见五指的黑暗中，依靠仅有的一支手电的微光进行抢救之困难简直无法想象。同枪弹伤和枪伤不同，地雷不规则的破片造成的伤口异常复杂，处置起来可不是简单的事情。

赵疃是胶东的一个普通的村庄，它因抗战时期的地雷战而成了一个世界军事史上神秘的地方。脍炙人口的影片《地雷战》，其故事原型就是从这里找来的。《地雷战》中的赵虎，表现的就是赵疃的老民兵赵守福。

赵疃坐落在盆子山北麓蜿蜒崎岖的山沟地里，位置有点像葫芦嘴。当年驻扎在行村据点里的鬼子要想扫荡葫芦肚里的野口、夼里等村，但必须打通赵疃这个"嘴嘴"，可赵疃的地雷给他们带来了一场又一场噩梦。

1942年秋，胶东军区把赵疃的赵守福等5人编成一个小组，派到小纪去学习使用地雷。他们只用一天时间就学会了埋雷、挂雷，然后每人领了8颗地雷回了村，开始了战斗。

当时，赵疃村东有一座信号山。行村的鬼子一出据点，信号山的消息树就会倒下，爆破组的人便马上埋雷。有一次，赵守福正同一个民兵埋雷，猛然间听到了皮靴声。一抬头，发现20多米处站着一个鬼子。鬼子也毫无准备，见了他们也是一愣。他俩趁机跳下沟沿跑了。等鬼子醒过神来，他们已跑得很远很远。鬼子怕踩了地雷，不敢再追。

精明的赵疃民兵在抗战的日子里，创造了10多种地雷和30多种埋雷方法，对日伪军展开了地雷战，从铁雷、石雷、拉雷发展到飞行雷、马尾雷、防潮雷、慢性自燃雷等，从单一的沿路埋雷，发展到村内的

"地雷宴"。

在多种地雷中，赵疃民兵下得最多的是绊雷。下绊雷虽说不用太多技术，可下得太低或太高都不能引爆——最佳位置是离地面 10 厘米，这样很容易挂在鬼子的脚尖上。

有资料证实：仅在 1943 年 5 月 10 日到 6 月 17 日的一个多月里，赵疃的民兵就用地雷炸死、炸伤日伪军 72 名和敌人军马多匹。

这一年，在地雷战开展得轰轰烈烈的晋察冀北岳区，还流传着一首擂鼓词：

地雷是个大铁瓜——咚咚咚
漫山遍野埋上它——咚咚咚
大吼一声震天地——咚咚咚
鬼子脑袋开了花——咚咚咚

雁翎队

穆青

——鱼儿，游开吧，我们的船要去作战了。

雁呵，飞去吧，我们的枪要去射杀敌人了。——

唱着这样的歌，冀中白洋淀的渔人和猎户，在敌人的小汽船扰乱了湖面的平静，把每年三千万元的勒索，和无止境的奸淫烧杀加在他们头上的时候，他们饱含着辛酸的眼泪，放下了渔网和雁袋，划着渔船捎着猎枪，一个个投进密密丛丛的芦苇，开始聚集起来了。

一个月，两个月……

无数的渔船和猎枪，在打雁人殷金芬的奔走号召下，在"为着咱们的白洋淀，也为着咱们的大雁和鱼虾……"的誓言声里，组织起来了。打雁人拿出了他们美丽的雁翎，把它作为一个共同行动的标志，插在每一个船头上，从此，"雁翎队"光辉的名字诞生了。在这纵横百余里的广阔的湖面上，随着这个名字出现的，是无数只插着雁翎，载着武装，使敌人惊慌失措的"硬排子"，和一个个用白毛巾裹头的战士。

他们在白洋淀的每一个港汊间，为敌人撒下了缜密的埋伏网，猎枪从每一片芦苇的背后瞄准了敌人的汽艇、包运船和粮队。白洋淀湛蓝的湖水，被枪声翻搅起来了，一望无际的荷莲和紫菱遭受了空前的蹂躏：傍晚再听不到饲鸭人嘎哑的吆唤，清晨再听不到那幽美的采菱歌。

秋天，数十里深深的芦苇在呼啸着，漫天飞舞着苍白的芦花，偶尔一条银色的鱼带着泼刺刺的水声，欢愉地从莲叶间跃出水面的时候，一群群潜伏的水鸟和野鸭，便带着低沉的鸣叫，来回地从湖面掠过……这是白洋淀上美丽的季节，也是水上英雄们活跃的好时候。

他们依仗着惊人的水性和射击，依仗着芦苇和水藻的保护，三三两两驾着行驶如飞的硬排，到处分散活动，袭击敌人。一旦发生紧急情况，一声呼啸，几发信号枪，周围所有的雁翎船，便立即从四面八方同时出动。有时为着某种必要，他们也曾在夜雾和晚风飘拂着的湖面上，将成百的雁翎船集中起来，趁着月色，悄悄地掩护着我们的水上运输物，安然行进。有时他们也会在一个橘色的黎明，突然包围了敌人的水上据点，给以猛烈的袭击。

冬天，白洋淀广阔的湖面为明净的冰块凝固，我们又将看见无数只插着雁翎的冰橇，像一枝枝的飞箭，在湖上穿过。

1939年的初秋，为了截击敌人一个运输汽艇，他们以十几只硬排，二三十个勇敢的队员，潜入了赵北口至葛利口的中间地带。那里是一条长十里，宽半里至一里的水路要道，两旁长满了密密的芦苇和蒲草，他们巧妙地隐藏了船只，脱去了衣裤，全部跃进水里去，在芦苇的边缘，派出了一个侦察哨。为着不使目标暴露，放哨者在水藻的伪装下，仅仅把两只眼睛露出水面，让湖水不断地从他的鼻孔下静静地流过。

不久，一只巨大的拖船，用绳索拖拉着那暗哑了的运输艇，近来了。突然在芦苇的边缘，一声凄厉的口哨，惊起了几只潜伏的水鸟，接着两旁芦苇的深处，激荡着一片水声和呐喊，两排长筒的"排炮"和雪亮的马刀，便威严地排列在押船敌兵们的面前了。

这样，他们安然地割断了两船之间的绳索，捆绑了所有的五个敌兵，用自己插着雁翎的船只，满满地装载了白糖、香烟、罐头和大米；最使他们欢喜的却是缴获了三枝三八式，和一挺昭和十一年制造的轻机枪。

他们锻炼了自己的勇气，继续着这样的战斗。……

不久，敌人高叫着"平靖湖面"，向雁翎队复仇，砍倒了芦苇，刈割了蒲草，用大批的汽船和木船巡逻湖面。同时在每一只船上，高高地竖起了梯凳，设立了瞭望哨，依仗着他们优越的火力，使二百米以外的大小船只不能靠近一步。这时，我们的雁翎队，便不得不转变他们的战斗方式，采取更分散的行动，实行村庄伏击。就在散布于白洋淀广阔湖岸，像无数岛屿似的村庄边缘，雁翎队的队员们，化装成包着头巾的洗衣妇，或是悠闲的垂钓者，在相隔不远的距离内，默默地工作着。一遇到了单独的敌船，或其他可乘的时机，呼啸一声，很快地从岸边隐藏地里，拔出自己的枪枝和马刀，一面用猛烈的火力向敌人射击，一面泅水前进；直到完全消灭敌人的抵抗为止。有时候，他们也用衔着空心苇秆透换空气的方法，带着武器，作数小时以上的水底埋伏，以待机颠翻敌船。虽然他们的血，也常和敌人的血一同染红着白洋淀的湖水，但这样自发的群众自卫战争，更激发了他们对敌人的憎恨，使他们对斗争更加坚决。

1940年间，随着冀中平原斗争的日益残酷，在八路军的直接帮助下，模范的农村共产党员殷金芬同志，把这些勇敢的雁翎队员们集中起来了。经过许多次船上座谈会，和八路军的一些教育和训练，雁翎队开始变成了一支有组织的队伍，选出了自己的队长和政治指导员，在殷金芬同志的率领下，有计划地行动起来。这中间，他们曾发动了湖上的乡亲们，用下沉大树的办法，封锁了白洋淀中的每一条水道，又配合着我八路军水上部队，用无数的船舶搭成了一条条纵横交错的浮桥，这样不仅使我们的首脑机关得到屏障，而且在一旦发生敌情时，更可使我们的部队通过这些浮桥，迅速地增援……

在洪水第二次淹没了冀中，波浪泛滥的白洋淀上，我们光荣的雁翎队的弟兄，从年轻的采菱者，到白发苍苍的打雁人，又全部投入了险恶的战斗。他们曾发挥了高度的智慧，创造了大批能漂浮于水面的"葫芦水雷"，把它们普遍的埋伏在每一条航路的水藻下，人不知鬼不觉的确爆炸了无数只往来于天津保定间横行无忌的敌船。

这样，在保卫白洋淀的战斗中，雁翎队已成为一支不可忽视的力量。白洋淀周围的群众，在整个夏季和秋季，除去每日回家做饭外，已长期的生活在船上，配合着雁翎船和八路军的水上部队，向敌人战斗。

四五年来，我们勇敢的雁翎队兄弟，就是这样灵活的与敌人战斗着，而且一直坚持到今天；因此在这个长长的时间内，白洋淀始终是冀中最坚强的堡垒之一，它同着千万只神出鬼没有雁翎船，给敌人以致命的打击。

……

让我们遥向着雁翎队的兄弟们致敬吧，如今又是芦苇丛密的时候了。

1943年8月7日
（1943年8月22日延安"解放日报"）

杨靖宇的最后日子

1936~1937年，中国共产党领导下的东北抗日游击队声势浩大，屡建奇功。在东北一半以上的地方，除了城市和交通要道外，都有抗日联军的身影。1937年年初，抗日联军经过整编，组成以杨靖宇为总指挥的第一路军。"七七事变"后，又组成周保中指挥的第二路军和李兆麟指挥的第三路军。这3路游击部队在广大地区英勇战斗，不屈不挠，同年就发动较大规模战斗33次，毙伤日军1300余人，俘敌120余人，有力地配合了全国抗战。

1939年秋季以后，敌人为了巩固后方，曾派出大量日伪军对抗日联军进行"大扫荡"、"大讨伐"。杨靖宇在缺衣少粮、艰难困苦的条件下，仍然指挥部队分散游击，打击敌人。

1940年年初，正是吉林省长白山区最冷的季节，气温下降到-40℃，杨靖宇和战士们出没在林海雪原，与日寇重兵周旋。他对敌斗争经验丰富，在遭到优势敌人围攻时，总有一些迷惑措施来摆脱日伪军。1月底，为了摆脱日伪军的追击，警卫旅主力北上桦甸，杨靖宇率领一支小分队在濛江、辉南之间的山区转战50多天，连续作战30多次。

战斗环境越来越险恶了。森崎实所著《东边道》一书记述当时的情景时，有这样一段话："在这样急追中的杨司令，至今年1月止，仍拥有200名左右的直系匪。讨伐队急追，飞机讨伐，毫不间断，因此粮食补充渐趋困难，严寒袭人。"

就在日伪军万般无奈的时候，警卫旅第一团参谋丁守龙参加1月21日濛江县马家东南方一场战斗时，负伤被俘了。丁守龙是警卫旅中掌握杨靖宇行踪的重要人物，在敌人的诱惑下，他叛变投敌，供出了杨靖宇以及抗日联军的行动机密。

日伪军得到丁守龙的口供后，如获至宝，立即调集部队，一次又一次地进行拉网式的大搜捕。杨靖宇率领指战员左冲右打，巧妙应战，但是，由于日伪军布置了多道封锁线，始终无法摆脱敌人，部队遭到很大的伤亡。

最困难的时候，又出现了一个叛徒。2月1日，杨靖宇率领的10多人在濛江县西部一处高地与日伪军遭遇，战斗中，警卫队机关枪队队长张秀凤携带现金、手枪和一些文件，向"讨伐"队投降了。张秀凤从15岁起就跟随杨靖宇，是杨靖宇把他抚养成人的。这一来，日伪军基本掌握了杨靖宇率领的部队的活动地域。

2月15日，杨靖宇身边只有6名战士了。这天晚上，杨靖宇命令警卫员黄生发等4名负伤的战士迅速转移，他带着另外两名战士继续前进。

2月18日，两名战士去寻找食物时，在大东沟屯附近遇到了日伪军的特别搜索队，他们被日伪军包围后，在激烈的枪战中壮烈牺牲。日伪军在搜查他们的尸体时，发现他们带有杨靖宇的印签和手枪、表、口琴等物品，据此，日伪军判断杨靖宇可能就在附近，命令部队进行更仔细更严密的搜索。

杨靖宇当时患了感冒，他只身一人，忍着饥饿和疲惫，继续与日伪军周旋。日伪军一时找不到杨靖宇的居住处，但他们判断，杨靖宇断粮多日，一定会出来寻找粮食的。这时候，日伪军采取了一种十分毒辣的手段，他们让"讨伐"队的特务装扮成老百姓，带上干粮，到附近山林中去打柴，诱惑杨靖宇，再集中兵力围攻。

一天过去了，这些进山的特务一无所获，接连数天，特务们走遍了各山林，都失望了。2月23日，杨靖宇只身与日伪军周旋已经5昼夜了。这天下午3时，杨靖宇在濛江县保安村三道线崴子看见几个打柴人，上前说："我饿得慌，请你们拿些吃的东西给我，还要衣服，我给你们钱。"

这几个打柴人一打量面前的人，就猜想这个长脸大眼、穿着朝鲜草鞋的人就是杨靖宇，就是他们日夜要追捕的人。可是，当杨靖宇真的站在他们面前时，他们又不敢动手了。他们答应着，转身走了。

杨靖宇察觉到对方的神色不对，拔腿就走。但是，已经来不及了，只一会儿工夫，数百名日伪军层层包围过来。

杨靖宇手拿双枪，在密林里巧妙应战，打死了不少日伪军。

这场战斗一直持续了20多分钟，日伪军人多势众，却终始无法接近杨靖宇。

在日本侵略者留下的战场实录中，有这样一段记载："讨伐队已经向他（杨靖宇）逼近到100米、50米，完全包围了他。讨伐队劝他投降。

可是，他连答应的神色都没有，依然不停地用手枪向讨伐队射击。交战20分钟，有一弹命中他的左腕，'啪嗒'一声，他的手枪落在地上。但是，他继续用右手的手枪应战。因此，讨伐队认为生擒困难，遂猛烈向他开火。"

战斗结束了，杨靖宇这位民族英雄为自己的祖国流尽了最后一滴血，年仅35岁。日军发现，他身边除了与军事相关的东西之外，还有一把口琴。残暴的日军竟然割下了他的头颅，剖开了他的腹部，希望解开杨靖宇在密林中维持生命之谜。这时候，日军发现，杨靖宇的肠里胃里，仅是树皮和棉絮，没有一粒粮食。看到这情景，那些平日杀人如麻的日军刽子手惊叹不已。

杨靖宇牺牲后，抗日联军第一路军在副总司令魏拯民的领导下，继续转战在长白山区。

1945年4月，当中国人民迎来抗日战争胜利的曙光时，毛泽东在中国共产党第七次全国代表大会的政治报告中指出："东三省的抗日义勇军和抗日联军，从事英勇的游击战争。这个英勇的游击战争，曾经发展到很大的规模，中间经过许多困难挫折，始终没有被敌人消灭。"

为了纪念杨靖宇这位抗日联军的杰出代表、伟大的抗日民族英雄，1946年，濛江县改名为靖宇县。郭沫若还题写了《咏杨靖宇将军》一诗：

头颅可断腹可剖，烈气难消志不磨，
碧血青蒿两千古，于今赤旆满山河。

1954年，吉林通化市浑江东岸的山岗上，人们聚集在一起开始修建靖宇陵园，这座陵园于1957年竣工。靖宇陵园南北长200米，东西宽100米，园内松柏苍翠，景色庄严。灵堂中央，是杨靖宇烈士的半身塑像，上面悬着朱德所书横匾：人民英雄杨靖宇同志永垂不朽。

重庆大轰炸

抗日战争时期，重庆成为中国的战时首都。日本法西斯为了摧毁中国抗战的大后方基地，曾集中侵华陆军和海军的航空兵力，对重庆及其周边地区进行了长时间的狂轰滥炸，史称"重庆大轰炸"。重庆大轰炸同南京大屠杀、731部队细菌战等一样，是日本侵略军残暴的血腥罪行之一。

日军的轰炸开始于1938年2月，结束于1943年8月，长达5年半之久，而大规模的战略轰炸持续了3年时间（1939年至1941年）。1939年5月，侵华日军仅在"五·三"和"五·四"两天的战略轰炸中，就在人口稠密的市中心投下爆炸弹176枚、燃烧弹116枚，炸死2572人，炸伤3637人，市区10余条主要街道被炸成废墟，数十条街巷的房屋起火，熊熊大火燃烧了近3天才被扑灭。

1940年春，日本受欧洲战场德国法西斯接连取胜的刺激，集中超过中国全部空军力量总数的兵力，配备新型的"司侦式"和"意式"重型轰炸机，对重庆展开代号为"101号作战"的毁灭性地毯式轰炸。6月，日机轰炸达到白热化程度，在13天的轰炸中，出动飞机1370架次，投弹3300余枚。而在8月19日和20日两天，日军共出动飞机361架次，连续4次狂炸重庆，市区上百条街巷被炸，数十处地方起火，主要繁华街道被炸成一片瓦砾，主要商业场所和银行大都被毁，成千上万的市民无家可归。

1941年夏秋，日本法西斯企图尽快结束对华战争，把中国变成它在太平洋战争中的后方基地，因而再次调动大批飞机，对以重庆为中心的大后方实施又一轮战略轰炸。在此次轰炸中，日机采用批次多、时间长的疲劳战术，集中轰炸市民的住宅、机关、学校、商店等人口稠密和繁华地区。重庆市民经常几小时、十几小时处于空袭警报中。震惊中外的"校场口大隧道窒息惨案"就发生在这一年的6月5日。8月10日至13

日，市区空袭警报达 13 次，长达 96 小时，市内水电皆断，市民断炊失眠。无差别的狂轰滥炸，"使我千万同胞骨肉横飞，使我数十万城市居民流离失所，使我百万间崇楼桀阁化为丘墟"（《精神总动员会告市民书》）。

日本对重庆实施的战略轰炸，具有典型的残暴特征。以城市为目标，对包括毫无军事目标的住宅区、商业区、文化区等在内的所有区域进行猛烈攻击；针对重庆城市多为木质结构建筑的特点，每次轰炸不仅投下爆炸弹，而且还投下许多燃烧弹，甚至使用机枪低空扫射群众。

重庆市民平时储沙、储水，一遇火情就自动用脸盆、木桶等运沙、运水，进行扑救。1939 年大轰炸时，加拿大教会联合英国、美国、丹麦等国籍的人士，成立了"国际服务队"，直接参加了救护工作。重庆还有多支"僧侣救护队"，当时人们说他们是"脱去袈裟换战袍"。

在敌机频繁轰炸的 1941 年，重庆 5 个兵工厂共生产各种火炮 526 门、炮弹 60 多万发、枪支 3.3 万枝、子弹 1 亿多发、手榴弹 4.5 万多枚、炸药包 2 万多个。

据战后官方不完全统计，在重庆大轰炸中，日机共空袭 218 次，出动飞机 9513 架次，投弹 21593 枚，炸死市民 11889 人，炸伤 14100 人，炸毁大中学校 30 多所。

在财产损失方面，1948 年 2 月，重庆市政府向行政院赔偿委员会报送的公私财产损失估计为 64 亿元（按 1937 年币值计算），其中私有财产损失占总损失的 99% 以上。而这一损失远不是重庆大轰炸损失的全部。抗战时期，大量中央机关、学校和事业单位内迁重庆，在大轰炸中遭受了重大损失，但这种损失没有计入重庆政府报送的损失之内。此外，在惨无人道的轰炸中，许多家庭全家遇难，其损失根本无法统计。轰炸后造成的瘟疫泛滥、战争孤儿和无数难民的生理心理创伤以及随之而来的停工停产、交通瘫痪、治安恶化、物价飞涨等，也是难以估算的。

近代以来，日本曾参与并批准《海牙公约》等国际条规，因而有义务遵守当时已经确定的国际条约。作为现代国家，日本也应该遵守人类长期形成的文明惯例。但是，日本无视国际条约和文明惯例，对包括重庆在内的大后方不设防城市进行长时间的狂轰滥炸，无论是从法律层面还是从历史事实层面来考察，日本都犯下了违背国际法规、破坏和平和违反人道的罪行。

破译日军密码

1938年2月18日上午,山城重庆碧空如洗。国民党军统局密电组突然截获一份由当地发出的密码电报,该电报以杂乱排列的日文字母,呈现出前所未有的编码方式。密电组还没有反应过来,又有十几份类似的密电接踵而至。解码专家们立刻投入紧张的工作。半个小时过去了,密电破译依然毫无头绪。这时,城市上空传来了由远及近的飞机轰鸣声,尖厉的空袭警报也随之响彻重庆上空。9架日军的轰炸机投下14枚炸弹,对重庆实施了抗战以来的第一次轰炸。

此后两个月,重庆接连遭到空袭。每次轰炸前,军统局密电组都会截获十几份由重庆发出的日文密电。面对日军轰炸机的频繁来袭,国军防空部队虽然猛烈还击,但总是毫无效果。日机投弹十分准确,多次命中重要目标,其中包括各盟国驻华使领馆,就连蒋介石在城外的黄山官邸也未能幸免。整个重庆笼罩在惊恐之中。

"七七事变"后,日军在短短4个月内相继占领了北平、上海、南京等大城市。1937年11月20日,蒋介石宣布迁都重庆,许多政府部门和难民也涌到这里,各种各样的简易房屋随处可见,朝天门码头终日人潮涌动。

生擒日本间谍

眼看日机横行无忌,蒋介石于4月的一天紧急召见了军统局副局长戴笠并大发雷霆。当时,军统局掌握着中国最强大的特工和情报资源,但它对日机的轰炸却束手无策,这让蒋介石十分恼火。于是,蒋介石下达一道命令,要戴笠限期破译日军密码。这个戴笠当然也不是等闲之辈,他甚至被称为中国的盖世太保。这一回,当他因破不了日军密码而被蒋介石训斥时,他觉得脸面无光,威严尽失。

军统局的特工紧急出动，四处寻找蛛丝马迹，终于发现这样一个奇怪的现象：每当日机飞来时，总有一些鬼鬼祟祟的人混在百姓之中，拿着镜子朝天直晃。这个举动引起了戴笠的注意，他迅速派人把他们通通抓了起来。经过审讯，发现他们是通过镜子的反光，为日机指示轰炸目标。

然而，这并没有从根本上解决问题。时间一天天过去，密电仍然不断，轰炸仍在继续。10月4日上午，28架日军轰炸机对重庆发动猛烈袭击，炸死炸伤平民60余人。面对咄咄逼人的日军轰炸机和无从下手的密码，戴笠陷入苦闷之中。就在这时，国民党驻美国使馆军事副武官肖勃向他推荐了一本书，使他豁然开朗。这本书名为《美国黑室》，作者是被称为"美国密电之父"的亚德利。他研究日军密码已经有十余年，并在书中详细描述了他破译各种复杂电码的经过。

11月，重庆的天气潮湿而又寒冷，朝天门码头依旧人来人往。突然，一个手提笨重皮箱的外国人进入士兵的视线。证件显示，他叫罗伯特·奥斯本。士兵提出要检查他的皮箱，却遭到断然拒绝。正当士兵同这个外国人僵持不下的时候，只见两个便衣冲了过来，掏出证件，在士兵的耳边嘀咕了几句，就把外国人带走了。这个罗伯特·奥斯本正是美国密码之父亚德利。此次，他假扮成皮货商，化名为"罗伯特·奥斯本"，接受国民党军事委员会技术研究室的邀请，穿越重重险阻抵达重庆。国民党军方授予他少校军衔，并安排30多名留日学生，组成了专门破译密码的情报小组。戴笠还给亚德利开出了1万美金的年薪，这在当时可是个天文数字。

亚德利来得正是时候，因为就在当月30日，日本天皇裕仁召开御前会议，决定对重庆进一步实施毁灭性的战略轰炸，以摧毁中国人民的抗战意志。

从1939年1月12日开始，亚德利截获了一连串日军的密电。这些密电十分准确地在早上6时、中午12时和晚上6时从重庆的某个地方发出，其中只使用了48个日文假名中的10个假名。亚德利虽然不懂日文，但是他根据以往的经验，把日文的10个假名对应成从0到10的10个数字。日文电码很快就变成了数字电码，并且显示出某种规律：每一组电码的第一组数字都是"027"，这很可能代表发报地点重庆。早上6时截获的第二组电码是"231"，中午——"248"，晚上——"267"。也就是说，第二组数字表示一日三次发报时间。接下来就应该是内容了。亚德利陷入了沉思。一天，亚德利看了看密电，又看了看窗外，领悟到了什么，迅速赶到国民政府防空司令部，十分肯定地告诉司令部的官员，就在当天下午，日机会来空袭。正在司令部官员将信将疑之际，窗外突然响起了空袭警报，日军果然再次轰炸了重庆。

重庆是有名的雾都，大雾在这座城市形成了一层天然的保护屏障，日军要进行空袭，只能选择晴天。在当时没有相应科技手段的情况下，远在千里之外的日军，又怎么能知道重庆的天气呢？亚德利发现，在8份电报中，有7份的第三组数字都是"459"，只有一份电报是"401"。仔细一看，"401"正好表示今日晴朗。原来，这些密电是在向日军报告重庆的天气。

可是，亚德利破译了电报，仍然不能阻止日机的轰炸。就在当天，日军出动了36架飞机，炸死了200多人。

亚德利决心找到那个发报的间谍。

时间很快到了1939年3月，重庆的春天来了。浓雾慢慢散去，山城轮廓分明，日军发送密电的次数也随之增加。正因如此，亚德利比较容易地测出了发报地点——重庆南岸。再仔细观察，发报的家伙竟然躲在国民党中央政治大学以及一大批高官住所的旁边，就连蒋委员长的官邸也离这儿不远。看来，这个间谍深知，最危险的地方正是最安全的地方。

一天早晨，亚德利和军统特工秘密潜入南岸，侦察到了电报的信号源。临近中午，测向仪捕捉到了信号。当大家靠近一个木屋时，信号变得越来越强。军统特工立即包围了木屋，抓获了日本间谍，还在屋子里搜出了一台发报机和一套气象测量工具。经过审讯得知，此人是由侦察机偷送到重庆来的，他负责向位于汉口的日本空军基地发送气象密码电报。

亚德利本想让这个日本间谍继续在每天的固定时间向日本空军基地发报，不料当他再去找这个间谍时，发现间谍已被军统的人在审讯完毕后，给顺手毙掉了。亚德利只好模仿日谍的手法发送了一份电报。明明是晴天，他却说重庆大雾弥漫，而日军的轰炸机这一天还真的没有来。

1939年5月3日，军统密电组又截获了十几份由重庆发出的密码电报。中午1时左右，刺耳的防空警报响彻重庆上空，日本海军航空兵的45架中型轰炸机由武汉直扑重庆而来。一小时内，日机投下了166枚爆炸弹和燃烧弹，重庆最繁华的7条街道几乎全都被炸成废墟。大火一直烧到半夜。5月4日，日军又投下78枚爆炸弹和燃烧弹，在地面掀起8米高的火焰。接连两天的轰炸，共造成3997人死亡，2323人受伤，4889栋房屋被毁，大约20万人无家可归。这是人类历史上的一次空中大屠杀。这就是震惊世界的"五·三"、"五·四"大轰炸。

严惩汉奸特务

蒋介石再次把戴笠找去。这一次，他没有责骂戴笠，而是把自己的一种疑惑告诉了对方：为了防止日机轰炸，他特地在重庆周围部署了高炮部队，可是为什么从来就没有打下来一架敌机呢？其中必有玄机。

与此同时，亚德利也陷入了深深的自责，每天泡在茶馆和酒馆里。一日，一个自称"独臂大盗"的高炮营长主动走上来攀谈。这个军官虽然当过绿林好汉，但却能说一口流利的英语。一来二去，两人就混熟了，常常在一起喝酒。有一次，亚德利装着喝醉了酒，顺便问他："你说，你们的高射炮，怎么就打不到日本飞机？""独臂大盗"意味深长地笑了笑，没有回答。亚德利把他的怀疑告诉了戴笠，没想到戴笠也正好在调查此人。说来也巧，过不多久，军事委员会技术研究室传来消息："独臂大盗"有时公然使用驻地附近一个川军步兵师的无线电台，同他在上海的"朋友"互通密电。

亚德利通过反复研究，认定潜伏在重庆的敌特使用的是书籍式的密码，底本是英文小说，其中连续三页的首句用的是 Her（他的）、Light（光线）和 Grain（食物）。接着又发现两个英文单词——"he said"（他说）。他于是断定，只要找到那本小说，就能顺藤摸瓜，解开全部密码。

机会很快就来了——"独臂大盗"竟然邀请亚德利去他家里做客。亚德利意识到，必须抓住这个机会找出那本英语小说。然而，这件事不可能由他一人完成。这时候，一个神秘的女人出现了，她就是年轻漂亮的徐贞。徐贞同亚德利在酒馆相识，也可以说是亚德利的红颜知己。当亚德利把这件事告诉她时，她毫不犹豫地答应下来。

亚德利带着徐贞，如约来到"独臂大盗"的住所。为了助兴，"独臂大盗"也带上了自己的女朋友。晚餐非常丰盛，主客之间谈笑风生，但亚德利和徐贞却始终找不到下手的机会。就在他们十分焦急的时候，防空警报蓦地响了，"独臂大盗"立即起身前去部队值勤。正当亚德利和"独臂大盗"的女朋友谈得十分投机时，徐贞借口去卫生间，找到了"独臂大盗"的书房。亚德利曾事先告诉她，书中的单词可能有被勾画的痕迹，并且应该在连续的几页上出现。

面对书房里那么多书籍，徐贞一时不知如何是好。找来找去，有一本被翻得破损不堪的小说进入她的眼帘——美国作家赛珍珠的《大地》。

这部以中国农村为背景的小说曾获得1938年的诺贝尔文学奖。徐贞翻开书本，终于在第17页上找到被勾画出来的三个单词，接着又在第18页和第19页上找到另外两个单词。徐贞把书放回原处，走下楼梯，暗示亚德利已经大功告成。

日军密码被破译后，军统迅速抓获了"独臂大盗"，不久就把他枪毙了。他名叫刘作民，早年当过土匪，后投军效力，是汪精卫安插在重庆的暗探。正是他密电中告知日军，轰炸机要保持3660米的飞行高度，以避开射程仅为3050米的国军高射炮的炮弹。至于那个找到《大地》的勇敢的女人徐贞，其实也是军统之人。

此案很快又牵扯出另一个重要人物——颇受蒋介石信任的德国顾问团成员韦伯，他竟然也被日军收买，曾向日军出卖重庆的军事情报，并参与引导日本飞机肆无忌惮地轰炸陪都。

密码被破译后，日机对重庆的轰炸有所收敛，国民政府趁机修建了许多防空洞，而重庆的老百姓也暂时有了喘息的机会。

1940年7月，亚德利回到美国。他后来在回忆录《中国黑室——谍海奇遇》中，公布了此案的详细经过。

日军"731"细菌部队

1932年,根据天皇饬令,日本军部组建了最初的细菌武器研究机构——"细菌研究班",对外称"防疫研究室"。1936年,日本在哈尔滨、长春成立了臭名昭著的731部队、100部队,此后又成立了北京"甲字1855部队"、南京"荣字1644部队"和广州"波字8604部队"。1942年,在新加坡"冈字9420部队"成立后,日军的细菌部队就形成了具有一定作战能力的完整的细菌战体系和指挥系统。

"满洲731部队"原名关东军防疫给水总部,对外又称"石井部队"、"东乡部队"或"加茂部队",它是抗日战争期间日本在本土以外创建的一支从事细菌战研究和人体试验的秘密军事医疗机构,也是日本帝国主义者屠杀中国人民的主要罪证之一。

关东军司令部1937年8月曾下文规定:今后在涉及细菌战时,一律使用"细防"(细菌防疫)的匿称。

"731"特别军事区划定在哈尔滨附近的平房区,其细菌工厂占地300多亩,拥有从事细菌战的研究人员2600余人,其中将级军官5名,校级军官30余名,尉级军官300余名。1936年到1942年7月由石井四郎中将担任部队长,1942年8月到1945年2月由北野政次少将接任部队长,1945年3月到同年8月又由石井重任部队长。"731"之下设有牡丹江"643"支队、林口"162"支队、海拉尔"543"支队和孙吴"673"支队。

孙吴"673"支队位居黑龙江省孙吴县城4公里外的西关村,这里林密花香、风光秀丽。初期仅30多人,1941年增加到80多人,而到1945年日本投降时已达到120人。细菌基地的主要任务是培育和繁殖散布细菌的寄生虫,大量生产鼠疫、霍乱等传染细菌和防疫血清。

"731"本部选择孙吴建立"673"支队,主要有两方面的考虑。首先,这里人口少、耕地多,靠近铁路,还有数万名劳工可供选取试验对象之用；第二，这里有品种繁多的家鼠和野鼠，如白鼠、黑鼠、黑线鼠、花色鼠、灰色鼠、小眼鼠、大眼鼠、瞎半鼠、水老鼠等，而且历史上曾有过鼠疫患者。

据日军档案资料，其时，关东军为了繁殖细菌，发放给当地居民两万个捕鼠笼，要求居民捕捉活鼠45万只。"673"支队据此强迫当地群众上交老鼠，还责令学生停课捕鼠。支队的15间鼠舍建有贮存饲料的地窖，养有老鼠1000多只，其中有些俗名为"大眼贼"的老鼠属于松鼠和田鼠的原宗。支队还养有羊、兔子等实验动物。

为了大量收集实验用虱子，"731"细菌工厂曾从劳工中挑选10名年过半百的老头，把他们关进一间空房，并向他们交待，他们今后不用再去干活，其任务就是养虱子、捉虱子，7天以后每人每天须交出100只大虱子。后来，这些老人都被杀害了。

日方有关资料明确记载："731部队的北野政次于1942年在孙吴捕获40只黑线姬鼠，在鼠身上采集到耶氏历螨203只，将螨制成悬液后再注入黑线姬鼠体内，25天后将鼠杀死，用它的肝、脾、胃再制成乳状液，经病毒过滤器过滤后，将此液注入'猿'（指中国人）身，19天后'猿'就发病，此时再把发病的'猿'的血液注入另一'猿'的体内，后者也染上了出血热病。"

1938年8月，60名被日本人称为"马路大"（意为"原木"）的中国抗日志士被"特别移送"到"673"支队。"673"的研究人员随时在他们身上进行"孙吴热"的传染及治疗实验，幸存者后来又成为冻伤治疗试验的对象。孙吴支队长西俊英中佐战后在法庭上供认："我们把中国俘虏绑缚在间隔10～20米的木柱上，然后通过电流，使装有坏疽菌的榴霰弹爆炸，结果10个人全部被带有细菌的碎片炸伤，同时感染上了坏疽病，他们经过一星期的痛苦挣扎后便死去了。"

战争期间，被关东宪兵队申请或指令"特别移送"到"731"部队的人员共计372人，其中包括中国人、苏联人和朝鲜人。

筱冢良雄曾是日本"731"部队的一员，日本投降后，他很快良心发现，成为少数揭露"731"罪行的日本人之一。他说：

我开始听到"原木"这种说法是进入少年队6个月以后，在夜间楼外经常亮起车灯和出现响动，内务班长让我们进屋，不准走出去，这是在搬运"原木"。

"原木"是材料的意思，即731部队进行实验所用的生体材料。之所以叫"原木",就是说人可以像木头一样被自由切割。

口字形建筑的 7 号楼和 8 号楼关押着日本宪兵、特务机构专为 731 部队掳获的中国人,他们是抗日战士、国民党和八路军的军人。

为了提高细菌的杀伤力,731 部队用人体进行实验。我所属的柄泽班用 5 名中国人进行了细菌的毒性实验和生体解剖。

我们先采来 5 个人的血液,检查他们的免疫能力。第二天,给其中的 4 人注射 4 种不同的鼠疫疫苗,还有一人不注射,然后比较实验结果。一周以后,再注射疫苗。一个月后给 5 人注射含有固定菌数的鼠疫菌液,5 人全都患上了鼠疫。

其中解剖的第一个男性的英勇表现,至今使我记忆犹新。他头脑清楚,像是知识分子,常骂我为"日本鬼子",对我怒目而视。我不敢看他的眼睛,他愤怒的眼神吓得我浑身发抖。然而,当时一旦接到命令什么都得做,不能表示半点怀疑。当时那个中国人只注射了鼠疫细菌而没有注射疫苗,因此最先感染鼠疫,两三天后开始发高烧,全身发黑,几天过后濒临死亡状态。负责管理"原木"的特别队员用担架把他抬到我所在的解剖室,全身穿着胶皮防菌衣的细田军医中尉命令我给他洗身体,我尽量不去看他的脸,用橡胶管和板刷给他冲洗。

开始的时候,我感到害怕,用板刷洗他的面部时有些犹豫,但立即招来中尉的训斥。我闭着眼睛冲洗完他的身体后,中尉把听诊器贴在他的胸部听心脏跳动情况。随后,大山军医大佐就命令开始解剖。细田中尉给我递了个眼神。手脚被固定的中国人突然睁开眼睛,像给这种暴行作证一样,转头看看四周,然后眼睛凝视天花板。他好像在喊叫着什么,但干裂的嘴唇没有发出声音,只是动了动。细田中尉左手按住他的头,右手拿手术刀,一下子切断他的颈动脉,血液忽地一下喷出来。20 分钟以后,中国男性的肉体被切成一片片的,散乱在解剖台上。像这样的生体解剖有很多班在做,在晚上洗澡时,经常听到队员之间互相询问,"今天你扳倒几根原木?"对方回答:"扳倒两根。"队员之间说到解剖的"原木"时,量词用"根"。为了毁尸灭迹,生体解剖后的尸体放在燃烧炉中焚烧。就这样,在两个月内,我杀害了 5 名中国人,现在想起来感到恐怖和羞愧,然而在当时,我的确是没有人性的"日本鬼子"。

1945 年 5 月,日本陆军省命令关东军增加细菌武器的生产,以满足日军统帅部在太平洋地区大规模推行细菌战的需要。为此,日军为特种部队增添了最完善的可供连续生产细菌的新设备,孙吴、林口等支队也相应建立了大量培育细菌的生产系统，这样，一旦"731"本部的设施在战争中被摧毁，各支部均可确保正常运转。

抗日战争期间，日军曾在浙江省宁波地区（1940）、湖南省常德地区（1941）和浙赣铁路沿线（1942）实施了无比残忍、令人发指的细菌战，犯下了滔天罪行。

1945年8月，在日本投降前夕，关东军总司令山田乙三命令"731"立即销毁所有实验室和设备，"673"支队长西俊英中佐便要部下把机密文件、研究资料、图书及实验用小动物统统塞进锅炉烧掉，随后又放火烧毁了房屋，炸毁了军用建筑。战争结束后，以石井四郎为首的一伙细菌武器专家，竟然把细菌武器研究资料、图片等作为交换条件，全部交给美国，从而免除了战争罪行。

2000年，有关专家在黑龙江省档案馆里发现并公布了"731"在活人身上进行细菌试验的原始文字材料——"特别输送档案"，以及300多件人体解剖用具。这些东西是"731"败退时来不及销毁而意外留下来的。

现在，作为罪证的细菌实验房舍虽已荡然无存，但废墟仍在，房舍的基础结构仍然清晰可见。中国政府在这里树立了一个遗址纪念碑，向后人昭示着日军曾经犯下的绝灭人性的战争罪行。"731"遗址作为爱国主义教育基地，还被确定为国家12个重点红色旅游项目景区景点，并被中宣部批准为第六批国家级文物保护单位。

中国的慰安妇

日军中有一个特殊人群,她们既不参加作战,也不属于正式编制,这就是被称为"慰安妇"的随军妓女。

"慰安妇"首次出现在1932年"一·二八"事变之后,始作俑者是时任日本上海派遣军副参谋长的冈村宁次。这年3月,驻沪日军已达3万人,野蛮成性的日军士兵制造了多起强奸当地妇女的事件,引起了中国和世界各国的强烈谴责。为搪塞外界对日军兽性的指责,冈村宁次决定效仿海军的做法,从长崎招来一个"慰安妇女团"。至同年7月,第一批慰安所在吴淞、宝山、庙行和真如等地建立起来。1938年1月13日,日本华中方面军东兵站司令部也挂出了"杨家宅娱乐所"的木牌。

"慰安妇"中除少量日本妇女外,主要是朝鲜妇女,此外还有菲律宾、中国、印尼妇女。这些堕入地狱的妇女饱受日军的摧残和蹂躏,有的因病或羞辱致死,仅有少数人在战后重返家园。对日寇在战争期间对朝中等国妇女犯下的这一可耻罪行,日本有关方面在战后一直讳莫如深,直至1990年10月才由韩国有关人士揭发出来。

战争期间,慰安所被广泛设置于中国各地。除日军未占领的甘肃、西藏、新疆、宁夏、青海等地外,黑龙江、吉林、辽宁、内蒙古、山西、河北、河南、北京、天津、山东、江苏、安徽、江西、上海、浙江、福建、湖南、广东、广西、海南、贵州、云南等省市及台湾地区,都发现了慰安所的遗址。

日本政府和军部曾为侵华日军有计划、按比例地配备"慰安妇"。根据关东军作战计划,1941年,它准备动员70多万人的军队和2万人的"慰安妇",其比例为37.5∶1。但是,日本学者普遍认为,当时军队里流行的比例是29∶1。也就是说,军队认为,一个"慰安妇"大约对29名军人,才能使军队得到性满足而不致引起内部混乱。根据这个比例,日本学者再加上"慰安妇"因逃亡或死亡而需补充的更替率,战时"安慰妇"的总人数约为20.7万人。

在中国占领地和战场上，日军主要通过以下途径强迫中国妇女充当"慰安妇"。

第一，使用暴力强行掳掠妇女。1937年11月日军占领上海后，就在城乡各处抢夺中国年轻女子，他们当众"剥掉衣裳，在肩上刺了号码，一面让我们的女同胞羞耻，不能逃跑，一面又满足他们的兽欲"（宋美龄《抗战建国与妇女问题》）。日军占领芜湖后，首先要做的也是抢劫妇女，甚至到尼姑庵中劫掠年轻美貌的尼姑充当慰安妇。在云南的龙陵、腾冲等地，几乎所有被查证的受害幸存者，均是被日军在光天化日之下抢夺去的。日军占领海南岛后，即派部队到村寨去强捕少女，或者在强征的劳工中，挑选美貌的汉族、黎族女子投入"快乐房"。1940年，日军进入山西方山县扫荡，在设立据点后，立即要求伪政权征召"花姑娘"。于是，伪政权将"花姑娘"的人数摊派到各村，日伪宣称有姑娘的交姑娘，没姑娘的交大洋。

第二，设下各种圈套，引诱妇女坠入陷阱。常见的是以招聘女招待、洗衣妇等名义进行诱骗。日军占领上海后，其特务部门便在市中心的"租界"里诓骗妇女。有报道称："他们放出野鸡汽车，候在娱乐场所前面，等顾客上车后，汽车飞也似地驰着，到了僻静地方，将男子抛下或干掉，女客便从此无影无踪。"一时，"孤岛"内失踪女子无数，人人自危。在海南岛，日军经常组织"战地后勤服务队"，唆使汉奸张贴广告，说是服务队的任务是给日军官兵洗衣服、照顾伤员和打扫营房卫生。日军甚至还派人到上海、广州、香港等地招聘游说："海南岛开办大医院，招聘大批姑娘学习当护士和护理，薪水高，到那里去做工有吃有穿，还有大钱寄回家。"于是，不少受骗女子前来应募，但这些人到了海南后，被统统押进了慰安所。

第三，日军占领一地，形势稍稍稳定后，便依靠汉奸组织协助，挑选妇女充当"慰安妇"。手法之一是借口登记"良民证"，挨家挨户地挑选年轻貌美的女性。南京陷落时，日军除了经常到国际安全区强奸妇女外，还利用发放"良民证"之机，从中拉来数千名中国妇女，其中的一些人还被运往东北，充当关东军的性奴隶。

1939年，山西文水县的伪政权曾张贴布告，明令征用妇女：

文水县公署训令，差字第一号令：南贤村长副，为训令事。查城内贺家巷妓院，原为维持全县良民而设，自成立以来，城乡善良之家，全体安全。惟查该院现有妓女，除有病者外，仅留四名，实不敷应付。顷奉皇军谕令，三日内务必增加人数。事非得已，兹规定除由城关选送外，凡三百户以上村庄，每村选送妓女一名，以年在二十岁左右确无病症、颇有姿色者为标准，务于最短期内送县，以凭验收。所有待遇，每名每月由维持会供给白面五十斤，小米五升，煤油二斤，并一人一次给洋一元，此外游客赠予，均归妓妇独享，并无限制，事关紧要。

第四，将中国女俘虏强逼为性奴隶。在中国战场上，日军极少设立女战俘收容所。一部分女俘虏遭到审讯后即被枪杀，其余的大部分被日军运到华北、华中充当"慰安妇"。慰安所里曾发生中国女战俘刺杀压在她们身上的士兵或者割下敌人生殖器的事件。最后，当这些女俘虏失去利用价值时，就被拖到空地上，作为日军新兵训练时的活靶子。

第五，征用妓女。在大城市，日军机关常常征用现有妓女来充实"慰安妇"的队伍。上海、南京、武汉、广州和天津等地，都有不少妓女被迫加入"慰安妇"的行列。

被强逼为"慰安妇"的中国妇女中有不少是少数民族的妇女，其中有台湾高山族、东北满族、云南傣族、海南苗族和黎族、广西壮族等。吉林延边地区的朝鲜族是最早被征用的少数民族。"九一八"事变后，关东军便在东北地区强掠朝鲜族年轻女子充当性奴隶。

2013年5月13日，日本维新会共同党首、大阪市长桥下彻声称，"慰安妇"制度是当时保持军纪的必需，没有证据显示日本政府或军方直接采取了绑架、胁迫"慰安妇"的行为。这一言论遭到了日本国内外舆论的强烈抨击。

日本在哈尔滨的间谍学校

1945年8月15日,日本宣布无条件投降。8月20日,苏联红军进入哈尔滨。当夜,哈尔滨市南岗区东大直街178号一栋欧式楼内传出几声枪响……女仆和随后赶到的哈尔滨医科大学校长田村于兔,急忙用斧子劈开房门,看到二男一女倒在血泊中,旁边放着一封遗书,小桌上点燃的香冒着青烟——哈尔滨学院院长涩谷三郎一家已自杀身亡。

在第二次世界大战前和大战中,苏联都是日本的一个对手。然而,日本人想要发动全面对苏战争,却感到情报人员不足,因而决定在哈尔滨开办一所学校来专门培养对苏谍报人员。

1920年9月24日,学校在哈尔滨成立,名为日露协会学校。"九一八"事变后,日本侵略军占领了哈尔滨,把这个学校改名为哈尔滨学院。从1938年起,院长也改由日本高级军官担任。

学校当初的开办经费来源于日本政府25万日元的拨款,以及南满铁道株式会社5万日元的投资。一期工程包括7000坪的校舍——间谍"集训营"。

这所特殊学校实行免费教育,每期学员不超过60人。学员的月薪为55日元(1日元在当时的哈尔滨可换两块大洋)。学校实行严格的军事化管理,学生集中食宿,有南寮和北寮两个宿舍区,6个学生一个房间。学生每天早晨6点30分起床,7点集合,集体向日本天皇居所方向遥拜,经过一整天的学习和军事训练后集体熄灯就寝。

从1920年9月成立到1945年8月日本投降为止,学院在25年时间里共培训了1412名毕业生,其中还不包括特修生和专修生。毕业的学生大部分被分到特务机关任职,或派到日本驻苏使馆工作。学校的第一届毕业生杉原千亩就被日本政府作为外交官企图派到莫斯科的日本大使馆,但是,由于他发表了题为《苏联联邦国民经济大观》的文章,引起了苏联政府的警觉,苏联才拒绝他入境。后来,日本政府又把他改派到离苏联最近的芬兰。

　　学院的最后一任院长涩谷三郎曾任滨江省警务厅厅长，正是他下令将赵一曼押回珠河县"示众"处死。他在任治安部次长期间，实行军警一体化，协同关东军成立讨伐队，清剿东北抗日联军。1945年8月16日，涩谷自感末日来临，带着全院师生在学院南寮后院烧毁了院旗，并于4天后在家里先枪杀了妻子，随后与15岁的儿子涩谷泰一起开枪自杀，结束了罪恶深重的一生。

　　苏联红军进入哈尔滨后，对哈尔滨学院的师生进行了大搜捕。学院师生四处逃散，日本在华的间谍"集训营"也随之消亡。

川岛芳子其人

"东方魔女"川岛芳子（1906~1948），原名爱新觉罗·显玗，字东珍，号诚之，汉名金璧辉、金诚三、金梦芝，是肃亲王善耆的第14个女儿、末代皇帝溥仪的堂妹。她曾参与皇姑屯事件、"九一八"事变、满洲"独立"等秘密的军事和政治活动，并亲自导演了震惊中外的上海"一·二八"事变和转移婉容等祸国事件。日本军部称其"可抵一个精锐的装甲师团"。

1912年清亡后，肃亲王善耆眼看政权旁落，心有不甘，加之怜悯同其私交甚笃的日本浪人川岛浪速没有孩子，便把显玗赠送给川岛作为养女。嗣后，显玗便有了一个人们熟知的日本名字——川岛芳子（亦名川岛良子、川岛良辅），并在日本直接接受殖民主义教育，在政治事务、军事技能、情报搜集等方面都练就过硬本领。据说她骑术精湛，枪法超群，其策马疾驰中连续击落百步开外苹果的故事曾被传为佳话。川岛浪速的妻子与日本皇后系属同宗，因此，川岛芳子得以跻身贵族，凡日本军政要人，如东条英机、本庄繁、冈村宁次、多田骏、土肥原贤二等，都同川岛芳子熟识。

17岁那年，川岛芳子被59岁的养父川岛玷污。川岛对她说："你父亲是个仁者，我是个勇者。我想，如将仁者和勇者的血结合在一起，所生孩子必然兼有智勇仁的品格。"川岛芳子曾在手记里写道："大正13年10月6日，我永远清算了女性。"次日一早，她梳了一个日本式发髻，身穿底摆带花的和服，拍了一张少女的诀别照。

1927年20岁的时候，川岛芳子在旅顺与蒙古王甘珠尔扎布结婚。但她对丈夫不感兴趣，婚后第二年便主动为丈夫找了一个代替自己的女人，她本人却溜到东京去了。其后，她利用养父的关系接近了关东军。满洲事变和上海事变时，她使出浑身解数，暗中活动，成为日本谍报机关的"一枝花"，受到特务头子田中隆吉、土肥原贤二的赞赏。日军见她有清室血统，就将原张宗昌的旧部5000多人交给她，成为"安国军"，而川岛芳子就当上了神气十足的"安国司令"。她接着又摇身一变，成了国民党要人的私人秘书兼情人。她无所不为，吃喝赌博、吸毒、玩弄男人，她的养父、干爹以及同她共事的男人，都成了她的情夫，而她的间谍活动总是同她荒淫无耻的私生活搅混在一起。关东军无法对付川岛芳子浪荡、疯狂、粗野的奇特性格，于1936将之送回日本。再后来，她同一个有名的行情师住在一起，在天津经营中华料理业务。1945年日本战败时，她在北京被中国国民党军统逮捕。1948年3月25日，她被国民政府以汉奸罪执行枪决，终年42岁。

"九一八"事变爆发前，东北掀起了排日运动。面对中国人民的抗日风潮，日本军部建立了反动的满洲青年联盟，作为应付民间性反日活动的机构，网罗了一批狂热的日本青年和卖国汉奸，企图挑起事端，为日本入侵东北制造借口。作为军部"骨干青年"的川岛芳子也被派往大连，负责协调满洲青年的活动。在川岛芳子的影响下，这批人由原来的蛮干逐渐发展为有步骤地窃取中国机密，制造摩擦，使关东军掌握了大量有关张学良所部的驻兵、装备等重要情报。

在满洲事变发生后的10月上旬，川岛芳子奉田中隆吉之命赶到奉天，进入板垣关东军高级参谋的指挥部。此时，日本在沈阳的特务机关长土肥原贤二正密谋策划拥立清朝的废帝爱新觉罗·溥仪，并设法把他从天津静园弄到旅顺大和旅馆。由于风声太紧，走得匆忙，溥仪只能撇下爱妻秋鸿皇后（郭布罗·婉容），携同郑孝胥父子、祁继忠、吉田太郎、上角利一、工藤忠、大谷猛等在关东军的护送下来到满洲。秋鸿皇后在得知溥仪已经离开天津后，闹得天翻地覆，一定要追赶前去，终于患了歇斯底里症。消息传到旅顺，溥仪大忿，连夜派人恳求日方将秋鸿皇后接到满洲。

为了从速建立伪满洲国，日本军方只好同意溥仪的要求，但却苦于没有合适的执行者。正在此时，川岛芳子出现了。1931年11月的一天，一个着装入时、窈窕妩媚的漂亮女人来到天津日本租界宫岛街溥仪的住宅，她就是川岛芳子。她带来了一个身体虚弱的病人，安排"她"住在里面一间屋子里。此人根本不是女子，而是一个男扮女装的美男子。于是，一出"棺材送活人"的好戏便上演了。几天以后，静园放出风来，说是肃亲王十四格格带来的朋友不幸病逝。川岛芳子擦眼抹泪，作出一副悲切之态，秋鸿也跪在假灵前叩头致哀。依照中国的传统习惯，人死了要运回老家，于是，装着秋鸿皇后的棺材便堂而皇之地运出了静园，一路畅通，顺利抵达了目的地——白河河畔。随后，皇后坐上了一艘经过伪装的日本军舰，最终到达了大连。皇后"对这次可怕的成功的冒险"深感满意，便把母亲遗留下来的翡翠耳坠赠给了川岛芳子。

东条英机上台后，日本与中国的战争全面展开。不久，太平洋战争爆发，使日本在兵源、战争物资等问题上陷于捉襟见肘的困难境地，因此迫切希望与国民党政府缔结和约。闲居在东京的川岛芳子一听这个消息，认为这是千载难逢的机会，于是急忙打电话给东条夫人胜子说："我有一件重要事情，请一定让我会见东条阁下。请把我护送到日军的最前线。我要使日中和谈早日实现。"于是，胜子便把川岛芳子的意思传达给了东条英机。东条思忖再三，向北京宪兵司令田宫中佐发电，令他保护川岛芳子的安全。接着，一份日本军部的命令将跃跃欲试的川岛芳子派到北京，让她以东兴楼饭庄女老板的身份与国民党在京要员广泛接触，搜集有关和谈动向的情报。

川岛芳子略施手腕，把北京宪兵司令牢牢控制在自己手里，继而有条不紊地开始着手进行"和谈"事宜。她利用自己过生日的机会大事铺张，遍请在京朝野名流，使华北政务委员会情报局长官翼贤、军统特务头子戴笠、"满洲国"实业部长张燕卿等成了座上客。宴会开始时，川岛芳子差人抬来一块银色大匾，上面刻着"祝川岛芳子生日快乐——北支那方面军司令多田勘"，在场的人看到这份礼物，顿时被芳子的声势镇住了，乖乖地当了俘虏，使得芳子很快便打通了她与国民党政界要人接触的渠道。接着，川岛芳子又通过大汉奸周佛海、陈公博等人，与蒋介石的红人——军统特务头子戴笠搭上了线，希望戴笠能助她一臂之力。作为答谢，川岛芳子把南京伪政府的特务分布网和北平谍报人员名单送给戴笠。于是，戴笠欣然同意双方进行初步接触，并派亲信唐贤秋扮作北京大药行的老板，与川岛芳子直接磋商有关事宜。

正当川岛芳子和军统特务眉来眼去之时，由于形势急转直下，国民党与日本军方仓促而秘密地达成了"和平相处，共同剿共"的协议。从此，"东方魔女"的魔法渐渐失效。面对日益枯竭的活动经费，她只得在田宫中佐的帮助下，网罗二十几个杀人不眨眼的彪形大汉，让他们穿着镶有大将军衔的服装出入公共场合，专门盯住那些有钱的绅士和梨园名旦，坑诈钱财。

有一次，田宫和川岛芳子看完京剧回来，一个叫王士传的中年男子正在客厅里等待接见。川岛芳子一进门，王士传立即起立敬礼。芳子马上开口问道："你知道那个姓钱的人吗？"王士传回答："姓钱，是开绸缎庄的那个钱老板吧？"芳子又说："是的，这家伙的儿子跑到重庆，参加了抗日军队。"接着，川岛芳子压低声音，具体布置了一番。王士传一味答称"是！是！"不几天，姓钱的就被抓到北京宪兵队关了起来。钱的家属明知这是芳子的阴谋，也只能向她求助："能否拜托您老人家把他救出来？"家属说这话时，随手把一份厚礼送了上去。芳子说："哎哟，宪兵队大概不会随便把一个人抓进去吧。不过，我可以给你试试。"后来，芳子故意让手下人向钱的家属透风说，大概得花6万元。这一下，钱的家属为难了——偌大一笔钱哪里拿得出？好说歹说，最后降到3.6万元。钱的家属把钱如数送到芳子的家门。次日一早，芳子把钱的家属叫来，当着他们的面向田宫中佐挂了电话，请对方放人。结果，姓钱的下午就回到了家里。

随着日本广岛、长崎两股死亡之烟的袅袅升起，川岛芳子的太阳就要坠落了。陈帅佛在《川岛芳子》一书中写道：

1948年5月上旬的一天，阳光明媚、空气清爽，狱外的一切都是那么的美好。北京依旧是那样的静谧和美丽，可谓世界上最美丽、最壮观的城市了。树木染上了一片新绿，丁香、杏花竞相开放，八重樱挂满枝头，香气袭来，沁人心脾。到了夜晚，北京又显出一副美丽动人的姿态；乳白色的晚雾一开始游动，城墙内外就染成了淡墨色；各路街灯如银河里的星星闪烁跃动，像万家渔火点起了游子的希望。真是奇妙极了！然而就在这样一个如诗如画的夜晚，恶贯满盈的"东方魔女"——川岛芳子终于走完了她那肮脏的罪恶的一生。她穿着养父送给她的一身白绸和服，在晨曦微光中向着东方面带微笑地倚墙而立，那镇定自若、飘逸俊俏的神采仿佛在向世人高喊：我是川岛芳子。我是陆军上将金璧辉。我是爱新觉罗·显玗。我是娇小的东珍。在这个充满憎恶和怨恨的社会中，由政府枪毙我，才是对我最好的礼遇，才与我"东方魔女"的身份相称！

"东方魔女"之死在当时的中日军界及政界引起了轩然大波。

新闻界也大事渲染，并认为川岛芳子并没有死，被处死的只是她的一个替身。有人说她本人早已潜返东瀛，甚至传闻说某国民党权贵因迷恋芳子的绝代风华，不惜违犯国法，用偷龙换凤手法，耗费重金买通狱吏将芳子救出，将芳子秘密纳为外宠……诸多传言，不胫而走。

然而，无论一枪饮恨而死，还是苟且偷生，对于"东方魔女"来说，都已经在历史上失去了往昔妖艳凶蛮的"女谍风采"。

北平宣外第一监狱。5月的清晨还很寒峭，一个着灰色囚衣、橄榄色毛料西装裤的女囚，被拉到了狱墙的一角。她40岁出头，脸部浮肿，上牙已脱落，长期浪荡的生活已毁了她的健康与容貌，但她白皙的皮肤、黝黑的大眼睛和纤小的手，还残留着当年的风貌。

行刑官令她面壁而立，问："是否要留遗嘱？"她用男人那样粗硕的嗓音说："我想给常年照顾我的养父川岛浪速留封信。"

她站着写完了信。行刑官核对了姓名，宣布她的上诉被驳回，并宣读了死刑执行书。行刑官令其跪下。第一枪，出乎意料的是，扳机居然没有扣响。行刑官再次扳枪，子弹便从两眉之间穿入。她左眼圆睁，右眼紧闭，满脸的血污已不能辨认。

南京智破日谍集团

1937年"七七事变"后,日军迅速占领了平津和华北广大地区,并对上海、南京虎视眈眈,中日之间在隐秘战线上的斗争也随之愈演愈烈。就在这时,国民政府高层爆出了一个震惊世界的间谍案。

奇案迭起

8月11日,蒋介石召集最高国防会议,研究和决定对日作战的国策和战略。参加会议的除了国防委员会副主席汪精卫,军委会正副参谋长何应钦、白崇禧外,还有各大战区的负责人和军委会委员。会议决定对日本实行"制胜机先"的闪电军事行动,趁日军主力集中在华北之时,于8月中旬主动在上海发起对驻沪日军的进攻,把战争重心引向东南淞沪一带。在此之前的8月上旬,要封锁江阴要塞一带最狭窄的长江江面,并对吴淞口至江阴实行3线布雷。这样,一方面可以阻止日本军舰由上海沿江西上进攻南京,另一方面又能截获长江中下游各口岸的日军战舰和商船。然而,蒋介石的命令还没有下达到有关部队,在长江中、上游各港口行驶和停泊的日本军舰、商船,共20多艘,就急匆匆顺流而下,冲过了江阴要塞。蒋介石闻讯,即打电话给驻军扬州的空军第5大队,令其14日凌晨起飞追击日本舰船。空军执行了命令,但为时已晚,除俘获了3298吨的日本商船"岳阳"号和1369吨的"大贞"号外,其他舰船均已逃到黄浦江中。按照有关条约,中国空军无权轰炸。

8月16日,国民党第3战区司令长官冯玉祥决定赴淞沪前线的南翔视察和鼓舞士气。一行人乘车刚出司令部,日机就飞来袭击,他们只得分避树下。敌机离去后,再驱车前行,敌机又至,冯等被迫躲进一所茅屋。敌机在附近投弹十余枚,冯等趁硝烟弥漫之际,命司机驾车冒险前进,但行不多远,敌机再次"光临",他们急忙下车到瓜田里暂避。下午返回苏州途中，又有8架敌机来袭。

8月22日，宋美龄在外籍顾问端纳的陪同下，由南京乘车去上海前线慰劳抗战官兵，行至苏州郊外，突遭日本飞机扫射和炮击。据说，日军飞机飞得树梢那么高，连里面的飞行员也看得清清楚楚。司机为了逃避日军炮火，把车子速度提高到每小时60英里。因路面大都被破坏，在一个急转弯时，一只轮胎损坏，汽车冲进了一条水沟。宋美龄摔断了几根肋骨，端纳也受了重伤，被送往苏州医院。这一事件引起了英国等欧美国家的严重抗议。

8月23日，白崇禧奉蒋介石之命去上海公干，住在先施公司二楼东亚饭店中。当天中午，当上海方面刚要举行宴会为他接风时，几架日机突然飞临公司上空扫射轰炸，一时浓烟四起，弹片横飞，附近一带的商店门窗玻璃被震得粉碎。幸好白崇禧事先得到情报，说是有人要趁宴会之际杀害他，所以他在宴会前十几分钟，便匆匆从公司的后门走掉了。

8月24日，第9集团军总司令张治中要去河湾最前线视察和指挥。他的汽车刚出司令部，就飞来敌机数架，在汽车上空来回扫射轰炸，他与随从只好下车隐蔽。敌机飞走后，他命司机开足马力朝江湾急驰，但车子跑了两里多路，敌机又赶来袭击。他决定弃车步行，不带随从，并在途中遇到一个骑自行车的传令兵，才改用自行车到了江湾第87师师部。

8月25日，蒋介石由第3战区副司令长官顾祝同和侍卫长钱大钧等陪同，乘车由南京到了南翔前线。一路平安无事，所以当夜返回时，他便有点麻痹大意，还想乘来时的汽车到苏州看望受伤的宋美龄。部下建议他改乘火车，他接受了这个建议。当火车快到苏州站时，突然来了十几架飞机轰炸火车，他幸而逃过一难。

8月26日，又一起重大泄密事件在南京发生。当时上海战事激烈，蒋介石多次想亲到上海前线视察与指挥，但日军飞机对从南京到上海的铁路与公路均作了严密封锁，日夜狂轰滥炸，使蒋介石此行极不安全。在25日晚的最高军事会议上，"小诸葛"白崇禧向蒋介石建议："英国驻华大使许阁森明天从南京去上海，接见英侨领袖并会见日本驻华大使川樾茂，委座可以搭乘他的轿车同去。英国在中日战争中是中立国，轿车上插有英国国旗，可以免遭日军飞机轰炸。"蒋当即表示赞同。散会后，蒋介石考虑到一国之首，在本国土地上乘坐他国车辆，有失国体，坚持乘坐自己的汽车，并改为夜间行驶，安抵前线。

第二天，许阁森的轿车开上宁沪公路后，于下午2时许，在嘉定地段遭到两架日机的拦截和扫射。尽管许阁森汽车顶上覆盖着大幅英国国旗，十分醒目，但这无济于事。许阁森的汽车左躲右避，最终还是被炸翻。他被机枪子弹击中，脊骨和肝部受伤，生命垂危，被送往上海租界医院急救。

上述一连串触目惊心的谋杀案震惊中外，搞得国民党政府极度恐慌。蒋介石召来各军警宪特机关的负责人：军统的戴笠、中统的徐恩曾、宪兵司令兼南京警备司令谷正伦等，共同商议对策。蒋介石说："吴淞口布雷等一系列事件，日方知道得如此清楚，说明我们内部有他们的人。你们必须在一个月之内给我挖出来……"随后，蒋介石又向南京宪兵司令谷正伦下达了破案手令。

当时，南京警备司令部确实处于有利地位，因为该机关多年来直接掌管南京的警备和治安，工作人员深入到大街小巷和三教九流之中，耳目密布，情况熟悉。更为重要的是，早在1934年前后，警司就在属下特警二队中专门成立了一个极机密的反日间谍工作机构——"外事组"，组长为特警二队队长丁克勤。"外事组"在日本驻南京使领馆内潜伏了几个内线。接着，"外事组"调查分析了各种线索。

锁定目标

泄密者到底是谁？

偌大的南京，人海茫茫，事情又牵涉到南京政府最高层，而且战争迫近，到哪里去寻找这伙隐藏极深的日谍呢？

白崇禧既是江阴计划的参与者，又是国民党军政要员行踪的知情者，而且正是他建议蒋介石乘坐许阁森的汽车去上海视察。因此，这位来自桂系的政敌就成了蒋介石的第一个怀疑对象。但是，"外事组"经过排查，否定了白崇禧作案的可能性：第一，白崇禧强烈的抗战爱国热情有目共睹，他不可能同日本勾结；第二，就个人品德来说，白崇禧可以同蒋介石进行公开的政治和军事较量，但他从来不干卑鄙龌龊的事情。

就在"外事组"搜索新的目标时，又一件奇案发生了。

9月初，蒋介石指示南京中央军校举行"扩大总理纪念周"，并表示他要莅临大会作重要讲话。中央军校的前身是黄埔军校，现在仍由蒋介石兼任校长。

9月4日上午8时，中央军校和陆军大学的师生首先来到会场，队列站得整整齐齐。党、政、军各部的大员也先后乘车来到军校，小轿车一辆接一辆开进大门。由于这天蒋介石要到场，南京的军警宪特机关加强了对军校的警卫工作，在从中山东路到黄埔路的路上，直到军校大门，军警密布，气氛肃然，军校内则有大量便衣特工巡查。进校的汽车都由在校门口值勤的宪兵一一登记。

与会人员列队静候蒋介石"光临"。但是，半小时过去了，仍不见蒋介石的身影。忽然，学校负责人登上主席台，向与会人员宣布："现在发现有一辆汽车混入学校，其中坐着两名嫌疑人员，宪兵正在搜查，请大家原地不动，听候新的通知。"

不一会儿，有人向会议主持人报告，两名嫌疑人已乘汽车逃出校门，有关军警正在进行追捕。据此，主持人宣布停止举行大会，与会的中央和南京市的军政大员陆续散去。

不久，宪兵带队官向学校负责人报告：进出校门的各单位主官乘坐的车号和人员，均与原先约定相符，只有行政院一辆小汽车是强行闯入的。现在，车上的人打倒值勤人员后，已迅速驾车逃跑。这辆车到底属于谁呢？一查，原来为行政院机要秘书黄濬所有。负责人一听，先是一惊，然后命令宪兵带队官说："此事要严格保密，在没有公布事件真相前，你们不得向任何人泄露。"

此后，"外事组"特工李荣芳又经过多方查寻，最终把侦破目标锁定在黄濬身上。

黄濬其人

黄濬，字哲维，号秋岳，福建闽侯人，1884年生于书香之家。1916年到日本留学期间，结识了一些主张侵华的军国主义者，回国后先与林白水办了一段时间的报纸，后进北洋政府当了一名职员。他写的一本《花随人圣庵摭忆》，被称为民国时期最好的笔记小说之一，得到陈寅恪等文化名人的高度评价。北洋政府垮台后，黄濬通过国民政府主席林森的关系，到南京政府任职。林森与黄濬是同乡，就把他调任为行政院主任秘书，其地位仅次于秘书长。1932年年初，汪精卫任行政院院长，在外交上亲近日本，对精通日语与日本事务的黄濬十分赏识，黄濬遂兼任汪精卫的机要秘书，能经常参加政府最高级的军政会议，掌握国家的各种核心机密。1935年11月蒋介石兼任行政院院长后，仍对黄濬宠信不减。1937年夏，黄濬的长子黄晟留学日本回国后，就被黄濬送进外交部担任科长。黄濬生活奢侈，他在南京和上海都有豪华住宅，一向挥金如土，仅靠他一份公务员的工资，完全不够他的挥霍。他必定要找其他门路。

此时，日本驻南京总领事须磨弥吉郎恰巧是黄浚在早稻田大学的同学，黄浚就经常去日本领事馆走动。虚荣、爱财、好色、亲日，这是须磨对黄浚的判断，这样的人是大日本帝国最喜欢的合作者。于是，在须磨的重金收买下，臭味相投的父子俩便叛国投敌，建立了以他们为首的间谍集团。这个集团中有政府里的一些高级军政人员，如军令部的少将高参曹思成、海军部的部员李龙海、军政部的秘书王必贵以及黄浚自己座车的司机王本庆等。

谷正伦同"外事组"组长丁克勤等人分析，既然黄浚嫌疑最大，就要集中力量侦察他以及所有相关人员，在拿到铁证前不要打草惊蛇。为此，他们秘密成立了一个"侦缉黄案专门小组"，第一步的行动是全面控制黄浚的住宅，并由李荣芳及其助手钟高玉相伴采取行动。

黄浚此时大概也感觉到了风声，其间谍活动变得更为隐蔽。在外人看来，这个国民政府行政院秘书的行为举止并没有什么异常，他每天克尽职守，深居简出，让"侦黄小组"几乎找不到什么破绽。案情进展陷于胶着状态，离蒋介石限定的时间越来越近了，"侦黄小组"决定主动出击。说来也巧，他们发现经常有一个女孩从黄浚家里出来买东西，一打听，才知道她是黄浚家里的佣人，名叫莲花。几天后，钟高玉扮作流氓"袭击"莲花，再由李荣芳"英雄救美"，如此这般地设定了一条内线。莲花原是江北农村一个贫苦农民的女儿，因父母双亡，被人诱骗到南京，又转手卖给黄公馆。她不断把在公馆内看到的可疑迹象和人员往来情况及时报告"侦黄小组"。

为了加快破案速度，"侦黄小组"又在日本总领事馆大门外的鼓楼公园布置了"小报摊"、"测字摊"、人力车夫（特工人员）进行监视。奇怪的是，"侦黄小组"仍然看不见须磨来"看望"黄浚，也看不见黄浚去"拜访"须磨。

后来得知，黄浚此时按照须磨的指示，为了逃避嫌疑，两人不再直接见面，而是采取了更隐蔽的途径和手段。不久，黄浚的狐狸尾巴就被捉住了。该小组人员发现黄浚下班后，既不乘车，也不带随从，经常独自一人到玄武湖畔散步。他爱吃巧克力，但从不把糖纸随便扔掉，而是把它夹在一张纸中，放到公园一株大树的树洞里。黄浚走后，就有一个朝鲜人来取情报。"侦黄小组"摸清规律后，曾将纸条取出来照相，然后按原样放入洞中。朝鲜人来取情报时，"侦黄小组"又偷拍了他的照片。但是，不知是因为黄浚有所察觉还是日方又有命令，黄浚后来不再去玄武湖了。

细查线索

"侦黄小组"分析，黄浚绝不死心，一定会让集团中的其他成员来代替自己。果然，监视黄浚汽车司机的钟高玉发现，有个叫小王的司机经常到新街口附近一家外国人开办的"国际咖啡馆"去喝咖啡。他每次进店后，就把自己的礼帽挂在衣帽间的衣架上。几乎与此同时，一个日本人也进店喝咖啡，也把一顶与小王一样的礼帽挂在同一个衣架上。那个日本人喝完咖啡后首先离店，戴上小王那顶礼帽，扬长而去。小王喝完咖啡，则戴上日本人的礼帽离去。"侦黄小组"分析，这里面大有文章。

"侦黄小组"还发现，那个日本人总是戴着小王的礼帽，骑车进入中山路逸仙桥南一家"私人医院"。事后得知，这家"医院"是日本特务机关的一个秘密联络站。那个日本人名叫河本明夫，名义上是日本总领事馆的管理员，实际上是须磨手下的一个情报员。他有时也与黄晟在咖啡馆碰头。

又有莲花报告：有一次她替黄太太打洗脸水路过黄浚的书房时，看见小王从外面回来，走进黄浚的书房，把自己头上戴的礼帽取下向黄一扬，即挂到壁上的衣帽钩上，然后光着脑壳退出房去。这种情况反复出现多次。于是，"侦黄小组"加紧了对司机小王的跟踪监视，终于发现黄浚是用这种特殊的方法在咖啡馆同日本间谍进行联系，交换情报。

"侦黄小组"为了弄清情报内容，又设一计：8月26日傍晚6点多钟，正是忙碌的夏日黄昏时分，在从鼓楼广场通往咖啡馆的大街小巷中，人声嘈杂，好不热闹。当河本从"医院"出来，行至与中山路垂直相通的汉口路时，突然从汉口路冲出一个骑自行车的"冒失鬼"，猛地向他冲去。河本躲闪不及，连人带车被撞翻在地，头上的礼帽也滚出了十几步远。"冒失鬼"一眨眼就不见了。

河本的自行车摔坏了，手臂也负了伤，但他的头脑还很清醒，跌跌撞撞地要站起来捡地上的帽子。他刚走几步，疼痛难忍，又跌倒在地。就在这时，走上来的一个穿制服的交通警察扶起河本，把他架上汽车，说是送他到附近的马林医院治伤。河本表示，他必须捡回那顶帽子，交警则说："帽子丢不了，我帮你去捡，你不是日本人吗？我们警察是保护日本人的！"

撞车人实际上是一名姓刘的特警，交通警察则正是钟高玉。钟高玉把帽子拿到附近一家独门小院，队长丁克勤正在那儿等着他。丁队长把礼帽夹层中的情报拍照后，再将情报按原样放好。钟高玉赶往医院将帽子归还河本，河本捏了一下礼帽，确认情报还在，连声表示感谢。

这次的"猎物"果然是厚厚一叠情报，其中有蒋介石刚刚签发的军事命令——调动几个精锐的陆军师移防上海和苏杭，还有南京下关江防要塞地形图、长江江防图等。

然而，狡猾的须磨此后又派了一个名叫山口的人代替了河本。

一网打尽

"侦黄小组"拿到黄浚出卖情报的罪证后，立即报告了谷正伦。谷正伦喜出望外，迫不及待地深夜去见蒋介石报功，并建议立即逮捕黄浚及其集团成员。蒋介石命令"一定全歼，不能使一个漏网"。

"侦黄小组"在作了仔细研究后，又设下一个圈套：由丁队长口授，并由小组成员、伪造印信专家皮伯圣模仿须磨的笔迹和口吻，写了一封给黄浚的密信，大意是要黄浚在次日晚上11时，约齐所有有功人员在黄公馆聚会，说是须磨届时将亲自到场，向他们发放巨额奖酬。

假信写好后，由"侦黄小组"成员伪装成那家咖啡店的服务员，悄悄潜入衣帽间，将信放进山口那顶礼帽的夹层。山口同河本一样，在店内喝完咖啡，即将小王的礼帽带走。小王也同往常一样，戴上山口的礼帽，去黄浚处报功。黄浚虽然狡猾，但并没有看出其中破绽。

蒋介石下达手令，要南京警备司令部将黄浚集团全体捕获。李荣芳紧急约见莲花，探询黄浚的动向，并向她传达了当晚行动的联络暗号。

8月27日夜，侦查人员包围了黄浚公馆。在看到莲花发出约定的灯光暗号后，先由钟高玉化装成邮差，叫开黄浚公馆的大门，然后其他人提着枪冲进庭院，直向客厅扑去……

就在这时，突然从黄浚的客厅里传来"啪"的一声枪响！

原来，莲花在发出约定的灯光暗号以后，知道侦查人员就要进入黄宅，不觉胆子大了起来。她乘黄浚与几个同伙离开书房去餐厅吃喝的机会，迅速潜入书房，把黄浚书桌的抽屉打开，发现一个鼓鼓的牛皮纸信封。这信封正是黄浚准备交给须磨的一份情报资料。正当莲花把信封揣在怀中，匆匆退出房门时，黄浚恰好回房取物。他发现莲花疾步从书房奔向客厅，便喝令她站住。他见莲花不听，心知有异，立即掏枪射击，子弹正好打在莲花背后双肩之间。

就在黄浚枪响后，侦查人员冲进客厅，用手铐铐住了黄浚。再看莲花，她已满身是血，很快死去。这时，其他侦查人员将别的几个汉奸一一捉来，与黄浚、黄晟父子一道押上汽车。接着，侦查人员对这个间谍魔窟进行了全面搜查。

由于战事紧急，南京军法机关连夜对各罪犯进行审讯。在铁的事实面前，各罪犯不得不低头认罪。由蒋介石亲笔签署，最高军事法庭宣布了对黄浚日谍集团的判决：黄浚父子等以卖国罪被判处死刑，其他罪犯分别被判处无期与有期徒刑。1937年8月28日，黄浚父子和其他罪犯共18人被执行枪决。

我们在伪满洲国的游击队[①]

[苏] 叶·戈尔布诺夫

苏联红军情报部门在西部边境针对波兰和罗马尼亚展开了所谓的"积极侦察行动",其特点是目标明确和针对性强。(20世纪) 30年代初,由于一系列国际原因,这一行动被迫偃旗息鼓,但它在远东地区却获得了新生。

秘密战争

在远东开展"积极侦察行动",具备诸多有利条件:苏中两国边界绵延数千里,穿越阿穆尔河(即黑龙江)和乌苏里江两条界河相当方便;伪满洲国境内,抗击日本侵略的中国游击队伍非常活跃。

当时,中国游击队被日军逼到中苏边界,渡河进入苏联境内,在那里恢复元气、治疗伤员、补给武器弹药,添置通信器材和取得经费。更重要的是,游击队从苏军那里获取了未来作战的指令。

在满洲被日本军队的铁蹄侵占后,苏联方面就加强了对中国游击队的支援。苏联特种远东红旗集团军司令部一直在调度这些活跃于中国东北的游击队伍,不仅向他们传授日常作战方法,同时还制订未来的行动计划,一旦苏日两国开战,这些游击队将在伪满洲国境内发动大规模起义。中国游击队员事实上已成为苏联安插到敌军后方,专门从事破坏和情报刺探活动的骨干。

1939年春,远东局势吃紧,有情报显示,关东军可能发动大规模行动。4月16日,哈巴罗夫斯克(即伯力)边疆区、滨海边疆区、赤塔州内务人民委员部的负责人,3地的边防军首脑接到来自莫斯科的7770号

[①] 原载2006年1月25日《参考消息》。

密电。电文内容如下：

为更充分利用伪满洲国境内的中国游击队，进一步巩固队伍，一旦中国游击队请求我方向其提供武器、弹药、食品和药品，或是请求指挥作战，第1、第2独立红旗集团军军事委员会可以挑选可靠人员，以小分队形式派往伪满洲国，刺探情报，并向游击队提供帮助。军事委员会专门负责此项工作。

赤塔州的任务是全力协助第1和第2独立红旗集团军司令部工作，确保游击队和秘密联络员顺利潜入伪满洲国并返回。此外，第1独立红旗集团军军事委员会还接收了350名中国游击队员。这些人通过了内务人民委员部的考验，被认定为可靠。而第2集团军接收的则是先前被拘禁的赵尚志游击队的负责人，军方早就策划让他们重返伪满洲国。

这份来自莫斯科的密电，有伏罗希洛夫和贝利亚两位人民委员的签名。然而，他们未必有权独立作出如此重要的决定，上述决定无疑得到最高领袖斯大林的首肯。

不仅苏联在向伪满洲国派遣游击队员，日本也在流亡国外的"白俄"人员中发展了不少间谍，令其秘密潜入苏联，一旦被苏军发现、抓获或是歼灭，苏联报纸都会对此大肆渲染，强烈抨击日本军国主义。外交官也加入进来，召见日本驻苏大使，递交抗议书等。反之，苏方情报人员被日本擒获，引起外交冲突，苏联普通百姓却毫不知情。

唯一文件

苏军指挥部与游击队负责人之间的联系高度保密。双方在苏联境内会面，留下书面记录的很少，文件通常标有"绝密"、"非常重要"、"仅此一份"等字样。

第2独立红旗集团军司令伊万·科涅夫（后来的苏军元帅），该集团军军事委员会成员、政委比留科夫与北满抗日联军总司令赵尚志等人，曾于1939年5月30日在哈巴罗夫斯克会面。从会议记录中不难看出，双方都相当客气。集团军情报部门负责人阿列申少校也出席了会见。

会议内容是讨论赵尚志提出的建议，包括如何进入伪满洲国，今后怎样开展工作以及怎样保持与苏联的联系。同时，苏方建议赵尚志首先与活动在松花江流域的旧部建立联系，组成联军，设立强大的司令部，整肃队伍，开除那些革命意志薄弱的成员。由于日本间谍给游击队造成了重大损失，还必须成立反谍处。

赵尚志队伍的任务是逐步巩固和壮大伪满洲国的游击队伍，为此，必须对日本警备部队发动若干大规模突袭，以鼓舞队员士气。与会者还建议在人迹罕至的小兴安岭建起游击队秘密基地，以储存在袭击日军仓库行动中夺取的武器、弹药和物资。苏方建议中国指挥官与当地共产党组织建立联系，在居民中间开展广泛的政治宣传攻势，并在伪满洲国军队中进行策反，通过被宣传说服的伪军来获得物资补给。

苏方非常看重赵尚志丰富的游击斗争经验，承诺今后继续保持联系，并就会上讨论的所有问题给予全方位帮助。

一旦日本发动对苏战争，中国游击队员将发挥怎样的作用呢？他们将在关东军后方从事破坏工作，并遵照苏军指示，向重要目标发起进攻。科涅夫与比留科夫强调："伪满洲国军队并不强大，日本也不信任它。游击队员应当利用这一机会，采取各种措施，瓦解伪军队伍。"

苏军决定在6月末将境内约100名身强力壮的中国游击队员组队渡过阿穆尔河，返回伪满洲国，其余人员则留在远东，进行机枪、火箭筒、宣传和医疗救助方面的培训，再以小分队的形式，经阿穆尔河潜入中国。苏军指挥部告诉赵尚志，武器弹药、食品药品和作战经费都会应他的要求拨给。

游击队屡建奇功，这与各队伍之间、队伍与游击队司令部之间、司令部与苏军指挥部之间的可靠联系密不可分。为此，游击队挑选了10名识字的队员，考验了他们对革命事业的忠诚度，将他们送往苏联进行无线电培训，他们随后携带电台、密码和经费返回中国。苏联领导人在会面中说："我们非常想让你们能从日伪军那里弄到日军出版的伪满洲国地图。此外，我们还需要日军文件，包括命令、报告、材料汇编和密码。如果你们能为我们搞到日军的新式武器，那就再好不过了。"于是，在援助中国游击战争的同时，苏联军事情报部门得以在邻国编织起纵横交错的间谍网。

有意思的是，赵尚志是何时、如何来到苏联的？他在哪里待到1939年春？

在浩如烟海的档案中，有助于解答上述问题的唯一材料便是那份珍贵的会晤记录，我们可以从中做出若干猜测。这位中国游击队的领导人，很可能是在1937年大清洗后前往苏联的。当时，特种远东红旗集团军司令部的情报部门在斯大林发动的大清洗中遭遇重创，负责人波克拉多夫上校、他的两名副手以及若干工作人员被指控为"日本间谍",被内务人民委员部枪杀,这是那个年代司空见惯的事情。苏军与中国游击队员之间的联络渠道被完全切断。因此,赵尚志甫一进入苏联,便遭逮捕,并在监狱或是集中营里蹲了一年半,1939年春方被释放。这一猜测是非常合理的。

当然,科涅夫与比留科夫不可能在那次会晤中谈及此事,他们巧妙地绕开了这一话题,称他们对此并不知情。当时,他们刚到哈巴罗夫斯克履新,或许确实不知道狱中关押的究竟为何人。赵尚志希望为自己的队伍招募更多的骨干,因为当年队伍逃入苏联时,人数并不少。苏方人员告诉他,多数来到苏联的中国游击队员已经返回中国(30年代末,许多中国游击队员经远东前往中亚,乘坐阿拉木图—兰州的火车返回中国),他可以从余者中挑选。赵尚志的所有请求都得到了满足。会面的最后,他再度被告知:"我们认为,您是满洲国游击运动的主要领导人,我们将通过您就所有问题下达指令。与此同时,我们还将与活跃在中苏边境的其他游击队保持联系。"

由于游击队从远东进入伪满洲国,苏联与日本可能因此发生冲突,这是此次会面讨论的最后一个问题。苏军司令部对此有些担忧。然而,自两国在哈拉哈河开战后,莫斯科与东京的关系已降至最低谷,这不过是再添新仇而已。或许,军方已从莫斯科获得了开展游击战争的授权。所以,他们才告诉中方游击队员:"你们是去完成党的任务,对于今后可能发生的冲突,不必承担任何责任,但一定要小心行事。任何情况下都不能透露你们曾经到过苏联。如果秘密泄露,就会使我们之间的联系变得相当困难,还会对武器、弹药及药品的交接造成影响。"

最后一句话表明,伪满州国的游击运动并不是完全独立的,它处于苏联方面的完全控制之下。滨海边疆区的情况与此类似,因为那里驻扎着第1独立红旗集团军。乌苏里江对岸的游击队,同样是受该集团军情报部门的指挥。

互派间谍

数月后,赵尚志率队成功渡过阿穆尔河,与伪满洲国境内的其他游击队建立了联系。他们开始联合行动,打击日伪军,有成功,亦有失败。他们成功地获得了哈巴罗夫斯克方面非常感兴趣的某些文件。联络员带着日军新式武器和战争情报前往苏联。第2独立红旗集团军情报部门仔细研究了来自阿穆尔河对岸的情报，认真分析伪满洲国的局势后，为游击队制定了新的作战计划。

军长科涅夫和军委会新成员、政委福米内赫对赵尚志的信作出了肯定的答复。第一页上是日期，1939年8月25日，签名后是批示："将不同指令分别下达。"

该文件指出，入冬以前的主要任务是巩固并壮大队伍，抢夺武器、弹药和食品，并建议入冬前在人迹罕至的地方建立秘密基地，兴建房屋，储存食品和衣物，基地同时可作防御之用。苏军建议游击队员不要急于摧毁矿井、铁路和桥梁，因为他们尚无足够实力和经费来完成这些任务。游击队员可以采取小规模行动，如袭击列车、金矿、仓库、矿井和警务段，以获得武器、弹药和食品。行动必须考虑周密，先要对袭击目标进行全方位的侦察，制定计划，与队长协商。如果前期准备不充分，很容易失败。苏方对赵尚志的指示是："您本人不必亲自指挥袭击。不要忘记，您是整个游击运动的总指挥，而不是一支游击队的队长。您应该领导破坏敌军整个体系的斗争，而不是个别的队伍或是小分队。在任何情况下，您都不能拿生命冒险。您的任务是向基层游击队长传授经验。"

苏军承诺向游击队运送炸药，派遣经验丰富的指挥官教授炸药的使用方法，此外，苏联方面还将提供食品和宣传材料。

游击队员在袭击日伪卫戍区时获得了宝贵情报、测绘地图、日本测绘小分队最新的测绘报告、新式瞄准器和测距仪，苏联情报部门向中国同志表示感激。

从上述文件看来，中国游击队员的工作开展得还不错。总体来说，他们突袭成功，侦察顺利，宣传也搞得有声有色，并为过冬做好了充足准备。1940年春，伪满洲国境内的游击队在苏联方面的积极支持下，力量日益壮大……

日本情报部门显然已经获知，伪满洲国游击队处于苏军指挥之下。大批游击队员渡过阿穆尔河，众多武器弹药源源不断地通过边境运往中国，这些自然逃不过日军间谍的耳目。

日军对中国游击队的围剿行动自30年代初便已展开，但其战术越发细致。哈巴罗夫斯克边疆区内务人民委员部对此进行了全面分析。1940年9月的一份材料提到，日军在伪满洲国境内成立了许多伪革命组织和伪游击队，企图打入赵尚志队伍内部，瓦解革命武装。借助这些间谍提供的情报，日军重创了中国游击队。

与此同时，日本情报机关也将游击队作为向苏联派遣间谍的渠道。

1939年年底，苏联内务人民委员部揭穿了一个朝鲜"革命组织"的真面目，这个规模庞大的组织，听命于关东军情报部门，它企图借中国游击队员之力进入苏联境内从事间谍和破坏行动。

　　为切断苏联对伪满洲国游击队的指挥渠道，日本人多次向苏联派遣经过伪装的地下党员，其任务是在苏联接受军事政治教育，然后返回伪满洲国，在游击队中担任领导职务。有鉴于此，苏联反间谍机关采取种种措施，在中国游击队中清洗日本间谍。

　　掩卷细思，不难发现苏日两国谍报机关采取的战术如出一辙。苏联是利用本国境内的中国人和朝鲜族人组成游击队，向其提供武器、弹药和食品，将其派回中国刺探情报，而日军情报部门则利用在满洲国的"白俄"，武装他们，将其送到苏联窃取情报。

　　中国和朝鲜游击队的指挥官在苏联军事情报部门的培训中心学习，而"白俄"队伍的负责人则在日本情报机构的特种学校接受训练；关东军指挥官向忠诚于昔日沙俄帝国的"白俄"发号施令，第1、第2独立红旗集团军司令部则向中国共产党游击队员下达指令；中国游击队员按苏军情报部门的指示，在伪满洲国从事情报工作，"白俄"小分队则听命于日本情报部门，在苏联境内活动。

　　当然，中国游击队员接受境外援助，是为了祖国从日本军国主义的铁蹄下解放出来，但"白俄"却说，他们之所以这样做，是为了消灭布尔什维克，重建沙俄帝国……

苏联援华始末

1937年8月淞沪会战一开始,国民政府就向国际社会发出了救援呼吁,但是,当时只有苏联明确表示支持,因为它自己的远东边境同样受到日本人的威胁。

8月21日,中国与苏联签订了久拖未决的互不侵犯条约,苏方允诺中国可以不用现款购买苏联军火。28日,苏联驻华大使鲍格莫洛夫奉召回国,行前同中国外交部长王宠惠商讨了苏联参战的必要条件。11月10日,伏罗希洛夫在宴别中国代表张冲时,要张回国转告,在中国抗战到达生死关头时,苏当出兵,决不坐视。然而,12月5日,斯大林、伏罗希洛夫又称,必须在《九国公约》或其中大多数国家同意"共同应付日本侵略时",苏联才可以出兵。对此,蒋介石深感失望,但仍表示"尚望贵国苏维埃能予中国以实力援助"。

此前一年,中国政府花费巨资,修建了一条从兰州到苏联边境,长达2700公里的西北公路,准备接受苏联的援助。随后,苏联向中国提供了最先进的武器和军备,派遣军事顾问、专家和志愿飞行员,为中国军队培养了一批高素质的干部。中国军队在苏联的帮助下,顽强抵抗在装备上优于自己的日本关东军。

当然,苏联同蒋介石的合作比较复杂,充满矛盾。国民党把苏联视为意识形态的敌人,一直在亲苏和亲西方之间摇摆不定,试图从两边捞取好处。这经常造成斯大林与蒋介石之间的关系紧张,而日本人则试图从这一矛盾中渔翁得利。在太平洋战争爆发以前,英国和美国一直为日本撑腰,充当中日"和平谈判"的中间人,提出对东京相当优厚的条件。苏联没有参与这一"阴谋",它清楚地表明了自己的立场:把中国从外国侵略者手中解放出来,让中国人民自主决定命运,并实实在在地向中国军队伸出了援助之手。

1937年10月至1941年6月底,中国有40多个师使用的是苏联的炮兵武器，近50个师使用的是苏联的枪支。中国的空军、炮兵和装甲坦克部队或是依靠苏联武器武装，或是从无到有建立起来。

1937年，关东军的空军实力是中国的13倍。当时，中国空军仍处于初建阶段，国内的航空工业也刚刚起步，中国空军装备的450架老旧飞机，大多是从美国、意大利、德国、英国、法国等国购进的，经过几个月的战斗，到11月初，这些飞机只剩下36架。

抗战的头4年，苏联向中国提供了1250架飞机，其中包括伊-15、伊-16、高速轰炸机、重型轰炸机和远程轰炸机等。

1937年9月初，时任苏联国防人民委员的伏罗希洛夫接到命令，要求他立即从苏联空军现役部队抽调战斗机和轰炸机机组人员，组成援华航空队奔赴中国。为了保密，援华航空队的飞机运到中国时，机翼和机身上的苏联空军徽标都被抹去，漆上了国民政府的青天白日旗，方向舵上也涂上了蓝白相间的斑马条纹。为了避免过分刺激日本，援华航空队以志愿的形式帮助中国抗战，这一秘密行动被命名为"Z计划"。

10月，从苏联阿拉木图经兰州到汉口的航线开通，第一批苏联志愿航空队抵达中国，共有空、地勤人员254名，分别组成以基达林斯基领导的轰炸机大队和以库尔丘莫夫领导的战斗机大队。途经凉州时，库尔丘莫夫不幸因飞机失事殉职，普罗科菲耶夫接替他指挥战斗机大队。同时抵达的还有500名苏军专家，他们开始向中国飞行员教授驾机技术。由于只能在战争条件下授课，这一工作进展困难。当时，国民党政府缺乏适宜现代化飞机起降的机场，几乎没有防空力量。

苏联飞行员首次参战是在1937年12月1日。7架伊-16飞机参与了南京空战，驾机者是飞行员多贝什、库德莫夫、马钦等，他们与20架日本歼击机鏖战，击落了两架日机，自己也损失了1架。与此同时，9架苏军高速轰炸机飞往被日军侵占的上海，向机场和港口投放炸弹。日军1艘巡洋舰、6艘军舰被击沉，若干飞机被炸毁。

1938年4月29日下午，日机在芜湖起飞准备轰炸武汉。中方布置在彭泽、九江一带的监视哨立即将日机型号、数量、起飞时间等情报向武汉上报，武汉不动声色地做好了迎战准备。各种战机依次升空，然后兵分两路，一路盘旋升高，占据有利高度，一路往预定空域设伏。日机发现中伏后，阵脚大乱，迅速散开，企图驱逐中方战机为其轰炸机扫清空域。日机远程奔袭油料有限，中方战机果断与之展开空中缠斗。苏联航空队的伊-15和伊-16勇闯敌阵，忽高忽低，各施所长，不时有日机拖着长长的尾烟栽向地面。3架日机突出重围侥幸逃离，后来也因缠斗时间过长油料耗尽而全部坠毁。这一仗，中方以36∶5的战绩获胜。

1938年冬，又有一批苏军飞行员抵达中国，其中包括苏联英雄雷恰戈夫，以及雷托夫、波雷宁、日哈列夫、索尔和赫留金等。他们的到来粉碎了日军的空中优势。

1939年2月18日，苏联航空队在武汉上空击落了12架日本飞机。2月23日，一个小分队远征台湾，摧毁了台北机场上停放的40架日军飞机和3年的燃油储备。4月29日，日军对武汉发起进攻，苏联飞行员予以反击，击落日军54架轰炸机中的21架，5月31日又击落日机14架。

这年6月，苏联空军又有志愿航空队4个大队来华支援，苏联空军上校库里申科和科兹洛夫各率领一个由20架重型轰炸机组成的轰炸机大队进驻成都，苏普伦和柯基那基则各率领一个由伊－15和伊－16驱逐机组成的驱逐机大队进驻重庆，这大大增强了中国抗击日寇的空中力量。10月，苏联空军援华达到最高峰，当时在华人员达到425人。

10月3日下午2时35分，苏联援华航空队12架重型轰炸机在库里科夫的率领下，从成都起飞楔形编队，一路保持无线电静默，高速接近汉口。汉口机场上，200多架日军战机整齐排列。苏联航空队的轰炸机以迅雷不及掩耳之势俯冲轰炸，弹仓里的高爆弹、杀伤弹、燃烧弹带着尖厉的呼啸声扑向地面，登时炸毁了60架、炸伤了约100架日机。有人把这次轰炸称为"中国空军的台儿庄大捷"，而日方却把这一天称为"罪恶的厄日"，直言此役为"日本空军的大败笔"。

10月14日，库里科夫接到作战命令，出击日军军事基地。编队飞临武汉上空时，遭到日军机群的拦截。经过激战，击落6架敌机，但他的飞机遭到重创，仅以一个发动机沿着长江向驻地返航。到达万州上空时，机身失去平衡，难以控制。为了保护飞机免遭破坏，他不顾个人安危，操纵飞机，寻机迫降，终于平稳迫降在长江水面上。库里申科由于长时间驾机，劳累过度，再也无力跳出机舱，为中国人民的抗日战争献出了年轻生命。

2013年3月23日，中国国家主席习近平在莫斯科国际关系学院发表演讲时特别指出："抗日战争时期，苏联飞行大队长库里科夫来华同中国人民并肩作战，他动情地说：'我像体验我的祖国的灾难一样，体验着中国劳动人民正在遭受的灾难。'他英勇牺牲在中国大地上。中国人民没有忘记这位英雄，一对普通的中国母子已为他守陵半个多世纪。"

在同日机的空战中，苏联飞行员古边科奋不顾身地驾机撞向敌机，共击落敌机7架，因而被授予苏联英雄称号。14名在华参战的苏联飞行员获得了金星英雄奖章，200多人为中国人民的抗战事业献出了宝贵的生命。

1941年年初，德国对苏联的战争威胁日益迫近，为了避免在东西两面分别同德国和日本作战，苏联决定通过承认日本在中国东北建立的伪满洲国来换取日本放弃对苏联远东的威胁。是年4月，《苏日中立条约》签订，日本政府顺势通过外交渠道，要求斯大林召回在华对日作战的苏联飞行员。苏联领导层不得不作出让步，逐步满足了日方的要求。尽管如此，苏联仍然不惜破坏同日本签订的中立协定，苏联军事专家在中国一直工作到1944年下半年。

在此期间，蒋介石政府和一些国民党高级将领担心苏联顾问"有害思想的影响"，不满他们坚决不参与任何针对中国共产党的军事计划。1942年~1944年间，苏联顾问数量锐减，他们实际上已不能直接在指挥机构和军队中工作，而被"隔离"在军事院校中，无法对武装斗争的进程施加影响。不过，即使在这样的不利条件下，他们仍然竭尽全力履行自己的国际义务。仅在飞行学校，他们就培养了1800多名学员，其中包括1204名飞行员、160名领航员和450名航空机械师。当苏联志愿飞行员回国后，中国空军便开始完全依靠这些训练有素的本国飞行员和技术人员同日本侵略者作战。

苏联对中国人民正义斗争的支持受到了中国政府的高度评价。1944年6月24日，何应钦将军在接见即将回国的苏联军事顾问时表示：中国在抗日战争一开始就得到了苏联人民及政府的同情与支持，苏联军事顾问及志愿人员在战斗中表现出的英雄主义和自我牺牲精神，尤其值得钦佩和尊敬。

陈纳德与美国飞虎队

克莱尔·李·陈纳德（Claire Lee Chennault），美国空军中将，抗战时期美国援华空军飞虎队队长。他1893年9月6日生于美国得克萨斯州康麦斯，1919年从飞行学校毕业，1923年被派往夏威夷，负责指挥第19战斗机中队，并编写了《战斗机飞行技巧手册》。他曾是一位出色的空战战术家，也是一名优秀的特技飞行员。但是，由于听力受损，又患有支气管炎和低血压，他后来被美国陆军航空队停飞，退役时还仅仅是一名上尉。

1936年1月，中国空军只有约200架能够使用的战机，因此，毛邦初上校邀请他到杭州笕桥的中央航空学校担任飞行教官。同年6月3日，宋美龄任命他为中国空军顾问，帮助中国空军在昆明市郊建立航校，以美国标准训练中国空军，月薪1000美元（在美原薪约200美元）。其后，在洛阳考察航空学校时，卢沟桥事变发生，抗日战争爆发，他当即表示："如有需要，愿意尽力为中国服务。"后赴南昌，被指派指导该地区战斗机队的最后作战训练。

陈纳德先后参加了淞沪会战、南京保卫战和武汉会战，与中国和苏联空军司令官共同指挥战斗。他在湖南芷江组建了航空学校，后来又到昆明航校任飞行教官室主任，负责给高级班授课。他还积极协助中国空军对日作战，并且亲自驾机投入战斗。但是，由于当时美日尚未交战，陈纳德迫于日本施加的外交压力，逐渐把公开活动转为非公开活动。

1940年10月，日本空军开始大规模轰炸滇缅公路。这时，蒋介石召见了陈纳德，要他制订一个方案，同宋子文一起去美国，尽可能为中国弄些美国飞机和驾驶员。

1941年，陈纳德在罗斯福的支持下，以私人机构名义，重金招募美军100名飞行员和150名机械师（月薪由在美国的约300美元增至600美元，击落日机一架另奖500美元），以志愿人员的身份参战。7月和10

月，200多人分两批来华，队员多半是勇敢无畏、渴望冒险、性格开朗的年轻人。由于在形式上并非正规军，他们的战术研究和训练反而得以自由挥洒。

1941年8月1日，中国空军美国航空志愿队成立，陈纳德担任上校队长。这支航空志愿队的战机上绘有被日本人视为不祥之物的鲨鱼头形，因而被中国人称为"飞虎队"（Flying Tigers）。

正当美国志愿队在缅甸加紧训练的时候，1941年12月7日，太平洋战争爆发，日本开始轰炸缅甸和中国的重庆、昆明等地，中国大后方的城市也频繁遭到日本飞机的袭击。为了同时保卫滇缅公路和大后方的重要城市，陈纳德把飞虎队编成3个飞行中队，留下一个中队在缅甸，另外两个中队前往昆明。

1941年12月20日，也就是飞虎队刚到昆明后几天，陈纳德建立的空袭预警系统从中越边境传来情报，说有10架日本轰炸机从越南机场起飞朝昆明飞来。陈纳德命令飞机立即起飞。当日本轰炸机快要飞到昆明上空的时候，十多架飞虎队的战斗机冲了上去，打下9架敌机，只有1架敌机回到基地。飞虎队没有任何损失。很多昆明人目睹了这场惊心动魄的空战，大家奔走相告，敲锣打鼓到巫家坝机场为飞虎队庆功。

昆明空战后的第三天，驻扎在缅甸同古（今东吁）机场的飞虎队也首次与日军展开血战。飞虎队以损失3架飞机和两名飞行员的代价，击落日机25架。这次空战显示了飞虎队非凡的战斗力，美国媒体迅速给予报道，称飞虎队为"世界上最坚强的战斗集体"、"最优秀的空中骑士"。于是，名不见经传的陈纳德一下子成了美国的英雄。

飞虎队在昆明集中后，日本空军决心把它一举消灭。在随后的日子里，日军不断袭击巫家坝机场，致使昆明城的空袭警报频频拉响。后来，飞虎队干脆把他们创办的一份月刊命名为《JINGBAO》（警报）。

当时，日本人控制了中国的港口和运输系统，几乎使国民党政府与外界隔绝，这一小队空战人员驾驶着老式飞机，尽管经常面临燃料、零件和飞行员的不足，但他们仍不断战胜远比自己规模大、装备好的日本空军。他们在中国的绝大部分地区上空与日本人作战，连创击落日机的佳绩——在31次空战中，飞虎队员以5至20架可用的P-40型战斗机，共击毁敌机217架，自己仅损失14架。5名飞行员牺牲，1名被俘。

"P-40飞机是飞虎队的主要装备，也是太平洋战争初中期美国陆军的主力战机，最大速度为552千米/小时。太平洋战争中，P-40的对手是日本的零式战斗机。"

对比而言，P-40机动性不如日本零式战斗机，但具有较高的俯冲速度。因此飞虎队往往采用高速俯冲，打了就跑的战术，避免与零式战斗机纠缠。

1942年5月，日军打败在缅甸的中国远征军后，沿滇缅公路乘势攻入中国云南境内，并迅速推进至怒江西岸，整个怒江峡谷内挤满了日军的士兵和车辆。这时，峡谷上空突然飞来一群飞虎队的轰炸机，它们对准公路上的日军猛烈开火，不久就摧毁了峡谷内几乎所有的日军车辆和重装备，击毁了日军搭设了一半的浮桥，彻底打碎了日军试图过江的冒险计划。

1942年7月4日，美国航空志愿队转变为美国驻华空军特遣队，陈纳德担任准将司令。

1943年春，罗斯福总统决定把驼峰航线的物资优先分配给陈纳德。3月10日，美国驻华空军特遣队转变为美国陆军第14航空队，陈纳德担任少将司令。7月25日，陈纳德应聘为中国空军参谋长。10月，中美空军混合联队组成并投入战斗，陈纳德任指挥。

到1944年年底，14航空队的规模已扩大到1000架飞机和两万多人，前方基地遍及湖南、广西和浙江等地。新机场同当年的滇缅公路一样，基本上是靠附近的农民完全用手工建造起来的。中国人对洋人也深感好奇，常常朝对方竖起大拇指，说一声"DINGHAO（顶好）"。美国人也非常喜欢这句话，飞虎队更是对它情有独钟。有些飞虎队队员后来调往欧洲作战，还顽固地将"DINGHAO"这几个拼音字母写在飞机上，弄得敌友双方都莫名其妙。

由于得罪了美国军方某些人士，陈纳德于1945年8月8日无奈地离开中国，提前退休。他在中国生活了8年2个月零8天，与八年抗战结下了不解之缘。在离开重庆之前，十多万市民自发地前来送行，并送给他一把万民伞。几天以后，当他得知日本投降的消息时，他正在埃及上空的回国路上。据说，从不流泪的陈纳德当时激动得热泪盈眶。

1956年，陈纳德在家乡逝世，美国国防部以最隆重的军礼将其安葬在华盛顿阿灵顿军人公墓。他的墓碑正面是英文的墓志铭，镌刻着他所获得的各种奖章；背面是用中文写的"陈纳德将军之墓"。这是阿灵顿公墓中唯一的中文文字。

驼峰航线

1942年5月滇缅公路被日军切断后，中国的抗战形势骤然变得紧张起来。这时，一支支中国军队从外省紧急调入云南，经过昆明开赴滇西。美国总统罗斯福深感中国战场的重要性，决心在印度和云南之间开辟一条战略物资转运的空中航线，主要由美国空运总队"租用"中国航空公司的飞机、飞行人员和部分军方人员，共同承担这项任务。

新的航线由印度的汀江出发，途径缅甸北部的密支那，再经云南南部飞往昆明。航线全长800多公里。不久，日本空军第5飞行师团进占密支那，并以此为基地打击航线上的中美飞机，致使盟军不得不把航线北移，使之横跨喜马拉雅山、高黎贡山、横断山、萨尔温江、怒江、澜沧江、金沙江。沿线山地海拔在4500～5000米，最高达7000米，而当时很多飞机满载货物时只能飞4000米高。沿途山峰起伏连绵，犹如骆驼峰背，故而得名"驼峰航线"。

美国空军在"驼峰航线"上一共损失飞机468架（平均每月13架），牺牲和失踪飞行员和机组人员共1579人。

当年曾在"驼峰航线"上飞过100多个航班的周炳后来回忆说："'驼峰航线'是一个很大的空域，飞行员在气象、地况、战况变化多端的条件下飞行，是'摸着石头过河'。后来称这条航线是'死亡航线'，确实不为过。很多人都知道航线上有个100多公里的'铝谷'，其实那是飞机常失事的几条山谷，晴天时可以看见飞机残骸在阳光下闪出铝的金属光泽。我在空中曾见到一架飞机，迫降在横断山脉的一个山头上，就像一架模型飞机停在一个大土堆上一样，一点没有损坏，甚至看得见飞机号码，但当时无法低空飞行救人。"

"驼峰航线"上的一位美国王牌飞行员也曾回忆说："当时我们运送的主要是汽油、弹药、飞机配件和药品等物资。航线上的任务并不轻松。高海拔加上恶劣的气候、强气流、低气压以及经常发生的暴风雪、冰雹和霜冻，以及日军战斗机的围追阻截，飞机随时都有坠毁和撞山的危险。不少飞行员就是因为天气恶劣，最终燃料耗尽或撞上山峰，落入谷底。即使选择跳伞，飞行员也会落入荒无人烟、野兽出没的原始森林而难以生还。当时流行一句话：你可以沿着失事飞机的残骸找到昆明。"

"驼峰航线"后来又给滇西和缅北反攻乃至全国的大反攻，提供了有力的支持。1942～1945年，美国通过"驼峰航线"的8万架次飞行，总共向中国运送了85万吨战略物资和3.35万战斗人员。可以说，没有"驼峰航线"，整个抗战局面就要重新改写。

1991～1993年，政协云南省委员会在国内外多方的支持下，在昆明西玉案山的郊野公园内建起了一座"驼峰飞行纪念碑"。碑上镌刻着如下文字：

飞越当时被视为空中禁区的喜马拉雅山区，海拔五千公尺上下，航线下方群山耸立，似骆驼峰背，飞机穿行其间，驼峰飞行由此得名。驼峰飞行是第二次世界大战中持续最长的大规模空中运输，也是航空史上仅见的在极其艰险的自然环境中进行的战时空运。

"史迪威事件"与中印公路

1942年1月2日蒋介石充任同盟国中国战区最高统帅后,即于4日致电当时正在美国的国民政府外交部长宋子文,要他请求美国总统罗斯福选派一名高级将领来华,担任中国战区盟军司令部参谋长。这同美方的想法不谋而合。经过反复磋商,罗斯福选定"想象力丰富、灵活多变、自信心强"的美国陆军第3军军长史迪威少将担任此职。

约瑟夫·史迪威(Joseph Stilwell, 1883~1946年),美国佛罗里达州巴拉特卡市人。1904年西点军校毕业,参加过第一次世界大战,担任过美国驻华大使馆武官。1926~1929年出任美军驻天津第15步兵团营长、代理参谋长。他在政治上同情中国共产党,支持中国的民主和进步事业。

3月4日,史迪威以中国战区统帅部参谋长、中缅印战区美军总司令、美国援华物资监理、美国政府出席重庆军事会议代表、中国战区与南太平洋战区联络员的多重身份,带领他的参谋人员和警卫人员抵达重庆。3月8日,蒋介石授命他指挥中国入缅第5军和第6军。但是,蒋史二人从合作的第一天起,就在指挥权、隶属关系和战略战术上出现了严重分歧,以致蒋介石每提出一个观点,都遭到史迪威的反驳。史迪威在日记中称蒋介石是"一头蠢驴",认为蒋介石是一个"顽固、无知、满脑子偏见和自负的暴君",并给蒋介石起了一个外号——"花生米"。在美国口语中,"花生米"意为"无聊的人"。相应地,蒋介石则说史迪威"无作战经验,徒尚情感","言行无常,似有精神病"。

这年6月下旬,德国加强了在非洲的攻势。为了解救危机,美国军方将全部重型轰炸机和部分运输机调往埃及,其中包括原属中国战区、驻守印度的美国第10航空队和美国派遣来华的A-29轻型轰炸机。美国的这一举动,对第一次遭受缅战失败、失去西南国际通道的中国政府来说,无疑是雪上加霜,蒋史之间的矛盾随之加深。蒋介石指责史迪威工作不力，致使美国援华物资不多又不及时，还命令宋子文同美国政府"重新协商参谋长的职权"，希望美方"最好能主动召回史迪威"。只是由于罗斯福把他的行政助理居里派到重庆调解，并增加了对华援助，矛盾才暂时得到缓解。此后，史迪威倾其全力，在印度和中国云南训练中国官兵。他主张平行援助国共军队，提出把国民党封锁陕甘宁边区的数十万嫡系部队用于抗日前线。史迪威还冲破层层阻力，向延安派出了以包瑞德上校为组长，代号为"迪克西使团"的美军驻延安观察组。

1943年11月底，史迪威随蒋介石参加开罗会议。12月6日，罗斯福在听取史迪威关于中国战场情况的汇报时问道："你认为蒋能支持多久？"史迪威回答："局势是够严重的，如果（日军）再发动一次像去年5月份那样的攻势（指鄂西战役——编著者），蒋可能垮台。"罗斯福于是说："好，那么我们就要物色另人或另一个党来继续工作。"12月12日史迪威自开罗回重庆时途经昆明，他在与助手多恩谈话时称，在开罗时奉罗斯福的口头密令，要准备一份暗杀蒋介石的计划。事后，多恩拟定了3种办法：用毒、兵变、坠机，史迪威选择了最末一种，并要多恩进行准备，等候命令。此后，暗杀计划始终没有付诸实施。但是，史迪威在日记中仍然认为，"中国问题的药方是除掉蒋介石"，"打死大元帅和何（应钦）以及这帮人中的其他人"。

罗斯福当时非常重视中国战场，他认为，假如没有中国，假如中国被打垮了，日本就会把许多师调到其他战场作战，很快拿下澳洲和印度。然而，1944年上半年，国民党正面战场出现了大溃败。7月3日和6日，罗斯福接受参谋长联席会议的建议，两次致电蒋介石，提出目前的危机要求中美授权一人来协调盟国在华的所有军事力量，这个人就是史迪威。罗斯福还说，他将晋升史迪威为四星上将。7月4日，蒋介石在日记中写道："史氏之愚拙虚妄，不法无礼，可谓无人格已极，而余乃自愧国家贫弱，所以遭此侮辱而已。"8日，蒋介石复电罗斯福，表示原则上同意罗斯福的意见，但希望罗斯福给他一点准备时间，以使史迪威"能毫无障碍地完全指挥中国军队"，并希望美方派人来华安排此事。这当然是蒋介石的缓兵之计——他哪能把一国的主权和尊严拱手相让？他是想让美国用一名新人来取代史迪威，这样既可以继续获得美国的援助，又能拔掉自己的眼中钉、肉中刺。

1944年9月6日，美国总统特使赫尔利以调停人的身份来到重庆。一开始，史迪威对他印象颇佳，说他"为重庆吹来了一阵清风"。赫尔利向史迪威保证，他会敲着桌子逼蒋就范。9月19日，重庆美军司令部收到罗斯福发给蒋介石的一份电报，史迪威从译电员手中接过电报，兴奋异常，因为罗斯福在电报中以强硬的口气说道："由于您至今未让史迪威指挥中国军队，这可能造成灾难性的后果，我们将没有机会打通与中国的陆上通道，这将危及驼峰航线，对此您要承担后果和个人责任。"史迪威不加思索，拿着电报直奔蒋介石的官邸。当时，蒋介石正在同赫尔利、何应钦、宋子文等一起开会。史迪威把电报直接交给蒋介石，幸灾乐祸地瞅着蒋介石的面部表情，搞得蒋介石十分难堪。蒋介石当晚在日记中写道："今日实为余平生最大之耻辱也。"他此时已下定决心，要与史迪威撕破脸皮。

9月24日，蒋介石交给赫尔利一份备忘录，声明中国的主权和尊严与个人人格不能受到损害和侮辱，国家和个人都不能在强制命令下进行合作，否则任何牺牲都在所不惜。蒋介石还对赫尔利说："史迪威不懂政治，我不能让他担任中国战区的指挥。"他要赫尔利转给罗斯福一份电报，请求罗斯福换人。据传，蒋介石还在中执委常委会上拍着桌子说："史迪威必须走！……这是一种新的帝国主义，如果我们同意了，只能变成傀儡，那我们还不如到汪精卫那里去。"

这一回，罗斯福动摇了。经过再三权衡，他于10月5日复电蒋介石：由于中国战局严重恶化，美国政府将不再坚持任命一名美国军官指挥中国军队。他同意免去史迪威中国战区参谋长和援华物资监理的职务，但希望史迪威能留下来指挥中国云南的远征军和驻印军。史迪威得知此事后，在给妻子的信中气恼地写道："我被踢到了垃圾堆上！"此时，想当驻华大使的赫尔利趁火打劫，给罗斯福发了一份电报，建议解除史迪威的职务。他在电报中说："如果您偏向史迪威，您将失去蒋介石，并将一同失去中国。"史迪威于是又在日记中写道："赫尔利用一把钝刀子割断了我的喉咙。"

1944年10月19日，罗斯福致电蒋介石，表示同意由陆军少将魏德迈接替史迪威的工作。一向支持史迪威的美国国务卿马歇尔当天在给史迪威的电报中说："斧子终于砍下来了。"次日下午5时，史迪威向蒋介石的官邸走去。这是两人的最后一次会面。史迪威婉言谢绝了蒋介石授予他的青天白日大勋章，只同蒋介石一起喝了一杯清茶。史迪威希望蒋介石能够记住，他所做的一切都是为了中国的福祉。他在起身告别时，向蒋介石行了一个军礼，同时说道："争取最后胜利！"

此后，史迪威主要承担了两项被许多人看来很难完成的使命：一是训练军队并指挥中美缅北反击战，二是继续修筑中印公路，即大名鼎鼎的"史迪威公路"。

日军占领缅甸后，滇缅公路中断，美英援华物资只靠美军的第14航空队运输，即从印度加尔各答启运，飞越"驼峰"，再到昆明。飞机运载量有限，不能完成运输部队和物资的任务，因此，1943年8月盟军在加拿大魁北克召开了代号为"四分仪"的战备会议，决定修筑一条从印度到中国的公路，并铺设输油管和输气管，为中国抗战输入更多的血液。

这条公路从印度的利多（也译雷多）起始，途经野人山和胡康河谷的新背样，南插缅甸北部的孟拱和密支那。公路在密支那分为南北两线，南线经缅甸八莫、南坎至中国畹町，北线经缅甸甘拜地，通过中国猴桥口岸、腾冲直达龙陵。两条线路最终都与滇缅公路衔接。也就是说，它实际上是由几条公路合并而成，即959.2公里的滇缅公路、300多公里的保密公路和500多公里的利多公路，全长1800多公里，中间要开凿13个涵洞，架设700多座桥梁。公路的很多路段是双向8车道，这在当时的亚洲公路中首屈一指。在一些沼泽地带，公路是用木材全程搭建。

中印公路于1943年11月破土动工。当时以中国工兵第7团和第12团为主，组成了超过1万人的中美联合工程部队，并招募了5万~8万名印度劳工。孙立人的新38师和美军在太平洋战场上唯一的一支黑人队伍——858空降工程兵营负责武装保卫工作。

1945年1月27日，中国云南远征军同中国驻印军在芒友胜利会师，中印公路也同时开通。接着，从印度开出的第一批105辆卡车满载美国物资抵达昆明。史迪威当时从美国发来贺电说："我脱帽向那些为中印公路战斗过和奋斗过的男子汉们致敬。"蒋介石则在公路通车典礼上说："我们打破了敌人的包围。请允许我以约瑟夫·史迪威将军的名字为这条公路命名，纪念他杰出的贡献，纪念他指挥下的盟军部队和中国军队在缅甸战役中以及修筑公路过程中作出的卓越贡献。"

"史迪威公路"在枪林弹雨中为中国战场运送了5万多吨急需的物资。

陈纳德曾对史迪威的长处和短处作了恰如其分的评价。一方面，他认为"史迪威的中国使命无疑是把难度极大的外交工作放到了一位战时职业军人的肩上。……他是一名陆军战士，性格粗犷，勇猛无比，在敌人的炮火下指挥军队作战有如闲庭信步"；另一方面，他又指出，"我与史迪威的全部交往让我相信，他总是把自己完全看成是一名陆军军人，根本不明白外交官的基本职责，而他又没有耐心去弄明白这一切"。

红十字的光辉

——纪念抗战时期的国际援华医疗队

叶云梅

1936年，佛朗哥在希特勒和墨索里尼的支持下，颠覆了民主产生的西班牙共和国政府，大肆屠杀本国人民。这激起了全世界人民的极大愤怒，53个国家的反法西斯战士组成了一支4万多人的"国际纵队"开往马德里，誓用鲜血和生命保卫神圣的自由。然而，这支为了博爱、平等、自由而奋战的国际纵队最后失败，许多人把鲜血洒在了异国的土地上。国际纵队被迫撤往边界，在越过边界时被法国解除了武装，关进了地中海的居尔拘留营。

中国抗日战争爆发后，1938年，世界反法西斯进步人士在英国伦敦成立了"国际医药援华会"，任务是为抗战中的中国提供物力和人力支援。当该会获悉在法国居尔的拘留营中关押着一批尚未遣返的原国际纵队军医时，便在英国共产党的支持下前往居尔招募。第一批招募了4位，他们被保释后，于1939年5月到达伦敦，开始募集药品和医疗器材。在援华会的努力下，几经周折，招募到20名自愿来华服务的医务人员，组建起一支国际援华医疗队。他们分批出发，远涉重洋，历尽艰辛，奔赴中国抗日战场。1939年9月13日抵达香港，"保卫中国同盟"主席宋庆龄会见了医疗队全体成员。

根据中国革命历史博物馆和抗日战争纪念馆保存的资料，这支国际援华医疗队的成员来自波兰、捷克、德国、罗马尼亚、奥地利、匈牙利、保加利亚和苏联。他们来到中国后，都取了一个中国名字。他们是：波兰人傅拉都、陶维德、戎格曼、甘理安、甘曼妮；罗马尼亚人柯让道（或柯烈然）、柯芝兰（前者之夫人）、杨固；匈牙利人沈恩；奥地利人富华德、肯德、严斐德、王道（来华后不久病逝，葬于重庆）；德国人爱·玛库斯（女）、贝尔（或白尔）、顾泰尔（或谷太尔）、白乐夫；保加利亚人甘杨道；苏联人何乐经；捷克人纪瑞德（或基什）、柯理格。

另据五洲传播出版社所编《国际援华医疗队在贵阳》一书提供的材料，这支医疗队不止以上21人，还有马绮迪（波兰人）、罗益（德国人）、孟乐克（德国人）和两名国籍不详的人士：外科指导员贝雅德和救护总队第40医务队医师杜翰。他们中没有一个人是西班牙人，但他们被称为西班牙医生，当时中国红十字会发给他们的证件上填写的国籍的确为"西班牙"。

融入中国的抗日队伍

这些国际援华队员都是共产党员，他们一到贵阳就与中国共产党联系，要求像他们的战友白求恩那样去解放区。他们的负责人傅拉都先后与八路军贵阳交通站的负责人袁超俊谈过数次，要求去八路军，尔后又派代表前往重庆会见中共重庆办事处代表。他们还要求像在西班牙那样就地加入中国共产党。周恩来向他们解释说：只要在中国，和中国军民在一起，在哪里都是一样抗日。他们从国共合作的大局出发，留在了国统区。对于他们要求加入中国共产党的要求，由于中共没有这种做法，他们听了解释后，只好放弃。但是，他们此后不断通过各种途径，募集药品和医疗器材，运到重庆给八路军中共办事处，作为他们不在名单上的党员的"党费"。他们中的不少人见过周恩来。中共办事处同他们联系的人员有王炳南、陈家康、章文晋等。

1939年至1940年初，国际援华医疗队员分批来到贵阳，被分配到中国红十字总会下属的各大队、中队及区队工作，与中国红十字会的医务人员混编在一起。他们和中国同事一起，同甘苦、共患难，克服了生活上、工作上、语言上的种种困难，表现出崇高的国际主义和人道主义精神。

在艰苦的环境中，这些外籍医生同中国医生一样，每人一套粗布的蓝色红十字制服，冬天外加一件棉大衣，大部分人的薪金只有120元，月薪200元的人不到1/3。当时，食物匮乏，吃的是中国饭，住的是茅草屋，生活习惯诸多不便，再加上工作条件也很差，对于这些来自条件优越的国度的医生们实在是太难了。但是，这些无畏的反法西斯战士表现得极为勇敢、坚定、不怕苦累、不避艰险、豁达、乐观，表现出高度的责任心和牺牲精神。他们想方设法改造医疗条件，用竹子搭建工作台，编担架，用木板和竹板制作医用夹板，还发明"太阳能淋浴槽"。他们经常连续工作十几个小时。这些外籍医生和中国医务人员打成一片，和伤病员打成一片，同唱一首抗日歌，同在篝火旁起舞，一起爬山，一起去"赶场"，一起品尝中国饺子，甚至喜欢上了中国的"臭豆腐"。为了在中国长期工作下去，他们以极大的热情和毅力学习汉语，渐渐地能和中国同志一起交流了，能与病人交谈了，可以上街购物了。他们把整个身心都融入了中国的抗日洪流之中。

哪里最需要就在哪里出生入死救死扶伤

武汉失守后，湖南、鄂西、江西一带成了前线，战事十分激烈。外籍医生们纷纷要求上前线服务。红十字总队任命奥地利医生严斐德为11中队队长，德国医生白乐夫为11中队第1区队队长，奥地利医生肯德为731医务队队长，波兰医生柯理格为472医务队队长，德国医生孟克乐为392医务队队长兼衡阳站站长。滇西是一个主要战场，日军从东南亚不断进攻瑞丽、腾冲、得山等地，外籍医生们自告奋勇去云南前线。保加利亚医生甘扬道就与刚结婚的妻子张荪芬女士奔赴云南，他领导的012医务队属54军，驻守在安宁；德国医生白乐夫领导的021医务队属远征军，驻守楚雄；奥地利医生肯德由湘赣转云南，担任第9师下属022医务队队长；波兰医生戎格曼是第2军041医务队队长，驻守云南顺宁；波兰医生甘理安领导的051医务队属54师，驻守保山，其夫人甘曼妮为该队技师；罗马尼亚柯让道医生是第1集团军031医务队队长，驻云南建水，其妻柯芝兰因参加防疫感染回归热不幸在昆明殉职。

外籍医生们以贵阳为中心到西南各地巡视和从事医疗工作。有一次，贝尔医生带队从广西归来，刚渡过红水河就遭日机轰炸，炸弹落在附近，激起阵阵浓烟，贝尔等几个外籍医生非常从容，迅速抢救伤员，将生死置之度外。

1941年11月4日，一架日机在常德上空低飞盘旋之后，投下了谷麦穗状物质。警报解除后，有人将投掷物交到广德医院，经初步断定，该投掷物含革兰氏阳性杆菌与两极染色杆菌。11日，开始出现可疑病人和死鼠。次日，一个女孩发病，很快死亡。经肯德医生和另一名医生检验，并经解剖尸体，证实日军投下了鼠疫菌弹，属败血型鼠疫。肯德医生以极大的愤慨在给总队的报告中写道："常德有鼠疫横行！这使人心惊胆战的传染病，在常德竟成了铁的事实。这类病菌来自那不顾信义人道的东方强盗。我们在愤怒之余，感到更加振奋。日本敌人不能用快枪利炮占领我们的常德，却将举世不欲为、不忍为的毒菌加诸常德。"他呼吁常德展开一场反"毒菌战"的斗争，提出灭绝鼠迹，注射疫苗，守住岗位的具体措施。救护总队在接到他的报告后，与第6战区有关人员研究了防疫方案。由于措施及时得当，鼠疫终被消灭。肯德医生对工作极端负责，他还经常提出切合部队实际的建议，采取因陋就简的办法，用木桶、竹管设计了"淋浴桶"，推广蒸煮的办法消灭虱子，以防治回归热、斑疹伤寒等疾病。1940年冯玉祥将军视察救护总队时，对肯德医生大加赞扬。肯德医生不顾个人安危，奔赴前线，在白螺矶战役中立下不朽功勋，53军军长周福成特为他请功，救护队专发了对他的嘉奖令。

波兰医生傅拉都是国际援华队的负责人。他的医术非常高明，在重庆时他给八路军办事处的许多同志看过病，被董必武同志誉为"华佗－傅拉都"。1943年，国民党特务想逮捕一批在渝的中共党员，其中包括王炳南。周恩来得知后，即派人请傅拉都医生以其特殊身份，到重庆南岸把王炳南接到中共办事处，并立即委任他为自己的秘书，使王炳南得以有合法的身份，躲过了这次逮捕。傅拉都大夫还给邓颖超看过病。周恩来总理1954年7月访问波兰时，向波共领导提出会见这位当时正在遭受不白之冤的中国人民的友人，就是这一个要求，使傅拉都获得了自由，并在离波兰总统府不远处得到了一所可接待贵宾的住宅。1957年周总理再次访波后，傅拉都被任命为波驻华大使馆公使衔参赞，来华工作到1964年，使他再次为波中友谊作出了贡献。

国际医疗队刚到贵阳不久，就经历了一次霍乱的流行。德国医生白乐夫在《我在中国做医生》的回忆文章中写道："贵阳的医院和红十字野战医院都远远不能容纳如此多的病人。有人病倒在大街上，有的死在街上。为了赶快消灭疾病，我们竭尽全力帮助治病……我感到最幸福的时刻是当我为奄奄一息的垂危病人输液时，病人苍白的脸随着液体慢慢地进入静脉而变红，并渐渐复苏过来。"这位德国共产党员1933年响应共产国际的号召参加了国际纵队，援助西班牙人民的斗争，1939年又来华担任红十字总队卫生、勤务指导兼11中队队长，足迹遍及广西、贵州、湖南、湖北、云南等省，被人们亲切地称做"白大夫"。他曾往来于贵阳与香港之间，为国际援华队运送药品，途中遭遇7批海盗，他都以勇敢和智慧化险为夷。抗战胜利后，他担任了联合国善后救济总署华北分署卫生主任。1946年，他亲自护送医疗器械及药品到烟台解放区并参加了那里的灭黑热病的工作。白乐夫直到1948年才回到民主德国。1959年应邀来华访问，被中国红十字会授予"中国红十字会荣誉会员"称号。

战火中的爱情

在国际援华医疗队里有不少风华正茂的年轻人，他们把最美好的青春年华献给了中国人民的抗日解放事业，也留下了许多动人的爱情故事。

援华队里有一对波兰籍夫妇，他们的波兰名字叫卡梅涅茨基夫妇，中文名字叫甘理安（男）、甘曼妮（女），另一对是罗马尼亚的克兰兹多尔夫妇，中文名叫柯让道（男）、柯芝兰（女）。

甘理安夫妇为了追求正义，反对法西斯暴行，离开他们自己的祖国远赴西班牙战场，一起出生入死浴血奋战，一起度过了集中营的日日夜夜，又远涉重洋来到中国救死扶伤。甘理安是571医务队队长，属驻湖北均县第5大队，而甘曼尼任驻贵阳图云关总部技师，后来他们一起待在贵阳，但不久甘理安又去了云南。1937年4月，柯让道和杨固等受罗马尼亚共产党的派遣参加了西班牙国际纵队，1939年又应召参加了援华医疗队。1941年柯让道动员妻子柯芝兰也来中国服务。他们先后在广西、湖南、云南等地的野战医院工作，既培训医务人员，又抢救伤员并给当地居民治病。1944年3月，昆明流行回归热，柯芝兰医生在云南031医疗队工作，参加防疫工作，不幸染病身亡，和她心爱的丈夫永别了。柯让道大夫强忍着丧妻的悲痛，继续留在中国。抗战胜利后，他转入善后救济总署，1946年与总署河南分署红十字医院护士赵婧璞结婚。他经常通过妻子和其他关系与解放区救济总会取得联系，克服种种困难，千方百计把一些医药物资转送到解放区。他在中国一直工作到1948年，他的这段历史受到罗马尼亚共产党的高度评价。

来自德国的卡尔·考泰勒，中文名叫顾泰尔。他大学毕业后在汉堡任实习医生，因遭法西斯的迫害流亡国外。1937年参加了国际纵队并与来自乌克兰的女医生罗莎·聚斯曼相爱结合，来华时正值罗莎分娩。1941年罗莎携孩子乘船来华寻夫，不料，轮船遭德机轰炸，她侥幸获救，后留在英国，直到抗战胜利后，顾泰尔才与离别7年的妻子在柏林团聚。1985年顾泰尔夫妇来华访问，看到他们曾经为之战斗的中国取得如此巨大的成就，感到十分高兴。

援华医疗队还有一位保加利亚医生名叫扬·卡内蒂，中文名叫甘扬道。1935年毕业于索非亚大学医学院，1937年参加西班牙国际纵队，1939年来华后担任红十字救护总队卫生、勤务指导，他坚决要求去前线做实际工作，后改任第3中队队长，战斗在贵州、湖南、云南等地。在华期间，他多次去重庆，并3次见到周恩来。在贵州图云关，他遇见了中国姑娘张荪芬。张荪芬曾是燕京大学护理系的学生，怀着"国家兴亡，匹夫有责"的信念，独自从北京出发，绕道香港、越南来到贵阳，参加了红十字总队，担任第八中队视导员，与波兰医生戎格曼、罗马尼亚医生柯让道一起工作。1940年调总部医务科工作时，她结识了甘扬道。姑娘娇小柔美，能歌善舞，会说一口流利的英语，十分引人注目。一天，张荪芬正领着一群人唱歌，忽然，发觉歌声中夹杂着极不和谐的声音。她立即去纠正他的发音，此人便是高大英俊的甘扬道医生。张荪芬温和地对甘扬道说："我还是先教你学中文吧！中文说对了，歌也就唱好了。"甘扬道正求之不得。此后，他经常向这位美丽的张姑娘请教中文，一起唱歌，一起聊天，互相帮助，互吐心声，终于在1942年结为夫妻。次年，大儿子出生，取名"保中"。1945年抗战胜利后，甘扬道夫妇回到保加利亚，第二年他们的二儿子出生，取名"保华"。这两个名字寄托了他们的爱情，也寄托着他们对中国的深厚友情和眷恋。

为了表彰甘扬道在世界反法西斯斗争中的卓越贡献，保加利亚政府授予他"共和国勋章"。甘扬道继续行医，张荪芬在索非亚大学从事汉语教学工作。1983年和1989年甘扬道两次来华，并受到王炳南、黄华同志等的接见。他重访了当年工作和战斗过的地方，还特意去了延安。到延安后，他高兴地说："我终于来到了延安，我40多年前的愿望实现了。"中国红十字会授予甘扬道荣誉会员称号。2004年6月15日，这位医疗队中最长寿的医生在索非亚辞世，享年94岁。

现在，贵阳市森林公园里竖立着一座汉白玉的国际援华医疗队纪念碑，碑的正面用中英文写道：

为支援中国抗战，英国伦敦医疗援华会组成医疗队，于1939年来到贵阳，为中国人民抗击日本侵略者作出贡献。兹刻碑以志不忘。

碑文上方有一个球形浮雕，象征着"国际"，浮雕的上方是红色大理石雕成的国际红十字会徽，碑的左右铭刻着中英文对照的国际医疗队医务工作者的名单。如今这些国际友人已逝，但他们的功绩却永远铭刻在中国人民的心里。他们的精神永远闪耀着红十字的光辉。

抗战中的宋庆龄

爱德加·斯诺在宋庆龄的居中帮助下，从西安到了陕北，成为第一个到红区采访的西方记者，驰名中外的《西行漫记》最终得以面世；

白求恩、柯棣华等国际主义医务战士组织的医疗队，通过宋庆龄的介绍，最后到达解放区工作；

新西兰国际友人凯瑟琳·霍尔经宋庆龄联系，在中国河北等地开展救死扶伤工作……

抗日战争时期，宋庆龄的名字像是一面旗帜，感召着学生、士兵、工人、农民、知识分子、爱国将领、海外华侨、外国友人，他们有的贡献财力，有的献出青春甚至生命，以各种形式投入到伟大的中国人民抗日战争的滚滚洪流。

除此之外，宋庆龄也亲力亲为地参加抗战。在整个抗日战争期间，她的身影频频出现在前线的部队中，看望伤员；出现在国际外交的舞台上，争取支持；出现在大后方的群众当中，筹募抗战物资款项……

在日本军国主义的铁蹄践踏中国大地，祖国处于生死存亡关头的时候，宋庆龄以民族大义为重，高举孙中山民族主义的旗帜，坚决支持中国共产党提出的关于建立抗日民族统一战线的英明决策，为实现全民抗战而努力奔波操劳。

"九一八"事变后，当日本帝国主义侵占了沈阳、长春等20多座城市并向锦州推进时，宋庆龄当即发表宣言，揭露国民党的不抵抗主义和逐步走向反动的本质。

与此同时，宋庆龄以自己的辛勤工作表达了对抗战的支持。1932年，她在上海参加19路军伤员的救助。同时，她致力于中国民权保障同盟的工作，极力反对国民党迫害人民，即使在自己亲密的同事遭到暗杀，自身的安全受到威胁的情况下，仍然坚持斗争。

1936年"西安事变"发生后，宋庆龄力主和平解决。为了民族和革命的利益，她一改大革命失败后对国民党中央的抵制态度，参加了国民党五届三中全会。她与何香凝、冯玉祥、李烈钧等国民党中央委员，响应中国共产党关于团结合作一致抗日的建议，联名向大会提案，要求"国共再度合作，联合抵抗日本"。宋庆龄还在会上演说强调："内战必须不再发生。和平统一必须实现。我们必须赶快建立反抗外来侵略的中国国防。"对以汪精卫为首的亲日派，宋庆龄义正词严地斥责道："直到今天，政府仍有个别人士不了解救国必先结束内战的道理……这是多么荒谬！我们要先打断一只手臂之后再去抗日吗？"经过宋庆龄等人的积极努力，终于迫使国民党三中全会接受了建立抗日民族统一战线的政策。

著名的美国记者斯特朗曾这样描写宋庆龄："她温文尔雅，但性格坚强……她深深了解各种社会摩擦，尽量把一切可能团结的因素团结在一起。""由于她品格上的魅力，她甚至于从对手那里争得了协助……"

抗日民族统一战线正式建立后，宋庆龄难掩激动心情，连续发表《国共统一运动感言》、《关于国共合作的声明》，表达积极拥护抗日民族统一战线的立场。

宋庆龄的好朋友、著名国际记者爱泼斯坦在他的文章里回忆道，在八年抗战中，宋庆龄致力于两项工作，即维护和加强民族统一战线和平等地对待各种抗日力量。

1938年，宋庆龄发起组织了保卫中国同盟，借此来"鼓励全世界所有爱好和平民主的人士进一步努力以医药、救济物资供应中国"。为了这个目标，她领导"保盟"大力开展宣传工作，向全世界宣传抗日，介绍共产党领导下的八路军、新四军英勇抗战的事迹；坚持不懈地支持中国共产党领导的抗日斗争。

她崇高的国际威望赢得了各国人士的景仰，同情中国抗日战争的外国人士和海外侨胞纷纷捐资捐物，当时人们希望在捐款的收条上得到她的亲笔签名，她曾为此磨破了手指。她还想尽办法冲破敌人的层层封锁，把募集来的大量款项、药品、医疗器械、通讯设备、罐头食品等物资，源源不断地送到解放区。

爱泼斯坦说，她欢呼国共合作的成就，但当蒋介石政权企图破坏这种合作时，她便敲起警钟。

1937年7月5日，她亲率12人从上海到苏州监狱探视"七君子"，并要求同服"爱国罪"。1938年7月，正值日军由长江南北进攻武汉之际，宋庆龄发表了《抗战的一周年》一文，针对当时国内一些怯于对外、勇于对内的政治家大唱失败主义，她非常愤慨地指出："明知今日全国将士，全国同胞，个个抱有'宁为玉碎，毋为瓦全'之抗战决心，此项阴谋妥协之幻想，无从实现。"她号召实现抗战的全盘政治动员，"要斩断敌寇侵略的另一只魔手——政治诱和的阴谋。"1941年1月，她与何香凝等联名通电，斥责当局破坏团结抗战，制造"皖南事变"。

抗战期间，宋庆龄非常重视妇女工作。1938年的"三八"节，她在香港发表《向世界妇女申诉》的论文，控诉日本法西斯以奴隶看待妇女的罪行，号召世界妇女援助中国。在宋庆龄、邓颖超等的努力推动下，全国妇女指导委员会发展非常迅速，促进了我国各阶层各党派妇女友好合作，在武汉抗战中起了它应起的作用。

1941年，由斯诺、路易·艾黎等国际友人在中国组织工业合作社支持抗日战争的运动，也得到宋庆龄有力的支持，她欣然出任工合国际委员会名誉主席。在她的号召和影响下，华侨也在国外各地组织救国救民的团体，他们有钱出钱，有力出力，以大量财力、物力支援祖国抗日战争。

大量的工作，辛勤的劳动，体现着一代伟人爱国爱民、无私奉献的崇高人格；伟人的执著追求真理、勇于坚持真理，也成为影响一切爱国进步人士的认知、情感、态度和行为的精神力量。在抗日战争中，宋庆龄身上体现出的这种力量有力地鼓舞着人们不畏强暴，争取最后的胜利。

（据《新华每日电讯》报道改编）

国际主义战士白求恩

在加拿大首都渥太华西南400多公里处,有一个万余人口的美丽小镇,名叫格雷文赫斯特。1890年,诺尔曼·白求恩就出生在约翰街和休逊街交叉处的235号住宅。这座维多利亚风格的白色楼房始建于1880年,是长老会牧师的居所。白求恩跟着他做牧师的父亲在这里生活了3年。

1916年,白求恩毕业于多伦多大学医学院,获学士学位。1935年被选为美国胸外科学会会员、理事。他的胸外科医术在加拿大、英国和美国医学界享有盛名。加拿大学者对他的评价是:富有进取心,自视清高,充满激情,才华横溢。他常对人说:"我要为人类做一些事情,一些了不起的事情。"

在英国行医时,白求恩与漂亮的苏格兰姑娘弗朗西斯相爱、结婚。婚后第三年,在底特律就职的白求恩患上了肺病,被迫住进了纽约特鲁多疗养院。出院后,白求恩把家搬到蒙特利尔,组织了一个医疗小组,专门为穷人治病。

1936年,白求恩辗转来到西班牙前线,在那里建立了世界上第一个流动输血站。次年,他加入了加拿大共产党。嗣后,他在给妻子的信中,透露了他要到中国的计划:

当我动身去温哥华以前在蒙特利尔看到你的时候,我尽力想解释为什么我要到中国去。我不知道我成功没有……我去过西班牙这个事实并不给我,也不能给任何其他人现在静坐旁观的特权。西班牙是我心上的一个伤痕。这痛苦永远会留在我心里,使我记忆我见过的事物。

我拒绝生活在一个制造屠杀和腐败的世界里而不起来反抗。我拒绝以默认和忽视职责的方式来容忍那些贪得无厌的人们向其他的人们发动战争……西班牙和中国都是同一场战争中的一部分。我现在到中国去是因为我觉得那是最迫切需要我的地方,那是我能够最有用的地方。

1938年3月，他果真受加拿大共产党和美国共产党的派遣，率领一个由加拿大人和美国人组成的医疗队来到延安。

白求恩组织了一个战地流动医疗队，出入火线，救死扶伤。为了减少伤员的痛苦和残废，他把手术台设在离火线最近的地方。他提议开办了卫生材料厂，解决了药品不足的问题。他创办了一所卫生学校，培养了大批医务干部。他编写了多种战地医疗教材，并且亲自讲课。他还拒绝了很多特殊照顾。他的牺牲精神和工作热忱，堪称模范。

白求恩以年近50之躯，多次为伤员输血。有一次，他连续为115名伤员做了手术，持续时间达69个小时。

1939年10月下旬，白求恩在河北省涞源县摩天岭战斗中抢救伤员时，左手中指被手术刀割破。他不顾伤痛，发着高烧，坚持留在前线指导战地救护工作。他说："你们不要拿我当古董，要拿我当一挺机关枪使用。"然而，他终因伤势恶化，转为败血症，医治无效，于11月12日凌晨在河北省唐县黄石口村逝世。临终前他讲的最后一句话是："努力吧！向着伟大的路，开辟前面的事业！"

12月1日，延安各界举行追悼大会，毛泽东题了挽词，并于21日写了《纪念白求恩》一文，高度赞扬了白求恩伟大的国际主义和共产主义精神。毛泽东写道：

我和白求恩同志只见过一面。后来他给我来过许多信。可是因为忙，仅回过他一封信，还不知他收到没有。对于他的死，我是很悲痛的。现在大家纪念他，可见他的精神感人之深。我们大家要学习他毫无自私自利之心的精神。从这点出发，就可以变为大有利于人民的人。一个人能力有大小，但只要有这点精神，就是一个高尚的人，一个纯粹的人，一个有道德的人，一个脱离了低级趣味的人，一个有益于人民的人。

1972年，加拿大政府授予白求恩"加拿大历史名人"的称号，并于次年把白求恩出生的木质结构楼房从长老会手中买下来，经过3年多的修缮和重新布置，于1976年正式作为白求恩纪念馆对外开放。

雅尔塔的秘密交易

1945年2月，美英苏三国首脑罗斯福、丘吉尔、斯大林在雅尔塔会议之外，达成了一项有损中国主权的秘密交易。

早在1943年11月30日，出席德黑兰会议的罗斯福、丘吉尔为了诱使苏联出兵中国东北，就在这天的午餐会上向斯大林抛出了不冻港的话题。丘吉尔首先开口说，他认为像苏联这样一块广大的陆地，应该在远东有一个不冻港作为出海口。他说："这个问题当然会成为战后和平条约问题的一部分。"斯大林当时已有所动。1944年10月，在丘吉尔访问莫斯科时，斯大林明确向他提出了库页岛南部和千岛群岛战后应由苏联占领的想法。1944年11月，斯大林又向美国驻苏大使哈里曼提出了参战远东的条件：废除1905年日俄战争后订立的朴茨茅斯条约，并使用满洲的港口和铁路。美国为了自身利益，表示愿意满足斯大林的要求。

成交阶段是从1945年2月8日下午开始的。罗斯福和斯大林这天举行了密谈。10日，两人再度密谈，并商定了协定文本。11日，美苏两方将协定文本送请丘吉尔过目，征求他的同意。虽然丘吉尔没有参与起草这个协定，但他还是跟罗斯福和斯大林一起在协定上签了字。

对于《雅尔塔协定》的产生过程，苏方译员别列日柯夫在《外交风云录》一书中，作了详细的描述：

由于就苏联参加对日作战和其他一些有关问题进行过预备性协商，在雅尔塔研究苏联参加对日作战问题就容易多了。另外一个原因是，美国参谋长联席会议在克里米亚会晤前夕就美国对日军事行动的展望向罗斯福总统提供了相当悲观的设想。照参谋长们的看法，德国投降后至少要一年半才能击败日本。由于完全没有指望日本很快就会投降，他们计划在1945～1946年冬才能攻占日本列岛。而如果欧战延长，军队向太平洋战场的调动势必耽搁，那就只得将整个进攻推迟到1946年较晚的时候。麦克阿瑟将军认为，"通过东京平原攻占日本的工业心脏地区将会是一场极其激烈的战斗"。参谋长联席会议急于想减少美军在这一作战中的伤亡而期待着苏联的援助。在1945年1月23日致总统的备忘录中，参谋们宣称：

"俄国按照它的能力尽早（对日）作战，对我们在太平洋地区作战提供最大限度的支援，实属必要。在不妨碍我们对付日本的主要行动的情况下，美国将尽可能给予最大限度的支持。俄国在远东对日作战的目标，应该是击败满洲的日本部队，同以东部西伯利亚为基地的美国空军合作对日本本土进行空袭，以及对日本和亚洲大陆间的日本海上交通进行最大限度的破坏。"

美国最高统帅部的这些看法无疑在不小程度上决定了罗斯福在雅尔塔会议上的立场。2月8日，苏联政府首脑和美国总统在小范围内讨论过这个问题。苏联方面参加谈话的有莫洛托夫，美方有哈里曼。除了双方各一名译员以外再无旁人参加。哈里曼谈及这次会见时指出，斯大林开始发言时提到在莫斯科同美国大使进行的谈话，并说，苏联方面希望能讨论苏联准备参加对日作战的政治条件。他接着阐述了1944年12月向美国大使提出的一些想法。

罗斯福回答说，他不认为库页岛南部的归还和千岛群岛的转手有什么困难。至于大连港，正如他在德黑兰已经提到的，苏联无疑应该在南满铁路终点有一个可出入的不冻港口。但他，罗斯福，现在不能代表中国政府发言。看来，他可以向中国人提出一个租让大连的问题，使大连成为一个国际共管的自由港。罗斯福继续说道，他倾向于这种办法，不仅大连，而且香港也可以如法炮制。至于满洲的铁路，他倾向于由俄国人和中国人联合经营，而不是由俄国人租借。

罗斯福如此模棱两可的回答无论如何不能使苏联方面满意。斯大林仍旧坚持自己的意见。他说，如果不接受他的条件，那苏联人民将难于理解为什么苏联要对日作战。德国威胁着苏联自身的生存，因而苏联人对于同德国作战的意义有很清楚的认识；但他们不会懂得苏联为什么要去攻打日本。不过，如能接受他的政治条件，这件事就可以较为容易地用涉及国家利益的理由向人民和最高苏维埃进行解释。

罗斯福由于没有其他理由，便说，他尚无机会同蒋介石讨论这件事。他说，一般说来，同中国人坦率交谈是困难的，因为你同他们谈论的所有事情，不出24小时，包括东京在内的全世界就都会知道。

斯大林说，不必急于通知中国人。他只是希望在会议结束前把他的建议写成文件，并得到罗斯福和丘吉尔的赞同。罗斯福未提出异议。

2月10日，莫洛托夫邀请哈里曼到苏联代表团的住地科雷兹别墅去，并交给哈里曼一份苏联参加对日作战政治条件建议的英文本。哈里曼看过文件后指出，他认为总统必将提出下列修正意见：旅顺口和大连应是自由港，满洲的铁路应由俄中联合委员会经营。而且所有协议应该得到中国人的赞同。

哈里曼回到利瓦吉亚宫后，获得总统对他所提修正意见的同意。整个问题于2月10日晚上举行的正式会议后得到彻底解决。斯大林与罗斯福单独交谈时说，他同意满洲的铁路由联合委员会经营。他也不反对得到中国人对所达成协议的确认。但他补充说，中国人还应该同时确认蒙古人民共和国的现状。斯大林也同意大连成为自由港，但仍坚持以租借原则使用旅顺口，因为那里将是苏联的海军基地。罗斯福接受了这一改变，并承担了责任：苏联政府一旦通知他时机已经成熟，他就立即和蒋介石磋商。

在达成协议的基础上，2月11日斯大林、罗斯福和丘吉尔签署了会议文件。

苏美英三国雅尔塔协定（摘要）

（1945年2月11日）

苏联、美利坚合众国及大不列颠三国领导人同意，在德国投降及欧洲战争结束后的二至三个月，苏联将参加同盟国方面对日作战。其条件是：

1. 维持外蒙古（蒙古人民共和国）现状。

2. 恢复1904年日本背信弃义的进攻所破坏的原属俄国的各项权利，即：

（甲）将库页岛南部及其全部毗连岛屿归还苏联；

（乙）大连商港国际化，并保证苏联在这个港口的优惠权利，恢复租借旅顺港为苏联海军基地；

（丙）设立中苏合营公司，对通往大连的中东铁路和南满铁路进行共营，并保证苏联的优惠权益，而中国保持在满洲的全部主权。

3. 千岛群岛交给苏联。

经谅解，有关外蒙古及上述港口与铁路的协定，尚须征得蒋介石委员长的同意。根据斯大林元帅的建议，总统将采取步骤以取得该项同意。

三大国首脑同意，苏联的这种要求应在战败日本后毫无条件地予以满足。

苏联方面表示准备和中国国民政府签订一项苏中友好同盟协定，以期用武力帮助中国达到从日本枷锁下获得解放的目的。

约·斯大林
富兰克林·罗斯福
温斯顿·丘吉尔

不言而喻，这项协定完全无视中国的主权，抹杀了中国人民在反法西斯战争中的巨大贡献，它是大国主宰世界的产物。因此，一些美国官员，如美国驻苏大使哈里曼，对中国是否接受《雅尔塔协定》表示怀疑，更有一些美国国务院官员，则对美国为讨好苏联而牺牲中国主权的举动感到羞耻。

在雅尔塔会议召开之前，苏方曾要求中国外长尽快到莫斯科举行会谈，以解决两国之间的重大外交问题。2月6日，行政院代理院长兼外交部长宋子文约请国防最高委员会秘书长王宠惠、国民政府文官长吴鼎昌和军事委员会办公厅主任兼国民党中央宣传部部长王世杰商谈有关赴苏谈判的问题。但是，苏方此时另生枝节，要中国外长推迟访苏，这不禁引起了蒋介石的怀疑，他在2月7日的日记中写道："俄国延展子文访期，可知罗、丘、史会议已毕。俄国参加对日战争又延至五月以后矣。"

2月11日，《雅尔塔协定》签字。不久，中国驻苏大使傅秉常来电密报了他所了解到的密约内容，这就加重了蒋介石的疑心。他在3月第二周的"本星期预定工作科目"中指出："近日尤感外交之无公理、无情义，而惟以强权与势力是依。我国若不能自立自强，决不能生存于今后之世界！"

为了探明真相，蒋介石一方面恳请当时正在华盛顿的美国驻华大使赫尔利帮忙，希望尽早委派宋子文到华盛顿与罗斯福会面，同时还命令驻英大使顾维钧、驻美大使魏道明想方设法打探《雅尔塔协定》的内情。对于赫尔利的询问，罗斯福似乎也有所悔悟，他让赫尔利去伦敦和莫斯科找丘吉尔和斯大林谈谈，看看有什么可以弥补的办法。3月12日，罗斯福接见中国驻美大使魏道明，向他透露了密约的部分内容。3月15日，蒋介石在接到魏道明的报告后即在日记中写道："阅此，但有痛愤与自省而已……可以断定此次黑海会议俄国对日作战已有成议。果尔，则此次抗倭战争之理想恐成梦幻矣！"

4月5日，蒋介石在日记中表明了他的态度：

关于旅顺问题，宁可被俄国强权占领，而决不能以租借名义承认其权利。此不仅旅顺如此，无论外蒙、新疆或东三省被其武力占领不退，则我亦惟有以不承认、不签字以应之。盖弱国革命之过程中，既无实力，又无外援，不得不以信义与法纪为基础，而不能稍予以法律之根据。如此则我民族之大，凭借之厚，今日虽不能由余手而收复，深信将来后世之子孙亦必有完成其领土、行政、主权之一日。要在吾人此时坚定革命信心，勿为外物胁诱，签订丧辱卖身契约，以贻害于民族，而得保留我国家独立、自主之光荣也。

赫尔利受罗斯福委托，准备就远东问题与斯大林、丘吉尔进行斡旋，然而就在这时，久患重病的罗斯福于4月12日与世长辞，而副总统杜鲁门继任后的态度是：凡是罗斯福作出的决定继续照办，凡是已经允诺的国际义务必须遵守。赫尔利无计可施，只能以"私人"方式，向蒋介石通报了《雅尔塔协定》的相关内容。赫尔利最后还强调，罗斯福和杜鲁门对于苏方的要求均持赞同态度。

1945年4月，中国外交部长宋子文率领中国代表团前往旧金山出席联合国成立大会。据《宋子文传》记载，他在6月5日与美国总统杜鲁门会见时，杜鲁门第一次向他通报了雅尔塔协定的内容。6月15日，杜鲁门致电斯大林："宋子文今日动身经重庆赴莫斯科，他将于7月1日前到达莫斯科，就苏中协定进行具体讨论。"宋子文一行如期在1945年6月30日抵达莫斯科，斯大林当天就与中国代表团会见。斯大林表示旅顺可不用"租借方式"，但坚持中国必须承认"外蒙独立"。宋子文根据蒋介石的指示，试图将这一问题"搁置"，但斯大林的态度极为强硬，毫不让步。7月6日，蒋介石指示宋子文："若苏联能协助我对日抗战胜利，对内切实统一，则为苏联与外蒙以及我国之共同利益与永久和平计，我政府或可忍此牺牲。"

宋子文回到重庆后，情绪低落。他对赫尔利说："我完全垮了……这个拟议中的与苏联的协定，对负责这个协定的人来说，是政治上的毁灭。"

在战争的最后一周，宋子文又很不情愿地到了莫斯科。在他到达莫斯科的第二天，苏军开始进入中国东北。当时，斯大林奉劝他说，他最好能很快签订协定，不然的话，"共军将进入满洲"。在苏联出兵已成既定事实的情况下，蒋介石、宋子文最终答应在《雅尔塔协定》的基础上，根据苏联提出的条件，签订《中苏友好同盟条约》。签订日期是日本宣布投降的头一天——1945年8月14日，签字地点——莫斯科。

《条约》载明：中国政府承认外蒙古独立、中东铁路及南满铁路改名为中国长春铁路，主权属于中国，由中苏两国共同经营；旅顺口由"两国共同使用"，民事、行政权属于中国旅顺政府。在《条约》所附照会中，苏联政府承认"东三省为中国之一部分，对中国东三省之充分主权重申尊重，并对其领土与行政之完整重申承认"。

美国《时代周刊》认为，《中苏友好同盟条约》是东北地区蒋介石手中的一张王牌，它有利于蒋介石同中国共产党打交道。该刊写道："其中显而易见的一点是，俄国人转而支持中央政府。中国共产党失去得到苏联同志帮助的希望，将不得不交出他们独立的军队和统治，在一个统一中国的不同政治势力中占据他们的位置。延安反对这样的结果，但它的领导人已看到厄运降临的预兆。"

中东铁路的变迁

中东铁路是"中国东清铁路"的简称，亦作"东清铁路"、"东省铁路"，民国后改称"中国东省铁路"。该铁路干线由满洲里经哈尔滨到绥芬河，全长1480多公里；由哈尔滨经长春到大连是中东铁路支线，称南满铁路，全长940多公里。

19世纪40年代，沙俄的侵略势力伸入中国的黑龙江流域。从19世纪中叶起，沙俄先后强迫当时的中国政府签订了《中俄瑷珲条约》、《中俄北京条约》等一系列不平等条约，把黑龙江以北、乌苏里江以东的100多万平方公里的中国领土并入俄国版图。沙俄为了增强其对外扩张的实力，进一步侵略和占领中国东北和朝鲜，并与当时也觊觎这些地方的日本对抗，于1891年2月决定修筑西伯利亚铁路。

1896年（光绪二十二年），清政府特使李鸿章赴俄祝贺沙皇加冕典礼，与沙俄签订了《中俄御敌互相援助条约》即《中俄密约》，允许俄国修筑东清铁路。

1898年8月，东清铁路破土动工，以哈尔滨为中心，分东、西、南部3线，由6处同时开始相向施工。北部干线（满洲里至绥芬河）和南满支线（宽城子至旅顺）及其他支线，全长约2500多公里，采用俄制1524毫米轨距，干支线相连，恰如"T"字形，分布在中国东北广大地区。1903年7月14日，东清铁路全线通车，并开始正式运营。

日俄战争（1904年）后，沙俄把南满铁路的长春至大连段转让给了日本。

从1920年起，东清铁路始称中国东方铁路，简称中东铁路或中东路，长春以北段由中苏共同经营。

1922年2月28日，中国政府与苏俄政府代表就中东铁路问题签订的协定大纲规定：中东铁路归中国政府管理；俄人所有该铁路股份由中国政府于此后5年内收回；该路未完全收回前，苏俄政府代表有权派员参与该路路政；中东路所负各国政府及外商之债，由中国政府完全负责。

1931年"九一八"事变后，日本占领了东北，使中东铁路处于日军包围之中。是年11月，日本违反原来向苏联所作的允诺："日本军队奉命不得使中东铁路遭受任何损失"，派兵进驻中东铁路地区，使苏联感到极大不安。但日本没有直接用武力接管中东铁路，而是企图用破坏、挑衅等手段迫使苏联自动退出该铁路。苏联当时也没有立即退出中东铁路，但它在暗中作了应变的准备，把一批铁路车辆运入苏境。日方向苏方提出交涉，没有达到还车目的，就下令封锁满洲里和绥芬河，并禁止货运列车出境。

1933年5月2日，苏联为了缓和同日本的矛盾，由外交人民委员李维诺夫出面，提议把中东铁路卖给"满洲国"（实际上是日本），"以为中东铁路纷争解决的实际方法"。此后，苏日双方进行了近两年的谈判，于1935年3月24日苏联以1.4亿日元把中东铁路及其一段支线卖给了日本。根据"大纲协定"，中东铁路为中苏两国合办和所有，因此，苏联这样做，明显违反了"大纲协定"。中国政府向苏日双方提出抗议，指出苏联无权单方面处理中国财产。日本买下中东铁路后，立即把宽轨改为窄轨，以适应其对华侵略战争的需要。

1945年2月，美英苏三国领导在苏联雅尔塔举行会谈，讨论战后德国的处理问题以及苏联参加对日作战问题。美苏双方围绕苏联参加对日作战的条件，进行了极秘密的幕后讨论。在"恢复历史正义"的口号下，苏联提出要求恢复沙俄在日俄战争中丧失的全部权利。10日，苏联方面向美国方面提交了一份《斯大林元帅关于苏联参加对日作战政治条件草案》，后经斯大林和罗斯福修改，便成了美英苏3国领导签署的严重损害中国主权的雅尔塔协定。

当时的中国政府没有参加雅尔塔协定，也没有公开表示同意这个协定，然而这个协定的绝大部分条款却关系到中国。苏联特别强调要保证它在中东铁路上的"优越权益"。事实是，俄国已在1905年把南满铁路转让给了日本，苏联也于1935年把中东铁路卖给了日本，所以，日本投降后这条铁路理应返还给中国。后来的中国报纸在评论雅尔塔协定时，谈到了当时中国政府在两个大国的压力下接受雅尔塔协定的隐衷："此项协定的内容，直接间接影响我国主权，我国身为当事国，既未参与，亦未示同，自难接受此项协定外交所发生之拘束，但我国当时所接受者，厥为美国对增进中苏邦交之提示，于是遂有宋院长之赴苏，与莫斯科谈判之获得结论，签订中苏友好同盟条约也。"

雅尔塔协定签订后，中国方面对苏联要租借旅大和合办中东铁路事已有所闻，而美苏双方对协定的内容却一直保密。当时，中国驻美国高级官员向美方当事人提出询问时，他们都守口如瓶。只是在苏联向美国作了相应的表示之后，美国急于以中国主权换取苏联早日出兵参战，便压中国政府全盘接受雅尔塔协定，但它又不愿对苏作出超越雅尔塔协定的让步，以致影响其控制和独占中国的阴谋计划。

1945年6月9日，美国新总统杜鲁门把雅尔塔协定内容告诉了当时的中国政府行政院长宋子文，并要宋立即去苏就履行雅尔塔协定一事与苏谈判、签约。杜鲁门强调说："一旦苏俄参加对日作战，则美国政府对于雅尔塔协定，便不能不予以支持。"

从1945年6月30日起，中苏两国在莫斯科举行谈判。谈判中，中国方面受到来自美苏两国的双重压力。8月，中苏签订了《中苏友好同盟条约》、《中苏关于中国长春铁路协定》以及关于大连、旅顺口协定等文件。

《中苏关于中国长春铁路协定》的内容有：（1）中东铁路和南满铁路合并为中国长春铁路，由中苏"共同所有，并共同经营"；（2）铁路所有权为中苏共同所有；平均属双方，任何一方不得以全部或一部转让；（3）关于铁路管理，仍沿用以前的做法，中国人任理事长，苏联人任铁路局长；（4）在对日作战时期，苏联有权利用该铁路运输军队和军需品；（5）协定有效期为30年，期满后，苏联将把中长铁路连同该路之一切财产，无偿转移交给中国政府。

新中国成立后，中苏两国的关系进入一个新的历史时期，这为解决两国之间历史上遗留下来的一些问题，其中包括中东铁路问题创造了良好的条件。

1950年初，中苏两国领导人在莫斯科举行正式会谈，讨论与两国有关的重要的政治问题、经济问题以及两国间的其他一些问题，包括中东铁路问题。2月14日，中苏双方通过谈判，签订了《中苏友好同盟互助条约》、《中苏关于中国长春铁路、旅顺口及大连的协定》以及苏联向中国提供贷款协定等文件。有关中东铁路的协定说：

缔约国双方同意苏联政府将共同管理中国长春铁路的一切权利以及属于该路的全部财产无偿移交中华人民共和国政府。

此项移交一俟对日和约缔结后立即实现，但不迟于1952年末。

在移交前，中苏共同管理中国长春铁路的现状不变。惟中苏双方代表所担任的职务（如铁路局长，理事会主席等职），自本协定生效后改为按期轮换制。

  根据这项协定，1950年4月25日，中苏双方通过谈判，成立了中国长春铁路公司，作为中苏两国在中东铁路移交前共同管理该路的机构。1952年9月15日，中苏发表联合公告，宣布为进行铁路移交工作而成立中苏联合委员会，该委员会应于1952年12月31日前将中东铁路向中国移交完毕。这就是说，苏联到时将把它在中东铁路所拥有的一半财产（另一半属中国）无偿移交给中国。同年12月31日，中东铁路移交仪式在哈尔滨举行。从此，这条被沙俄、苏联和日本侵占、经营50余年的中东铁路，完全返还中国，中国对中东铁路的主权也完全得到了恢复。

外蒙古独立记略

外蒙古独立是指外蒙古于 20 世纪上半叶脱离大清帝国统治的历史事件。外蒙古与内蒙古在第二次世界大战之前同属中国的一部分。外蒙古包括现在的蒙古国以及唐努乌梁海地区。今日外蒙古大部分地区属蒙古国,目前是一个被国际社会广泛承认的主权独立的国家,而唐努乌梁海地区则先后被俄国、苏联控制,之后一部分被并入俄罗斯苏维埃联邦社会主义共和国(今俄罗斯联邦),另外一部分则被并入蒙古人民共和国。

历史沿革

蒙古高原历来是蒙古人繁衍生息的地方。13 世纪初,蒙古人的首领成吉思汗统一了这一地区的所有蒙古部族,建立了蒙古帝国。其后,忽必烈建立的元朝包括现今中国的大部、蒙古高原、外东北等地。明朝时,蒙古残余势力退回塞外,维持北元政权,与明朝对抗。其后,满族统治者与漠南蒙古(内蒙古)诸部结盟,进入中原,建立清朝,其他蒙古部族也逐渐成为清朝的臣属。

清代将蒙古分为设官治理的内属蒙古和由札萨克世袭统治的外藩蒙古。外藩蒙古又分为内札萨克蒙古和外札萨克蒙古。清代后期的官方文书中出现了"内蒙古"和"外蒙古"的概念,内蒙古指内札萨克 49 旗,外蒙古则指喀尔喀 4 部。

16 世纪,沙俄开始经营西伯利亚,与外蒙古地区有了往来。1727 年中俄签订的《布连斯奇条约》,肯定蒙古属于清朝管辖,而沙俄则取得了在恰克图和外蒙古地区通商贸易的特权。

第一次宣布独立

1911年10月，武昌起义爆发，沙俄认为公开分裂外蒙的时机已到，一面在北京向中国政府要求所谓外蒙"自治"权和俄国控制外蒙的特权，一面又在外蒙古库伦（今乌兰巴托）策划所谓"外蒙"独立——藏传佛教格鲁派活佛哲布尊丹巴在俄国驻库伦领事的策动下出使俄国后，于11月30日宣布"独立"，成立"大蒙古国"。接着，俄蒙军队包围了清政府驻库伦的办事大臣衙门，解除了清军的武装，并将办事大臣三多及其随从人员押送出境。12月28日，哲布尊丹巴在库伦登基，自称"日光皇帝"，年号"共戴"。

1912年11月3日，沙俄政府不顾中国政府的抗议，同外蒙古当局订立《俄蒙协约》，其中规定：由俄国扶助外蒙古的"自治"及训练外蒙古军队；外蒙古不得允许中国军队入境，不准华人移植蒙地；外蒙古准许俄国人享受本条约广泛的特权。内外交困的北京政府别无他路，只得与沙俄谈判，寻求解决外蒙古问题的办法。11月18日，蒙古国外务部照会法国、英国、德国、美国、比利时、日本、丹麦、荷兰、奥匈帝国外交部，宣称"独立"。

1913年11月5日，沙俄迫使袁世凯北洋政府签订了《中俄声明》。声明虽然承认外蒙古是中国的一部分，要求外蒙古取消独立，但又规定，中国不得在外蒙古派驻官员，不驻军，不移民；承认外蒙古的"自治权"。

1915年6月7日，沙俄政府、外蒙古当局和北洋政府3方又在外蒙古的恰克图签订了《中俄蒙协约》，确认1913年的《中俄声明》，并将之具体化。

1917年，俄国爆发十月革命，新成立的苏维埃政府在1919年和1920年两次发表对华宣言，宣布废除沙俄与中国签订的不平等条约，放弃从中国掠夺的一切。

1919年7月25日，苏俄政府发表声明说："外蒙古是一个自由的国家，它的一切权力属于蒙古国，任何外国都无权干涉它的内政。"声明表示，苏俄要求立即同外蒙古建立外交关系。11月7日，由于白军和红军均陷入苏联国内战争而无暇顾及外蒙古，中华民国总统徐世昌和政府首脑段祺瑞决定出兵外蒙，派直系将领徐树铮率兵进入外蒙古库伦，挟持"内阁理"巴德玛·多尔济，软禁哲布尊丹巴活佛，并全面否定《中俄声明》。11月17日，外蒙古正式上书中华民国大总统徐世昌，呈请废除俄蒙一切条约。11月22日，《中国大总统公告》取消了外蒙古的自治，恢复了旧制。北京政府在库伦设立"中华民国西北筹边使公署"，由徐树铮部在外蒙古驻防，并派兵收复唐努乌梁海。孙文因此赞扬徐树铮说："徐收回蒙古，功实过于傅介子、陈汤，公论自不可没！"

苏联和蒙古

1919年，牧民出身的苏赫－巴托尔和乔巴山寻求共产国际帮助建立独立的蒙古国。

1920年，苏赫－巴托尔和乔巴山在列宁的帮助下组建了蒙古的共产党，即蒙古人民革命党。

1921年，远东白俄谢米诺夫的军队在东北日本军人的支持下侵入外蒙古。2月21日占领库伦，扶植起新的政权，活佛、王公们又一次宣布"独立"。接着，苏俄红军借口白俄军队入蒙，也进军库伦。7月，在红军的支持下，外蒙古成立了亲苏的新政府，实行君主立宪制度。11月5日，外蒙古宣布成为"独立国"，建立"人民革命政权"。同日，苏俄和外蒙古订立了《苏蒙修好条约》，双方相互承认为合法政府。北洋政府虽对苏俄出兵并成立政府提出了抗议，但鞭长莫及，无能为力。

1924年5月31日，苏联同北洋政府签订《中俄解决悬案大纲协定》，表示承认外蒙古是中国的一部分，尊重中国对外蒙古的主权，并答应从外蒙古撤军。由此，中苏建立了正式外交关系。11月26日，蒙古人民革命党宣布废除君主立宪制，成立蒙古人民共和国，定都库伦，改城名为"乌兰巴托"。中国以及英、美等并未承认这一政权。

国民政府和蒙古

1928年，中华民国军队曾在外蒙东部边界与苏军发生小规模冲突。此后，中华民国政府一直处于内外交困的境地，再也没有进入蒙古。与此同时，在乔巴山等人的领导下，蒙古人民共和国实行了苏联式的政治制度。

1939年4月13日，苏联同日本签订《苏日中立条约》，并发表联合声明说：苏联保证尊重"满洲国"的领土完整和不可侵犯，日本保证尊重"蒙古人民共和国"的领土完整和不可侵犯。对此，中华民国外交部长王世杰发表声明宣布:"《苏日中立条约》,对于中国绝对无效。"

1945年2月,美国总统罗斯福、英国首相丘吉尔和斯大林在雅尔塔举行三国首脑会议。在商讨对日作战问题时,斯大林提出苏联对日作战的条件之一是"外蒙古的现状须予维持"。斯大林的要求得到了罗斯福和丘吉尔的同意。2月11日,3方签订密约——《雅尔塔协定》。6月15日,美国驻华大使赫尔利奉命把《雅尔塔协定》的内容正式通知了蒋介石。蒋介石感到愤怒,却又无可奈何,只得同意派行政院院长宋子文、外交部部长王世杰和蒋经国赴莫斯科谈判。6月底至8月中旬,中苏双方在莫斯科举行多次会议,争论激烈。斯大林几乎是以威胁的口吻对宋子文说:外蒙古人民"既不愿加入中国,也不愿加入苏联,只好让它独立";如果中国不同意,苏联就不会出兵中国东北。宋子文据理力争,毫无结果。在严酷的既成事实面前和强大的国际压力下,蒋介石只得指令宋子文接受苏方条件,允许外蒙古"独立"。8月14日,宋子文拒绝在《中苏友好同盟条约》及其附件上签字,并辞掉外交部长一职,最后该条约由王世杰签署。双方关于外蒙古问题的换文说:"鉴于外蒙古人民一再表示其独立愿望,中国政府同意,将在日本战败后举行公民投票以确定外蒙古的独立。"

曾任中华民国驻联合国代表的蒋廷黻认为:中苏条约"与五十年前大清帝俄同盟条约太相同了。条约及换文,就全体看起来,是极有利于苏俄的,简直可说是片面的、不平等的。苏俄如严格遵守这条约及换文,于苏俄只有利而无害。任何公平的研究员,不能避免这个结论。"

著名外交家顾维钧后来也写道:"我仍然无法理解为什么我们在莫斯科的代表团认为非得向苏联做出超过需要之外的让步不可。即使从英国的观点来看,中国在外蒙问题上是能够不让步的,美国的国务卿贝尔纳斯持有同样的看法。这是贝尔纳斯在1945年9月从莫斯科来参加五国外长会议时在伦敦对我说的。然后他问我为什么我们做出了不必要的让步,他指的是蒙古。我虽不理解为什么这样做,但觉得这个评论进一步证实了艾登对我说的话是有理由的。我对中国在莫斯科所采取的立场自然是极感失望的,我设想一定有不得不这样做的理由。我希望有朝一日能够公开当年我们的重庆政府为什么决定不惜任何代价与苏联缔结这个条约的全部理由。"

1946年1月5日,中华民国承认蒙古人民共和国独立。2月13日,国民政府与蒙古建立外交关系。8月6日,中华民国驻联合国大使徐淑希发表了支持外蒙古加入联合国的声明:"蒙古人民共和国在数月之前,尚为中国之一部分，称为外蒙古。其独立乃由选举之故，国民政府将为欢迎其加入联合国之一国家，吾人固竭诚期望其加入此国际机构。……"

1952年，中华民国向联合国控告苏联。联合国大会以25票赞成，9票反对，24票弃权通过联合国大会谴责苏联的505号决议。是为"控苏案"。

1953年，蒋介石宣布废除1945年中苏条约中关于外蒙古的换文，不承认外蒙古的独立，并下令把外蒙古重新纳入"中华民国"的版图之内。他还在国民党的中央会议上"检讨"说："承认外蒙古独立的决策，虽然是中央正式通过一致赞成的，但我本人仍愿负其全责。这是我个人的决策，是我的责任，亦是我的罪愆。"蒋介石还称，放弃外蒙古"实在是一个幼稚的幻想，绝非谋国之道"，并表示自己"对总理、对革命、对国家和人民应该引咎自责"。

2004年，台湾当局"行政院"通过了废除《蒙古盟部旗组织法》和《管理喇嘛寺庙条例》决议。行政院表示，"蒙古各盟部旗已非我国统治权所及地区，因此该法已无继续施行的必要。"

中华人民共和国的态度

1931年11月7日，《中华苏维埃共和国宪法大纲》主张："中华苏维埃政权承认中国境内少数民族的民族自决权，一直承认到各弱小民族有同中国脱离，自己成立独立的国家的权利。蒙古、回、藏、苗、黎、高丽人等，凡是居住在中国的地域的，他们有完全自决权：加入或脱离中国苏维埃联邦，或建立自己的自治区域。"

1939年12月，毛泽东在《中国革命与中国共产党》一文中提出，"现在中国的国境：……正北面，和蒙古人民共和国接壤。"

1949年1月，毛泽东试探性地向来访的苏联部长会议副主席米高扬谈起内外蒙统一然后加入中国的问题，对方答道：我们不主张这样的统一，因为这可能导致中国失去一大块领土，如果真这样的话，那将是内外蒙统一起来建立一个独立国家。3月5日，毛泽东在七届二中全会上作报告表示：不承认国民党时代的任何外国外交机关和外交人员的合法地位，不承认国民党时代的一切条约。但中苏后来发表公告称："1945年8月14日中苏签订的条约约定均已失去效力，但双方政府确认，蒙古人民共和国的独立地位已因1945年的公民投票及中华人民共和国业已与其建立外交关系而获得了充分保证。"8月14日，《人民日报》发表郭沫若题为《我们应该怎样认识外蒙古独立》的文章，表示赞同外蒙古独立，并谴责"中国侵略者"压迫和欺负蒙古人民。文章说："有什么理由跟在美帝国主义和蒋介石反动派后面，来对苏联'愤慨'呢？"10月16日，中华人民共和国同蒙古人民共和国建交。

1950年2月，中共党史学者胡华在《人民日报》发表题为《承认和保证蒙古人民共和国的独立地位》的文章，说是"只有国民党反动派才痛恨蒙古人民共和国有独立地位"，并批评这种"大汉族主义情绪"蛊惑了不少国人。

1953年，赫鲁晓夫上台后，毛泽东趁机再次提出外蒙古回归中国问题，但赫鲁晓夫拒绝讨论这一问题。此后，蒙古人民共和国与中华人民共和国交换地图，正式划定边界。

1989年5月16日，邓小平对戈尔巴乔夫说："六十年代，在整个中苏、中蒙边界上苏联加强军事设施，导弹不断增加……真正的实质问题是不平等，中国人感到受屈辱。"

1994年，《中蒙友好互助条约》签订，双方表示互相尊重国家主权和领土完整。

百万雄师出动消灭日寇

【新华社延安八月十二日五时电】延安总部消息：据前方报告：我华北、华中、华南百万雄师，于接到朱总司令命令后，先后整装出动，向所有城镇和交通要道两侧大举进攻。贺龙、聂荣臻、吕正操、李运昌等部，更分头向蒙古、绥远、察哈尔、热河、辽宁、吉林迅速进军，配合红军及外蒙军作战，该线已前进三十里至八十里不等。各地民兵亦持各式武器随军行动，攻城、袭敌、破路，万里云烟，一片杀喊。中华男儿正以坚决战斗动作，最后解决日本帝国主义。

(原载 1945 年 8 月 13 日《解放日报》)

狂欢之夜

——延安人民庆祝日寇投降举行火炬游行速写

海 稜

中国人民艰苦奋斗，忍受牺牲，坚持了八年抗战，最后胜利的日子终于到来了！昨日上午日皇宣布无条件投降的消息传出以后，全市轰动，万众欢腾，街上张灯结彩，国旗飘扬。各处黑板报上都用大字报道消息。晚间东南北各区到处举行火炬游行，全市灯火辉煌，欢呼声从各处发出；霎时，鼓乐喧天，无数火炬照亮山岭河畔。机关与群众的乐队、秧歌队，纷纷出发游行。新市场的商人来回奔跑欢呼报信，寻找着柴棍，扎起火炬，参加游行。当实验厂、联政宣传队、大众剧院、延大、完小等十余个秧歌队在新市场十字街口汇合时，市民高呼："中华民族解放万岁！"、"苏联红军胜利万岁！"、"动员起来，支援前线，保卫边区！"、"制止蒋介石发动内战！"声震山谷。斯大林元帅、毛主席、朱总司令的巨幅画像在熊熊火炬中高高举起，象征着中苏两国人民的大团结。在蜂拥来去的人群中，有一位挂着拐杖的荣誉军人被群众拥戴着，他十分感动而吃力地说："八年啦！我们的血没有白流……"他是参加有名的平型关大战而光荣负伤的，今天他是亲眼看见胜利了！一个卖瓜果的小商贩欢喜得跳起来，把篮子里的桃梨，一枚一枚地向空中抛掷，高呼："不要钱的胜利果，请大家自由吃呀！"群众报以热烈的掌声。庆祝的人群潮水一样地继续涌来，秧歌队越跳越大，完全卷成一片人海了。人们高唱着："前进！人民的解放军！解除敌人的武装，去恢复交通和城镇！坚决大胆，迅速向前进，谁敢阻挡，就把他消灭得干干净净！"欢欣鼓舞，达于极点。美军观察组闻讯后亦乘汽车随秧歌队致庆。街道行人纷纷议论，人们都一致称赞说："苏联才宣战两天，日本就要求投降，可见红军力量在全世界是伟大无比了！""当然，八路军和全国人民的团结抗战是决定的因素！"

昨晚，全市灯光彻夜不灭，中国人民在极度狂欢中，没有忘记摆在前面的紧急任务,把在华敌伪军全部解除武装,把八年人民艰苦抗战的胜利果实紧紧地掌握在自己手中。

(原载 1945 年 8 月 16 日《解放日报》)

中国审判日本战犯

第二次世界大战胜利后，国民政府审判日本战犯的工作由于一些特殊原因，未能如期有效地完成，于是就有了中华人民共和国对日本战犯的审判。

1956年4月25日，中华人民共和国第一届全国人民代表大会常务委员会第34次会议，根据中共中央提出的建议，通过了《关于处理在押日本侵略中国战争中战争犯罪分子的决定》（以下简称《决定》），最高人民检察院于同年6～8月，先后分3批对在押的1017名职务较低、罪行较轻、悔罪表现较好的日本战犯宣布免于起诉，立即释放，由中国红十字会移交日本红十字会乘船回国。同时，最高人民法院特别军事法庭也对罪行较重的前日军将领铃木启久、藤田茂、佐佐真之助、伪满洲国国务院总务厅长官武部六藏等45名日本战犯，分别在沈阳、太原两地进行了公开审判，分别判处8～20年有期徒刑。这些战犯除佐佐真之助在服刑期间病亡之外，其余44人在1964年3月6日全都刑满释放或提前释放，回到日本。

战犯来源

1945年8月日本战败后，苏联红军在中国东北境内俘虏和捕获了一批日本侵华战犯和伪满洲国官员，其中2000余名战犯已被苏联军事法庭判刑，尚余近千名战犯被羁押在苏联海参崴的战犯收容所。

1950年，毛泽东出访苏联，提出将苏联红军在东北战场俘获而尚未判刑的日本战犯引渡到中国，由中国政府对他们进行审判和改造。这年7月18日，在位于中苏边境的黑龙江省绥芬河市，苏方将969名日本战犯和60多名伪满战犯移交给中国政府，由全副武装的军警押解，乘专列抵达辽宁省抚顺，被关押在抚顺战犯管理所。另外，在解放战争中，被中国人民解放军俘获的 100 多名参加蒋介石、阎锡山部队的日本战犯，则收押在太原战犯管理所。

1954 年 1 月，周恩来总理向最高人民检察院提出，要对日本战犯进行侦讯工作，调查清楚他们在中国所犯的主要罪行。2 月，最高人民检察院从全国抽调了近千名司法干部和日语翻译，集中在北京学习、集训两个月，然后组成侦讯工作团，奔赴抚顺、太原战犯管理所开展工作，并从近千名战犯中筛选出 120 名作为重点侦讯对象。

工作人员不畏艰苦，足迹遍及东三省乃至全国各地，对数万名幸存者和知情人进行了调查取证，同时查阅了封存多年的日伪档案和当时发行的报刊杂志。全部侦讯、调查工作从 1954 年 4 月至 1955 年 10 月，历时一年半，从而掌握了大量第一手材料和有力证据。事实表明，这批战犯自 1931 年"九一八"事变，至 1945 年 8 月 15 日日本投降这 14 年，罪行昭彰。关押在太原的日本战犯，既在日本侵华战争中犯罪，投降后又与阎锡山的军队勾结，继续进行侵略犯罪。大规模侦讯工作，为其后最高人民法院免予起诉所释放的 1017 名战犯奠定了基础。据此，侦讯工作团人员向最高人民检察院和最高人民法院提交了审判武部六藏、藤田茂等 36 名战犯名单，并提出对其中罪行特别严重的战犯从重处理的建议。

沈阳审判

全国人大常委会的《决定》对处理日本战犯的原则和有关事项作了具体规定，《决定》授权最高人民法院组织特别军事法庭对日本侵华战争罪犯进行审判，并任命了特别军事法庭的组成人员。

特别军事法庭设在辽宁省沈阳市皇姑区黑龙江街的一座具有中国古典风格的建筑中，"中华人民共和国最高人民法院特别军事审判庭"的牌匾显得特别醒目。沈阳是"九一八"事变的发生地，日本侵华的罪恶就从这里开始。将审判战犯特别军事法庭设在这座充满历史沧桑、饱经战火袭扰的城市，具有特别的意义。

特别军事法庭共掌握 28000 余件控诉书、鉴定书和与本案有关的日伪档案 8000 余份。法庭坚持做到每一件起诉的罪行，都有大量可靠无误的证据、材料。前伪满洲国国务院总务厅长武部六藏和总务次长古海忠之，曾积极推行日本军国主义的侵华政策，使中国人民遭受了深重灾难。前日军第 117 师团长铃木启久中将，指挥所属部队大肆血腥屠杀，制造了骇人听闻的"鲁家峪惨案",还在长城两侧建立广达 640 平方公里的"无人区",使田野、山岭瞬间变成一片焦土,整片土地变成人间地狱。前日军第 59 师团中将师团长藤田茂,在"秀岭一号"作战中,下令枪杀 86 名战俘,而在山东省安邑县上段村指挥大"扫荡"时,命令士兵将全村男女老少 140 余人全部杀害,同时残杀 12 名俘虏,将全村都烧掉。前伪满洲国宪兵训练处少将处长斋藤美夫,亲手制定奴役中国人民的政策和法令,推行"治安肃正"、"思想对策"等政策,在中国东北各地和广东等地抓捕抗日志士和居民达 48172 人,其中被杀的有 5017 人。前伪满洲国北安省、奉天省警务厅厅长兼地方保安局局长三宅秀也,是日本职业警察,为人凶残,他在抓捕中国爱国人士和刑讯逼供、残杀百姓等方面犯下了累累罪行,仅有案可稽的就有 3900 多人被他杀害致死,抗联英雄杨靖宇将军就是在他的指挥下被杀害的。

经过特别军事法庭调查、审理并确认,武部六藏、铃木启久等 36 名被告在侵华战争中分别犯有毁灭城镇乡村罪,进行间谍、特务活动罪,制造细菌武器罪,施放毒气罪,强奸妇女罪,侵略中国战争罪,虐待、屠杀战俘罪,违反人道罪等多种罪行。

1956 年 6 月 3 日,最高人民检察院对武部六藏、铃木启久等 45 名日本战犯提起公诉,最高人民法院特别军事法庭于 9 日上午 8 时 30 分在沈阳开庭,公开审判铃木启久等 8 名日本战犯。在大量确凿的证据面前,被告纷纷低头认罪。在特别军事法庭庭审会场上,可以看到这样一幅画面:几乎所有被告都对自己的罪行供认不讳,深有认识,向原告表示真诚悔罪。

经过 10 天的公开审理,6 月 19 日,特别军事法庭庭长袁光少将宣读审判书:判处铃木启久有期徒刑 20 年,判处藤田茂、上坂胜有期徒刑 18 年。

7 月 1 日至 7 月 20 日,沈阳特别军事法庭公开审理了武部六藏等 28 名日本战犯。判处前日本伪满洲国国务院总务厅长官武部六藏、前日本伪满洲国宪兵训练处处长斋藤美夫少将有期徒刑 20 年;判处前日本伪满洲国国务院总务厅次长古海忠之有期徒刑 18 年。其余战犯也一一受到惩处。

对另外 933 名日本战犯,经最高人民检察院核准免予起诉,从宽处理。同年 6 月 16 日、7 月 18 日和 8 月 21 日,这些战犯分 3 批由中国红十字会送交日本红十字会,乘日本"兴安丸"号客轮回国。而在中国服刑的日本战犯由于改造较好,1964 年 3 月,中国政府决定将全部在押服刑的日本战犯予以特赦。至此，改造日本战犯的工作画上了一个句号。

太原审判

1952年6月，山西省人民检察署成立了"山西省日籍战犯罪行调查联合办公室"。7月，先后从各单位接收日本战争罪犯136名，属于军事系统65人，行政官吏27人，警宪特30人，其他14人。其中，有原日本关东军高级参谋、阎锡山西北实业公司顾问，曾阴谋策划"皇姑屯事件"，炸死张作霖和操纵控制山西经济命脉的河本大作；有杀害抗日英雄赵一曼的大野泰治；有原日伪山西省政府顾问辅佐官城野宏等。从1954年2月到1956年6月，经过两年多侦讯调查，为司法部门提起公诉、交付审判提供了大量人证物证。

日本投降后，第2战区司令长官阎锡山利令智昏，竟与曾经的敌人同流合污，私下收编驻山西日军残留官兵为其卖命。

1945年8月底，阎锡山在太原绥靖公署会见驻防山西的原日军第1军司令官澄田时，提出将"日本寄存武力于中国"，明确表示把山西境内的日军统一收编，照常驻扎原防地，协助第2战区共同"剿共"。澄田当然不敢如此胆大妄为，他表示如果只留部分可以考虑，但最好采取"个别发动"的办法，即私下与日军官兵达成交易。

作为山西受降主官，阎锡山有权处理辖区内的日军。他一意孤行，聘请澄田等日本将官作为第2战区"总顾问"或"副总顾问"，任命日军旅团长坂井少将为"太原市警备司令"。这样，对中国人民犯下滔天罪行的日军在投降后继续为非作歹。

阎锡山为了掩人耳目，将日军武器上的特别标志"菊花"去掉，打上"晋"字钢印，又将日军出操时将枪架起的情形，拍成照片后送报国民政府，瞒天过海，表示山西日军受降完毕。

由于阎锡山的"个别发动"和"残留运动"，至12月底，约有8000余名日军被留用。内战开始后，曾经在侵华战争中屠杀中国人民的日本官兵，又不同程度地卷入反共的内战中，继续屠杀中国人民。1949年太原解放后，残留的日军官兵被解放军俘获，移交公安机关关押。

1956年夏，在侦讯工作终结时，首先由最高人民检察院对山西在押的次要和悔罪表现较好的120名日本战犯宣布免于起诉。嗣后，交由中国红十字会遣送他们从天津分批乘"兴安丸"轮船归国。在这期间，经最高人民检察院审查确定，关押在山西的日本战犯中，有9名将被起诉。

6月10日至11日，最高人民检察院对富永顺太郎提起公诉，公开审理。特别军事法庭设在山西太原市海子边大礼堂，旁听代表有4000余人。

审判长朱耀堂宣布开庭，首先审判犯有侵略战争罪和特务间谍罪的富永顺太郎，由公诉人控诉了他所犯的罪行。最后，法庭判处富永顺太郎有期徒刑20年。

6月12日至20日，特别军事法庭依照审讯程序，对犯有侵华战争罪的前日本军政人员城野宏等8名战犯，逐个进行了审判。

审理后法庭认定：这些被告分别以日本军政官员等各种身份，参加了侵略中国的战争，违背了国际法准则和人道原则，是犯有严重罪行的战犯。日本投降后，他们又犯有"残留"山西，参加阎锡山部队，反对中国人民解放战争，并妄图寻机复活日本军国主义的罪行。这些战犯多数是曾驻扎在山西各地的前日军指挥官，有的是命令或指挥所属部队残杀平民，制造了骇人听闻的惨案；有的是命令所属部队或亲自俘虏、杀害中国抗日军民；有的命令部队烧毁平民房屋，大肆抢劫、掠夺财物。

特别军事法庭经过9天的庭审，对8名日本战犯做出了最后判决。判决城野宏有期徒刑18年；相桌圭15年；菊地修一、永富博之、大业泰治13年；住冈义一、笠实11年；神野文吉8年。

新中国成立后对日本战犯的宣判及改造，起到了很好的效用。这些战犯后来被释放回到日本，他们中相当一部分人以亲身的经历告诫国人，力主日中修好，同时，与日本右翼展开坚决的斗争，为增进日中友好往来，做出了大量有益的工作。

东亚战争

从张鼓峰到诺门坎

由于地缘政治上的冲突，日俄在近代曾多次开战。1904年，双方在中国东北爆发全面的日俄战争，结果日本取胜，中国东北落入日本的势力范围，俄国也被迫把库页岛南部割让给了日本。

1936年6月，日本《帝国国防方针》再次把苏联列为第一敌对国，就连美国《时代》周刊也把日本"北上"计划的积极推行者板垣征四郎的画像作为封面——他背后的日军军旗已经化为战火，正烧向苏联的镰刀和斧头。

日本一直在精心策划对苏作战的详细预案，即"8号作战方案"。最初的设想是：依托伪满洲国东西边境的秘密要塞，以东正面为主攻方向，以西正面为防御，对苏发动全面进攻。这一作战思想在要塞的设计和修建中均有所体现。与此同时，日军又制定了第二套方案：自西进入，包抄作战，先占蒙古乌兰巴托，再进军北面的恰克图，最后切断贝加尔湖铁路隧道，使远东地区与苏联内地失去联系，从而占领苏联远东。

于是，在边境的暂时平静中，关东军一直在试图寻找能挑起事端的机会。

张鼓峰初步试探

1938年1~2月，德国法西斯出于在欧洲发动侵略战争的需要，向日本提议缔结德意日三国军事同盟，这正中日本的下怀。5月初，近卫内阁由陆军、海军、外务3省拟定了3国加强合作、对付苏联的基本方案。其后，日本政府在发起进攻中国武汉的战役时，关东军特种情报机关截获了远东苏军的一份密码电报，其中提到"应在香山洞（位于张鼓峰东北约12公里）以西高地配置兵力"。日本军事当局决定抓住这个难得的机会，在军事上对苏联进行一次试探。

当时，苏联刚刚在红军内部进行了大规模的"肃反"运动，有两万多名高级将领受到处分或被处决，这使得苏军的战斗力急剧下降，指挥系统大大失灵。关东军得出结论：苏军中有经验的军官基本上已被扫荡一空，师团长一级都是刚出校门的年轻人，关东军1个师团可以对付苏军的3个师。

张鼓峰位于中朝苏三国交界处，即在图们江口上游20多公里的东岸，海拔150米。山的东面有一个小湖，小湖往东则是无边的草原；北面两公里处则有另一个更低的山峰——沙草峰。所谓"张鼓峰事件"，就是1938年夏天，日苏军队围绕这两个山峰展开的反复较量。

张鼓峰原为苏军占领，因为《中俄瑷珲条约》俄文本的边界划在张鼓峰的南面，而日方所持中文本中的边界却在张鼓峰的北面。两本都是正本，但却出现了这样的差异！

是年7月16日，日本陆军参谋本部对驻朝日军司令官中村孝太郎中将下达命令，要他把部队集中到边境一带，为进攻做好准备。7月30日夜晚，日军第19师团在炮兵的掩护下，对张鼓峰、沙草峰苏军阵地发起猛攻。苏军寡不敌众，在次日早晨6时25分失去了两个高地。

8月3日，苏军第40步兵师奉远东方面军司令部的命令，在道路泥泞和气候恶劣的条件下，急行军3天到达作战地区。8月5日，苏军两万多人在近百门大炮、200多辆坦克的支援下，向日军发起反攻。无边无际的草原上，苏军坦克轰鸣着，排成数百米宽的钢铁洪流，向日军阵地辗压过来。日军抵挡不住，撤出了张鼓峰和沙草峰高地。8月7日，日军发起了20次殊死的冲击，企图夺回阵地，但均以失败告终。

日本东京大本营得知情况后，立刻向驻莫斯科的重光大使发出指示，要他速与苏联领导人进行谈判。那天晚上，在参谋本部的办公室里，有田外相、板垣陆相、米内海相和参谋总长闲院宫等人一直等到次日凌晨，才等来谈判结果——双方维持在张鼓峰地区的旧有边界。8月11日，双方签订停战协定。次日，塔斯社播发了一篇报道："苏联红军远东第1集团军歼灭入侵日军8000余人，击落飞机24架，击毁坦克47辆。苏联红军决心捍卫苏维埃领土的完整……"

诺门坎再起烽烟

张鼓峰事件后，日本并不死心。1939年5～9月，日军再次向中蒙边境海拉尔以南200公里的诺门坎（亦译"诺门罕"）地区的苏蒙联军，发动了大规模的试探性战略进攻。交战双方分别代表伪满洲国和"蒙古国",并都动用了精锐部队和先进军事装备。虽然双方在这片杂草丛生、沙丘连绵起伏的荒原上进行了激烈的交锋,但都没有向对方正式宣战。

1931年,日本关东军发动"九一八"事变,全面占领了中国东三省,并在1932年成立了听命于日本的伪满洲国。中国的外蒙古则在苏联的支持下,于1921年宣布独立,并于1924年成立了听命于苏联的蒙古人民共和国。伪满洲国与"蒙古国"为邻,两地分别驻有日本军队和苏联军队,双方在不少地段上存在边境纠纷。

中蒙边境的诺门坎旁边有一条名叫哈拉哈的小河("哈拉哈"在蒙语中是"屏障"的意思),它位于今天的内蒙古呼伦贝尔市附近。伪满洲国主张诺门坎一带以哈拉哈河为界,蒙古人民共和国则认为,边境线是通过哈拉哈河东侧和北侧,哈拉哈河的这一河段为蒙古的领河,于是,从哈拉哈河到诺门坎这块方圆数十公里的地域,便成为双方争执的焦点。

从1935年起,日本关东军驻海拉尔部队以及兴安骑兵部队,便以历史上遗留下来的"边界"问题为借口,不断在中蒙边界地带进行挑衅。从1935年1月至1938年10月,双方发生了多次军事冲突。1936年3月30日,日本关东军1500人乘汽车50辆、装甲车12辆、坦克4辆,入侵蒙古境内阿达格多兰地区,被苏蒙军队击溃。同年3月12日,苏蒙签订互助协定,不断加强边防。1938年7月,日本关东军第23师团开进海拉尔;同年10月,苏蒙远东军第57特别军开进蒙古驻防。

1939年4月,日本关东军司令部根据此前的详细侦察,制定了《满苏国境纠纷处理纲要》。《纲要》规定,在边境线明确地区,如苏蒙军队入境,就"迅速歼灭之";在边境线不明确的地区,各地防卫司令官可以"按自己的判断划定边境线",一旦在这些地区与苏蒙军队发生纠纷,前线部队要"断然采取坚决果敢的行动",务期取得胜利,至于由此产生的后果,要"信赖上级司令部"。

这年5月4日,几名蒙古士兵习惯性地赶着马群来到哈拉哈河东岸放牧,由于这里水草肥美,蒙军过去也经常渡过河来,而伪满士兵是睁一只眼闭一只眼。但是,这一次情况不一样了。此时在东岸驻防的是新换防过来的伪兴安北警备军的第3骑兵连,连长是关东军司令官的女婿,自然无所顾忌,一看见蒙军马群过河,日军驻锡林陶拉盖哨所的一班士兵便立即开枪阻截,上马追赶,将蒙军牧马人和马群赶回西岸。此事引起对面蒙军哨所的不满,蒙方认为这是伪满军队的又一次挑衅,立即带人过河反击。本意只为马匹争一口草料的蒙军万万没有想到,他们的这一举动竟点燃了一场大规模战役的导火索，使得这一地区本来潜伏的危机瞬间爆发出来。

关东军这时驻海拉尔23师团的师团长小松原是日军中少有的苏联通，曾任日本驻苏武官，专门从事搜集苏联情报的工作，对西伯利亚地区苏军的情况尤为了解。小松原把战况报到关东军司令部，司令部如获至宝，经过多年培育的战争种子，终于可以在荒凉的诺门坎破土而出了。

但是，日军情报部门很快得知，苏军有意介入诺门坎地区的战斗。即便如此，东京的参谋本部仍然认为，苏军准备不足，不可能挡住日军的进攻。再说，日军的补给线从诺门坎到海拉尔只有180公里，而苏军最近的铁路线距离诺门坎却有750公里。在日军看来，补给线超过250公里就不宜作战。最后，参谋本部决定，支持关东军的计划，向23师团提供空中支援。

对于日军借机在远东地区发动军事冒险，斯大林也有自己的盘算——决定在应对欧洲巨变之前，暂时腾出手来，教训教训日本人。他任命苏军中第一批主张大规模使用坦克作战的朱可夫为57特别军军长，苏联的精锐部队也陆续从欧洲调往远东。

5月13日晚21时，日本关东军第23师团骑兵联队长东八百藏中佐奉命率600多名骑兵、装甲部队到达距诺门坎尚有80多公里的甘珠尔庙，派出侦察兵进行作战准备。关东军司令部将驻齐齐哈尔的飞行侦察第10战队、海拉尔飞行第24战队、关东军汽车队的运输汽车100辆，划归23师团指挥和使用。

5月14日~15日，东八百藏联队在5架日机的配合下，向哈拉哈河以东的蒙军742高地攻击。蒙军居于劣势，伤亡30余人，主动撤向河西。17日，东八百藏率部队返回海拉尔。但是，苏联政府依据《苏蒙互助协定》迅速介入，将第11坦克旅开往哈拉哈河地区，同时命令驻在乌兰乌德的摩托化步兵第36师一部向哈拉哈河集合，并将第57特别军司令部从乌兰巴托迁到距哈拉哈河125公里的塔木察格布拉格。苏联的飞机也不断在战区集合，并在诺门坎地区飞行侦察。28日拂晓，日军第64联队、东八百藏中佐联队以及伪满兴安骑兵第1、第2、第8团各一部，分3个方向围攻蒙军，结果被苏蒙军队击败，全军覆没，东八百藏本人也被击毙。

朱可夫到达塔木察格布拉格后，开始集结兵力，组建了一支有35个步兵团和20个骑兵中队的部队，并储运军需，在塔木察格布拉格、桑贝斯（今乔巴山）等地开辟了野战军用机场。6月19日，苏机轰炸阿尔山、甘珠尔庙和阿木古朗将军庙附近的日军集结地，500桶汽油被炸起火。6月20日，第23师团全体出动，小松原带着两万多人向诺门坎进发，同时出动的还有作为战略预备队的第7师团主力。日军吸取了上次没有装甲兵力的教训，派出装甲部队，增强了炮火支援。关东军司令部调第1坦克师和第2飞行集团支援第23师。

6月21日，日军第2飞行集团团长嵯峨彻二中将把他的司令部从新京（今长春）迁至海拉尔，调来4个飞行团，集中了17个战斗轰炸机、侦察机中队。6月22日，苏军出动150架飞机空袭甘珠尔庙、阿木古郎将军庙一带的日军集结地和野战机场，日机也倾巢出动。双方从22日~24日，在诺门坎地区上空大战3天，近60架飞机被击落在草原上。

关东军恣意妄行

空战中，日军开始占有优势，但苏军很快就调来优秀飞行员和新式飞机，而日军却由于人力不足，飞行员频繁起飞，疲于奔命，主动权又转到苏军手里。为了夺回战场的制空权，关东军决定越境奇袭苏军在外蒙古境内的空军基地塔木察格布拉格机场。东京参谋本部在间接得知这一情况后，唯恐这导致苏军报复性轰炸伪满的工业基地，便设法制止关东军的这一行动。参谋本部深知关东军的骄横，除向关东军参谋长发了电报外，还特派有末中佐前去阻止。6月26日，有末中佐从东京飞到大连时，受到关东军极为热情的招待，晚上还有白俄舞女相伴。27日傍晚，当有末中佐到达新京时，才得知越境轰炸已在这天上午结束——共击落击毁苏机124架。

关东军把他们的战果向东京参谋本部汇报，出人意料地并未听到恭喜和鼓励。参谋本部被激怒了：关东军简直太不把参谋本部放在眼里了！显而易见，关东军的行动又捅了一个马蜂窝。

接着，关东军司令官又命令第23师团尽快发动地面攻势。日军当时共有3.6万人、182辆坦克、112门火炮、180架飞机和400辆汽车。7月1日，日军在小林少将的指挥下，1.5万人的部队向哈拉哈河西岸攻击，中午时攻占河东岸的谢尔陶拉盖高地。朱可夫紧急请求支援，继而组织150辆坦克、154辆装甲车、90门大炮、全部飞机和其他部队，分3路进行反击。由于巴音查岗高地周围全是开阔地，非常有利于飞机和战车作战，日军全部裸露在苏军坦克和装甲车炮的面前。7月3日上午7时，第一批苏军轰炸机和歼击机对日军进行了轰炸和扫射，同时，苏蒙军的大炮猛烈轰击日军集群，阻止日军行进。日军无法展开火力，匆忙在沙地上挖掘个人掩体。上午9时，苏军第11坦克旅的150辆坦克向龟缩在沙丘掩体内的日军开火。关东军损兵3000人，大约有少将以下40名军官阵亡。7月11日，关东军司令部命令停止攻势，进行战线整顿，决定向诺门坎前线调兵：从旅顺要塞调来野战重炮第3旅团，从内地调来独立野战重炮联队，从奉天（今沈阳）、北安、齐齐哈尔等地调来反坦克速射炮中队，给23师团补充武器和兵员，增加飞机和车辆。

  关东军司令部从战争一开始，就指示石井四郎的部队拟定在诺门坎地区进行细菌战的计划，而石井也把这场战争视为进行大规模细菌战实验的最佳时机，拟定了731部队参战的3个方案：一是用迫击炮发射细菌炸弹，二是空投细菌炸弹，三是派出一支"敢死队"往河流里撒菌。时任关东军前线指挥官的小松原道认为，前两种方法有可能使日军自身受到伤害，最后决定派遣"敢死队"去撒菌。7月13日，石井细菌部队碇常重少佐带领23名敢死队员，在哈拉哈河乘两只胶皮船顶水将22.5公斤伤寒、霍乱、鼠疫、鼻疽等细菌撒入河水。结果，1340名日军染上了伤寒病、赤痢病和霍乱，731部队军医和敢死队员被细菌传染而亡命的竟达40多人。

  资料显示，731部队在诺门坎战争期间，至少实施了4次细菌战。

  7月23日，日军在诺门坎前线各部队经过半个月的补充和休整后，集中8万兵力，近200门各种大炮和大量对付坦克的速射炮，全线发动总攻击。24日，苏军发动反攻，日军退回原地。25日，关东军司令部下达了"停止进攻，构筑阵地"的指示。

朱可夫组织反攻

  为了早日解决诺门坎地区战事，苏军统帅部决定在塔木察格布拉格的第57特别军扩编成第1集团军。这是临时组织的具有独立作战职能的多兵种合成的大兵团。7月15日，朱可夫被任命为集团军司令员。

  苏军总参谋部决定的总攻时间为8月20日（星期天），因为按照惯例，日军前沿部队的军官有半数要轮流到海拉尔去休假。进攻的命令20日凌晨2时45分传达到一线连队。对面日军阵地一片沉寂。

  当日，天气暖和而又平静。日军第6军前线各部队不少将校级军官果真到海拉尔休假去了，防御设施也只完成了1/3。上午5时45分，朱可夫下达了进攻命令，苏蒙军开始炮击日军阵地，150架轰炸机和100架战斗机向日军轰炸扫射。日军绵延40公里的前沿阵地，笼罩在浓烈的烟火之中，日军的观察所、通讯联系及炮兵阵地全被摧毁。8时45分，苏蒙军分为3个集群，从南路、北路和中央3个方面向日军阵地发起猛攻。

8月23日，日军第6军组织反攻，但在苏军的强大攻势下全线溃败。为此，日本参谋部决定从本土抽调第5师团开赴满洲里，增加关东军的防御力量。关东军在8月底集结4个师团在诺门坎地区，并命令第6军制定新的攻击作战计划，准备与苏军决战。8月24日，苏军南北两翼在诺门坎实施合围，两个日本关东军师团的主力受到包围。8月27日，日军突围失败。朱可夫在日军拒绝投降后，以火炮及空军集中歼击被围的日军。

9月15日，日本驻苏大使东乡与苏联外交人民委员莫洛托夫签订停战协定，双方于9月16日凌晨2时停止一切实际军事行动。

接着，日军在诺门坎4个地方修筑了4个临时火葬场，几十辆军用卡车昼夜不停地从后方运来大量木柴用于火葬，草原上充满了烧焦的尸体的臭气，几十条烟柱直冲初冬的云霄。

从诺门坎战役中活下来的日本兵，编了这样一首《诺门坎战歌》来自嘲：

对面的山是僧布尔山，
脚下的河是哈拉哈河，
十个联队的人呀，
死了成千上万。
天皇在东京瞭望，
司令官命令我们继续前进，
去升天成仙。

1939年8月中旬，欧洲形势急剧变化，苏日双方也在8月底加紧外交谈判。苏军虽然在远东取得战役的胜利，但无意扩大战果。事件最后以日本退让，承认现存边界而结束。1940年6月9日，苏日两方正式缔结协议。

诺门坎战役历时135天，双方投入兵力20余万人，大炮500余门，飞机900架，坦克、装甲车上千辆，死亡6万余人。

苏联方面投入约5.7万名步兵、500辆坦克以及350辆装甲车；官方宣布9000人伤亡。但据1991年苏联解体后解密的档案，苏军真正的死亡人数约为7000人，另有1000多人失踪，1.6万人受伤。

日本方面投入军力58925人。日本第6军的军医部公布了日军的阵亡人数为：战死7720人，伤8664人，病2363人，失踪1021人，共计19768人，全体损失率为27.7%，其中23师团为70.3%。然而，这是一个虚假的、被大大缩小了的数字。直到1966年，日本《朝日新闻》才从靖国神社统计出来真实的数字：日本战死18868人。因此，日本历史学家洞富雄教授说："骗国民一直骗了快30年。"

战后，关东军司令官植田谦吉辞职，前线总指挥小松原被降为预备役军官后，因羞愧而切腹自杀，参谋长冈本双腿被斩断，几乎所有其他负责人都受到了处分，有的人被勒令自杀谢罪。因此，日本史学家称这场战争为"日本陆军史上最大的一次败仗"。

日内阁重审国策

相对于第二次世界大战的其他战役，诺门坎战役是一场不见经传的战事。但是，它对第二次世界大战的局势发展却有着非常深远的影响。

战事发生前，日本内阁仍在为"北进"和"南进"的策略进行辩论。北进计划是以陆军向苏联西伯利亚发动攻势，目标是进攻至贝加尔湖一带；而南进计划则是以海军为主，夺取东南亚的资源，特别是荷属东印度（今印度尼西亚）的石油。诺门坎战役的失败，说明苏联红军的实力对日本陆军来说仍然相当强大，日本不得不重新审视国策，决定在北方对苏联暂时"保持静谧"。

1941年6月22日希特勒向苏联发动闪电战后，德国外交部部长里宾特洛甫曾发电报，督促日本人帮助"解决苏联问题"，但是，日军按兵不动。日本人决定延迟攻击西伯利亚的时间，希望等到德国人占领了莫斯科，使苏联成了"熟透的柿子"后再去捏它。然而，在日本国内，"北进"派渐渐失去了市场。1941年8月9日，"南进"派从日本最高统帅部得到了正式认可，日本便放弃了几十年来为对俄作战所做的准备工作，并把目光移向太平洋、东南亚，准备同英国、美国在海上一决雌雄。苏联远东区一位司令官说："如果日本加入希特勒一边，我们就毫无希望了。"1941年9月底，间谍佐尔格从东京发给莫斯科可靠消息：日本人不可能攻击苏联。苏联在从两线作战的恐怖中解脱出来后，几乎把远东的一半兵力调到了欧洲，正是这些西伯利亚军队（很多是诺门坎战役的老兵），在莫斯科和斯大林格勒战役中，立下了汗马功劳。

南进："建成大东亚共荣圈"

1940年春夏，希特勒的闪电战在西欧不啻是"天佑神助"。荷兰、法国和英国的节节败退，为日本在亚洲实施"南进"战略提供了绝佳的国际环境。日本军国主义者于是明目张胆地埋怨说："日本刚刚参加这场掠夺时，西方列强因为已经有了它们想要的一切，这时突然摆出一副道德面孔，宣布游戏停止了。"日本报纸也声称："只有将白人的罪恶侵占连根拔掉，亚洲人的亚洲才能得以实现。"是年9月，美国驻日大使格鲁向国务院报告说："德国人的胜利就像烈酒一样进入日本沙文主义者的头脑，他们认为，这是他们实现自己扩张美梦的黄金时机。"

其时，日本大本营和内阁内部进行了"南进"还是"北进"的辩论。外相松冈洋右主张先北后南，趁苏德战争的机会，出兵进攻苏联远东地区，这种主张被称为"涩柿主义"。陆相东条英机则主张先南后北，待苏联出现败势后再出兵，即可轻取西伯利亚，这就像摘取熟透的柿子那样容易，因而被称为"熟柿主义"。海军支持南进的主张，认为这样既可以切断国际援华道路，又可以夺取南洋的丰富资源。6月25日到7月1日，大本营和内阁举行了6次联络会议，讨论陆、海军制定的适应形势演变的《帝国国策纲要》，7月2日，日本召开御前会议，通过了这个《纲要》，确定了日本帝国主义"南进"为主、"北进"为辅的侵略总方针：

一、不论世界形势如何转变，帝国将坚持建成大东亚共荣圈……的方针。

二、帝国仍将朝着解决中国事变的方向迈进，并且……迈出南进的步伐，还要根据形势的演变解决北方问题。

《纲要》又具体写道：日本要"加强南进的态势。为达成本项目的，不辞对英美一战"；"倘德苏战争的进展对帝国极为有利时，帝国即行使武力解决北方问题"。

7月18日，第三次近卫内阁摆脱松冈洋右后，急急忙忙以大本营的"南进"方针为基础，于7月26日制定了《基本国策纲要》，第二天又与大本营共同制定了《适应世界形势演变的时局处理纲要》。这两个《纲要》有3个基本点：一是大肆宣扬"树立以效忠国家为第一义的国民道德，二是"建立坚强的新政治体制，以谋求一切国政的集中统一"，三是加强军需生产，为新近列入日程的战争作好准备。具体说来，就是日本在加紧"处理中国事变"的同时，"解决对南方的问题"，其中包括"要尽一切力量消除第三国的援蒋行为，迅速地使重庆政府屈服"。

为了巩固自己的国际地位，对抗美英荷等竞争对手，日本于1940年9月27日在柏林正式签订了德意日三国军事同盟条约。该条约共有6条，其中第3条规定："……三国并承允如果三缔约国中之一受到目前不在欧洲战争或中日冲突中的一国攻击时，应以一切政治、经济和军事手段相援助。"当时，世界上还没有直接卷入战争的大国只有美国和苏联，由此可见，这个条约的矛头是针对美国和苏联的。

1941年9月6日，有日本大本营代表和内阁成员参加的御前会议，通过了一项重大决定——《帝国国策实施纲要》，其中规定："在不辞对美（英、荷）作战的决心下，拟以10月下旬为目标，完成战争准备"；"与此同时，帝国对美英尽量采取各种外交手段，努力贯彻帝国的要求"；"在上一条规定的外交谈判到10月上旬如果尚未达到我方要求的情况下，立即下决心对美（英、荷）开战"。

在此前后，从关岛到缅甸，从马尼拉到马来亚，日军的许多间谍加紧搜集有关防务、机场、登陆海滩和潜在合作者的情报。所有这些情报被送到帝国统帅部，编入发动大规模陆、海、空攻势的"82部队南击计划"。台湾台北市郊有一片临时木建营房，对外的名称是台湾陆军研究所，日本陆军的详细计划有很大一部分是在这里制订出来的。在此形势下，英国首相丘吉尔指出："同我们的其他危机相比，日本的全部威胁埋伏在不祥的阴影中。"

在制订东南亚军事行动计划的一小批日军参谋官中，首屈一指的是辻政信。他是一个极端狂热的民族主义分子，曾经策划暗杀近卫亲王。现在，他综合了被日本划入"共荣圈"的每个国家的详细情报，并研究了如何装备丛林作战部队，因为在丛林里，部队除了要对付敌人外，还要面临疟疾和能使武器一夜之间生锈的湿气的威胁。在中国海南岛严密把守的试验场里，日军试验了有关食品、军服、装备和突击技术。部队连同战马被关在令人窒息的屋子里，只携带有限的饮水，以便考验他（它）们的忍耐力。与此同时，装扮成中国苦力的间谍在菲律宾和马来亚活动，刺探拟议的进军路线上战略公路和桥梁的情报。

1941年夏，辻政信得以向东京的参谋本部寄出一系列报告，为日本武力征服东南亚提供了切实可行的蓝图。这些报告使帝国陆军参谋长杉山元将军相信，海军早就倡导的向南扩张的计划不仅可行，而且可以迅速实现。辻政信在回答杉山元关于这个行动将历时多久的问题时，准确得令人惊讶："如果我们在11月3日开始行动，我们将能在新年夺取马尼拉，在2月11日占领新加坡，在陆军纪念日（3月10日）占领爪哇，在天皇生日（4月19日）占领仰光。"这项秘密计划取名为"1号行动计划"，是夺取东南亚的总的蓝图。8月，辻政信被派往西贡，监督执行陆军行动计划：入侵马来亚和泰国，占领新加坡这座英国堡垒，消灭英国在远东的势力。

到了1941年夏末，日军参谋们解决了所有的技术问题和作战问题。为了验证帝国参谋本部在同时入侵马来亚、菲律宾、威克岛、关岛、婆罗洲（今加里曼丹）和爪哇时所起的作用，还进行了沙盘作业教练演习。

1941年11月6日，日本大本营（西贡）向南方军总司令寺内寿一发出了第556号命令："大本营准备占领南洋各重要地区……开战日期另发专令。"

日军的主要作战计划是：第一阶段占领英属马来亚、菲律宾、香港、关岛、威克岛；第二阶段占领缅甸、婆罗洲、苏门答腊、爪哇、西里伯斯（今苏拉威西）、巽他群岛、荷属东帝汶和俾斯麦群岛。

日本侵略东南亚的兵力分布如下：

陆军方面——

南方军（总司令：寺内寿一大将；总参谋长：冢田攻中将）。

菲律宾战区，第14军（司令官：本间雅晴中将；参谋长：前田正实中将），包括：第16师团、第48师团、战车连队2。

马来西亚战区，第25军（司令官：山下奉文中将；参谋长：铃木宗作中将），包括：近卫师团、第5师团、第18师团、战车团1（战车连队4）、第56师团。

荷属东印度战区，第16军（司令官：今村均中将；参谋长：冈崎清三郎少将），包括：第2师团、混成第56步兵团、战车连队3（第38师团、第48师团）。

泰国、缅甸战区，第15军（司令官：饭田祥二郎中将；参谋长：谏山春树少将），包括：第33师团、第55师团（不完整的南海支队）。

关岛战区，第55师团（混成第55步兵团，支队长：堀井富太郎少将）。

婆罗门战区，川口支队（第18师团的一部分，支队长：川口清健少将）。

南方军直属，法属印度支那战区，包括：第21师团（师长：田中久一中将）、独立混成第21旅团第1空挺师团、第3飞行师团、第5飞行师团、第21独立飞行队。

支那派遣军，第23军的一部分，包括：第38师团（负责进攻香港）、第4师团（直属上海大本营管辖）。

海军方面——

联合舰队攻击珍珠港的任务由第1航空舰队与第6舰队担任，南洋方面则由第4舰队、本土东方第5舰队组成，内海由第1舰队配置，其他大部分由南方部队编成。南方部队指挥官由第2舰队指挥官近藤信竹中将担任。

南方部队（指挥官：近藤信竹中将；参谋长：白石万隆少将）。

南方部队本队包括：第2舰队（以"金刚"号战舰、"榛名"号战舰为主力）用于南海、帕劳等地的作战支援。

马来部队包括：南遣舰队（司令长官：小泽治三郎中将；参谋长：泽田虎夫少将）用于支援马来亚、婆罗洲、苏门答腊地区的作战行动。

比岛（兰印）部队包括：第3舰队的大部分船舰（司令长官：高桥伊望中将；参谋长：中村俊久少将）负责支援攻取菲律宾。菲律宾攻下后，支援荷属东印度作战。

航空部队包括：第11航空舰队（司令长官：冢原二四三中将；参谋长：大西泷治郎少将）用于基地航空部队。夺取菲律宾的制空权后，转到荷属东印度地区作战。

潜艇部队包括：第5潜水战队（司令官：醍醐忠重少将）。

以上总共约40万人；陆军航空队的第一线飞机约700架，海军进攻飞机约1600架。

在日本联合舰队特遣编队偷袭珍珠港时，由寺内寿一指挥的南方军分5路向东南亚和西南太平洋岛屿发动全面进攻。

第一路：由驻台湾的日军第14军向菲律宾进攻。

第二路：由从台湾起飞的日军机群开始对香港发起进攻。

第三路：由驻印度支那半岛的日军第 15 军向泰国和缅甸进攻。
第四路：由驻印度支那半岛的日军第 25 军向马来亚和新加坡进攻。
第五路：由驻海南岛的日军第 16 军向荷属东印度进攻。

香 港

——"最先失守的要塞"

香港历来在经济和军事上占有重要地位。早从唐代开始，中国就在香港驻军。20世纪中叶，香港又成为英国远东舰队的重要基地。

还在太平洋战争爆发以前，日本就对香港虎视眈眈。1940年7月，日军大本营就已将装备有240毫米榴弹炮和加农炮的重炮部队，调到了中国华南地区。

日军担负进攻香港要塞的陆军部队为第23军，它下辖第38师团、第51师团（刚从中国东北调到南方）的第66联队和第1炮兵部队。为上述部队担任空中和海上支援任务的是第1飞行团和第2遣华舰队，这两支部队配有轻型轰炸机34架、战斗机13架、侦察机9架；轻巡洋舰1艘、驱逐舰5艘、鱼雷艇和炮艇多艘。第23军所属部队于1941年秋天进至深圳一带，进行战前准备。随着开战日期的临近，担任陆上进攻的第1梯队已悄然进入出击地域，大本营曾严令该梯队"必须在马来登陆战打响之后开始行动，不得提前"。

1940年8月，英国参谋长委员会在研究时局时认为，远东形势对香港极其不利，因为香港比新加坡要难守得多。委员会提出，英国应从该地撤军，但英国最高当局认为，撤出驻军会使英国威信扫地，并强调要尽力守住香港。

英国在香港的驻军原为4个营，1941年10月又增加了两个加拿大营。在日军进攻前，岛上共有英国、印度和加拿大的地面部队约1.2万人，而海军只有1艘舰龄很长的驱逐舰、8艘炮舰和若干巡逻艇，它们由莫尔特比少将统一指挥。香港要塞的物资储备比较充足，莫尔特比计划坚守半年以上。

香港要塞是指香港本岛和九龙半岛以及两者之间的港湾水区——水陆相互结合而构成防御体系。要塞北面的陆上防线，由城门水库以南的几条东西方向的碉堡式阵地组成。香港面对大海筑有坚固的炮台,配备有大小口径的岸炮,而面对九龙半岛一侧则构筑了各种防御工事。九龙半岛上建有机场,可供军队使用。

1941年12月7日,日军山下奉文中将率领第25军在泰国南部的宋卡登陆,揭开了马来亚战役的序幕。这一天恰逢星期日,香港地区呈现出一片和平宁静的气氛。电影院场场满座,酒吧间坐满客人,舞场里传出爵士音乐,年轻人成群结队地到新界农村郊游。人们正热切地期盼着两个多星期以后的圣诞节。

12月8日凌晨,日本大本营向第23军司令官发出了"开花"、"开花"的特急电报——这个暗语是在告诉日军,马来半岛的登陆战已经打响。第23军司令官酒井隆中将接到电报后,于4时下达了开始进攻的命令。日军主力在炮兵、空军、海军的配合下,向香港发起了攻击。36架日军轻型轰炸机首先空袭了香港启德机场和停泊在香港海面上的英军舰船,并迅速摧毁了香港英军薄弱的空军力量。机场附近的一些民房也被炸弹击中。

与此同时,日军炮兵猛烈轰击英军的前沿阵地,第2遣华舰队则从海上封锁了香港地区。接着,地面部队兵分4路发起冲击,未遭激烈抵抗就突破了深圳一线的防御,向九龙半岛上的"酒徒"防线进军。在垃圾湾防线,大部分地段上的英军略作抵抗就纷纷后撤。日军冲在最前面的228联队先头中队,在侦察城门水库南面的英军主阵地"225高地"时,发现英军的防御部署存在明显的漏洞,于是当机立断,乘虚而入,一举夺取了这个阵地。第228联队的主力不失时机地扩大战果,其他联队也积极策应,促使英国守军提早放弃了"酒徒"防线,开始向香港岛撤退。

12日晚,英日双方隔着维多利亚港海面互相炮轰。第二天上午,一艘插着白旗的小艇,由九龙油麻地码头向香港岛驶来,艇上载有日军劝降使者多田中佐,还有被挟持的香港总督私人秘书李夫人等。英军拒绝了日军的招降。

13日,日军完全占领了九龙半岛。

从14日开始,日军进行隔海炮击,极力摧毁岛上的防御工事。

17日,日军再次派人乘两艘小艇过海劝降,香港总督扬慕琦再次拒绝,并且警告日方,如果再有"和平使者"过海,香港将不客气地开枪射击。日军随即做好了渡海准备。

18日深夜,即在经过5天的炮击后,日军乘坐百余艘汽艇、橡皮舟等，分别在北角、不莱玛、水牛湾登陆。新见政一海军中将指挥的第 2 遣华舰队也在香港附近出现。此后，英军的反攻收效甚微。19 日，英军西部旅旅长罗松准将战死。20 日，英军被日军完全分割在东、西两个地区，战线犬牙交错，多处呈现混乱状态。

21 日，英军东部旅向黄泥涌山峡反攻，而西部旅则向尼克松山反攻，但是均未成功。日军在山间发现一个紧急供水的水库后，即刻加以控制，香港市民立即断水。这是促使守军投降的一个重要原因。此外，日本人从守军的一个战死军官身上搜到一幅防御部署图，因而掌握了岛上的整个防御部署和火力配系。日军以重炮将各防御重点一一摧毁，使守军的防线迅速瓦解。24 日，日军再次对英军劝降，但仍遭到拒绝。25 日，日军飞机和炮兵集中火力对仓库山峡谷、湾仔山峡、歌赋山、扯旗山、西高山英军阵地猛烈轰炸，迫使英军放弃抵抗。傍晚，一辆挂着白旗的汽车由中环开向跑马地日军司令部。17 时 50 分，香港总督扬慕琦与日军代表签订了停战协定，他本人也成了日军的阶下囚。

这一天是圣诞节，但绝大多数香港居民都躲藏在黑暗的房屋里或防空洞里——往日灯火辉煌的"不夜城"变成了血雨腥风的恐怖世界，因此，人们称这一天为"黑色的圣诞节"。

香港只坚守了 18 天。日军于 26 日举行了占领香港的入城式，香港成为"预计坚守 6 个月的堡垒"中最先失守的一个。

日军入城后，大肆抢掠，强奸妇女，杀害无辜居民，犯下累累暴行。日军的安民布告虚伪地宣称："保护华人财产"、"香港战争是对白种人的战争"。但是，仍然有许多华人的店铺被封，特别是那些大店铺，如"先施"、"永安"、"大新"等国货公司以及五金行、汽车行等。被查封的公司门口多半钉有写着"军搜集部管理"字样的木牌，银行、当铺门口则钉有"金融班管理"的木牌。日军将香港的 95 万担存米抢走了 80 万担充作军粮，造成香港严重的粮荒。

在日本侵略军占领香港的 3 年多时间里，香港广大居民蒙受了巨大的苦难。日本侵略军滥杀无辜，实行皇民教育，禁止使用英语，强迫使用日语，并把香港的地区、街道名称改成了日文。日军还强迫居民使用军票。起初，军票对港币的比率为 1∶2，到了 1942 年 10 月就改为 1∶4。1943 年 6 月，日军宣布禁用港币，居民必须在限期内到台湾银行兑换军票，违者杀头。在日本统治初期，居民每人每天只能领到 6 两多配给米，难以糊口。到了战争中期，粮食发生恐慌，日本侵略者便改变配给制度，只向那些为敌人服务的公务人员提供配给米，结果造成米价飞涨，饿死者不计其数。

日本统治期间，日军随意毁坏古迹、拆迁民房。他们毁掉了九龙寨城的城墙，炸掉了象征民族精神的宋王台。1942年8月，日军为在湾仔大佛口附近的洛克道设立500家慰安所，竟然强迫当地居民搬迁。日军68大队的大队长中川金光亲自出马，指挥士兵用铁丝网封锁了这条街道，凶神恶煞的日本兵限令住户在3天内全部搬出，不得再留一人。居民被迫在风雨中扶老携幼搬往他地，许多人甚至露宿街头。

日本统治期间，香港百业凋零，唯有赌博、吸毒等罪恶的行当得到发展。从最热闹的皇后大道到最偏僻的角落，香港到处都有赌场。臭名昭著的大赌场有"荣生公司"、"两利公司"等。赌场门口往往挂有一面日本国旗和一条"发财请进"的标语。1944年2月派遣军司令田中久一在兼任香港总督后，公开鼓励开赌，通过抽赌来补充军费。

日军占领马来亚

马来亚位于马来半岛南部，控制着太平洋与印度洋之间的主要通道马六甲海峡，战略地位十分重要。进攻并占领英属马来亚，是日军南方作战的重要组成部分。为此，日本大本营事先派出间谍到泰国搜集情报，并根据这些情报，秘密组织了3个师团的军队，在中国海南岛进行热带丛林作战训练。

日本的扩张引起了美英等国的强烈反应。1941年7月26日，美国宣布冻结日本在美资金，并实施包括石油在内的战略物资禁运，英国和荷兰也采取了同样的措施。但是，日本不顾美英荷等国的警告，于7月28日进占了法属印度支那，加紧了"南进"的步伐。

11月中旬，日本大本营秘密任命山下奉文大将为进攻马来亚和新加坡的日军第25军司令，立即到西贡就职。为掩人耳目，山下奉文乘机抵达西贡时，头戴礼帽，身穿和服，俨如和平使者。然而，其诡秘的行动及身后大批随从仍引起人们的注意，他一时被称为"蒙面将军"。

山下到达西贡不久，他的大批随从参谋人员就到橡胶园中进行调查，研究即将侵占马来亚时在橡胶林中作战的方法。经过调查研究，山下决定把进攻马来半岛的登陆点选在泰国的宋卡、北大年和马来亚的哥打巴鲁3处，登陆后再向南进攻。

泰国南临马来亚，是日本侵略者早已觊觎的南进基地。1941年11月24日，日本大本营授权南方军总司令官寺内寿一就日军进入泰国的一切军事问题同泰国当局进行谈判，谈判应在12月7日18时开始，于8日零时以前结束。不论谈判结果如何，日军都将按计划进入泰国。由于泰国总理披汶·颂堪和海军部长都离开了首都，日本大使没有谈判对象，便于12月8日凌晨1时50分把日本的要求交给了泰国外长。3时30分，寺内寿一命令日军进入泰国。日本第15军的部队从印度支那南部越过泰国东部边界，于9日早晨进入曼谷。日军入侵泰国后，就把同盟条约强加于泰国政府。12月21日,条约正式签字。这样,日本就把泰国绑在了自己的战车上。

"威尔士亲王"号战列舰沉没

驻守马来半岛的英军将领虽觉察到日军的阴谋,但却错误地认为,当时正刮着东北季风,半岛东部风急浪高,日军通过南中国海和暹罗湾南下发动战争的可能性不大。尽管如此,英驻军司令部仍制定了"斗牛士计划",调集了10万兵力,准备在日军发动进攻时,首先抢占克拉地峡附近泰马两国边界的机场。

1941年10月2日,身材矮小的"大拇指将军"——英国海军副总参谋长菲利普斯上将率领英国3.5万吨级的新型战列舰"威尔士亲王"号和"却敌"号,赶到新加坡组成新的远东舰队,威慑日本海军。12月4日,日军第一批登陆部队2.6万人在山下率领下,从中国海南岛的三亚秘密登船,向马来半岛进发。6日,在暹罗湾上空巡逻的英军侦察机发现了日军的运输舰队,立即用无线电报告英军司令部。菲利普斯主张立即执行"斗牛士计划",但陆军司令帕西瓦尔坚持要坐视事态的发展。

12月8日拂晓,日本第三航空队大举轰炸马来亚的哥打巴鲁和吉打,以图消灭英国空军。第18师团5000多人不顾汹涌的海浪,蜂拥登上了海滩。这比日军偷袭珍珠港还早两个小时。日军登陆后立即向英军阵地发起猛攻,英军抵挡不住,纷纷后撤。傍晚,日军占领了哥打巴鲁机场。

另一支进攻北大年的日军在日谍朝春繁之的率领下,向他早已选定的一片沙滩登陆点冲去,但日军士兵跳入水中却被烂泥陷住,许多人因而丧生。经过几小时的挣扎,筋疲力尽的日军部队才爬到坚实的沙滩上,并遭到当地驻军的猛烈攻击。此后,日军在坦克的掩护下,冲破泰国士兵的阻击,向西南方向的马泰边境冲去。在各路日军登陆的同时,日本空军对马来亚和新加坡的英军机场进行了猛烈轰炸。经过两天空战,英军损失惨重,被迫退到新加坡,日军夺取了马来亚的制空权。

为打击登陆日军,英海军司令菲利普斯率领"威尔士亲王"号和"却敌"号战列舰以及4艘驱逐舰组成"Z"舰队,于8日黄昏借阴云掩护,开出新加坡港。12月9日,一艘日军潜舰发现了悄悄驶入暹罗湾的英军"Z"舰队,立即报告了西贡日军空军司令部。早欲击沉该舰的日军指挥官们个个喜出望外。傍晚,西贡日军第22航空司令松永少将,命令原准备轰炸新加坡的轰炸机把炸弹换成鱼雷，飞向暹罗湾以南搜寻"Z"舰队。但他们在茫茫大海上，始终没有发现英国舰队的踪迹。另一方面，求战心切的菲利普斯希望在第二天早上遇到日舰，速战速决，在日机赶来增援前撤出战斗。他号召全舰人员随时准备战斗："见敌击之，击之必沉。"傍晚，继续北驶的"Z"舰队发现天边有3架飞机飞过，菲利普斯认为敌人已察觉他们的行踪，出其不意攻击登陆日军的希望落空了。为了免遭日机攻击，他急忙下令舰队返航。

这时，被日军打得晕头转向的英军司令部，误以为日军又在关丹登陆，急忙电告正朝南返航的菲利普斯。菲利普斯接电后，大喜过望。他不愿放弃打击日军的机会，下令舰队向关丹进发。10日天亮后，冲进关丹的"Z"舰队不见一个日军的踪影，菲利普斯急令迅速退出港口，继续向新加坡返航。这时，再次起飞追寻"Z"舰队的85架日机，终于在关丹东南的海上发现了它们要攻击的目标。日军飞行员利用云层掩护，向"Z"舰队扑了过去。"威尔士亲王"号上的175门高射炮瞄准日机猛烈开火，其他舰艇也纷纷开炮射击。日机冲破防空火网，瞄准"威尔士亲王"号和"却敌"号战列舰，投下一串串炸弹和鱼雷。"却敌"号刚刚躲开一枚鱼雷，又被一颗炸弹击中，舰上立即燃起了熊熊大火。舰长坦南特急忙指挥水兵扑火，并立即向新加坡英军司令部发出急电："途遭日机袭击，速援！"

"威尔士亲王"号在躲开日机投下的炸弹后，又被两颗鱼雷同时击中左舷。随着猛烈的爆炸，舰艇开始向左倾斜，舰长利奇命令在旗杆上挂起危急求援的信号球。"却敌"号舰长坦南特急忙指挥军舰向"威尔士亲王"号靠拢。这时，另一批日机俯冲下来，领头的两架被"Z"舰队上的防空火力击中，拖着浓烟烈火，掠着军舰栽进海里，其余7架却冲破防空火网，朝"却敌"号连连投下数枚鱼雷。2.4万吨的"却敌"号战列舰被炸得左摇右摆，船尾开始下沉，船头翘出水面，犹如大教堂的屋顶尖塔。坦南特舰长下令弃舰。舰上人员刚刚撤离，"却敌"号即迅速沉入海底，海面上只留下一个巨大的漩涡。

这时，9架日本轰炸机又冲过火网，向已中了5枚鱼雷的"威尔士亲王"号投下炸弹。这艘被炸伤而失去控制的巨型战舰开始慢慢下沉，菲利普斯只得命令水兵迅速离舰逃命。他站在即将没入水中的舰桥上，向离舰远去的官兵们挥手告别，接着就和这艘巨舰一起从海面上消失了。日军飞机返航后，英国6架"水牛式"飞机才赶到战斗过的海面，这些飞行员只看到徐徐下沉的巨舰和一群群落水的士兵在海浪中挣扎。

英国军事史家富勒后来写道:"这个损失对新加坡的精神影响是灾难性的",而且它"预示着未来的灾难"。"事实上,至少是在这个时候,新加坡本身存在的理由也同这两艘军舰一齐消失了——它现在是一个没有舰队的海军基地。"英国首相丘吉尔后来也回忆说:"在全部战争过程中,我从来没有受过一次比这更直接的震惊。"

英印澳军大溃退

1941年12月11日,山下冒着瓢泼大雨,向集结在泰马西部边境准备突破吉打防线的日军机械化突击队训话:"只管前进,受到攻击时不许停车应战,沿公路一直钻到柔佛巴鲁去,这就叫'电钻战'!"日军第5师团佐伯静夫中佐指挥的突击队800多人,在坦克和大炮掩护下,拆毁边境路障,冲过边境,向英军吉打防线发起进攻。

英军第11印度师一个营的士兵坚守在尚未完成的水泥工事里顽强抵抗。在日军大炮和坦克的攻击下,吉打防线的工事一座座被击毁,第一次见到坦克的印度士兵抵挡不住日军的攻击,纷纷扔掉武器,离开湿漉漉的阵地,在漏雨的橡胶树下躲雨。50名挥舞大刀的日本士兵轻而易举地突破了防线。日军乘胜追击,英印军撤往霹雳河。被认为是马来亚北部坚固阵地的"吉打防线",仅两天就被日军突破了。为加快进攻速度,成千的日军骑着自行车顺公路蜂拥而下,急速向前推进。

指挥战斗的辻大佐在报告中不无讥讽地写道:"我们现在摸透了敌人的战斗力。"刚刚发生的情况证实了他在日军训导手册中所作的预言:"虽然军官是欧洲人,但军士和其他士兵几乎都是当地人,军官和士兵之间的团结意识几等于零。"日军缴获了溅着血迹的锡特拉城防图,第二天发兵攻克了该城。印度军队只顾沿着公路逃跑,把野战炮、重机枪以及300多辆卡车和装甲车丢在后面。日军胜利的代价是死亡27名士兵,而辻大佐原来的估计是死亡1000人。

马来半岛西部后撤的英军为了阻止日军的攻势,沿途破坏了许多道路和桥梁。最后,在霹雳河天险一带建立了新的防线。但是,受过丛林战训练的日军穿过丛林,避开英军的正面防守,乘小船从霹雳河上游绕至英印军在金宝的阵地。

12月18日,槟榔屿陷落。月底,关丹失守。

另一支从海路绕过金宝防线的日军一个坦克突击队,直扑金宝后方20英里的战略要地斯林河大桥。1942年1月初,日军突击队付出了6辆坦克的代价，消灭了斯林河大桥的英国守军，夺取了大桥，切断了斯林河以北的英印军的退路。据守隘口天险的英印军第11印度师见后路被断，丧失了斗志，争相逃命和投降，该师遂告瓦解。

1月2日至12日，日军新投入战斗的近卫师团一部和第5师团在马六甲半岛西岸登陆部队的支援下，渡过仕林河，在11日占领马来亚首都吉隆坡后，一直突击到马来亚最南端的柔佛州州界。13日，由英军史密斯少将率领的从非洲战场抽调来的第18英国师增援部队，以及性能较好的50架"旋风式"战斗机抵达了马来半岛。但是，这支队伍沿途历尽艰辛，疲惫不堪，50架新式战斗机也因寡不敌众，很快就在空战中损失殆尽。

1月15日，日军近卫师团在飞机和大炮的掩护下，向柔佛英国防线左翼的守军澳大利亚第8师发动了猛烈攻击。在贝内特师长的指挥下，澳大利亚第8师团的士兵坚守阵地，英勇还击，日军伤亡惨重，在阵地前丢下10多辆被击毁的坦克和数百具尸体。恼羞成怒的日军派出大批轰炸机，对坚守阵地的澳军狂轰滥炸，澳军第45旅旅长邓肯及营以上军官全部阵亡。21日夜晚，被日军切断退路的英印澳士兵300多人，在澳军军官梅哈上尉率领下，高唱战歌，冲入日军阵地进行肉搏战，终于突破重围，向新加坡撤去。

日本侵略军在54天内，以伤亡4600人的代价，占领了整个马来亚，而英军伤亡和被俘人员却多达2.5万人。接着，日本兵在马来半岛上骑着自行车，载着各种"胜利品"继续南下，赶往柔佛海峡集结，准备进攻新加坡。

新加坡轻陷敌手

新加坡是马来半岛最南端的岛屿，它西部的马六甲海峡是太平洋的咽喉要道。

从1942年1月1日起，日本空军每天都空袭新加坡。1月7日，英国新任西南太平洋战区总司令韦维尔将军，赶到马来亚中部前线视察败退的英印军部队。他命令英印军放弃吉隆坡等城市，退往柔佛州建立新防线，保卫新加坡。他接着视察了英国"不可攻破的堡垒"——新加坡要塞。当他看到要塞的大炮全部对着南面大海而无法轰击北来的日军，致使新加坡赤裸裸地毫无防御时，不禁惊得目瞪口呆，立即将情况电告伦敦。英国首相丘吉尔接到韦维尔的报告后"痛苦之至"，悔恨自己过去轻信了有关"新加坡要塞"的报道，并警告部属说："一个建设了20年的要塞竟出现这种情况，这是最大的丑闻。"

1月30日深夜，即英军在马来半岛的防线彻底崩溃后，最后一批英印澳军撤过连接马来半岛与新加坡的长堤，随后就炸毁了长堤，开始了新加坡要塞的防御战。这时，各处被日军打散后躲入树林中的英印士兵纷纷出来向日军投降。

在伦敦，丘吉尔对马来亚战役的失败感到异常震惊。他打电话给韦维尔："请告诉我，一旦你们被迫撤退到新加坡，将会怎样？"当他得知柔佛方面几乎没有采取措施去保卫这座堡垒岛屿时，他更加吃惊。于是他向三军参谋长会议发出了连珠炮般的"即日行动"命令，要求部队赶快修建防御工事。他说："新加坡必须成为堡垒，誓死保卫。"

日本进攻部队离柔佛浅浅的海峡不到100英里的消息，使数以百计的欧洲人携家带口地跑到碎石铺地的码头，希望搭乘几艘还敢冲破敌人海空封锁的船只逃出该地。

日军为迷惑新加坡的英军，在海峡东侧的橡胶林中，早晚升起几百股炊烟，设立假电台，夜间则派卡车开着大灯来回行驶，造成大部队要在新加坡东北登陆的假象。日军第5师团主攻部队则在柔佛海峡西北秘密集结,在那里的橡胶林中构筑炮兵阵地,准备舟艇和木筏,准备登陆作战。不久,日军派出大批飞机,对新加坡的4个机场进行猛烈轰炸,英国飞机几乎全部被击毁。

这时,新加坡人民群情激昂,自发组织了义勇队,要求武装抗击日军,但英国殖民当局不予支持。而在新加坡岛上的10多万英印澳军队,大多数是从马来半岛败退下来的残兵败将,士气低落,缺乏斗志。

1月25日,英军司令帕西瓦尔没有其他办法,只好下令撤退。两天以后,韦维尔的司令部接到报告:"我们一路战斗,但我们可能在一星期之内被赶回到这个岛上。"这时候,满载老百姓的火车和满载军队的卡车塞满了柔佛海峡的堤道。戈登·贝内特将军随他的澳大利亚师一起撤走的时候,忧郁地写道:"此地此刻彻底撤退。"

2月1日拂晓,来自英国阿盖尔和萨瑟兰地区的苏格兰高地联队第二营残余部队带来了落伍的士兵。一支横笛吹奏着悲凉的曲子《高地男儿》。上午8时,工兵奉命炸毁堤道。爆炸的烟尘落定之后,新加坡看起来又像是一座真正的岛屿了,从炸开的大缺口流泻过去的柔佛海峡的混浊海水,将这座岛屿割裂开来。不过,由于计算错误,缺口处的水深不到4英尺——退潮的时候浅得连最矮的日本士兵也能涉过河去。

2月7日傍晚,日军近卫师团向新加坡东北岸发起佯攻。天黑以后,日军440门大炮一齐向新加坡北岸的军事目标发起猛烈炮击,以引诱英军前往增援。英印澳的防御工事、铁丝网等均被炸毁,实里达海军基地的巨型油罐也被击中,燃起熊熊大火,烟雾笼罩着海岸。接着,日军山下奉文的第5师团主力在新加坡西北沼泽地区登陆,并立即向防守力量单薄的澳军阵地发起猛攻。天亮后,日军先头部队在几十辆坦克的支援下,突破了澳军阵地,向新加坡内地插去。守卫新加坡制高点武吉智马高地的英军和进攻的日军展开猛烈的战斗。第二天,日军在经过白刃战后控制了高地。

2月8日早晨,日军开始用大炮从柔佛海峡对岸猛轰新加坡,中午开始强渡海峡,并顺利登陆。9日,日军分两路进入岛上。这时,山下奉文的3万日军已是精疲力竭,弹尽粮绝,无力再向10多万英印澳军继续进攻。狡猾的山下却虚张声势,于11日色厉内荏地用飞机向帕西瓦尔散发劝降书,但英军没有理会,继续战斗。14日,日军坦克部队占领了新加坡的水库,切断了英印澳军的水源。山下命令日军以为数不多的炮弹向新加坡市区射击。15日,正当日军内部为继续战斗而发愁,要求山下将部队撤回马来半岛时，早已丧失战斗意志的帕西瓦尔却手持白旗，来到日军司令部要求投降。

当哆哆嗦嗦的帕西瓦尔想提出投降条件时，仅有3发炮弹的山下却装模作样地大声逼问帕西瓦尔："投降不投降，你回答'是'或'不是'。"胆战心惊的帕西瓦尔屈辱地点点头，痛苦地在投降书上签了字。第二天，在帕西瓦尔率领下，英印澳守军13万人向仅有3万多人的日军交出了740门火炮，1万辆汽车和大批枪支弹药。

英国当局眼看大势已去，急忙派军舰将新加坡要塞的海空指挥官普尔福德少将和斯普纳少将等重要军事头领从海上撤出。但他们出海后不久即遭到日本海军的追击，最后只好弃舰逃到一座荒岛。普尔福德和斯普纳等20多人因缺乏食物和药品，不久即先后病死和饿死在荒岛上。5月14日，荒岛上残存的人们只好在空军中校阿特金斯的率领下，乘船返回新加坡，向日本占领军投降。

日军攻陷新加坡后，将它改命为"昭南岛"，山下奉文则得到一个"马来之虎"的绰号。

荷属东印度战争

荷属东印度是指 1800 年~1949 年由荷兰人统治的印度尼西亚，它是控制太平洋和印度洋两大洋、亚洲和澳大利亚两大陆之间交通线的战略要地。这里有爪哇、苏门答腊、婆罗洲、苏拉威西和新几内亚等 1.3 万多个岛屿，总面积 190 多万平方公里。它因热带雨林的美丽景色而被称为"环形绿宝石"，又因年产 800 万吨石油而享有"石油宝库"的美誉。荷属东印度还有丰富的锡、铁、煤等自然资源。日本南进的重要原因之一，就是要侵占这些战略物资，尤其是石油。

1619 年荷兰人攻占爪哇岛上的雅加达后，即将之作为荷兰东印度公司在东方的总部。在荷兰人到来之前，葡萄牙人已经在这一地区开辟了一些商站；之后，英国人也在这里建立了一些殖民地。尽管如此，荷兰人仍在该地占有最多地盘。1799 年东印度公司解散后，荷兰政府接管了这里的殖民地，史称荷属东印度。第二次世界大战期间，在荷兰本土被德国法西斯占领后，荷兰终止了同日本的贸易，这加大了日本对东印度的侵略野心。

爪哇岛是这个群岛中最重要的岛屿，它东西长 970 公里，南北宽 160 公里，面积达 12.6 万平方公里。岛上以山地和丘陵为主，全岛最高峰塞梅鲁火山就位于该岛的东南部。山间多宽广的盆地，许多盆地为印度尼西亚王国的发祥地。岛上河流纵横，风光旖旎，自然条件十分优越。

战争开始前，盟军在荷属东印度的实力并不算弱。美英荷澳的陆军共有 9.2 万人，另有各种舰艇 146 艘，飞机 300 架。其中，美国亚洲舰队拥有重巡洋舰"休斯敦"号、轻巡洋舰"马波亥德"号和"波伊斯"号以及 13 艘驱逐舰；澳大利亚有 2 艘轻巡洋舰和 7 艘驱逐舰；康·赫尔弗里希中将指挥的荷兰海军拥有轻巡洋舰"特隆普"号、"爪哇"号、"鲁特"号、7 艘驱逐舰和 16 艘潜艇。而且，美海军第 10 巡逻机大队的轰炸机，荷兰的战斗机以及爪哇基地上的 B-17 空中堡垒轰炸机，随时准备为盟国联合海军舰队提供空中掩护。

但是,由于盟军将主要力量投入了欧洲战场,一直疏于对荷属东印度的防御。直到1941年年底和1942年年初,美国总统罗斯福和英国首相丘吉尔在华盛顿会晤时,才决定建立一个盟军联合司令部,并任命英国陆军上将韦维尔为最高司令官。韦维尔发现各国军队各有所谋,难以形成统一的作战思想,就让4个国家各自为战,同时致电丘吉尔说:"爪哇似难长期防守,现在无论再投入多大力量,都不会对延长战斗起多大作用。"

1月20日,日本一支庞大的舰队从婆罗洲与西里伯斯岛的望加锡海峡全速南下,其中的22艘运输舰、货轮由巡洋舰、驱逐舰护航,攻击目标是有油有煤的重要港口巴厘巴板。21日,盟军派出飞机沿婆罗洲海岸巡逻。23日,南下的日本舰队遭到盟军陆军航空队轰炸机的攻击。当天晚上,日舰在巴厘巴板附近下锚。美军哈特上将感到形势严峻,急忙命令他的助手威廉·格拉斯福德少将率领6艘美国军舰火速北上,阻击日军舰队。

在急速行驶中,由于望加锡海峡能见度极低,新式装甲巡洋舰"博伊西"号不幸触礁,舰体底部被划开一条38米长的裂口,只好脱离战斗编队。接着,格拉斯福德乘坐的"马波亥德"号巡洋舰的发动机也出了故障。无奈之下,格拉斯福德只好命令剩下的4艘驱逐舰开足马力向北航行,绕过苏拉威西曼达尔角,驶向敌舰的锚地。夜晚11时,各舰进入战斗准备状态。24日凌晨2时,远方透出微微的闪光,航程员向格拉斯福德报告:"前方就是巴厘巴板。"

黑夜既掩护了美军舰队,也蒙住了日本人的眼睛。凌晨3时,双方舰队"擦肩而过"。由于速度快、距离近,美军驱逐舰无法发射鱼雷。又过了一会儿,行驶在最前面的美国"福特"号瞭望哨高声报告:"四周全是日本军舰!"格拉斯福德发现日军一艘巡逻舰在前面带队,12艘运输船跟在后面,慢吞吞地驶出巴厘巴板海湾南下,简直喜出望外。他立即发出命令:"向敌舰攻击!"4艘驱逐舰开足马力,向日本舰队冲去,在距离只有几百米时发射了鱼雷。

这时,巴厘巴板地区的油井正在燃烧,蔓延的火光把整个天空照得透亮,日军舰队的轮廓也被映得清清楚楚。一艘日舰中弹爆炸,浓烟烈火腾空而起。无数美军鱼雷在海面上穿梭,航迹依稀可见。日舰顿时乱作一团,爆炸声此起彼伏。日军以为遭到了空中袭击,赶忙发射防空炮火——探照灯强大的光柱直刺夜空,在空中扫来扫去,岸基高炮也盲目地向夜空射击。等到美军把 48 枚鱼雷发射完毕，日军官兵才恍然大悟。

凌晨 4 时，美舰退出战斗，南返泗水港。美军舰队击沉日军 4 艘运输舰，击伤多艘，包括一艘 P-37 巡逻舰。尼米兹上将后来对这次夜战评论说："在整个荷属印度群岛作战期间，这次夜袭是盟军部队唯一一次取得了胜利的海上作战。"

尽管有这次胜利，但盟军终究不能阻止日军南下的步伐：在日军进攻爪哇外围岛屿的过程中，美英荷澳的舰艇部队各行其是，无法扭转被动局面。不久，盟军得到报告：日军正在靠近爪哇岛的巴厘岛登陆。盟军海军首脑们大为震惊，因为巴厘岛和爪哇岛靠得很近，一旦巴厘失守，爪哇就受到极大威胁。

2 月 29 日黄昏，荷兰海军少将卡·多尔曼奉命率领舰队从芝拉扎出发，对日军登陆舰船实施打击。多尔曼让巡洋舰充作前锋惊扰日舰，使其开火，等到日舰暴露位置后再让己方驱逐舰进行鱼雷攻击。但是，当多尔曼的舰队开足马力驶入狭窄的龙目海峡时，竟被日舰发现。日舰突然打开探照灯，炮弹随之像雨点一样向盟军舰艇射来。盟军"爪哇"号首先被击中，"皮德·海英"号随即起火，只剩"福特"号以 30 节的速度向前猛冲，并向日舰发射了鱼雷。一艘日军运输舰刹那间燃起了火焰。这时，日舰已经完全警觉，排好阵势，挡在多尔曼舰队的前方，使多尔曼的舰队无法冲过龙目海峡。一直到了晚上 11 时，多尔曼才撤离战场。随后，盟军舰艇又发起两波攻击，但都是得不偿失。旗舰"司徒"号在返回基地后倾覆，"特罗姆普"号遭到重创，另还有多艘舰只受伤。

3 月初，日军彻底解除了盟军舰队在爪哇地区的威胁，完全控制了荷属东印度的各个海域。

在此之前，即 2 月 25 日，盟军司令官韦维尔眼看爪哇岛难以防守，就撤到了锡兰（今斯里兰卡）。韦维尔取消了他的指挥部，并将总部撤到印度。大部分英军和部分美军随他撤退，只有荷兰人留下来继续战斗。

1941 年 12 月，日军第 16 军负责在荷属东印度作战，司令官是今村均中将，参谋长是冈崎清三郎少将。第 16 军只有一个半师，即第 2 师团、第 56 混成旅团和南方军直属川口支队。由于无法用这些兵力组织大规模的进攻，今村只好把战斗分为两个阶段：先扫清外围，再强攻爪哇。

爪哇岛南边有一条东西走向的中央山脉，中央又分出几条南北走向的支脉。平地多水田和湿地，水渠纵横，道路狭窄，这为登陆部队的行军和军用器材的运输造成了很大困难。为使进攻爪哇的作战确有把握，今村决定首先在苏门答腊、婆罗洲、苏拉威西南部以及帝汶岛、巴厘岛一线夺取航空基地。

12月26日，南方军司令部的一支直属部队侵入婆罗洲北部，陆续占领了一些重要据点。

1942年年初，日军大本营将刚刚完成香港和马尼拉作战任务的第38师团和第48师团划归第16军指挥，并让第3飞行集团和第11航空队负责空中支援，第2舰队南方部队负责海上支援。1月11日，第38师团的主力直扑苏门答腊岛的巨港，因为这里是东南亚陆上石油储量最大的地区。1月23日，日军占领了婆罗洲和西里伯斯的重要海空基地以及巴厘巴板、拉包尔。

2月14日，日军伞兵第1旅的500多人在巨港伞降着陆；15日，地面部队约1万人也在巨港登陆。18日，日军占领南苏门答腊，守军在炸毁部分炼油设备后撤到爪哇。这样，爪哇东、北、西3面的要地都被日军攻占。

从3月1日开始，日军进行第二阶段的作战。这一天凌晨2时~6时，3路日军在东西相距将近1000公里的3处同时登陆，几乎没有遇到大规模的抵抗。上午11时半，在坎丹奥登陆的38师团东海林支队迅速攻入卡里加齐机场，守军顽强抵抗了1个小时。交战中，日军6人敢死小组偷偷潜入树林，从背后突入机场，杀掉了守在那里的士兵，在对方阵营的房区竖起了一面太阳旗。守军见状，斗志一落千丈，拔腿就跑。12时30分，日军已完全占领机场。

3月2日，由远藤三郎少将指挥的第3飞行集团的150架飞机进驻卡里加齐机场。3月3日黎明，荷军派飞机袭击机场；上午11时，60辆坦克也向机场发起进攻。下午2时，荷军坦克增加到120辆。日军第3飞行集团的飞机此时展开猛烈的低空轰炸，终于打退了荷军的反扑。

西路日军第2师团和第16军直属部队在孔雀港和万丹湾登陆后，于3月5日攻占了首都雅加达。6日，东海林支队主动向万隆要塞发起进攻，并于7日下午攻破了要塞的前沿阵地。东路第48师团和坂口支队在克拉甘登陆后，于3月8日占领泗水港。同日，坂口支队占领芝加扎，彻底切断了荷兰守军撤向澳大利亚的退路。

3月9日，在日军第2师团占领万隆后，荷属东印度代总督逃往澳大利亚。12日，1.1万守军全无斗志，荷属东印度军事当局只好向日军举手投降。

缅甸战事与中国远征军

1941年12月8日，日军第15军在饭田祥二郎中将的率领下在曼谷登陆，继而控制了整个泰国。从12月19日开始，第15军连续轰炸缅甸南部的英国空军基地，并夺取了缅甸南端丹那沙林地区的3个机场。接着，该军又在泰缅边境集结军队，修筑道路，训练亲日分子，为全面侵略缅甸做好了准备。

缅甸东北与中国接壤，西北同印度相邻，东南和泰国、印度支那交界，它是通向中国和太平洋的西大门。日本攻占缅甸，最重要的目的是截断美英援助中国的唯一的一条国际交通线——滇缅公路，早日结束在中国的战事。当然，如果日军阻断这条公路，中国国内储存的各种战略物资，最多只够维持3个月。因此，对于中国来说，保卫缅甸就是保卫滇缅公路，保卫中国抗战的生命线。蒋介石早就察觉英国人可能放弃缅甸而力保印度，主动向英国政府提出由中国派兵防守缅甸，但遭到英国政府的拒绝。英国作为老牌殖民者，唯恐中国军队进入缅甸后不再出来，把缅甸据为己有。有学者认为，英国人的这种想法是狭隘的，它使缅甸保卫战错失良机，也为后来缅甸的陷落埋下了祸根。

缅甸当时的防务由英军驻印度司令部负责，但是，英国驻守缅甸的兵力只有1个师。面对日军大举进攻，驻印度英军总司令兼印缅战区司令韦维尔上将任命赫顿中将为英军驻缅战区司令。韦维尔将军还匆忙将3个英印旅改编成英印军第17师，由斯迈思少将指挥，从印度开赴缅甸战场。接着，英国又从非洲战场抽调第7装甲旅、英澳第63旅到达缅甸。这时，缅甸防御的总兵力增至4万人，作战飞机40多架。这些部队部署在毛淡棉、仰光和曼德勒等地。

1942年1月初，日军第15军以竹内中将的55师团和樱井省三中将的33师团为主力，从泰国侵入缅甸，分别向南部的土瓦和毛淡棉发动进攻。两个师团的步兵踏着大象踩出的道路，自己辟出羊肠小道，翻越山岭行进。1月4日，55师团先遣队在泰国南部的干差那武里附近突入缅境，19日，轻取缅南要地土瓦。20日，该师团主力全部在麦索附近进入缅甸，28日开始向毛淡棉发起进攻。竹内率领主力从东面进攻，而另一支日军则从南面包抄，把守军逼进巴峨拉山上的凯左坛兰寺院。英印军凭借寺院前的555级朝拜石阶，居高临下进行射击；日军沿着石阶而上，冒死冲锋。双方经过两昼夜的激战，英印军战败撤退。30日，日军占领了缅甸第三大城市——毛淡棉。55师团乘势渡过萨尔温江的天然防线，攻占了对岸的马达班城，在该城的大仓库里得到5万袋大米，解决了日军粮食不足的困难。

樱井率领33师团的主力越过了掸山险道进入缅境，进抵萨尔温江畔的巴安市。守将斯迈思将军指挥英印军第17师和英军第7装甲旅进行阻击，双方战车激战，日军受挫。樱井改用夜间突击战术，使英军战车无法发挥作用，所属原田栋联队乘黑夜潜入英印军后方，于2月4日凌晨4时率军冲乱战车阵列，乘机攻陷巴安市。樱井部队迅速渡过萨尔温江，直指锡唐河。2月22日，原田栋联队已潜入英印军17师北侧，另一支日军部队作间乔宜联队潜入南侧，以炮响为号，两支部队同时对英印军进行突袭。斯迈思的第17师不堪一击，迅速后撤，刚退到锡唐河时，两座大铁桥已被日军炸毁，1000米宽的急流横在面前，官兵们惊恐万状，只好乘竹筏或临时浮体、油桶泅渡过河，许多士兵或被打死，或被溺死——全师只有1300人到达对岸，向同古（今东吁）逃去。锡唐河离首都仰光不过100公里，距仰曼铁路只有50公里，在33师团突破锡唐河防线后，缅甸战区英军司令赫顿中将以及他所属的部队一片惊慌。

远征军踏上征程

由于英国在印缅战区已无兵可派，为了解救燃眉之急，首相丘吉尔要求澳大利亚总理柯廷将非洲换防调回的一个师改道运去仰光，柯廷认为荷属东印度已被日军占领，本土岌岌可危，因而没有答应丘吉尔的要求。万般无奈之下，韦维尔终于向中国请求出兵支援。

早在1941年12月26日，中英双方就在重庆签订了《中英共同防御滇缅路协定》，建立了军事同盟。现在，中国政府为了保卫滇缅公路的畅通，同意将装备最为精良的第5军、第6军和第66军共约10万人，组成中国远征军第一路军入缅作战。2月下旬，中国政府正式组成"中国远征军第一路军长官司令部"，命罗卓英、杜聿明将军分别担任正副司令，率中国远征军立即开入缅甸救援；同时授命当时任中国战区盟军参谋长的美国将军史迪威入缅指挥远征军作战。

关于史迪威，《陈诚回忆录——抗日战争》说："史迪威和我共事几个月，的确处得不坏，但最后却与我政府闹翻了。可能因为彼此的了解不够，但观念上的根本差异，关系也很大。……史氏在民国二十七年（1938年），曾任美国驻华大使馆武官，从那时起，他交结了一些亲共'反蒋'的朋友，从此以后，他对中国问题就存上一个先入为主的成见。最使我们无法接受的意见，就是他本人和他的政府，也要同样地装备共军。……史迪威认为他能指挥共军，想把共军编入国军战斗序列，随意由他调遣到各战场上使用。而国军是无法和共军并肩作战的，在这些问题上，终于使我政府不能不和他闹翻。委员长经过多次的忍让，终于提出撤回史迪威的要求……"

1942年年初，中国远征军从曼德勒往南推进。同时，日军在马来亚的战斗也很顺利，因此，日本南方军总司令寺内寿一命令第15军继续作战，夺取仰光。

2月21日，日军强渡萨尔温江，3月3日强渡锡唐河，并对仰光进行猛烈轰炸。

3月5日，英国派遣曾在法国敦刻尔克撤退时打后卫战的英雄哈罗德·亚历山大上将飞往仰光，任缅甸战区司令，赫顿中将改任参谋长。亚历山大到任后命令，尽可能守住仰光，失利时向北撤退。

这时，日军南方军总司令寺内寿一大将调渡边正夫中将的56师团和牟田口廉也中将的18师团开赴缅甸战场，归属饭田司令指挥。这样，日军在缅总兵力将增至4个师团共六七万人。

新增调的渡边和牟田口两个师团，必须由海路运到仰光登陆，因而需尽快占领这座海港城市。于是，日军司令饭田命令竹内的55师团从缅甸东面北上，阻挡南下的中国远征军；樱井的33师团从西面迅速攻占仰光。33师团于3月初，从锡唐河往西，急向距仰光100公里的缅甸第四大城市、因有释迦牟尼佛大睡像而闻名于世的佛都勃固市突进。樱井的部队于3月5日至7日在勃固市郊击败了英军最强的机械化部队第7装甲旅，进而占领了勃固市。

英军在同日军接战时，士气低落，无法取胜。3月6日，英印军根据亚历山大的决定，分两路退出仰光：一路沿锡唐河北上，向曼德勒一带的中国远征军靠拢；一路沿伊洛瓦底江向北转移。同日，日军截获了仰光英军向曼德勒和卑谬拍发的"请尽快派遣货车来"的电报——这是亚历山大下达的撤出仰光的命令。樱井获悉电报后，于7日晚9时急令部队进攻仰光。8日，仰光失陷。当樱井的部队进入仰光时，英国官邸桌上的早餐还原封未动，码头仓库里的洋酒堆积如山。樱井下令修整一天，尽情狂饮。自此，日军获得了由海上实施补给的良港和轰炸缅甸各地的空军基地。

这时，日军第15军司令饭田祥二郎根据南方军总司令寺内寿一的命令，决定进攻曼德勒，于5月底以前歼灭中英联军主力。日军兵分3路向北推进：中路由牟田口率18师团和竹内的55师团，沿仰曼铁路向曼德勒进攻；西路由樱井率33师团，沿伊洛瓦底江向卑谬、仁安羌进攻，并包抄曼德勒左翼；东路由渡边率56师团经莫契、东枝直插腊戍。

正当日军3路北进时，英军亚历山大司令率领所属部队，向西边的卑谬一带集中，随时准备沿伊洛瓦底江向印度方向撤退。亚历山大要求中国远征军接管英印军在正面和东侧的各处防务，于是，刚进入缅甸的中国远征军被推上了第一线，成为此后缅甸防御战第二阶段的主力军。

同古之战

中国远征军受命后，立即由第5军军长杜聿明率领所属戴安澜的第200师、廖耀湘的新22师、余韶的第69师，开赴指定地点，防守仰光以北的同古、曼德勒一线。由第6军军长甘丽初率领所属彭壁生的第49师、吕国铨的第93师、陈勉吾的暂55师，分散部署，驻守在东面泰缅边境的景栋、莫契等广大地区。稍后，66军军长张轸率领所属孙立人的新38师、刘伯龙的新28师以及马维骥的新29师进入缅甸，驻守在曼德勒、腊戍一带作为预备队。

第5军的先头部队200师日夜兼程，于3月8日到达同古。驻缅英军不待该师完成部署即全部撤出。200师是第5军主力，配属部队有骑兵团、工兵团和平射炮营等。师长戴安澜将军接防同古后，立即派骑兵团、步兵、工兵各部建立前哨阵地，准备迎击敌人。

同古是南缅平原上的一座小城，距仰光260公里，扼公路、铁路和水路要冲，城北还有一个军用机场，战略地位十分重要。连日来，从仰光撤退下来的英军在日军的追赶下，如同潮水一般涌过同古南50公里的皮尤河大桥，慌慌张张地往曼德勒方向逃去，而把中国军队当成了他们的掩护部队。当最后一批英军通过皮尤河大桥时，200师的一个营刚好赶到大桥北岸。

日军第 15 军司令饭田得知中国军队的动向后，立即召集参谋长练山、作战主任寺仓、各师团长及主任参谋，连续开了 5 天商讨会，下达了进攻曼德勒的命令。竹内的第 55 师团沿铁路、公路冒进，19 日拂晓，一个快速大队分乘 20 辆缴获的汽车和摩托车大摇大摆地尾追到皮尤河南岸。日本兵根本不把英印联军的残兵败将放在眼里，他们连基本的火力侦察也省略了，一路鸣枪，直奔大桥。埋伏在北岸的 200 师先遣营把日军车队放进伏击圈，随着一声巨响，事先安放的几百公斤炸药就把皮尤河大桥掀上了天。

第 5 军军长杜聿明分析了敌情后，制定了"同古会战"计划，决定集中主力在同古全歼敌人，进而协同英军收复仰光。

1942 年 3 月 20 日，中国远征军第 200 师与日军第 55 师团在同古城外发生激战，双方均有较大伤亡。第二天，日军 55 师团的两个联队对同古城发动了全面进攻。日本空军每天从仰光机场出动 100 多个架次的飞机对同古城进行轰炸，大量投掷燃烧弹和毒气弹。师长戴安澜这时感到了一种少有的悲壮，因为他孤立无援。原来，在第 5 军入缅作战的时候，大量的战车部队和炮兵支援火力并未跟上。戴安澜担心自己的情绪影响部下，于是决定宣布："本师长立遗嘱在先：如师长战死，以副师长代之；副师长战死，以参谋长代之；参谋长战死，以团长代之；团长战死，营长代之。依此类推，各级皆然。"说罢，他从口袋里掏出一封家信，交给通信连长，并交代说："这是给我妻子的诀别书，也算是杀敌的决心书，我死后，你要设法送到我的家中。"

亲爱的荷馨：

余此次奉命固守同古，因上面大计未定，与后方联络过远，敌人行动又快，现在孤军奋斗，决心全部牺牲，以报国家养育！为国战死，事极光荣，所念者，老母外出未能侍奉，端公仙逝未及送葬，你们母子今后生活，当更痛苦，但东靖澄离四儿极聪俊，将来必有大成，你只苦等几年，即可出头之日矣，望勿以我为念。我要部署杀敌，时间太忙，望你自重，并爱护诸儿，侍奉老母，老父在皖，可不必呈闻，手此即颂心安。

日军倾巢出动，从 25 日拂晓开始，由南、北、西 3 面猛攻同古。200 师沉着坚守。日军渡边的 56 师团于 28 日赶来合围同古。中国远征军派出新 22 师在同古北面一带截击。日军对此采取守势，主力仍集中攻打 200 师。其后，日军集中两个师团的主力，包括步兵、炮兵、空军协同再行攻击,并使用了糜烂性毒气。200师守同古20余天,补给中断,官兵伤亡严重,面临覆灭的危险。戴安澜不愿作无谓的牺牲,他给杜聿明发去电报:"杜军长副司令长官台鉴:自十九日敌与我接触,激战至二十八日,凡十余日矣。我已濒弹尽粮绝之境,官兵两日无以果腹,仍固守同古铁路以东阵地,但援军不至,我虽欲与同古城共存亡,然难遏倭寇之凶焰,何益之有?"杜聿明军长下令该师于29日晚突围。

戴安澜刚刚接到杜聿明的电报,日军增援部队第56师团已经星夜兼程赶到同古,从而打破了前线的僵局。30日晨,正当第200师官兵转移到叶达西附近集中待命时,日军一部在坦克、装甲车的掩护下突入城内,并从南北两面将第200师分割开来。同日,另一部日军占领了锡唐河以东阵地,掐断了第200师往东突围的最后一线希望。幸运的是,这天晚上,中国远征军第22师奉命救援第200师,他们从南阳车站北面杀开一条血路,掩护第200师撤退。这一夜,双方在黑暗中混战,枪炮声彻夜不息。次日凌晨,中国守军终于渡过锡唐河,跳出了日军的包围圈,退守100公里外的彬文那。至此,历时12天的同古大战终于结束。

日军占领了一座空城。第56师团师团长渡边正夫下令将中国官兵全部安葬,并在墓碑上写道:"支那勇士之墓"。英国《泰晤士报》记者写道:"同古之命运如何姑且不论,但被围守军以寡敌众和英勇作战之经过,实在为中国军队之光荣簿中又增添新的一页。"

仁安羌解救英军

同古攻势夭折后,杜聿明不得不调整战术思想,策定出"平满纳会战计划"。4月5日,蒋介石夫妇在商震、史迪威、罗卓英等陪同下,由重庆赴缅,具体部署平满纳会战。4月7日,蒋介石宣示了他的缅战战略方针:"力求先破敌之一路,取得主宰缅甸战局的主动权,彻底打败日军,确保缅甸安全和缅印通道。……决定平满纳会战成败的关键,是第6军能否守住乐可、保拉克诸要点,将敌56师团阻止在雅多、南柏、保拉克以南山区……同时,西线英军能否确守萨斯瓦、东敦枝至米昌耶一带阵地,确保平满纳右翼的安全。"

然而,在蒋介石会见亚历山大时,后者表示:"英军已放弃了阿兰谬,目前正在萨斯瓦、东敦枝、米昌耶、明拉、新榜卫一带布防……"亚历山大本来无意让英军未经恶战便放弃阵地,但因他的顶头上司——英军印度总司令韦维尔的缅战方针是"弃缅保印",一再指示他要尽量使英军避免损失，只作象征性的抵抗，他才不得不做出一些违心的举措。"平满纳会战"终于泡汤。

缅甸盟军的计划是，以曼德勒为依托，用中国3个方面军和英军5个师共25万人的优势兵力，与日军展开决战。然而就在这时，盟军的西路仁安羌防线却首先出现了混乱。原来，西线日军樱井的第33师团发现英军溃逃后，就沿伊洛瓦底江而上，与英军接战，缴获战车18辆，编入所属第1战车队，组成拥有战车36辆、装甲车80辆的机械化部队。4月2日占领卑谬后，急向仁安羌猛进。接着，樱井率部队追击撤退的英印军，并在仁安羌油田以北地区包围了英印军7000人，缅甸战区司令亚历山大将军也在被围之列。英印军北逃的道路被堵死了。

4月14日，亚历山大急向中国远征军呼救。中国远征军第一路司令长官部虽对英印军在同古大战时逃离战场深为不满，但仍从大局出发，命令新38师师长孙立人坐镇曼德勒指挥解围。孙立人的清华大学校友、美国私立军校诺维奇大学毕业的副师长齐学启率第113团火速驰援仁安羌英印军。4月17日，第113团到达了仁安羌，112团也紧跟其后部署在侧翼。4月18日拂晓，113团刘放吾部发起了对樱井部队的第一次攻击。

听到中国远征军解围战斗的枪炮声，仁安羌城内被围的斯科特将军便按捺不住了，急忙给军长史莱姆打电话说，被围的英印军已经断绝了两天水粮，无法继续坚持下去，如果今天再不能脱围，便有瓦解的可能。史莱姆一听也急得不得了，浑身发抖，在电话中催促孙立人赶快命令部队向日军发起全面进攻。孙立人向史莱姆讲了许多道理，可史莱姆就是听不进去。孙立人最后说："我一定会救你。中国人是讲义气的。我救你会救到什么程度呢？救到我死。请你告诉第一师的师长斯科特将军，要他再坚持一天，我一定在明天5点钟的时候把他救出来。"19日拂晓，113团趁着薄雾，向平墙河南岸的日军发起猛烈的攻击。破晓时，左翼的第3营占领了平墙河南岸日军一线阵地，并很快攻占了制高点。日军不顾一切地进行反扑，第3营的阵地三失三得。这一仗，中国军队牺牲了500多人。战斗到下午5时，第113团收复了仁安羌油田全部区域，歼敌4000人，成功解救了英印联军。英国人和印度人逃出来时，十分可怜地跪在中国士兵面前说："中国好啊！"

38师以不足千人的兵力，英勇顽强，以少胜多，激战两天，击溃日军，其战绩轰动了英伦三岛，英国报纸称这一战役为"暴风雨前暂时沉寂中的一道清流"。英国向新38师师长孙立人和113团团长孙继光等人颁发了勋章。

曼德勒陷落

在东线，中国远征军司令部因轻信英军谎报的敌情，在亚历山大司令多次要求下，将第200师、新22师和28师全部调往西线乔克巴当地区。渡边的56师团趁东线守备薄弱之际，于4月初攻下莫契后，改乘汽车，组成强大的机动快速部队，每天以120公里的速度，北上400公里，直插腊戍。4月20日中午，曼德勒正面防线的英军再次在没有通知中国友军的情况下开始撤退，并在曼德勒大桥上安装了炸药。盟军这种不光明的举动彻底动摇了中国军队残存的信心，中国远征军司令部急调第200师从乔克巴当向东返回棠吉，阻止日军前进。当晚，蒋介石从重庆发来急电，命令远征军将会战计划改为纵深防御，御敌于国门之外。防御重点不是缅甸西部而是东部的腊戍。

第200师昼夜兼程，往返多跑500公里路程，赶到棠吉城郊时，日军已抢先一天占领棠吉。棠吉失陷，使处于南、北两方的中国远征军被渡边的机械化部队拦腰截断，相互失去了联系。4月29日，日军占领腊戍，切断了中国远征军回国的主要通道，打乱了各路军保卫曼德勒的计划，各部队被迫后撤。英军也在中国远征军的掩护下，开始了长达1000英里的长途退兵。30日，英军炸毁了伊洛瓦底江上的阿瓦桥，丢弃了大量武器装备，退到了邻近印缅边界的印度阿萨姆邦的英帕尔。5月1日，曼德勒陷落，亚历山大把司令部撤过大桥，开始向西面的印度转移。第二天凌晨，一声轰响，巨大的水柱直冲天际，曼德勒大桥被拦腰炸成数段。铁桥的命运象征着大英帝国在缅甸的彻底失败。5月5日，担任协调指挥缅甸战区军事任务的史迪威带领百余人西行，于20日到达印度边境。他在退却途中说："我们进入了挨打的地狱。它就像地狱那样丢脸。我们应当找出它的原因并且打回去。"

远征军返国历程

竹内的55师团占领缅甸东北的八莫、密支那后，远在西面的中国远征军回国的通道被完全阻断了，摆在他们面前的只有两种选择：或者向西开往印度——英国人要求部队以难民身份接受收容；或者向北翻越野人山，回到祖国继续作战。中国军队选择了后者。

缅甸北部至今仍是一个外人难以涉足的神秘世界。孟拱以北山岭纵横，河流密布，几乎所有溪流都汇聚到一条长达400公里的河谷。河谷南段叫孟拱河谷，北段则完全没有人烟，缅甸人称它为胡康河谷。在缅语中，胡康河谷是"魔鬼居住的地方"，它北靠喜马拉雅山，东西皆为横断山脉，传说常有野人出没，因而被当地人称为"野人山"。

就在撤退大军快要进入野人山口的时候，一场惨不忍睹的悲剧发生了。将近1000名重伤员无法登山，又怕被后面追来的缅奸或日军捕死，这可怎么办？就在第5军军长杜聿明为难之时，伤兵们提出了这样的请求："你们要走了，我们要留下来，你就留点汽油帮帮我们吧。"果然，他们在棚子里倒上汽油，集体牺牲了，烧焦的人肉味四处飘散。后撤部队经过这里时，都要哭着磕头，杜聿明也磕了头。

1942年5月13日，中国远征军第5军的直属部队和新22师、新38师、96师以及新28师一部陆续由曼西北行，闯入了阴森恐怖的丛林。5月的胡康河谷正是雨季，森林中弥漫着草木腐烂的气味。军部的地图完全失灵，部队往往走了几天又回到原点。再往后，部队完全迷失了方向。

成群结队的蚂蟥循着人的气息随时袭来，无孔不入。有人只蹲下去3分钟，大腿上就爬满了这些家伙。它们不但吸血，而且还传染致命的疾病。杜聿明在回忆录中写道："一个发高热的人一旦昏迷不醒，又被蚂蟥吸血，蚂蚁侵袭，大雨冲洗，数个小时就变成白骨。"同行的一位留英归国铁路技术员腿上受了伤，伤口腐烂成了一道深沟，里面长满了蛆。最后，实在走不动了，他就倒在地上，不停地呻吟。

走进丛林不几日，粮食吃光了，战马吃光了，皮带也吃光了。多日以野菜、芭蕉根为食，许多人出现浮肿，步履蹒跚。一路上，有的战士误食有毒的植物，痛得滚地哀号。但是，丛林里没有药品。为了节省体力，大家随身只带武器和衣服。

当时5军军部只有两顶帐篷，为军长杜聿明和参谋长罗又伦所用，士兵们只能挑些可以避雨的地方睡觉。晚上明明是干的地方，到了早上醒来时，却发现原来睡在水里。起来后把衣服拧干，再穿在身上——几个月没有穿过干衣服。

据记载，此时，当男兵们在前面劈砍树丛，开出道路时，一位名叫刘桂英的女护士和其他4名女护士相互搀扶，收容伤兵，走在队尾。死神紧紧尾随其后，伺机吞噬她们的生命。在那些死去的女兵中间，一位姓孙的姑娘一直让刘桂英无法忘怀。刘桂英回忆说："小孙呢，她可能比我小一两岁，是一个很温柔的姑娘，不大说话，很害羞。她原本胆子很小,一看见死人就吓得直哭,我们平时还要哄着她走。一边走,一边饿肚子,这时候她就染上了疟疾。我和其他女兵一起搀扶着她前行,大家都不想让一个人掉队。由于没有药物,大家只能采取物理降温的办法,用冷水、湿毛巾帮助小孙抵抗高烧。他的嘴巴皮子都干裂了,连给她喂水都不可能。病情一天天加重。小孙身为护士,知道自己的处境,就对大家说:'你们不要陪我,往前走嘛。'在一个清晨,正当大家还在睡觉的时候,小孙趁着自己还有些清醒,赤裸着身子,一步步向不远的山崖走去,结束了自己的生命。"

小孙同远征军许多无名战士一样,无声无息地消失在缅北的丛林里,至今还没有他们的坟茔。

第5军的第200师退出棠吉后,向八莫、南坎撤退。5月13日夜间,该师潜过曼德勒至腊成的公路。5月18日傍晚,在通过细包至摩哥克的公路时,被敌人阻击于康卡村。当时雨雾浓密,第200师官兵冒着弹雨,杀开血路。戴安澜在率599团一营前往战斗最激烈的地方时,忽有数颗子弹飞来,他的胸部和腰部各中两弹,而柳树人团长、刘杰副团长不幸牺牲。受伤后的戴安澜被参谋长周之再找到时,他仍在指挥部队分散突围,并要大家到八莫以北的尖高山会合。激战一天,第200师伤亡过半,才从东面山坡撕开了一条缺口。日落时,第200师残部抬着昏迷不醒的师长,举着弹孔累累的军旗,消失在八莫以西的森林和峡谷中。在他们身后的战场上,留下了一堆堆血肉模糊的尸体。3天以后,东京电台宣布:"战无不胜的帝国皇军在缅甸北部全歼中国王牌部队第200师,击毙师长戴安澜,消灭该师官兵5000人。"

5月20日黄昏,第200师部分官兵从一小道安全通过细摩公路。接着,其他分散突围的官兵也陆续到达中缅边境集结地点,此时全师不足3000人。据幸存者回忆,全师早已断粮,一位营长向当地居民寻得一碗粥糜,送与戴安澜,他仅仅喝了一口,左顾右盼,潸然泪下。26日下午,第200师到达克钦邦一个名叫茅邦的山寨,驻扎在一座古庙里。戴安澜突然神志清醒起来,嘱咐部下替他整理衣冠,扶起他向北瞭望,并喃喃地说了许多含混不清的话。有人试图告诉他,国境在东方而不是北方,但是他已不能说话了。此时,当参谋长周之再、步兵指挥官郑庭笈问他如何把部队带回去时,他示意他们拿出地图来,在图上指示由原地附近的莫罗渡瑞丽江,向北前进回国。然后,他就永远地闭上了双眼。这时是下午5时40分。将军牺牲时,年仅38岁。

当时天气炎热,尸体极易腐烂。部下含泪将师长简单火化,烧去肌肤血肉，留下骨骸，放在一具很小的棺材内。5月27日，第200师开始渡过瑞丽江。6月5日，该师回到云南章凤。当时，全师仅剩2600多人。日军在瑞丽江西岸久等，妄图全歼第200师的企图落了空。

国内为戴安澜将军举行了隆重的追悼会，戴安澜并获得美国勋章。毛泽东、周恩来、朱德、彭德怀等人曾赠送挽诗、挽联、挽词。毛泽东的挽诗是：

外侮需人御，将军赋采薇，师称机械化，勇夺虎罴威；
浴血东瓜守，驱倭棠吉归，沙场竟殒命，壮志也无违。

西路的中国远征军各部继续北撤，经孟拱，翻越高黎贡山，历尽千辛万苦，退入云南境内。东路的中国远征军撤过萨尔温江，经景栋，退回西双版纳地区。撤退中，给养缺乏，又兼雨季山洪暴发，蚊蝇蚂蟥叮咬，疾病流行，非战斗减员比作战伤亡还要大得多。全军入缅总数10万人，到8月初只剩4万人，至此，缅甸战场的战斗告一段落。

中国驻印军

1942年5月10日，正当中国远征军各部纷纷丢弃战车和辎重，向胡康河谷的丛林撤退时，杜聿明突然接到一个报告：孙立人的部队没有跟上来。原来，新38军非但没有服从命令弃车上山，而且还在公路上重新集结，然后掉头朝相反的来路跑去。他们冒着空中敌机的轰炸扫射和地面日军的围追堵截，以决死的勇气和破釜沉舟的决心迅猛突围。5月11日晚，新38军的先头部队又与日军的一个搜索大队迎面相遇，日军将车辆堵塞在道路上并占据房屋，强行阻击。孙立人一面指挥机枪和火炮向敌人猛攻，一面让步兵排除障碍，全师仅用40分钟时间就杀开一条血路，然后毫不停留地向西开进。

半个月后，新38师到达印度边境。不料，英属印度守军竟然如临大敌，拒绝他们入境。印缅边境的驻防军司令官艾尔文不赞成一支他国的败军进入自己的防区，唯恐这支中国草鞋军会给他的辖区带来麻烦。他上报印度总督韦维尔，准备将中国官兵全部缴械。于是，会讲英语的孙立人亲自对他说："我们在仁安羌救了你们那么多英国人，你们不讲良心。如果你不让我们来，那我们就打。"

就在这时，英印第一军军长史莱姆闻讯后，直接去找了艾尔文，劝告他不要恩将仇报，不要与这支友军发生冲突。史莱姆还向艾尔文指出，他的边防军根本无法与眼前这支中国军队抗衡。听史莱姆这么一说，艾尔文马上下令，让新38师全体官兵携带武器进入印度境内，还让守军鸣礼炮向救命恩人致敬。新38军以威武的豪情迈步进入印境。官兵们的军装虽然破旧，但手中的武器发出逼人的寒光。盟军很快就下达命令，使新38军获得了一个可以休养生息的地方——印度东北角阿萨姆邦的小镇利多。

史迪威将军得知新38军来到印度的消息，兴奋异常。此前，这位盟军中国战区参谋长对于被日本人赶出缅甸一事，一直耿耿于怀，现在这支中国队伍重新燃起了他心中从日本人手里夺回缅甸的希望。

新38师到达印度后，盟军的飞机就不停地飞进野人山寻找杜聿明的部队。直到7月初，中国远征军第5军才与外界取得了联系，得到英军空投的饼干等食物。7月中旬，新38师派出的救援队开始零星接触到新22师的人员。在接下来的一个月里，杜聿明中将和新22师师长廖耀湘少将带领着东倒西歪的士兵，终于走出了恐怖的800里野人山。但是，他们没有找到回国的路线，而是步了新38师的后尘，到了印度。新38师和新22师的到来，让史迪威拥有了一支他梦寐以求的中国部队。8月，史迪威在这两个师的基础上建成了中国驻印度远征军（简称"中国驻印军"），并自任总指挥。他把设施不错的蓝姆迦训练基地交给了中国驻印军，还在利多一带设立了一个由中国军队自己管理的军区，由孙立人兼任总司令。这一地域成了中国驻印军的后勤补给和进攻出发基地。

为了中印公路的建成和提前反攻，中国还空运新编30师、14师和50师赶赴印度，同新38师和新22师一起，分编为新1军和新6军，并由史迪威和郑洞国担任正、副总指挥。

中美缅北反击战

在1941年11月的开罗会议讨论军事问题时，蒋介石与丘吉尔曾经围绕缅甸战事问题有过多次交锋。有一天，蒋介石问丘吉尔："首相阁下，贵国海军究竟何时能够在印度洋上集中，又如何取得制海权呢？我认为这对缅甸作战至关重要，我希望有所了解。"丘吉尔搪塞道："委员长阁下，海军作战的详细计划仍需研究，以后我们两个人单独会谈时，我会告诉您的。"

24日晚间，丘吉尔在他下榻的别墅同蒋介石及其夫人会面。丘吉尔带领蒋介石夫妇进入他的地图室，手指地图，不厌其烦地将盟军在各战区的战况向蒋介石一一介绍。直到最后，丘吉尔也没有向蒋介石说明英国海军在缅甸南部进攻的具体时间和地点。蒋介石对英国人的态度十分恼怒，他在日记中写道："开罗会议之经验，英国决不肯牺牲丝毫之利益以济他人……英国之自私与贻害，诚不愧为帝国主义之楷模矣！"最后，罗斯福出面调解，才同丘吉尔就缅北作战问题达成谅解，并将这次行动的代号确定为"海盗"。罗斯福还以个人名义向蒋介石保证，一定迫使英国执行"海盗"计划，蒋介石遂同意出兵缅甸。

按照计划，美国将把驼峰航线的运输能力从每月3000吨增加到1万吨，必要时派一两个师参加缅北作战；英国海军在孟加拉湾登陆，配合中国远征军在缅北的陆上作战，并由美军提供登陆支援；中国远征军从印度经野人山，从滇南经龙陵、腾冲进入缅甸。

从1942年8月开始，中国军事委员会军政部给中国驻印军提供了3个整编师。这些士兵全都是些体格健壮的青年，其中具有大学文化程度的占20%，具有高中文化程度的占50%，还有1/4的人粗通英语。他们经过编组，由驼峰航线回程的飞机空运到美军的印度汀江空军基地，再从那里转到中国驻印军基地利多。与此同时，史迪威还训练了两支特种部队。

驻印军训练基地蓝姆迦位于印度北部比哈尔邦的兰契市。在这里，美军用他们的步兵训练大纲系统地训练中国士兵，其中绝大部分的科目是过去中国军队里没有的。美军还开办了军事技术学校，轮训驻印军官兵。当时国军近1/3的中高级军官也在这里接受过培训。

中国驻印军享受了全套美式装备，同国内部队相比可谓"奢侈"。战斗服、作训服、夹克、胶皮雨衣、作战背包、钢盔、野战水壶、丛林靴、帆布护腿，甚至袜子，一应俱全。所有武器全部换为美式，还拥有两个坦克营。其中，战车一营配备了30辆重达32吨的"谢尔曼"中型坦克。在日军的"95式"和"97式"坦克面前，它们简直就是一些庞然大物。新38师和新22师的配备十分细致，已经达到当时盟军主力野战师的标准，仅师直属部队就拥有105毫米榴弹炮营、75毫米小炮营、通讯营、工兵营、特务营、搜索连、军械连、卫生队和野战医院。源源不断进入蓝姆迦训练基地的新兵经过一年的训练，就成为战斗意志旺盛、战术技能高超的战士。

就在中国军队整训时，中美双方共同制定了一个反攻计划，美国方面把它称为"人猿泰山计划"。

两河谷之战

1943年10月10日，当史迪威还在重庆斡旋时，按捺不住的中国驻印军就向缅甸境内的日军发起了进攻，拉开了中缅丛林反击战的序幕。暂时代理史迪威指挥的驻印军总指挥部参谋长柏诺特下达命令，新38师112团全线出击，歼灭了日军驻守新平洋的警戒部队。随后，盟军把新平洋建成了一个前进基地，各种军火、物资堆积如山。

但是，在部队向胡康河谷挺进时，柏诺特却在指挥上犯了一个严重错误，把3个营的兵力平铺在整个谷口，拉开了南北100多公里宽的战线，使得兵力明显不足。再加上原始森林中遍地泥泞，各营相互之间的照应也很困难。与他们对阵的将是由田中新一中将指挥的精锐的第18师团，这支部队以作战顽强凶悍著称于日本全军。在此情况下，如果日军集中优势兵力多路渗透，这个团就有可能遭遇灭顶之灾。孙立人到前线视察时，发现3营防御地段距离友邻部队太远，配备不当，就把该营营长骂了一顿。他立即改变部署，不再让该营渡河进攻达罗，而是攻占达罗北面的拉加苏高地。这个带有前瞻性的修改，挽救了整个进攻计划，因为拉加苏高地既可钳制达罗，又可避免背水作战，使得日军不能进行包抄和侧击。除了正面仰攻，日军无计可施。

就在 3 营占领拉加苏高地的第二天，11 月 2 日，日军前锋也到达这里。如若不占拉加苏高地，112 团的一只胳膊也许就被切除了。9 天以后，拉加苏高地对面的日军兵力达到 1000 多人，开始对拉加苏高地展开进攻。此次进攻历时 6 天，日军再次损失惨重，而 112 团才牺牲 10 余人。在此后 3 个月里，日军 3 个联队轮番进攻，始终未能占领拉加苏高地。

打仗时，美国飞机向中国驻印军空降的弹药、物资既及时，又充足。就拿食品来说，一个蜡封箱子里装着一大块巧克力，还有肉糜罐头、压缩饼干、香肠、火鸡肉、香烟、饮料、啤酒。这种箱子被称为"Ten in one"，意思是说战斗间隙，10 个人围坐着吃一大箱，撑破肚子。与此相比，日军第 18 师团的司令部，包括它的补给部队、辎重，都在胡康河谷另一端的孟关，距离拉加苏有 70 公里。由于山道崎岖，从总部到前线实际要走 300 公里。日军冈田大队副官井上咸回忆道："看到许多敢死队员下来的情景，使人难过万分。"战斗开始之前，日军给每个敢死队员发了两天的食粮，但是，大多数敢死队员一次就把这些东西吃掉了。据说，一个原因是每天的配给只有一个饭团，再一个原因是士兵们说，中国兵的炮弹那么多，谁知明天还有没有命呢！

一天，有人跑来报告：皇军在此战中并非一无所获，仍然攻占了中国阵地的一角，那里还有粮食。饿疯了的日本兵蜂拥而去，但是到了那里，全都目瞪口呆。原来，攻占的中国阵地只不过是一个战地厕所。经过一年时间的训练，中国驻印军士兵的土工作业非常出色，地堡、战壕建造得十分迅速，仓库、隐蔽部、野战医院等设施也很齐全。中国军人还修建了战地厕所，他们在撤走时，还把无法带走的大米倒在粪坑里。据井上咸说，这些大米在黄澄澄的粪便上闪着点点白光，饿极了的日本兵竟然扑了上去，捞起大米，在旁边的河水中洗一洗，捏成团团吃了起来。井上咸还说："那种情景，是今天饱食终日的人无法想象的。"

此后，日军退守到达罗－太白加一线，这里是胡康河谷中的一块少有的平缓地带，日军在河对岸凭借突起的山地和热带丛林构筑工事，企图乘中国驻印军发动攻击、分散兵力时再行反攻。

1944 年 1 月 18 日凌晨，从新平洋起飞的美军飞机对被围困在达罗一带的日军阵地实施猛烈的轰炸，地面战车营的坦克接着也对敌人的工事和阵地发起进攻，这种陆空配合的作战方式很快就清除了日军阵地的死角。13 天后，一队坦克冲进达罗日军第 18 师团司令部，把日军师团参谋长濑尾少将以及数十名军官碾成肉泥。也就在这一天，新38军向太白加发起总攻，美军第10航空队出动30多架飞机，轮番实施空中打击，不堪重负的日军部队不得不放弃太白加，突围后撤。

在经历连续的失利后，日军第18师团开始改变防御策略，将部队整编成第55和第56两支联队，分别占据胡康河谷中心地带的孟关和瓦鲁班地区。田中新一亲临孟关坐镇指挥，并把指挥部也搬到这里。与日军正面交锋的部队仍然是孙立人率领的新38师和廖耀湘指挥的新22师，两个师的兵力同日军一个师团的兵力相比，并不占有太大优势，但是从战斗素质、火力配备以及技战术水平上来看，这都是一支令人生畏的队伍。

战斗刚一打响，新38师就顺水顺风，迅速从塔奈河南岸截住日军的迂回部队。相比之下，新22师就没有那么幸运。在经过孟关的苦战之后，部队伤亡很大，寸步难行。孙立人为了帮助新22师解围，果断抽调一部分兵力组成113团，迂回抄击孟关背后的日军要点瓦鲁班。田中新一见势不妙，决定除留少数部队在孟关正面抵抗之外，把绝大部分兵力集中向瓦鲁班发起反击。然而，又一件不可思议的事情发生了：一队人高马大、装备精良的部队突然从天而降，他们是美军特别调来的专业丛林野战特种部队——"加拉哈德劫掠者"部队，正式番号为5307步兵团。该团火力强大，无可匹敌。

桀骜不驯的美国大兵嚼着口香糖，斜叼着香烟，慢悠悠穿插到孟关以南，试图对日军发起攻击。此时，日军唯一的逃生机会就是击败这支美国部队。此前，这是美军中一支相当凶悍的队伍，其中许多士兵曾经在遥远的太平洋岛屿上与日军展开过无数次厮杀，经历了炼狱般的所罗门群岛山地丛林争夺战，一直都是所向披靡。但是眼下在这里，在缅甸丛林中，他们遇到了麻烦。在太平洋岛屿上，有野战机械化工兵为他们修筑工事，他们可以在舒适安全的工事里喝他们的可口可乐。可是现在，在他们必须自己动手构建防御工事的时候，他们却错误地认为，日军已经丧失了勇气，不堪一击。日军当然也没有想到，这个美国军团当下的战斗力，远远不如它的名声。日军分成两股向瓦鲁班突围，田中新一同长久竹郎大佐率领的第56联队在一起，另一路则是步兵团团长相田俊二暂时管辖的第55联队。两路日军都在夺路逃生。天快亮的时候，田中新一得到一个意想不到的好消息：前卫部队长久联队第2大队在大队长吉田武司的率领下，抱着"玉碎"的决心，擅自向防守在渡口的美国"加拉哈德劫掠者"发起进攻。吉田武司本来打算同美军同归于尽，却不料美军竟然轻易就败下阵来,狼狈逃窜,不少人被当场打死。

孙立人果断决策,马上调了一个团的兵力赶去增援,很快就为美军解围。谁也不会相信,日军两个连的兵力,竟把美军一个团3000多人制伏了。事后分析,只有在丛林战中才会发生这种情况,因为在丛林战中,己方很难对敌情作出准确的判断,尤其是对于那些麻痹大意的部队来说更是如此。这是第二次世界大战史上一个可笑的战例。

据原中国远征军新1军作战参谋田申回忆,孙立人认为,孟关-瓦鲁班这一仗非常难打。当时,孙立人不修面颊,胡子长得老长,大家问他为何要留胡子,他回答说:"不破孟关不剃须!"

3月8日中午,新38师第113团战车1营和加拉哈德突击队向瓦鲁班发起总攻,下午1时左右,战车1营从河堤缺口开出。河对岸的日军根本没有想到,坦克竟然能涉水过河。霎时间,日军阵地陷入一片火海,失去抵抗能力的日军只好后撤。1时30分,战车1营在对岸登陆,坦克手们极为兴奋,加大油门,横冲直闯,一直开到日军18师团司令部,缴获了日军所有的作战文书和田中新一的座驾,甚至还有18师团的关防大印。田中新一仓惶逃跑。

继孟关-瓦鲁班战役后,中国驻印军即刻展开了反攻作战的第二个重大战役——孟拱河谷之役。当面之敌仍然是日军第18师团。经过此前的战斗,该师团虽然损失了60%的兵力,但是特殊的丛林地形,使其很难被成建制地彻底消灭。日军总部为了使18师团守住野人山,不断从缅甸中部和南部,甚至从西面的56师团,先后12次向18师团补充兵力。

日军的布防以孟拱为核心,以北面的加迈为屏障,以南面的密支那为依托,中间有公路、铁路相连。两军狭路相逢,新38师的3个步兵团兵分3路,迂回穿插:一个团向加迈守敌侧后穿插,直接配合新22师的正面进攻——先把敌人的屏障打掉。第二个团直取中路,插向孟拱和加迈之间的公路,以求切断两地之间的联系,切断加迈守敌的退路。这样,驻印军新22师、新38师就能完成对加迈守敌的合围,孟拱、加迈、密支那就陷入被各个击破的境地。

新22师的战斗进展得相当顺利,加迈守敌如秋风中的残叶,很快就被彻底消灭。紧接着,中国军队向南打去,直取孟拱。此时,孟拱已处于新38师两个团的包围之中,在两师夹击之下,这座城市很快就被攻克。这样,整个孟拱河谷反击战就被画上了圆满的句号。

胡康河谷反击战歼敌12000人,孟拱河谷之战歼敌11500人。日军整个18师团增兵之后,基本上全军覆没。野人山被打穿了。

密支那之战

虽然胡康河谷之战和孟拱河谷之战使日军损失惨重，但日本人并未绝望，因为缅甸北方的核心重镇密支那还在他们手里。

密支那是缅甸南北大铁路的北方终点，也是中国远征军在缅甸势在必得的最重要的战略城市。此前，当中国驻印军的胡康河谷反击战刚刚取得胜利的时候，蒋介石派来的新编第30师和第50师就陆续到达前线，这给史迪威提供了足够的想象空间。他当即作出了一项大胆的作战部署，把两场重大战役同时展开：在集中孙立人和廖耀湘的部队向孟拱河谷进发的同时，派遣一支中美混编团秘密对密支那进行突袭。

其时，日军第18师团主力已向孟拱河谷进发，驻守密支那的兵力明显不足。日本人认为，中国军队不可能绕过孟拱偷袭密支那，因为其间的必经之路，被从来就没有人成功穿越过的库芒山阻断了。更为严酷的是，中美编队出发3天后，缅甸的雨季提前到来，崎岖湿滑的山路让中美士兵吃尽了苦头，他们有时甚至要用四肢爬行。同时，疟疾、痢疾、斑疹伤寒始终缠绕着这些已经精疲力尽的士兵。美军被迫撂下了许多武器和给养。

最后，中美混编团经由库芒山西麓，从胡康河谷悄然南下，远远地离开炮火连天的孟拱战场，秘密地向密支那靠近。史迪威计划使用这支远程部队进行渗透袭击，首先夺取密支那机场，然后再依托这个机场，从印度空运第二梯队来加强攻击力量。事先约定，一旦袭击部队攻下机场，就发出"威尼斯商人"的暗语，美国第10航空队就将护卫着陆军航空兵部队运输部的飞机，完全遮蔽密支那的天空。

1944年5月17日凌晨，中美联合突击队在梅里尔的统一指挥下，到达密支那郊外，其中一个支队直接摸到密支那机场，随即发起进攻。当时大雨滂沱，子弹、炮弹同雷鸣电闪一起倾泻而下，中美联军一举夺取了机场外围阵地，歼灭守敌上百人。随后，美军第10航空队的大群"米切尔"轰炸机飞临密支那，对整座城市进行了密集轰炸。猝不及防的日军立即转入地下工事躲避，这为中美地面部队的行动创造了有利条件。越战越勇的中美突击队从机场外围发起冲锋，仅仅用了50分钟就占领了整个机场，缴获了大批给养和弹药。下午2时，盟军总指挥部的电话里终于传来期待已久的那句话："威尼斯商人！威尼斯商人！"大批运输机拖拽着滑翔机，迅速从多利和新平洋机场出发，飞到了密支那。第二天，

中美缅北反击战

美军运输机再次飞临密支那上空，史迪威挎着卡宾机，带领众多记者出现在密支那机场上。盟军奇袭密支那的新闻迅速传遍世界。

密支那战役的初步胜利，使史迪威真实地感受到，他离自己1942年5月定下的反攻目标已经不远了。然而，美国军方此时却出现了一个严重的失误——缺少经验的梅里尔过于谨慎，在手握几个团兵力的情况下，把大量部队用于侧翼防守，仅派150团的两个营进攻密支那车站，大大贻误了战机。

日军急忙调遣部队向密支那方面增援，兵力迅速从3000多人增加到5000多人。势单力薄的中国军队150团的两个营很快就与日军正面交锋，原本是一场巧妙的奇袭战，瞬间就演变成了血腥味十足的杀戮。日本兵实行反包围，围住了中国军队的两个营。即便此时，梅里尔仍不肯增派一兵一卒，反而要中国军队的两个营继续进攻。150团的团长当机立断，命令士兵撤回了机场。

7月7日，在抗日战争爆发7周年的纪念日，亲临密支那前线的郑洞国、孙立人等将领向中国军队下达总攻令，借着美军轰炸机和新式火箭炮的掩护，中国军队再度拿下密支那火车站，并与美军一起，形成对市区的3面包围之势。11天后，中美军队转入密支那街区巷战，逐巷、逐屋搜索前进，并于8月1日攻下密支那7条主要街道，日军被压缩到城北的最后一个阵地。当天下午，第50师师长潘裕昆少将招募决战敢死队，官兵们纷纷报名，就连司令部的传令兵、军械兵、伙夫都要求获得以死报国的机会。

8月1日深夜，由104人组成的敢死队悄悄出发，向日军阵地摸去。也许是因为白天战斗异常激烈，日本士兵都疲惫不堪，敢死队从他们工事前面十几米处通过，他们都没有察觉。就这样，凌晨4时30分，敢死队全部进入日军防区，内外同时向日军司令部和重点工事发起冲锋。日军腹背受敌，终于崩溃。当天，日军将领水上原藏剖腹自杀，而另一名将领丸山大佐则乘竹筏逃走。随后，师团长田中新一被军部召回国内，严加处置。

1943年，由于印缅战区局势的发展，英国派遣温盖特准将组织了一支万余人的特种突击队，乘100架滑翔机和"达科他式"运输机飞入缅北降落，在丛林中和交通线上展开游击活动。美国空军司令阿诺德将军派美军科伦上校和艾利森上校率领200架小型联络机，为温盖特部队空投物资和运输伤员，为此还修建了缅北丛林机场。温盖特突击队频繁袭击缅北日军，切断交通，炸毁桥梁，遏制了日军对印度的进攻，有力地支援了缅北反击战。

在历时1年多的缅北反击战第一期作战中，中国驻印军一共歼敌25800余人，而自身伤亡17000余人，缅甸战场的主动权从此转入盟军手中。对于中国来说，这意味着西南的战略形势得到了根本改观，抗日大后方真正有了稳定感，驼峰航线上的美军飞机也可以从密支那绕过喜马拉雅山，更安全、更便捷地飞往昆明和重庆，而被阻断的中印公路和中缅公路的连通也指日可待。

英帕尔战役

日军占领缅甸后，早在1942年8月就试图向印度东部发动进攻，占领吉大港和阿萨姆邦，彻底断绝中国的外援，并迫使英国退出远东战争。但因盟军加强了在缅甸和中印边境的防务，日军在1942年和1943年未敢轻举妄动。

1943年11月，日本加强了在缅甸的兵力部署，成立了缅甸方面军，由河边正三大将担任司令。日军增加到3个军的兵力。本田指挥的第33军驻缅甸东北地区，樱井指挥的第28军驻仰光、若开地区，牟田口廉也指挥的第15军驻曼德勒等地的中央地区。

牟田口是日本陆军中著名的少壮派将领，侵缅初期任日军第18师团师团长，后因作战有功，接替饭田祥二郎中将升任第15军司令官。此后，他极力主张进攻英帕尔，并且断言，只要用大约3个师团的兵力以及足够3个星期食用的粮食进行轻装奇袭，就可在短期内攻占该地。

英帕尔是东印度的主要边境城市，位于吉大港通往阿萨姆邦的交通干线上。该城周围是曼尼普尔山脉，近郊是长40英里、宽20英里的英帕尔平原。在自英军被赶出缅甸的两年中，这里已建成一个巨大的基地。日军认为，总有一天，盟军将从这个基地展开反攻。这里的平原上遍布大型巴沙营房（由竹子和芦苇编成的营棚）、军械仓库、弹药库、医院、工场以及其他大型军用设施，四通八达的沥青公路从基地中间穿过。

日军南方军总司令官寺内寿一大将和缅甸方面军司令官河边正三中将考虑到后勤方面的困难，起初不太同意这一冒险计划，但是，他们架不住牟田口及其手下一批悍将的苦劝，答应由南方军总司令部积极向东京大本营报请批准。鉴于整个太平洋战局对日本越来越不利，1944年1月7日，日本大本营批准了这项计划，并命令牟田口的第15军担任主力。大本营的命令说："南方军总司令官为确保缅甸的防御，得在适当时机击破当面之敌，占领并守住英帕尔附近的印度东北部要地。"

英帕尔战役被日军命名为"乌"号作战。1944年3月8日，日军第15军的3个师团和倒戈的鲍斯"印度国民军"师（共1.5万余人），分3路乘船和竹筏，抢渡宽阔的亲敦江，向印度境内挺进。17日，佐藤的31师团和"印度国民军"师向北边的科希马猛进。4月4日，战斗打响。当地守军——查里兹上校指挥的部队仅有1500人，激战两天后，科希马失守。包围英帕尔的日军——柳田的33师团和山内的15师团，于4月10日占领了英帕尔南北两面的制高点，并构筑了强大的土木地堡体系，致使防守英帕尔周围的4个英印师陷入困境。

英国首相丘吉尔针对当时形势，急调地中海战场的79架运输机前来支援，英帕尔的英国空军增至67个中队，作战飞机850架。因此，虽然英军的防守兵力处于劣势，但他们却掌握了制空权，有力地支援了地面部队的防御战斗，进而扭转了英印军的被动局面。在科希马地区上空，英国空军的战斗机和轰炸机不断攻击和轰炸日军的进攻部队，而运输机则尽量把弹药、药品和食物投放在高山环抱的英军阵地上。这样，无论日军各级指挥官怎样严厉督战，他们始终击溃不了守军的防御，双方常常在几百米的距离内你争我夺，打得十分激烈。

英军战地记者阿瑟·坎贝尔当时在一篇报道中写道："许多士兵的英勇精神超乎寻常。……当上等兵哈曼得知威胁来自敌人的两挺机枪时，便告诉同伴马修斯把'勃伦式'轻机枪稍向左移，以便在他向对方攻击时进行火力掩护。马修斯放好机枪后，便看到哈曼镇静地从狭长的堑壕里爬了出来，向对方机枪阵地弯腰摸去。日本人很快发现了他，便集中火力向他射击。马修斯目睹那些子弹打得哈曼脚下的泥土飞溅。但他继续勇往直前，边跑边从腰带上抽出手榴弹，并用牙咬开了导火线。当离敌机枪阵地只有30码时，他将手榴弹扔了进去，机枪顿时哑了。马修斯看到哈曼还继续朝前跑，并且跳入敌机枪掩体的废墟里，把一支尚未炸毁的机枪扛了回来。"

4月10日，英军在蒙巴顿勋爵的指挥下，向科希马发起反攻。日军第31师团师团长佐藤在一再受挫后，为了避免全军覆没，便自行决定撤回缅甸。但是，他的行动激起了"印度国民军"将领鲍斯的不满，后者认为这是日军的一个阴谋，即日军有意失败，致使印度不能从英国统治下脱离出来。牟田口军长也很恼恨，下令解除了佐藤的职务。

日军内部的纠纷，使英印军赢得了时间，使防守英帕尔的兵力增至12万余人。又经过一个多月的激战，日军在南北两面均遭失败。由于缺乏空中支援，日军纷纷向山区基地乌克鲁尔撤退。6月22日，英印军在乌克鲁尔发动大规模强攻,包围了日军第15师团、"印度国民军"的一个旅,以及刚从南北两面撤退下来的几路日军。被围的日军忍饥挨饿,疾病缠身,成百上千的死去。未被包围的日军因供应中断,弹尽粮绝,只好吃草根、竹笋、蜗牛、蜥蜴等维持生命。

在这生死关头,日军第15军3个师团的师团长向牟田口军长请求马上退兵,但牟田口力排众议,一意孤行,命令继续进攻,并将拖延执行进攻命令的第33师团长柳田元三撤了职。第15师团长山内正久因病,主动请求换人。这样,第15军3个师团长都离开了前线指挥岗位,战斗已无法进行下去。第15军陆军参谋长秦烟彦三郎到前线视察后,向东京大本营报告说:"帝国作战行动,成功的可能性甚微。"但日本首相东条英机愤怒斥责了秦烟参谋长的失败主义。6月23日,牟田口在进退维谷的情况下,写了一份要求撤军的报告。南方军总司令寺内寿一于7月9日下达了撤退的命令。7月10日,日本第15军奉命撤退到原防地。

牟田口率领日军第15军残部撤退时,正值雨季,倾盆大雨致使山洪暴发,加之军队粮食匮乏,疫病流行,伤病员大都无法撤走。司令部命令给不能走的伤病员每8人发1枚手榴弹,要求他们"光荣舍生"。手榴弹炸响了,伤病员一堆堆地死去。其余的人丢盔弃甲,沿着丛林小道,在泥浆里行进,成百上千的人倒毙在潮湿泥泞的小道上。撤退的日军经过艰难跋涉,好不容易到达了波涛汹涌的亲敦江,又逢江水猛涨,渡江困难。英印军斯利姆将军的部队紧追过来,大炮齐鸣,震天动地,日军勉强战斗了几个星期,又丧失了几千人的生命。英国的亨利·莫尔在《第二次世界大战的重大战役》一书中,引用盟军第33旅军官皮尤的话说:"敌军已无任何希望,他们得不到食物,得不到药品,什么也得不到了。他们衰弱不堪,再也无力挣扎向前。他们的嘴里塞满了野草,想以此来维持奄奄一息的生命。"

参战的10多万日军死伤7.3万人,只有两万余人撤回亲敦江东岸。残存的官兵因营养不良而疾病缠身。武器、辎重损失更大,有的师团只剩下几百支步枪,十几门大炮和数十辆汽车。为此,第15军的牟田口军长及其参谋长被免职,缅甸方面军司令河边正三大将及其参谋长也被解除了职务。历时4个月的英帕尔战役以日军的惨败告终。此后,日军在缅甸即走向全面崩溃。1945年3月27日,缅甸国民军和各地游击队发动总起义,并于5月1日解放了首都仰光。

战后,日本防卫厅战史研究室编纂的《缅甸作战》一书,称"乌"号作战是驻缅日军"进行的一场无谋的作战",而胡耀庭等所著《决胜之役——20世纪世界重大会战决战揽胜》一书，则这样评价了这次战役及其指挥官蒙巴顿勋爵：

英帕尔-科希马之战是第二次世界大战期间的一次重大战役。不过，由于当时欧美人的视线主要集中在欧洲战场，所以这次战役"几乎是在不被人们觉察的情况下进行的"。但是，正如美国战史学家德鲁·米德尔顿指出的那样，"在英帕尔-科希马的高原丛林中，英国和印度的军队几乎全歼了日本第15军。西方和日本的历史学家评价这是（日本）历史上在陆战中遭到最惨重失败的一次战役。日本军队在开始发动进攻时约有10万人，结果有53000多人在战斗中死亡或失踪，并且败退回原来进攻的出发地。这是日本陆军历次进攻战役所没有出现过的事情。"

德鲁·米德尔顿还指出："这次战役的胜利在心理上产生的重大影响更是不可估量。它结束了日军在亚洲丛林战中占有优势的神话。英国人、印度人及西非人都证明了他们在勇敢、机智和富有创见方面绝不亚于敌人。他们粉碎了日本军队以入侵印度为最终目标的进攻，从而削弱了敌人的实力并于此后迅速收复了缅甸。要是在1943年，像这样神速取胜是不可想象的。"

在英帕尔-科希马战场上，日复一日的激烈战斗也如同第二次世界大战中的任何一场战斗一样，充满了艰难困苦和流血牺牲。而指挥这场战斗的盟军司令官，却不像蒙哥马利、艾森豪威尔、朱可夫等诸多名将那样系出身于平民家庭的将领，而是家庭谱系中"几乎与欧洲每一国的皇室都有着密切的血亲关系"的英国皇族贵胄路易斯·蒙巴顿勋爵。

1943年8月，蒙巴顿在英美两国首脑的魁北克会议上被决定任命为东南亚盟军总司令，这时他仅43岁。对于丘吉尔的这项破格提擢，某些资深的英军老将曾攻击丘氏有巴结皇室来攫取更高爵位之嫌，但丘吉尔从不理会这些闲言碎语，他在向外界正式公布这项任命时称："经过仔细考虑，我们决定由路易斯·蒙巴顿勋爵出任盟军东南亚战区的最高司令官。这是因为蒙巴顿勋爵有独特的资格。……他是一位出色的组织者，具有非凡的精力和勇敢无畏的精神。"

日军侵占菲律宾

菲律宾是一个由7000多个岛屿组成的岛国,蕴藏金、铜、镍、铁、铬等矿产。它是南中国海、太平洋的交通要冲,地理位置极为重要。第二次世界大战前,它是美国在远东最大的海军基地,有驻军1.9万人,作战舰只45艘,各种战斗机、轰炸机200架。

1939年欧洲战争爆发后,日本军政要员一致认为,现在是他们夺取东南亚和太平洋地区的大好时机。同年,当美国总统罗斯福在白宫出席国际形势质询会议时,陆军部长史汀生指出:"最近日本大本营副总参谋长川户卢、军务局长武士明宣称,美国在菲律宾的防御是对日本的威胁,日本必须干预。对此,我们应予重视。"美国陆军参谋长马歇尔也说:"我对远东局势极为担心。日军对东南亚和太平洋地区虎视眈眈,局势濒临危机,请阁下明断。"罗斯福回应道:"我们在太平洋地区采取的是防御战略,遏制日本向南扩张。在欧战赢得胜利以前,我们只能在太平洋战区投入有限的人力和物力。"

据此,马歇尔制定了代号为"彩虹5号"的太平洋地区防务计划,其要点是:一、确保太平洋海上运输线的畅通;二、如果发生战事,美军要在该地区坚守四五个月;三、该地区的防卫由美国太平洋舰队负责。罗斯福批准了这个计划。

1941年7月25日,日本声言要进驻印度支那南部。对此,美国首先作出强烈反应,宣布冻结日在美资产,对日实行包括石油在内的全面禁运。同月,美国在菲律宾成立了远东美军司令部,由麦克阿瑟上将任司令。自此,美国才开始为战争进行实际的准备——运输舰载着人员、武器弹药、装备向菲律宾进发,以增强美国的防御力量。

八九月间,日本大本营下达了发动太平洋战争的指令。按照计划,战争第一阶段的目标是在突然袭击珍珠港的同时,3天内消灭美国驻菲空军,并在吕宋岛实施多处登陆,占领机场,然后空军掩护主力在仁牙因湾登陆，占领马尼拉。

9月6日，日本天皇裕仁召开御前会议，规定10月下旬完成发动太平洋战争的一切准备工作。身兼首相、陆相、内相三要职的东条英机，秘密召见日本驻美大使野村，要他加紧与美国进行和平谈判，以麻痹罗斯福总统。野村回到美国后，即对华盛顿报界大放和平烟幕："我不相信有谁愿意战争！"次日，野村在白宫谒见美国总统罗斯福，转交东条英机致总统的信，并转达东条的话："两国并没有不可用谈判方式解决的问题。"他还说："首相表示，日本决不侵犯贵国在南洋的利益。"

然而，11月5日，日本御前会议通过了对美英荷3国开战的决定，确定发动进攻的日期为12月初。接着，日本大本营召集军事首脑会议，秘密下达了第1号作战命令。日本大本营并任命本间雅晴为进攻菲律宾的远征军司令，负责指挥第14军下辖的两个师团和一个旅团，共5.7万人；协同作战的海军第3舰队和11航空舰队以及陆军第5飞行队共有战舰43艘、飞机500架。日本侦察机开始多次到菲律宾上空侦察沿海岛屿的美菲兵力和防御工事，而海军第3舰队、第11航空舰队则在一个暮云四合的黄昏，由台湾基隆港开往菲律宾附近海面集结待命。

远东美军司令麦克阿瑟将整个菲律宾划分为5个防区：吕宋岛北部、吕宋岛南部、比科尔半岛、棉兰老岛、科雷吉多尔及港口。不过，整个防御计划要到1942年2月才能完成。

日军南北夹击吕宋

1941年12月8日，马尼拉时间凌晨3点40分，麦克阿瑟接到华盛顿长途电话，得知日本突袭珍珠港，这使他感到意外和惊恐。当日上午9时30分，远东军参谋长萨瑟兰向麦克阿瑟报告，美军侦察机发现一队日本轰炸机越过林加延湾，正向马尼拉飞来。麦克阿瑟立即打电话给驻菲空军司令官布里尔顿将军派机截击。日本轰炸机队得知美国战斗机队起飞截击，急忙改变航向逃走。然而，由台湾起飞的日本第5飞行集团的500架轻重轰炸机和护航战斗机，此刻已飞临马尼拉附近的克拉克和尼古拉机场上空。萨瑟兰惊惶失措地闯进麦克阿瑟办公室报告："两个机场上空出现大群日机！"麦克阿瑟大惊失色，抓起电话急叫："快！接空军司令部。"

此时，日本轰炸机已向马尼拉美军基地实施空袭，机场笼罩在硝烟火海之中，200架飞机被击毁100架，碎片漫天飞舞。部分仓促起飞应战的飞机由于众寡悬殊，也被连连击落。此次战斗，大大削弱了美国远东空军力量，日军一举取得了空中优势。当日拂晓，日本海军陆战队一个营乘6艘运输船，在两艘护航巡洋舰的保护下，从基隆出发，通过大雾迷茫的台湾海峡，向菲律宾进发。

还是在这一天，日本另一批200架轰炸机和战斗机又袭击了巴坦群岛的前沿阵地，美军出动50架战斗机迎击，双方展开激烈空战。美机纷纷被击落，剩下的30余架向南败退。日本轰炸机投下的重磅炸弹，把巴坦前沿阵地上的鹿砦、铁丝网、战壕、碉堡完全炸毁。美菲地面守军遭到重创。日本海军陆战队随即在炮舰火力掩护下强行登陆，战斗十分惨烈。

日本空军和炮舰配合作战，展开轮番的轰炸，致使守军伤亡惨重，只好撤退，巴坦群岛遂被日军占领。10日，占领巴坦群岛的日军乘6艘运输船，在两艘战列舰和100架飞机的配合下，向甘米银丝岛——吕宋北端的门户进攻，守军与登陆的日军展开了顽强战斗。

日本空军和炮舰的炸弹、炮弹不断在美菲部队阵地上爆炸，守军的工事不断被摧毁，日军最后占领了甘米银丝岛。当天，日军小川少将就率领一个师团，乘军舰从台湾出发，扑向吕宋岛北端的阿帕里，在飞机和炮舰火力掩护下，向守军发起强攻。美空军一个战斗机中队迎击日舰。日军4艘运输船被击沉。日本又出动两个战斗机中队增援，击退了美国空军中队的袭击，掩护小川率领的海军陆战队向阿帕里强行登陆。11日，从台湾出发的一支日军又在维甘岛登陆，占领了这个具有军事意义的岛屿。

帛琉群岛的日本森川将军奉命率领所属师团，乘12艘运输船从南面进攻吕宋岛，形成南北夹击之势。12日薄暮之际，他们进入黎牙实比海域，立即发起进攻。一场激战之后，当晚就占领了黎牙实比。至此，日军在吕宋南北登陆的3支部队分别夺取了阿帕里、维甘和黎牙实比，占领了这3处的前进机场，为合击马尼拉创造了有利条件。

与此同时，日本出动了300架轰炸机，对马尼拉湾的甲米地和苏比克湾的乌朗牙坡的美国海军基地进行猛烈轰炸。停泊在这两个港湾内的4艘美军巡洋舰和50多架舰载巡逻机，在一片硝烟火海中被击沉、击毁，使美国空军力量受到重创。12月17日，空军司令布尔顿将军率仅剩的17架B-17新式轰炸机全部撤往澳大利亚，少数几艘水面舰艇也被调走。从此，日军完全掌握了这个区域的制空、制海权。

美军放弃马尼拉

在日军向吕宋岛进攻的同时,远征军司令本间雅晴命令驻台湾的海军少将松琦率所属第4梯队进攻菲律宾第二大岛——棉兰老岛。松琦的部队乘25艘运输船,在6艘战列舰护送下,20日即向棉兰老岛发起进攻。棉兰老岛美菲守卫部队在夏普将军指挥下进行防御作战。在日本空军、炮舰猛烈火力轰击下,守军受到重创,节节败退,日军第4梯队登上棉兰老岛,并迅速占领了岛上重镇纳卯。为了占领吕宋全岛,本间雅晴命令驻台湾基隆的日军主力部队开始进攻该岛。22日拂晓,载有日军8万人、编为3个梯队的舰队出现在吕宋岛林加延湾海域。

距马尼拉以北120英里的林加延海湾一带,由装备和军事素质较差的菲律宾部队第11师和22师在这里布防驻守,统属于北吕宋部队美军司令官温赖特将军指挥。日军登陆的3个梯队在林加延海湾一带同时发动进攻,猛烈的炮火轰击岛上所有的防御设施,美菲守军死伤累累,抵御不住。同日,日本第3梯队在少将司令官弘赖末运率领下在林加延海湾登陆。接着,他率2.5万多人乘21艘运输船进攻仁牙因湾,经过两个多小时的惨烈战斗,击败守军,乘胜登陆。

24日拂晓,占领黎牙实比的日军和来自琉球群岛的另一支日军,分两路进攻马尼拉以东的拉蒙湾,美菲守军伤亡惨重,阵地很快被突破,于是急向马尼拉撤退。日军占领了拉蒙湾。17天中,日军已成功地在9处登陆。菲律宾的美军防线被日军迅速突破,马尼拉已岌岌可危。麦克阿瑟在马尼拉盟军司令部召集军事首脑会议研究对策时,指着军用地图对大家说:"日军现已完成对马尼拉南北夹击的合围之势。"参谋长萨瑟兰说:"为今之计,只有放弃马尼拉,将部队撤到巴丹半岛固守。"他建议温赖特将军率部阻击南北两路日军,掩护撤退。大家同意了这一建议。

1942年1月2日,日军不费一枪一弹,占领了菲律宾首都马尼拉。日本远征军司令部进驻总统府,大厦顶上飘扬着日本的太阳旗。日军进城后到处放火焚烧房屋,马尼拉市处在浓烟弥漫和烈火之中。大火烧了三天三夜,许多建筑物成了断墙残壁。城内到处张贴着日军司令的布告:"凡伤害日本平民的行为,将枪毙10名菲律宾人质相偿。""任何违反日军利益的行为将处死刑。"日本宪兵队四处搜捕马尼拉爱国人士,有的被关进监狱,有的被绑赴刑场枪杀。日军用机枪扫射、刺刀刺杀、剖腹挖心、水溺、火烧等野蛮残酷手段,使许多无辜百姓倒在血泊之中,到处是横七竖八的尸体,令人惨不忍睹。日军肆意强奸妇女,掠夺金银珠宝、鸡猪羊牛等财物。大批大批的居民被强迫去构筑工事,运送弹药或服其他苦役。马尼拉处在恐怖的腥风血雨之中。

吕宋岛上的美军部队撤至巴丹省和位于马尼拉湾入口处的科雷希多岛,分别坚守至 4 月 9 日和 5 月 6 日。

麦克阿瑟苦苦挣扎

麦克阿瑟在科雷吉多尔要塞司令部部署了新的防务：第一道防线从莫隆开始，延伸到马尼拉湾沿岸直至阿布凯；第二道防线在第一道防线后面7英里处，而第三道防线在马里韦斯山脉。麦克阿瑟解释说："巴丹和科雷吉多尔控制了马尼拉湾入口，我们固守住这两个地方，敌人就无法使用马尼拉湾。"日军占领马尼拉8天后，本间雅晴司令命令主力部队向巴丹岛挺进。1月17日，麦克阿瑟打电报给华盛顿，说明形势的严重性，要求增派飞机、军队，调运作战物资和粮食支援战斗。

这时，本间雅晴接到大本营命令，调他所属的第5飞行集团和陆军1个师去支援吃紧的南方战场，归属南方军司令指挥。由于热带病流行，部队大大减员，本间雅晴于28日下令暂停进攻巴丹岛。但是不久，日军又得到2.5万人和一批飞机、大炮的增援，本间立即下令第1梯队指挥官波良健向巴丹岛发起第二次进攻。

按照麦克阿瑟的部署，温赖特将军的第1军在巴丹左翼环形防线进行阻击，帕克将军的第2军在巴丹右翼布防。麦克阿瑟下令，命美军炸毁圣费南多以南的卡隆比特大桥，切断敌人向巴丹挺进必经的隘口，并在河西岸凭险阻击日军。

日军波良健指挥的第1梯队3万人，被阻于卡隆比特大桥东岸，无法前进。他立即指挥空军和地面炮火掩护工兵部队，加紧架设临时渡桥。日军第1梯队在空军和炮火掩护下，通过临时渡桥迅速冲向河之西岸。日军飞机以100架一批，轮番出动轰炸巴丹左翼防线，炸弹不断在前沿阵地上爆炸，战壕、碉堡被击毁。这时，美军弹药不足，高射炮只能象征性地对日机射击。温赖特将军指挥的美菲第1军固守在工事里，把日军阻遏在河西岸滩头的开阔地带。

由西村司令率领的日军第2梯队，乘25艘运输船绕道进入巴丹西面海域，从海上以猛烈的炮火袭击由帕克将军指挥的美菲第2军守备部队的阵地。巴丹右翼防线陷入一片硝烟弥漫的火海之中。美菲第2军以严密的火力网封锁着滩头防线,连连击退了日军的进攻。波良健问计于司令本间,本间说:"只要把其他地方的居民大批赶往巴丹,促成他们粮食供应困难,美菲军队就可以不击自溃。"波良健连称好计。第二天,在日军的驱逐下,巴丹岛北面的三描礼示省的居民扶老携幼,大批大批地蜂拥越过防线进入巴丹。巴丹市内到处是饥饿的老人和孩子在向人乞讨。美军当局为救济难民,将士兵粮食再次削减到应配给量的1/4,每人每天只靠1000卡热量的食物维持生命。

1月10日,本间给麦克阿瑟送去一信,敦促他派代表谈判投降事宜。麦克阿瑟未予理睬。为了动摇美军军心,本间又命令空军向美军阵地和巴丹市内散发传单,宣传只有投降才是生路。马尼拉日本电台号称"东京玫瑰"的女播音员,用妖媚的声音日夜广播,宣传本间给麦克阿瑟的劝降信。与此同时,日军又加强军事压力,派出双引擎轰炸机联队轮番轰炸巴丹岛美军兵营,一排排营房中弹起火,一枚500磅炸弹击中司令部内麦克阿瑟的办公室,屋顶被炸掉。麦克阿瑟因躲在地下室里才得以幸免。此后,麦克阿瑟命令将司令部搬到马林塔隧道里。

麦克阿瑟试图重振队伍的士气。他在1月15日颁布一道命令:"美国的援助正在途中。数以千计的兵员和数以百计的飞机正在调运……我们在巴丹的部队比进攻我们的日军还要多……一道坚不可摧的防御将挫败敌人的进攻……我们战斗,就会赢得胜利;我们撤退,就会被消灭。"但是,勇气和决心不足以挫败日军的屡次进攻。当"数以千计的兵员和数以百计的飞机"未见到达的时候,一股致命的无可奈何的情绪在前线散兵坑里滋长起来。疲惫不堪、饥肠辘辘的美国士兵,用粉笔在头盔上画上V字——不是代表"胜利(Victory)",而是代表"炮灰(Victim)"。昼夜战斗,快把他们的锐气消磨光了。

白天,敌人从空中和地面向他们发起无情的攻击;晚上,扩音器不停的嘲骂和鞭炮的噼啪作响吵得他们不得安宁。绝望的情绪在蔓延,睡眠不足,食品、药品缺乏使伤亡率直线上升。美国兵的愤怒情绪蔓延到菲律宾人中间,第二次世界大战期间最动摇军心、没完没了的歌词发泄了这样的情绪:

我们是巴丹的苦兵卒,
没有妈,没有爸,没有山姆大叔,
没有婶,没有叔,没有侄儿侄女,

没有枪，没有飞机大炮，
可是没有人在乎！

1月20日晚上，突破了纳蒂布山坡右翼阵地的5000名新到的日军发起进攻，麦克阿瑟的阿布凯前沿防线开始崩溃。第二天，温赖特将军的左翼阵地遭到猛烈空袭，也开始崩溃。后备部队紧急调上去支援前线。3天以后，萨瑟兰将军全面视察了阵地，麦克阿瑟接受了他的参谋长的建议，命令撤退到马里韦莱斯山脚下的第二道防线。他发电报向马歇尔将军作出保证："我亲自选择和准备了这个阵地，它固若金汤。我打算血战到底，与阵地共存亡。"

冒着不停的空袭，向退守阵地作20英里的撤退，给美国和菲律宾部队带来了新的绝望情绪，这些部队不仅要同日本人作战，而且还要同疾病、流行性疟疾，以及难以充饥的食品中缺乏维生素A而造成的夜盲症作斗争。

在阴湿的马林塔坑道里，气氛是严峻的，这个坑道不仅作为麦克阿瑟将军的家，也作为他的司令部。上面，炸弹密集、迅速地落在科雷吉多尔岛上。救援的飞机不见踪影，收听到的美国无线电广播说，麦克阿瑟重创了日军，这个消息像陆军部屡屡许下的援助就在途中的保证一样空洞和使人沮丧。但是，尽管参谋长联席会议可能已经放弃了援救的努力，总统和马歇尔将军却没有放弃寻找某种办法的希望。他们派遣前陆军部长帕特里克·赫尔利去澳大利亚组织船只突破敌人的封锁。赫尔利虽然作出了巨大的努力，最终只有几千吨供应品在夜间由小船运抵科雷吉多尔岛。

晚上，"东京玫瑰"无线电广播的叫嚣不堪入耳：一定要在月底以前将麦克阿瑟将军拉到日本首都游街。2月初，东条英机首相为了进一步破坏菲律宾的抵抗，向菲律宾人保证，这个国家将被承认为日本"大东亚共荣圈"里的一个独立国家。肺病缠身，在马林塔坑道里卧床不起的菲律宾总统奎松，致电建议以宣布菲律宾中立的方式向日本人投降。麦克阿瑟2月9日发给陆军部的一封电报说："你们必须确定怎样更好地完成阻滞敌人的任务，是迎合奎松呢还是让我继续战斗？"总统立即回电，"断然否认本政府有可能赞同奎松总统建议中的政治内容"。马歇尔也提醒麦克阿瑟，只要还有抵抗的可能，就不要再谈投降。

当巴丹防御战进行到第9个星期时，麦克阿瑟接到罗斯福总统的来信："必要的时候，我授权您安排投降事宜。"两天后，马歇尔将军又通过海底电缆对麦克阿瑟说,由于太平洋局势危急,要他带着菲律宾高级专员、内阁和他的夫人离开巴丹,到澳大利亚担任南太平洋美军司令。3月10日,麦克阿瑟在向接替他的温赖特将军交代完防务后,便于当天夜里同一行人乘车到达码头,登上了"41"号鱼雷快艇。他们站在甲板上,看了看被日军包围着的孤岛巴丹,即下令启航。这艘快艇在3艘鱼雷艇的护卫下,迅速消逝在茫茫的夜色中。

此后,美军又坚持了数十天战斗。4月9日,巴丹守军7.8万人在孤立无援的情况下,奉命向日军投降。这时,战事已转移到美军司令温赖特将军的驻地哥黎希律岛。该岛距巴丹半岛仅两英里,日军可以从海峡对面用重炮轰击。5月4日,日军发射了1.6万发炮弹,几乎把这个小岛上的美军阵地夷为平地。子夜时分,2000名日军渡过海峡,登上了哥黎希律岛。温赖特将军为了避免无谓牺牲,通过广播发出了投降书。

5月6日,日军占领科雷吉多尔岛,俘虏11574人。至此,整个菲律宾落入日军之手。

巴丹死亡行军

美菲联军的投降人数约为 7.8 万人，这些人在被押解到约 1000 公里外的战俘营时，以徒步行军为主。在整个转移过程中，日军只提供少许食物——一次给高尔夫球般大小的一个饭团。企图找寻饮水和食物的战俘，大多被日军刺死或开枪打死。

日本人转移俘虏的计划，基于 3 个毫无根据的假设：第一，日军认为巴丹半岛只有 2.5 万～3.5 万人，而实际上大约有 6.5 万名菲律宾官兵、2.8 万名菲律宾平民和 1.2 万名美国人，总数达到 10.5 万人。第二，日军认为美菲联军官兵身体健康，能在没有食物和饮水保障的情况下进行强行军，而事实是，坚守巴丹的官兵在 45 天里，每人每天摄入的热量不足 800 卡，远远不够需要。第三，日军认为他们的撤退计划完美无缺，所有的细节都已考虑周全。实际上，日本军人之间分歧很大，这让俘虏无所适从——听了甲队士兵的命令，会被乙队士兵认为违反了他们的命令，俘虏会挨打；再度服从乙队士兵的命令，甲队士兵发现了又会开枪。这样的事情一再重演。当巴丹死亡行军从马里韦莱斯开始的时候，就与日本人的"完美计划"背道而驰。到处都混乱不堪，小汽车、卡车、马匹、野战火炮充斥道路。日军把他们所有的重装备都运到了巴丹半岛上，想要一举拿下克雷吉多尔要塞。显然，让敌方的大量俘虏滞留在己方阵地上，是不利于日军赢得攻取菲律宾的完全胜利的，所以日军需要尽快把俘虏赶出战场。

4月10日早晨开始行军时，路面有 20 英尺宽，路基是石块，上面撒上碎石子，碎石子上面再撒上细沙。战俘 4 人一排，10 人一列。还没走出去 1 英里，队伍已经松松垮垮，散乱不堪。刚走了一两个小时，战俘就开始减轻负荷，从军用帆布背包里翻出各种各样的东西：牙膏、牙刷、剃须膏、剃须刀、毯子、小帐篷。这些物件被随地丢弃，散布在最初几英里的路段上。

日本兵用战俘听不懂的日语大声呵斥。如果战俘不能对他们的命令迅速做出反应，他们就从路边捡起木棍抽打战俘。他们想让战俘走快点——总是强迫战俘一连"小跑"四五个小时，不准休息。一个名叫汉克的战俘绊了一跤，摔倒在路边的灌木丛里，日本兵立即跑过去，而其他战俘只得向倒下的好朋友大声喊道："赶快站起来！赶快站起来！"但是，一切都已经晚了，日本兵高声叫喊着，把刺刀扎进了汉克的胸膛。在挨了五六刀后，汉克挣扎着站起来，鲜血顺着衬衫往下流。这天晚上，汉克因为流血过多，倒在地上，被一个日本兵开枪打死了。

行军的第二天，一辆日本卡车从战俘身边开过。车里坐着的日本兵手里拿着长长的绳子，时不时地抽打战俘。突然，有个日本兵向一个走在队列外面的战俘抛出了套索，套在了战俘的脖子上，把他拖倒在地。锋利的石块使这个战俘鲜血淋漓，遍体鳞伤，他的身体抽搐着，翻滚着，看起来像一块新鲜的牛排。被拖出100多码后，战俘终于挣脱套索，用手和膝盖支撑着流血的身体，慢慢站起来，大声喊道："你们去死吧！有朝一日，我会以同样的方法对待你们，我会活着把尿撒在你们的坟墓上！"

幸存者克拉伦斯·拉尔森战后在《漫长的回家之路》一书中写道："没有食物倒还不是我们最大的痛苦，最痛苦的是没有水，大多数人都快渴死了。他们一路上拼命找水喝，许多人只要看见水就喝，也不管水有多脏。旅途中有一个休息点正好在桥上，桥下倒是有水，可是水面上漂浮着绿色的泡沫，你根本看不见水。但是，一些人顾不得那么多，跳下去便往水壶里灌水，而我没有下去，因为里面漂浮着几个士兵的尸体。"

又有一次，一个战俘看到路边有一口自流井，在认定附近没有日本兵时，就同另一个战俘快速冲到井边。几分钟之内，大约有10到15个战俘聚到那里，这引起了一个日本兵的注意，他跑过去，一阵嘲笑。这时，前面的5个人喝到了水，第6个人刚准备蹲下喝水，日本兵就举起刺刀，对着他的脖子就是一刀，这个战俘立即双膝跪地，呼吸急促，脸朝下倒在地上，一口水也没有喝上就死了，鲜血染红了自流井。

战俘们每天像僵尸一样进行长途跋涉，从早上6点半走到晚上8点，有的时候甚至要到9点。他们用了4天时间，总算进入巴朗牙城区。菲律宾市民站在道路两旁，扔给战俘各种各样的食物：米糕、蛋糕、炸鸡、甘蔗。突然，枪声响了，菲律宾市民四散逃命，日本看守向他们射击。在日军的枪声和呵斥声中，菲律宾市民逃散无踪。很多菲律宾战俘趁乱跑出队列，混入市民之中，换掉衣服，化装成老百姓。天色完全暗下来时，战俘被赶进一间仓库。仓库实在太挤，以至战俘只能一个挨一个地平躺在地上。有人想小便，只能尿在身上。如果想大便，就跑到仓库的角落里。这天晚上，仓库的地面上满是痢疾患者的粪便，这让很多人感染了这种致命的疾病。

第五天，日本兵让一队战俘暂时停下，等待后面的战俘赶来。再往前走时，一个战俘患了疟疾，发着高烧，站不起来。日本兵走到他身边，用枪托砸他的头，把他打倒在地，然后叫来身边的两个战俘，让他们在路边挖坑，准备把这个生病的战俘活埋。等坑挖到一英尺深时，日本兵命令他们把生病的战俘抬到坑里。这两个战俘摇着头，说他们不能那样做。于是，日本兵就举枪把他们当中的大块头打死了。接着，日本兵又拉出两个战俘，命令他们再挖一个坑。这两个战俘又挖了第二个坑，把生病的战俘和死去的战俘分别放在坑里，然后往他们身上铲土。生病的战俘还没有死，土扔到他身上时，他还发出凄厉的喊叫声。

圣费尔南多是巴丹死亡行军途中最大的城镇。在这里，战俘被赶进了闷罐车。车厢很小，平时可以装进10头牲口或者25到30个人；在日本兵的驱赶下，每节车厢里都塞进了80到100个人。战俘只能轮流坐着，因为车厢里没有足够的空间，让大家都坐下来。车厢中部实在太拥挤，有些战俘呼吸不到新鲜空气，窒息了。战俘们站了5个小时，才抵达离最终目的地奥东纳尔集中营不远的卡帕斯。

在巴丹死亡行军过程中，1.5万人因饥渴或遭日军刺杀而死。活着到达奥东纳尔的战俘全都有病，少数人只患一种疾病，大多数人受到两三种疾病的折磨。这些疾病包括：疟疾、痢疾、营养不良、饥饿、脱水、肺炎、脚气病、白喉。

在美国上校军医詹姆斯·吉莱斯比秘密保存下来的笔记中，对于进入战俘营的新来者是这样描绘的：

……路上来了一群缓慢移动的战俘。他们衣衫褴褛，满身泥污，蓬头垢面，半裸身子，面色苍白，浮肿脱形，毫无生气。他们跌跌撞撞，时而摔倒。有些步履艰难，有些人则站立不稳，躺倒在地，却遭到押送人员的催促……他们四肢肿大了一倍。脸上毫无表情——脸不成形，毫无血色。他们比实际年龄衰老得难以置信。赤脚走在石子路上，用麻袋片遮羞。有些人一丝不挂，眼睛血红，嘴唇干裂，全身是屎。他们就这样来到……"路的尽头"。他们原都是31步兵团、航空部队和高炮部队年轻强壮而机敏的美国人。这确实是凄惨不过的景象，但愿我永远不再看见。

美国自由撰稿人约翰·托兰则在《日本帝国的衰亡》一书中写道："……死于去集中营途中的菲美军人比在巴丹战场上死的还多。抵达奥东纳尔营的只有56000人，但是许多人在中途逃跑了，所以谁也不知道死亡的确切数字。在步行途中死于疟疾、饥饿、殴打或被杀害的人在7000到10000之间，其中约2330人是美国人。"

由于日军在集中营里虐待战俘，包括拷打折磨、逼迫苦力、刻意让其挨饿等，因此在抵达营地的两个月内，又死去了约2.6万人。

胜 利 病

[英] 约翰·科斯特洛

在 1942年的头几个月里，失败的气氛笼罩着华盛顿和伦敦，东京却沉浸在一片狂欢之中。日本每取得一次新的胜利，市民们就排着长队，挥动着旗子，踏着冬雪，来到皇宫的城门前举行庆祝大会。大东亚共荣圈正在异常迅速地确立，似乎显示了帝国军事力量的不可战胜。他们的狂飙式的武力征服，为日本赢得了一个广袤的帝国，这个帝国有着丰富的粮食、原料和潜在的市场。世界上很大一部分的稻米生产，地球上多半的天然橡胶，3/4的锡矿和很大一部分不可缺少的石油资源，现在都可以用来满足日本工业和这个工业为之服务的胜利的战争机器的贪婪胃口。

耐人寻味的是，东京军方把持的政府只限于制订"第一作战阶段"的战略计划，这个阶段只安排了征服东南亚的时间表。这个目标已经很快地实现了，胜利的速度和规模使日本领导人滋长了自满和过分自信的情绪。这种情绪后来被称作"胜利病"；它的症状很快就在确定战略目标时显露出来，这个国家的军事、工业和行政管理能力远远达不到这些目标。

帝国参谋本部面临着两个根本问题：第一，如何牢牢守住他们的极为分散的帝国，同时迅速地与美国求得和平解决。第二，如何安抚和管理他们业已征服的领土，以便利用现成的人力和原料，加强日本的军事力量。"胜利的果实很快就要掉到我们的嘴里。"裕仁天皇在1942年3月9日预见性地对他的内大臣木户侯爵说。那一天是他的42岁生日，是预定的"第一作战阶段"结束的日期，日军以占领仰光纪念了这个日子。在此之前48小时，爪哇岛上的最后一批盟军部队投降了。

保卫一个新的分散的帝国，同时着手开发这个帝国，以便消化经济"胜利果实"，已经成为日本人关心的主要战略和行政问题。但是，东京缺乏被它撵走的欧洲列强的殖民经验和行政管理能力，犯了利用皇军强制推行同样严厉的军事统治的错误，这种统治已经使满洲和大陆中国的人民疏远了日本。日本宣称它为亚洲人解放了亚洲，对这种说法本来抱有同情的人很快就遇到了占领军的铁拳头。在仰光，日本兵的骄横使那些留下来欢迎向往中的"解放者"的市民们感到非常沮丧，日本兵追逐妇女，"到处打骂缅甸人，强迫他们做拖木头、担水的活儿"。为了共同驱走正在撤退的英军而成立的 3 万"缅甸解放军"，终将掉转枪口对准新的统治者。从监狱中释放出来领导爪哇傀儡政府的革命领袖艾哈迈德·苏加诺也将如此。

在菲律宾，由"亲日派人物"若斯·洛雷尔（他的儿子正在巴丹同美国人并肩战斗）领导的行政委员会保证忠于本间将军。他希望以此平息广大人民的怒气，但是，同其他由日本人扶持起来的傀儡政权一样，在亚洲新秩序的范围内允许成立的"独立政府"，终究只不过是发布皇军命令的橡皮图章而已。

实际上这是实施严厉的军事管制法的占领。太阳袖章必须佩戴，见了日本兵必须鞠躬，夜里走路不带提灯的人格杀勿论，西方电影和文学作品统统取缔，学校课程日本化。日历也换了，1942 年变成了从第一代日本天皇登基时算起的 2062 年。为了全部消除西方的影响，宪兵队的特别支队像东方的盖世太保一样进行活动，根除那些为老殖民政府服务过或者对西方表现出同情的人。华人受到特别残酷的待遇，因为多数日本兵憎恶对大陆中国进行的旷日持久的战争。仅在新加坡，就有 7 万华人被兜捕和审问；5000 华人被监禁，多数仅仅是因为皮肤上刺有花纹；许多华人被当作拼刺刀的活靶子，骇人听闻地遭到处决。

对于新征服的领土上落入日本人手中的 50 万欧洲平民（其中许多是妇女和儿童）来说，尔后的 3 年是被野蛮监禁和横遭剥夺的 3 年。许多人还没有到达人满为患的监狱和拘禁营地就断送了性命，幸存者常常沿着丛林小道跋涉数百英里，然后像牲口一样地被关在这些监狱和拘禁营地里。巴厘巴板的所有白人都被杀死，以示对他们破坏石油设施的惩罚。英国外交大臣抗议香港居民遭受的残酷暴行，日本人肆无忌惮地奸污和屠杀年轻姑娘及至尼姑，使香港的国际观察家毛骨悚然。爪哇和苏门答腊的荷兰人受到惨重的迫害；在菲律宾，3000 多名美国平民被关在马尼拉郊区圣托马斯大学校园的有刺铁丝网里，又挤又脏地住了 3 年，既缺食物，又缺医疗。

日本人无视俘虏的生命，对战俘极不人道。帝国军人是用武士道——中世纪武士阶级遵守的道德规范，集严格的禁欲主义和大乘佛教的人我否定于一体——的严格纪律训练出来的，练就了要为天皇死战的性格。万一战死，就会为他的家属带来荣誉，本人的灵魂也得到自我拯救。军人训导手册明确规定："记住这样一条：当俘虏不仅意味着自己身败名裂，而且意味着父母妻小永世不能抬头。最后一颗子弹无论如何要为自己保留着。"对于一个日本军人来说，当俘虏远不如死去的好。谁当俘虏，他实际上就不复存在——他的名字从他的乡村或城镇的花名册中除去。日本人就是这样地变成了宁死不降的盲信武士。这样的条件作用使普通的军人丝毫不理解西方的道德观念，他把所有的战俘视作只能蔑视并像奴隶一样地对待的下贱货。

在 1942 年头几个月里投降的 15 万盟军战俘，经历了奴役、饥饿、疾病和死亡的漫长岁月。日本外相东乡茂德曾经保证他的国家将遵守 1929 年的日内瓦公约，这个公约提出了国际公认的俘虏待遇条件。然而，日本国会从未批准这个条约。由于东京政府没有制订任何行动准则，处理俘虏只由当地军事指挥官酌情决定。他们是严格根据武士道而不是根据日内瓦公约来处理战俘的。日军自己的士兵经常缺乏食物，300 个战俘营里的俘虏只好挨饿。日本公然违反西方国家公认的准则，强迫多数战俘从事异常沉重的体力劳动。许多人被秘密送往满洲的煤矿和硫黄矿；另外一些人在疟疾流行的浓密丛林里修筑公路和铁路；还有少数人被送进特殊医疗试验营，供作动物试验之用。被日本人俘虏的人，绝大部分未能活下来，不是死于饥饿、流行病，就是死于看守指挥官的残酷虐待——许多看守指挥官在 1945 年以后作为战犯接受审判和被处决。

日本政府对所谓共荣圈的赤裸裸的经济剥削，同日本军方的残酷暴行不相上下。"我们没有任何限制。他们是敌方的人。我们可以抓捕他们，为所欲为。"这就是 3 月 14 日日本军方和企业家在东京举行的联络会议制订的基本政策。贪婪地掠夺东南亚的资源和原料，为了满足日本制造商尤其是强大的"财阀"的利益，这些"财阀"现在派出代理人掠夺新的领土，授予他们这种特许权的是给工业界下达的指示："目前南部地区将是原料来源地和我们的制造品市场。必须采取措施阻止这个地区的工业发展。工资必须尽量压低。"为了榨取所有的外国资产并监督采用新货币，成立了南部地区开发银行。新货币表面上是日元，但是根据东京作出的秘密决定，日元得不到日本储备的支持。新钞票像雪片一样地印了出来，加剧了由于日军征用了所有的食品供应而造成的恶性通货膨胀。

在几个月的时间里，整个东南亚就像"满洲国"和朝鲜那样，沦为日本的经济殖民地。根据东京的命令，工资削减了一半，传统的农业方式被推翻，日本给每个地区强制规定定额，削减稻米生产，以便种植更多的棉花来满足战争的需要。日本人急不可待地掠夺东南亚的石油和原料储备，破坏了整个地区的交通网。他们强征庞大的商业船队为军方服务，由于缺乏有效的组织，贸易变成了只图日本致富的单行线交通。

远东的正常贸易往来被迅速破坏。仰光码头上的稻米发霉腐烂，马来亚人却在挨饿。"你们是在东京街头悬起人头吗？"新加坡的一位女招待就那些盗窃皇国粮仓的人被抓住后受到野蛮惩罚的问题质问一名日本记者。"高傲自负的英国人走了，粗鄙卑劣的日本人来了。"这就是同一名日本记者在走进拉弗尔斯饭店时的悲哀想法，这个饭店已经改名为昭南饭店，只接待日本同胞。日本人的殖民统治更加令人不堪忍受，因为这是亚洲人对亚洲人的统治。由于实行了严格的配给制，食品供应减少了，本来总是被营养不良和流行性疾病所折磨的国家，营养更加不良，疾病更加流行，对新的统治者的憎恨迅速传播开来。在东南亚被日本占领后的6个月中，经济普遍衰败，在东京"新秩序"的严厉统治下的各国人民，仇恨满腔地咒骂"共荣圈"是"共穷圈"。

正如短视的日本官僚和冥顽的日本军队不能胜任有效管理东南亚的任务一样，日本军事领导人也未能解决如何防守新帝国的漫长的太平洋环形防线的战略问题。

反攻菲律宾

1942年5月日军侵占菲律宾后,转瞬已届3年,绝大多数被征服的人民对新主子漠不关心,但是,又明显地有两种例外:游击队和地下工作者,他们相信麦克阿瑟总有一天会回来收复失地,同敌人算账。

战争初期,科雷吉多尔方面和澳大利亚很少联系,待盟军攻取霍兰迪亚后,双方的接触就日趋频繁,因此,麦克阿瑟对于马尼拉的一切动静都了如指掌。他用潜水艇供应游击队武器、技术人员和一切设备。

1944年10月,美军决定反攻菲律宾,哈尔西的第三舰队和汤姆·金凯德的第七舰队同向莱特进攻,金凯德由麦克阿瑟直辖,哈尔西则听命于尼米兹。麦克阿瑟对于分别指挥深感棘手,自愿退让,由尼米兹单独指挥。但马歇尔不同意由海军上将担任最高统帅,而且麦克阿瑟是众望所归。麦克阿瑟只得勉强接受。10月19日傍晚,麦克阿瑟偕幕僚群集船舱,作登陆的最后准备。麦克阿瑟在回忆录中写道:

在我们接近莱特岛时,正是一个没有月亮的午夜时分……我知道在这些军舰上,有许多兴奋的官兵站在船栏旁,或在甲板上走动,想从黑暗中远眺目的地……我走进我的船舱,祈祷上帝明日保佑我的每一名士兵。

拂晓开始炮击,麦克阿瑟带着菲律宾总统奥斯梅纳和好友卡洛斯·罗慕洛,在炮火的掩护下一起登陆。麦克阿瑟兴奋异常,对罗慕洛说:"卡洛斯,我们回家了!"他们在最高的椰子树上升起美国国旗和菲律宾国旗。麦克阿瑟立刻在海滩上草拟给罗斯福总统的报告,而罗斯福总统此时也已来电祝贺麦克阿瑟成功。

一群菲律宾人大声欢呼。一个8岁的女孩捧着一个小包走近罗慕洛,说她有件礼物要献给麦克阿瑟。罗慕洛把她带到麦克阿瑟面前,麦克阿瑟接了礼物,拆开一看,是一盒雪茄,还有一个编织的手袋——这是送给他的夫人珍的。数星期前,英国蒙哥马利元帅在比利时时,有人送他一柄镶珠宝的军刀,麦克阿瑟十分羡慕。现在,他眼中噙着兴奋的泪水说道:"卡洛斯,我觉得这礼物比蒙哥马利的军刀更宝贵。"

日军发动争夺莱特岛之战,麦克阿瑟全力部署应战。这是一场海军史上最猛烈的战争,参战军舰总计282艘,超过1916年的日德兰战役。美方损失航空母舰1艘、护航舰2艘和驱逐舰3艘,日方损失航空母舰4艘、主力舰3艘、重巡洋舰6艘、轻巡洋舰3艘和驱逐舰8艘。日军还丧失精锐部队6.5万人,从此一蹶不振。

一个简单而隆重的仪式,在莱特岛的塔克洛班举行,奥斯梅纳正式宣誓就任菲律宾总统。

麦克阿瑟在塔克洛班度过了感恩节和圣诞节,这时他已晋升为五星上将。为了庆祝麦克阿瑟擢升,他的部下熔化了美国、菲律宾、荷兰和澳大利亚的钱币(象征他统帅这些国家的军队),铸成两枚五星勋章,由艾奇勃和赖白士扣在将军的领口上。

接近吕宋的战争,将是第二次世界大战在西南太平洋区的高潮。1945年1月4日早晨,麦克阿瑟登上旗舰"波伊斯"号轻巡洋舰,向仁牙因湾前进。他统率着太平洋上历来集结的最大舰队(1000艘大小船只、3000艘登陆艇)和28万名士兵。

圣诞节前3天,驻守马尼拉的日军司令官山下奉文准备迎敌。他把劳瑞尔的傀儡政权迁往较易防守的夏都碧瑶——离马尼拉130英里的山区。如今,麦克阿瑟的舰队逼近,他自己的司令部也搬到碧瑶去了,这位高大而头似枪弹的日军军官夸下海口:"失去一两个岛屿算不了什么,菲律宾有广大的领土,我们可以随心所欲地大战一场。我将在菲律宾群岛为大东亚共荣圈写下一页辉煌的历史。"

麦克阿瑟在后甲板站立观战,目睹两枚鱼雷向"波伊斯"号射来,而船长却巧妙地加以躲避。麦克阿瑟对他十分赞赏,又目睹敌人潜艇在"波伊斯"号左舷上升,被美军驱逐舰击中。稍后,麦克阿瑟回舱,恰有一架神风零式飞机冲向"波伊斯"号,艾奇勃医师大惊失色,只过了3秒钟,零式飞机转向另一艘船时被高射炮火击中爆炸。

1月10日破晓,美国大军迫近海岸,纷纷登陆,忽然刮起一阵飓风,使麦克阿瑟所乘的小艇不能靠岸,麦克阿瑟遂涉水登陆。两天后,设司令部于仁牙因湾东12英里的圣巴巴拉一所学校内。

麦克阿瑟急于光复马尼拉,敦促葛鲁格率领的第6军从速进军。葛鲁格推想敌人会设重兵保卫首都,而麦克阿瑟料定山下必定退守山区,以保实力,并坚持说:"50年前,我看着我的父亲在这片土地上获得胜利。我对地形上每一个起伏、每一寸土地都十分熟悉。"

他想避重就轻，绕道稻田小镇间通路，直赴马尼拉。他确信日军一级司令官深知首都马尼拉无战略价值，决不会重兵设防。

葛鲁格表示不可轻敌，但麦克阿瑟一路进军，并未遇到严重抵抗，轻易攻下了克拉克机场。葛鲁格正在整顿机场，但麦克阿瑟已迫不及待，又以闪电般进军向山下示威。当第6军向马尼拉推进时，麦克阿瑟遣军一团登陆苏比克湾，不费一兵一卒就取得了要港奥隆加坡。

麦克阿瑟身先士卒，亲临前线督战，他本来希望能在1月26日——他生日那天攻下马尼拉，但事实上难以办到。2月3日，先头部队逼近市郊，3天后，战地公报宣称："我军迅速扫荡马尼拉敌军，包围守军，该城指日可下。"

罗斯福、丘吉尔、蒋介石、史汀生等纷纷电贺麦克阿瑟成功。

2月8日，记者艾契尔布格记述道："大首领可能于最近三四日内进入马尼拉。"但两天后，他们已接到麦克阿瑟官方式的邀请，要他们入城。事实上，城内街道满布砖砾，血肉狼藉，正式入城尚待一个月后。日军杀戮平民将近10万，残酷暴行令人发指！

麦克阿瑟进城后，首先救出圣多玛斯集中营的俘虏，并打开比立毕德监狱大门，放出的人都衣衫褴褛，惨不忍睹，有的泣不成声，有的低声说道"你们回来了"，或者说"你们成功了"……麦克阿瑟只能说："我来迟了一点，不过我们终于回来了。"

1945年2月27日，麦克阿瑟走进了铺着红地毯的完整如昔的玛拉卡南宫，正式把首都交还给奥斯梅纳总统，并致辞说：

自从我把我们的部队和各种设施撤出这座美丽的都市以后，3年多的光阴——辛酸、挣扎和牺牲的岁月都过去了。依照战争规定，这座不设防的城市的教堂、纪念碑和文教中心，不应受军事行动的摧残，但是，敌人却置之不顾，很多我设法要保全的东西，都被敌人在危急的时候，在从事垂死挣扎的行动中，恣意破坏了。然而，这些灰烬也注定了他们自己未来的命运……

我现在代表敝国政府郑重宣布，总统先生，贵国宪法上全部权力与责任，贵国政府依照法律规定在此首都所在地重建。因此，贵国可以重新在自由国家的世界中，自由地谋求受人尊重的地位。贵国的首都虽然历尽沧桑，目前又重获其公正的地位——远东民主国家的一座堡垒。

麦克阿瑟压倒性的胜利，使在碧瑶的傀儡政府十分惶恐。傀儡政府求助于山下，山下便派飞机于3月19日将劳瑞尔及其他3人，取道台湾送往日本。

1945年3月，夫人珍携儿子阿瑟及广东女佣亚珠等由澳大利亚的布里斯班抵达马尼拉，麦克阿瑟一家重获团聚。

朝鲜人民的抗日斗争

1931年日本侵占中国东北后,又将它于1910年10月吞并的朝鲜变成了它的侵华反苏基地,朝鲜的大米、棉花、金、铁、煤等各种资源被它大肆掠夺,成千上万的朝鲜人遭到逮捕、屠杀和监禁。这一年12月,金日成在明月沟会议上提出了组织和开展抗日武装斗争的方针:加强同中国人民抗日力量的革命团结,创立常备的武装力量抗日人民游击队,同日寇进行长期的武装斗争。

金日成于1912年诞生在平壤市万景台一个贫农家庭,年轻时曾来中国吉林上过中学,14岁就参加了革命。1932年4月25日,在金日成领导下,朝鲜抗日人民游击队在安图正式诞生。据日本秘密文件记载,仅在1932年一年中,游击队就进行了984次大小战斗,参加战斗的人数达13470人次。在这一年中,游击队16次打过鸭绿江,4次打过图们江,大量杀伤敌人。游击队还曾28次袭击鸭绿江上的日本货船,105次隔江射击日军,打得敌人坐卧不安。1933年,活跃在中国东北东部地区的金日成率领的游击队,同崔镛健领导的在东北北部地区活动的游击队建立了联系。此后,在金日成的统一领导下,他们对日寇进行了一系列胜利的斗争。

为保证有坚固的后方基地,游击队在朝鲜北部边境图们江沿岸建立了游击根据地——解放区。

1934年3月,抗日人民游击队改编成朝鲜人民革命军。嗣后,人民革命军响应金日成1934年3月发出的"把武装斗争发展到国内"的号召,组成一些小分队,抽调一些政工人员到国内活动,在茂山、游仙、稳城和庆源郡等沿北部国境线一带,建立起半游击区,组织和动员群众起来斗争。据日本公布的统计数字,从1931年9月到1936年7月,朝鲜人民革命军同日伪作战23928次,毙伤日伪军警4321人,俘虏18114人,缴获武器3179件。

1935年5月，朝鲜抗日民族统一战线组织——祖国光复会在长白县成立，金日成担任会长。祖国光复会发表了抗日救国十大纲领，号召朝鲜人民总动员起来，实现广泛的抗日统一战线；主张中朝两国人民亲密地联合起来，推翻日本帝国主义及其走狗"满洲国"。在此后几个月的时间里，就有各阶层群众20余万人参加了光复会，从而奠定了抗日武装斗争的坚实基础。

祖国光复会成立以后，金日成亲自率领朝鲜人民革命军主力部队挺进到鸭绿江沿岸，在以长白山为中心的森林地带扎下秘密营地，并以此为据点，向周围广泛开展军事活动和政治活动。

1936年8月，根据地的广大军民发动了一次进攻抚松县城的斗争，致使日本关东军不得不派两架轰炸机来轰炸。1937年6月，朝鲜人民革命军主力部队从长白县根据地出发，突破鸭绿江，奇袭了咸镜南道的日军战略要地——两江道的普天堡，打得敌人惊慌失措，抱头鼠窜。在金日成的领导下，朝鲜人民革命军还开展了敌后骚扰战，如公路旁的伏击战、县城的进攻战、破坏敌人军事设施的破击战等。

在抗日统一战线的旗帜下，工人群众组织起突击队，开展蓬勃的罢工和怠工斗争，朝鲜工人仅1936年就罢工138次，参加者达8200人。

1939年9月以后，日军加强了对中国东北和朝鲜北部的打击，开始了对中朝人民游击队的大扫荡。为此，金日成于1940年8月在敦化县小哈尔巴岭主持召开了党政军负责人会议，决定改变斗争策略，变大部队活动为小部队活动，在敌后开展斗争，给敌人以突然袭击。人民革命军小部队在极其艰苦的条件下，在沿海的雄基、罗津、清津等地，给了日军以有力的打击。

1919年朝鲜反对日本殖民主义、争取民族独立的"三一"爱国运动遭到镇压后，朝鲜一些爱国志士辗转来到中国上海，于4月13日组成大韩民国临时政府，在另一条战线上开展抗日斗争。知名爱国人士金九（自号白凡）长期担任政府首脑，从1927年起担任临时政府主席，1940年以后担任国务会议主席。在他的领导和直接策划下，曾发生了震惊世界的1932年1月8日在东京谋刺日本天皇的义举，以及同年4月29日在上海虹口公园投掷炸弹的事件。两次义举都是韩国劳工李奉昌、尹奉吉主动找到临时政府，自愿承担任务的。东京之举不幸未能刺中。在虹口公园，他们把炸弹投向参加庆祝日本天皇生日和庆捷仪式的日本人，日本居留民团团长河端贞次被当场炸死，中国派遣军最高司令白川义则大将身中24个弹片，受伤后不久死亡，公使重光葵等受了重伤。此外，临时政府曾派员赴中国东北谋刺日本关东军司令官本庄繁。

临时政府还力图为开展武装斗争进行准备。1933年，在中国政府的支持下，临时政府决定以河南省洛阳军官学校为训练基地，培训韩国籍军官，第1期共100人。日本当局曾为此向中方提出抗议，因此，培训工作只进行了1期就被迫停止了。

"七七事变"以后，上海形势紧张，临时政府先迁长沙，后到广州，最后经贵阳迁至重庆。1940年，由金九创议并亲自筹划，在中国有关人士和旅美洲、夏威夷等地朝侨的支持、资助下，在重庆组织起韩国光复军。光复军司令部设在西安，李青天任总司令。由于人数不多，光复军未能开赴抗日前线。他们主要是向被强征加入日本部队的朝鲜籍士兵进行抗日宣传，并教育日本战俘。

1945年8月15日，日本宣布无条件投降后，韩国临时政府主要人士返回韩国汉城（今首尔）。

太平洋战争

偷袭珍珠港

第一次世界大战后，日本在太平洋的地位进一步加强，它在占据库页岛南部、朝鲜、中国的辽东半岛和台湾等战略要地的基础上，又攫取了中国的青岛，太平洋上的马绍尔、马里亚纳和加罗林3个群岛，控制了南海、东海，扩张的势头直逼整个西太平洋。

日本军政当局深知，日本对外扩张领土的最大障碍是美国。1923年，日本在修改《帝国国防方针》时，已把美国列为头号假想敌。

1940年7月，日本近卫内阁制定了帝国《基本国策纲要》和《适应世界形势处理时局纲要》，妄图侵吞远东和太平洋广大区域。9月23日，日军进占印度支那北部。27日，希特勒拉拢日本签订了德意日《三国军事同盟条约》，德意"表示承认并尊重日本建立大东亚新秩序的领导地位"。

于是，日本南进联合舰队司令山本五十六登场了。

山本一生戎马倥偬。他年轻时参加过日俄战争，在对马海战中失去左手的两个指头，因此，艺妓们都少收他的修指甲钱，笑着说："八十钱。"1923年，山本成为霞浦航校第一任校长。1925年，山本出任日本驻华盛顿海军武官，重点研究美国的国防。太平洋战争爆发前，他在担任海军省次官时，不惜冒着被右翼分子暗杀的危险，几度呈书上谏，反对日本同德国结盟并同美国交战。然而，奇怪的是，第二次世界大战开始后，正是他以日本海军联合舰队司令的身份，先后拟订了偷袭珍珠港、进击中途岛的作战方案，企图拔掉"美国鲨鱼"的两颗牙齿。1940年11月3日，日军军令部长永野修身批准了他的作战方案，即以空中突然袭击的手段，消灭珍珠港的美国太平洋舰队和岛上的机场。

日军统帅部为了避开美国的监视，特把偷袭珍珠港的实战演习，选择在偏僻的与珍珠港地形相似的樱岛进行。通过多次预演和图上作战，日军统帅部一致认为，必须加紧搜集夏威夷的情报，掌握美国舰队的动向，同时尽最大可能隐蔽特遣舰队。

为了搜集情报，日本利用驻外武官、领事、特务和各种侦察工具，对珍珠港的地面、空中、海上、水下进行了一系列侦察活动。这时期，仅派到瓦胡岛的间谍就有200多名。日本海军军令部的情报军官吉川曾化名森村，以日本驻檀香山（火奴鲁鲁）领事馆一等秘书的身份，到该地专门搜集有关珍珠港太平洋舰队活动的情报。他常在日裔开设的海滨酒楼"春潮楼"上，假借凭栏观赏海景或闲逛，闯进美国军事设施的禁区刺探美军情况。日本收买的一些日商、德侨特务也利用他们常驻海滨之便，每晚通过窗口灯光的盏数以及在游艇上悬挂某种标志，暗中向日本总领事馆报告港内美国太平洋舰队出入的艘数和日期。此外，日本还派出一些军官化装成旅客、船员，对珍珠港和预定偷袭的航路、地点进行侦察。通过一系列活动，日本把瓦胡岛上美军对空对海防御的设施和飞机，舰艇种类、数量和停放位置，以及美军平时和假日活动规律等，都摸得一清二楚。

舰队启航

11月中旬，联合舰队司令山本五十六发出命令：机动部队务必极为隐蔽地于11月20日到达单冠湾集结待命。

单冠湾位于人烟稀少、白雪覆盖的千岛群岛南端的择捉岛上。南云忠一特遣舰队一入港，便断绝了同外面的一切通讯联系。11月21日，山本下达了联合舰队第5号作战命令——"登上富士山"，指令南云特遣舰队于11月26日从单冠湾出发，12月3日晚进入作战海域。

南云奉命率领特遣舰队按时从单冠湾出发，隐蔽地向夏威夷前进。6艘航空母舰排成两路纵队，4角有两艘高速战列舰和两艘重巡洋舰，最外一圈则是9艘驱逐舰和1艘巡洋舰。此外，还有由3艘潜艇组成的先遣巡逻队和由8艘油船组成的补给船队。舰队的空中打击力量也很强大，用作第一攻击波的突击机群共183架。

美国在太平洋的海陆军也具有很强的实力：作战舰艇102艘，其中2/3停泊在珍珠港；机场上有各种飞机500多架，其中包括飞行半径为1500英里的"超级空中堡垒"B-24；地面及舰艇上有对空火炮1000多门；同时驻有陆军两个师4万多人。美国陆军参谋长马歇尔在参观美军在太平洋各地的军事设施后，对珍珠港的评价最高。

对于日军严密的军事行动，美国也早有察觉。情报机关熟知，日本密码是以26个英文字母和48个日本片假名排列组合而成的,用"紫色密码机"拍收。然而,美国军政领导人面对众多的破译情报,却认为日本的主要目的是袭击菲律宾,不会真打美国。当南云舰队在太平洋上向南航行时,马歇尔和海军作战部长斯塔克于11月27日向罗斯福总统报告说:日军南进的目标是入侵泰国和东南亚,日军的主力仍在内海。与此同时,日本赴美撤退日侨的"龙田丸"客轮于12月2日出发,由日本横须贺开往檀香山,预计12月14日离美回国。这使美国错误地认为,日本若要开战,最早也要到12月14日以后。

12月2日,日本陆军和海军军部开会,把偷袭珍珠港的时间定在12月8日(夏威夷时间是12月7日),因为这天是美军"雷打不动"的礼拜休息日,太平洋舰艇大部分都停在港内。同时,日军预测到突袭这一天,即农历10月19日,从夜半到日出前都是下弦月,这便于陆海空军进行准备。2日下午5时,日本陆军参谋长松山元和海军军令部长永野修身经报请天皇同意后,由海军省下达了决定进攻日期的《大海令第12号》命令。半小时后,联合舰队司令山本就向南云特遣舰队发出了"登上新高山1208"的密电,意思是:"开战日期定为12月8日凌晨零时(东京时间),按预定计划行动。"

日本联合舰队经过海上12天的航行,于12月7日零时按计划准时到达珍珠港北面230海里的海域。

偷袭成功

珍珠港在夏威夷群岛的中心瓦胡岛(598平方英里)南端,周围水域10平方英里,是美国在太平洋上最大的海军基地。当天,美国太平洋舰队共有86艘舰只停泊在珍珠港(小艇不算),其中有战列舰8艘、巡洋舰7艘、驱逐舰28艘、潜水艇5艘。

此时,罗斯福总统的夫人正在兴致勃勃地举行家宴,而罗斯福本人正在欣赏他的集邮本。美国情报部门已经破译了日本的"一点钟电报"(华盛顿下午1时是夏威夷清晨4时),这是日本通知野村大使,偷袭开始了。情报局长威尔金逊马上把这份情报送给海军作战部部长斯塔克,斯塔克拿起话筒,想给太平洋舰队司令金梅尔打电话,但又怕打搅对方的美梦,便放下话筒,到剧院观看《天才学生》的演出去了。

3时35分

美国扫雷舰"秃鹰"号在珍珠港西南浮标处,突然发现从一片漆黑的水面上露出一艘潜艇的潜望镜。"秃鹰"号立即发出闪光灯信号，通知巡逻驱逐舰"守护人"号。3小时后，"守护人"号舵手又发现一艘潜艇的指挥塔露出水面。当时，正好有一架PBY水上巡逻机飞临上空，也发现了敌方潜艇，便投下照明灯，以协助显示目标。"守护人"号立即向目标连发两炮，击中日军的一艘袖珍潜艇，并把前后两次发现的敌情及时报告了上级。美国驻夏威夷海军当局收到报告后，认为这"令人难以置信"，"可能是看错了"，因而将这一情报轻易地放过了。

4时30分

日本特种进攻部队的一艘袖珍潜艇在黎明前的黑暗中潜过基恩巴布亚角，发现港口栏栅网开着门，让两艘扫雷舰进去；它也溜了进去。它偷偷地绕着福特岛兜圈子。潜艇艇长的眼睛死死盯着潜望镜，他详细地记下了美国战舰的位置。

6时

帝国海军战旗在"赤城"号著名的东乡Z字信号旗的上面悬了起来。渊田美津雄海军中佐系上了旗舰甲板人员送给他的缠头布带。在颠簸的甲板上，马达轰鸣，绿色信号灯在黑暗中闪烁着。垫木拿走了，第一架飞机呼啸着向前滑动。当飞行员成功地配合着起飞的时候，母舰上爆发出一片欢呼。在后来的15分钟里，6艘航空母舰上的飞机一架接一架地起飞，有的简直是擦着浪花。然而，只有一架战斗机没有做好复杂的同步动作，坠入了大海。

在第一攻击波的183架飞机中，包括49架载着有翼穿甲炸弹的"99式"轰炸机，40架机腹下携带一枚致命的氧动力"长矛式"鱼雷的"97式"飞机，43架护航的战斗机。它们在战舰上空盘旋，组织飞行编队，然后由渊田率领爬出云层，伴着绚丽的日出景色向南飞去，机身反射着明亮的晨光。渊田估计，借着顺风，90分钟后他们就可以飞到珍珠港上空。

6时15分

美国"企业"号在瓦胡岛的西面，日本舰队在瓦胡岛的北面，两者与瓦胡岛的距离大致相等。哈尔西海军中将出动一批战斗机巡逻搜索，然后派出一队"无畏式"俯冲轰炸机前往瓦胡岛。

6时30分

美军携带深水炸弹的3架PBY水上飞机搜索了福特岛附近水域，执行黎明前在瓦胡岛南岸沿海进行安全巡逻的任务。

6 时 37 分

港口入口处的防御栏栅网再次打开，放进"大火星"号拖靶船。"沃德"号护卫舰全速前进，扑向一艘小型潜艇。被从睡铺上叫醒的威廉·奥特布里奇海军少校，下令开炮并投放深水炸弹，同时向海军控制中心汇报。几分钟后，他证实："我们向在防区活动的潜艇开火并投下深水炸弹。"然后，他前去调查已被发现的一条舢板。作战中心只有一人值班，尽管接到两次报告，还是没有从中得出港口遭到进攻的结论，因此对报告不太重视。几乎过了3刻钟，在港口值勤的"莫纳汉"号驱逐舰才接到警报。刚过7时，一架执行反潜巡逻任务的PBY飞机用深水炸弹袭击了另一艘潜艇。飞行员用密码作了报告，花了半个多小时才将密码报告翻译出来发了出去。

珍珠港显然遭到了敌人潜艇的进攻。但是，太平洋舰队的官兵刚刚醒来，懒洋洋地打发又一个星期天。再说，要让86艘舰船处于戒备状态为时已晚。只有3/4的官兵在舰上，而且，许多舰船的水密舱的门已经打开了。

7 时 2 分

瓦胡岛最北端岬角顶上，假如送早餐的餐车按时开到，奥帕纳陆军机动雷达站的两名工作人员理所当然地关上了机器。现在，标图员乔治·埃利奥特惊奇地发现，雷达屏上出现了某种完全异样的东西。二等兵约瑟夫·洛克德把机器检查一遍，没有发现什么故障，因此，他们开始标绘逐渐浮动的绿色尖头脉冲，这说明一大队飞机正从北面27英里处飞来。他们向谢夫堡陆军总部挂了紧急电话，结果得到值班飞行员直截了当的回答："别担心这件事。"飞行员十拿九稳地认为，准是预定要从西海岸开来的B–17轰炸机队。

7 时 35 分

夏威夷、檀香山广播电台正在播送轻松的爵士音乐，太平洋舰队的大部分水兵离开了军舰，飞行员也离开了机场。整个瓦胡岛沉浸在假日气氛中。美国太平洋舰队的舰船除了航空母舰已经出港外，其余仍像往常一样，整齐地停泊在珍珠港内，飞机也整齐地排列在瓦胡岛的各个机场上。

日本巡洋舰出动的水上侦察机仍然未被发现。渊田的指挥机收听到夏威夷本地电台的天气预报——这个星期日晴朗、暖和。过了一会儿，他第一次瞥见了瓦胡岛的形状。他从地图和照片上已经对这个形状非常熟悉。他后来说："突然，云层断开了，露出了长长的海岸线。我们已经到了岛屿北端卡赫库角的上空，现在该是我们展开编队的时候了。"

要不是发生了一点混乱，日本飞机的袭击将极为精确。渊田以为一队鱼雷轰炸机对他第一次施放的"黑龙"烟幕信号没有反应，于是施放了第二次。俯冲轰炸机队错把第二次信号当成是要它们发起进攻，阻止美军战斗机起飞。它们离开编队，升到1.2万英尺高空，然后向瓦胡岛机场俯冲下去。

渊田从西南方绕着科达坎峰飞行，用望远镜窥探他的目标，然后命令他的话务员："通知所有飞机发动进攻。"

7时49分

所有日军飞行员都接收到了"托，托，托，托！"的信号（Totsugeki——冲锋！——的头两个字母）。片刻之后，渊田看到第一批鱼雷轰炸机掠过战舰区，便命令报务员发出"托拉！托拉！托拉！"的信号。这是事先约好的"虎！虎！虎！"密码信号——通知南云海军中将奇袭成功。在5000英里外的"长门"号上，一名兴高采烈的文书将电报递给山本海军大将，山本无动于衷地继续同他的参谋们下棋。

在瓦胡岛翠绿的甘蔗田和菠萝种植园的上空，3名惊慌失措的民用飞机驾驶员突然被卷入俯冲飞机的漩涡之中。火奴鲁鲁律师罗伊·维图塞克急忙向他家旷野逃去。躲避攻击的本能反应也使休伊利尔飞行俱乐部的吉米·邓肯幸免于难——尽管他的飞机遭到日机一阵猛烈的曳光弹的袭击。飞行教官科妮莉亚·福特也冒着弹雨，把她的轻型飞机和被吓呆了的实习驾驶员降落在约翰·罗杰斯民用机场上。

7时56分

日本人集中力量袭击军用机场，鱼雷飞机袭击战舰。第一批18架俯冲轰炸机袭击了珍珠港南面的陆军基地希卡姆机场——在那儿，为了防止破坏，一排排战斗机和轰炸机翼梢挨着翼梢，停在停机坪上——轰炸机则重创了福特岛上的水上飞机。爆炸摧毁了机库，将PBY飞机着火的碎片抛向空中。

珍珠港美军看到大批军机飞临上空，以为这是在进行演习。当第一架日机俯冲时，瞭望哨的美军军官还在记录中建议，要处分这个违反纪律的飞行员。正在军营上升起美国星条旗的士兵，看到上空的飞机风驰电掣般俯冲下来，还频频地向它们招手致意。教堂的悦耳钟声越过港湾，飘进千百个天窗，突然间湮没在"突突突"机枪扫射声、炸弹的呼啸声和鱼雷的爆炸声中。

太平洋舰队的军舰上几乎没有人能够意识到正在发生什么事情。时钟刚刚报过早餐钟点，军旗队聚集在舰尾，等候 8 时升起舰旗的信号……

日军第一架"97 式"鱼雷飞机冲到舰列最后一艘军舰"内华达"号上空，用机关枪把舰旗撕成碎片。大惊失色的旗手又唰唰地升起几面星条旗，但无一不被打烂。第一条鱼雷钻进"亚利桑那"号舰尾的水中，舰上的弗兰宁少尉和数以千计的其他水兵一样，不相信刚刚听到的空袭警报。"我当时正在船舱里，大家都以为星期天发生空袭简直是开玩笑。后来我却听到沉闷的爆炸声。"在"马里兰"号上，一等兵肖特正在舰桥上的机枪台上写圣诞节卡。"忽然我发现飞机向附近的海军机场俯冲过去，起初我以为这是我们自己的飞机，只不过在进行模拟俯冲攻击训练，但当我看到一所建筑物升起烟尘和火焰的时候，我更仔细地察看了一下，发现它们不是美国飞机。我取出旁边的枪弹，装进机枪，向刚刚丢下两条鱼雷的东面飞来的两架鱼雷飞机开火。"

7 时 58 分

日军第二冲击波的机群飞临珍珠港上空，矛头对准了停泊在港湾里和周围航道上的美军 98 艘各类舰艇。日军鱼雷飞机从四面八方低空飞行，接近美军"战舰大街"，在离地仅 12 米的高度发射鱼雷。水中白色的雷迹交叉纵横，顿时，舰艇群连续发出轰隆巨响，海湾里水柱四起，火光冲天。美国太平洋舰队的"亚利桑那"号战列舰被炸成几段，另外几艘战列舰也遭到严重破坏——"俄克拉荷马"号倾覆，"西弗吉尼亚"号和"加利福尼亚"号在停泊处沉没。

"西弗吉尼亚"号上的里基茨上尉正在餐室里吃早饭时，忽然听见了战斗警报。他后来说："当我顺着楼梯上右舷后甲板的时候，听见有人传过话来：'日本佬在袭击。'我来到后甲板，觉得舰只挨了炸。它在摇晃，但我并未被炸倒。于是我想不是真正挨了炸，摇晃可能是丢在舰旁的炸弹造成的。"

大量的海水溅到这艘舰只受伤的右舷，待到枪炮长赶到舰桥的时候，"西弗吉尼亚"号已经严重倾斜了。舰长默文·本尼昂命令他到下面去组织排水。担架队和救火队从灌满了烟雾的倾斜十分厉害的过道上跌跌撞撞地穿了过去，里基茨好不容易找到了足够的人打开了右舷海底阀，使这艘战列舰免于倾覆。它慢慢沉到港口的污泥里，海水淹没了甲板。领航员贝蒂少校回忆说："在这段时间里，轰炸和扫射自始至终极为猛烈。"他安然无恙，但飞来的弹片却使他身边的舰长受了重伤。贝蒂还说："就在这时，'亚利桑那'号的前部弹药库猛烈爆炸，一团团火焰射向天空，我开始担心我们自己的弹药库，它们是否已被水淹没？"

里基茨的迅速行动使"西弗吉尼亚"号避免了"俄克拉荷马"号那样的下场，后者同"马里兰"号一起停泊在F5号锚位。杰西·肯沃西刚刚从餐厅走下右舷楼梯，听到枪炮声又急忙跑上去，招呼舰上人员进入战斗岗位。他说："当我来到上甲板的时候，我感到一阵非常强烈的震动，听到巨大的爆炸声，船立即开始向左舷倾斜。油和海水泻到甲板上。当我到达放小艇的甲板的时候，感觉到左舷的另外两次爆炸的震动。当我试图从很滑的甲板上跑到司令塔上去的时候，感觉左舷又一次猛烈的爆炸。"

"俄克拉荷马"号舰长和许多高级军官都在岸上，这艘战列舰的整体水密性较差，下甲板的许多舱口都被震开了。海水开始从一间水密舱灌到另一间水密舱。当舰艇开始倾覆的时候，水手们疯狂地夺路而逃。就在它翻倒的时候，肯沃西和一批幸运儿好不容易才爬到舰部。400名水手被活活埋葬在这座乱七八糟的黑暗的水墓里。

头顶上，渊田的轰炸机队开始轰炸，舰艇上惊魂初定的高射炮手投入战斗。渊田后来说："深灰色的炮弹到处开花，满天爆炸，我们的飞机在颤抖。……突然，飞机往上跳了一下，好像挨了一闷棍。我后面的话务员报告说，机身左边被打了一个洞。……我看见，'亚利桑那'号上黑红的烟柱窜到1000英尺的高空，一股强烈的冲击波震撼着飞机。我叫我们的驾驶员观看这个奇异景象，他说：'是的，中校，一定是弹药库爆炸了。'的确太可怕了。"

信号塔刚刚升起启航的信号旗，一系列火山似的爆炸摧毁了"亚利桑那"号和1000名美国水手。在港口对面，停泊在码头的"拉姆波"号舰上，机械师一等兵弗朗西斯·比恩亲眼看到鱼雷的致命袭击："大约两分钟后，二号炮塔的炮筒突然喷射出一团烈火，接着前部弹药库爆炸。前桅向前倾，军舰前半部完全湮没在烈火和浓烟之中，并在继续剧烈燃烧。"

吉姆·米勒少尉当时正在这艘行将毁灭的战列舰的3号炮塔上，他说："我来到后不久，炮塔就被一颗炸弹的不太猛烈的爆炸震了一下。一两分钟后，一次剧烈得多的爆炸摇撼着炮塔。烟从天窗灌了进来，我看见外面只有红红的烈火。电话断了，全部动力停了。……"米勒小组冒着令人窒息的浓烟和灌进下操纵室的海水，从应急出口爬到甲板上，看到的是一片恐怖的毁灭景象："燃油从左舷的某个地方冒了出来，着火燃烧，舰首已沉到海里，海浪开始淹没后甲板。……主甲板和前甲板着火……我们把救生筏取了下来，放进海里，所有的水手奉命走到舷侧。水手们发现救生筏很难划，多数人爬上摩托艇，或者开始向福特岛游去。"

渊田现在开始轰炸"马里兰"号了，这艘舰一直被正在倾覆的"俄克拉荷马"号掩护着。他按了一下投弹按钮，入迷地观看着他的4颗炸弹"以极好的队形像魔鬼一样地垂直降落下去。……它们变得像罂粟籽一样地小，最后完全消失了，这时，这艘舰的上面和附近出现一丛丛白烟。"他兴奋地报告有两颗炸弹命中目标，其实，这两颗炸弹对"马里兰"号结实的装甲板没有造成多大损害。这艘舰遭到这场袭击后竟生存下来——它在所有战列舰中受伤最轻，而且第一个返回现役。

"田纳西"号的损失也不太严重。只有两颗炸弹在舰上爆炸，上层建筑的火多半是由"亚利桑那"号的弹药库爆炸后雨点般落下的着火碎片引起的。"加利福尼亚"号停泊在这排军舰的最前面，却最后受到攻击，两颗鱼雷击中舰桥下面的舷侧，迅速排水使它免于倾覆，但它现在也慢慢地沉到污泥里，着火的燃油吞没了舰尾。排在舰列最后的"内华达"号上的炮手抢先投入了战斗，击落了几乎所有低空的"97式"鱼雷飞机。"内华达"号的关键部位没有受伤，轮机员拼命提供蒸汽使这艘舰开动起来。

鱼雷飞机和俯冲轰炸机的袭击持续了半个小时，后来的20分钟相对平静一些。虽然扫射和轰炸仍在继续，但速度慢下来了。在这段时间里，整个海港里唯一真正开动的军舰"赫尔姆斯"号驱逐舰，终于追捕到另一艘袖珍潜艇——筋疲力尽的艇员让潜艇冲上岸滩，日本人只好举手投降。

8时

美军当局发出第一次警报："珍珠港遭到空袭，这不是演习。"太平洋舰队司令金梅尔马上向华盛顿和哈特海军上将以及所有海上部队发出急电："珍珠港遭到日军空袭，并非演习！"

8时25分

第一批日机离去。

8时30分

日本飞机空袭的速度又加快了，第14海区司令官布洛克海军少将"泰然自若地"给海军部长诺克斯打电话，报告遭受的损失。他从窗户可以看见军港的舰只仍在燃烧，冒着青烟。

轰炸暂时平息的时候，从西海岸飞来的12架B-17飞机刚好到达，

偷袭珍珠港 | **299**

它们只剩下最后一加仑汽油了。杜鲁门·兰登少校听见喊话器里有人在喊,警告正在盘旋的飞机是敌机。"该死,他们是日本人,"兰登喊道,命令他的飞行员快找机场降落。这些飞行员都平安降落了。但是,有一架飞机平降在一座高尔夫球场上,另一架在到达希卡姆机场跑道的尽头时碎成两半。

预定在福特岛机场降落的泛美航空公司的快速班机,已经调头飞往希洛,以便及时避开即将飞来的第二批日本飞机。"企业"号出动的海军陆战队的"无畏"式飞机没有那么幸运,它们剩油不多,不能飞往别处,只好躲避日机的炮火和落下的炸弹,尽量设法降落。多数飞机降落下来了,机翼上弹孔累累,但母舰收到一位被弄糊涂了的飞行员绝望的无线电呼叫:"不要射击!这是美国飞机!"

8时40分

由86架俯冲轰炸机、54架水平轰炸机和36架战斗机组成的第二批飞机,从瓦胡岛东海岸绕过来参加袭击,高空轰炸恢复了,"平静"结束了。在两批飞机袭击期间,没有一名美国海军的飞行员能够在他们的飞机被摧毁之前起飞,但却有少数陆军战斗机设法成功地从惠勒机场起飞了。它们尽管在数量上处于绝对劣势,仍然击落了11架敌机。珍珠港上空点缀着燃烧的战舰升起的黑色烟柱和越来越猛烈的高射炮火的蘑菇状烟云。

另一艘袖珍潜艇成功地渗透到了港口的北端。"莫纳汉"号驱逐舰此时赶到现场,日本艇长正沉着地向"柯蒂斯"号供应舰发射第一颗鱼雷——它没有击中目标,然后向开着炮扑过来的这艘驱逐舰发射第二颗鱼雷。"莫纳汉"号尖尖的舰首以火车头碾锡罐的气势向袖珍潜艇猛切过去,深水炸弹极其准确地从舰尾投下。舰长和水手的胜利时刻好景不长,这艘驱逐舰由于全速后退,螺旋桨未能阻止它冲到一艘燃烧的驳船上。

第二次空袭以"内华达"号战列舰为集中攻击目标。这艘舰正在行进,当它的炮组对着日本俯冲轰炸机射击的时候,翻了船的"俄克拉荷马"号上的水手向它发出欢呼。为防止它沉没并阻塞主航道而派出的拖船,成功地将它拖到韦波角,拖船上的水泵帮助它扑灭了有可能吞没这艘舰的大火,因为舰上的消防水管已被炸断。

"内华达"号避险而逃,吸引进行主攻的高空轰炸机离开它们原来的目标——停在干船坞检修的"宾夕法尼亚"号。一颗炸弹穿透了这艘舰队旗舰的放小艇的甲板,与此同时,一次猛烈的爆炸削掉了停泊在附近浮动码头的"肖"号驱逐舰的舰首。为扑灭大火,舰长下令灌进海水,但着火的燃油迅速蔓延,引起干船坞里两艘驱逐舰上的鱼雷和弹药库爆炸。

日本人看到所有的战列舰不是起火,就是沉没,便在第二次袭击的最后几分钟里集中轰炸港口的北部,炸掉了老靶舰"犹他"号和若干辅助舰。他们没有能袭击巡洋舰,也没有能烧掉海军造船厂的广阔的油罐场。

8时50分

第二批日机离去。返航的日军飞行员正要进行第三次补充轰炸,但南云做贼心虚,立时率领进行偷袭的特遣舰队一溜烟返航了。此时,渊田中校的孤零零的轰炸机还在珍珠港上空盘旋,拍摄他的胜利成果和他的飞行员已经取得的"似乎不可能取得的战绩"。他回忆说:"当我看到那些努力的成果在我跟前展开的时候,一股激情涌上心头。我算了一下,4艘战列舰肯定被打沉了,3艘受重创,其他类型的舰只也受重创。福特岛水上飞机基地一片火海,机场也是这样,尤其是惠勒机场。"

盘旋几千英尺上升到珍珠港上空的巨大黑色烟幕,象征着日本的战术胜利和美国的悲剧。死亡和毁坏并没有结束。许多人在同大火搏斗。小艇躲避着一片片着火的燃油,从水里抢救满身油污的幸存者。瓦胡岛军医院的医生在奋力抢救数百名烧伤的和肢体残缺的水手。许多严重烧伤者由于感染和脱水而濒于死亡,只有用消毒针注射新的"奇妙药物"磺胺抗生素才能挽救他们的生命。潜水员和抢救队整整苦斗了两天,企图抢救在"俄克拉荷马"号船体里拼命敲打的水手。但是,在400多名被困的水手中,只有30人活了下来。

美国官兵的死亡人数高达2403人,其中1000人死在"亚利桑那"号上。近2000人受伤。18艘军舰受创太重,不得不报废。只有43架飞机还可作战,180架被炸毁在机场上,另外159架被打坏。太平洋舰队的战列舰全被消灭。日本的代价是损失了29架飞机和5艘袖珍潜艇,这比山本预料的损失要小得多。

美国太平洋舰队这时只剩下3艘航空母舰:正从威克岛返航的"企业"号、正往中途岛运输飞机的"列克星顿"号和停在美国西海岸等待检修的"萨拉托加"号。太平洋舰队另外还有11艘重巡洋舰和11艘驱逐舰,事前已出去护航,或执行海上运输任务,因而躲开了一场灾难。

日机进攻刚刚结束,从美国飞来的一队"空中堡垒"B-17以及返航的"企业"号航空母舰特遣队的飞机,恰在一片混乱中闯入港空,美军地面炮火误认为是敌机再次来袭,慌忙开炮,击落了7架自己的侦察机和1架"空中堡垒"B-17。

美国参战

日军袭击珍珠港后,美国海军部长诺克斯用电话向总统报告了这一不幸的消息。罗斯福气得透不过气来。当天晚上20时30分(华盛顿时间),他在秘书丽海狄的搀扶下,臂戴黑纱走出白宫,向在深夜里仍然聚集在白宫外面草坪上的民众说:"美国公民们,我向你们宣誓:我与我的同事,将尽全力把强加在国家头上的耻辱还给对方,上帝保佑美利坚!"

罗斯福的老对手、共和党领袖查斯·麦克纳里听了罗斯福的这番话,握着他的手说:"总统阁下,从现在起,我们的国家正赶往一个政治假期,在这个假期里,我们在政治上的敌意消失了,我们只有一个政党,这就是美国的荣誉与尊严。"

当天晚上,罗斯福主持了内阁会议,商讨了各种对策。

12月8日,罗斯福在国会两院联席会议上发表了战争咨文:

昨天,1941年12月7日——一个遗臭万年的日子——美利坚合众国遭到了日本帝国海空军部队突然和蓄谋的进攻。

合众国当时同该国处于和平状态,而且,根据日本的请求,仍在同该国政府和该国天皇进行对话,希望能维持太平洋的和平。实际上,就在日本空军中队已经开始轰炸美国瓦胡岛之后一小时,日本驻合众国大使及其同事还向我国国务卿提交了对美国最近致日方的信函的正式答复。虽然复函声言继续现行外交谈判已无用,但它并未包含有关战争或武力进攻的威胁或暗示。

应该记录在案的是:由于夏威夷同日本的距离,这次进攻显然是许多天乃至若干星期以前就蓄谋策划的。在策划过程中,日本政府通过虚伪的声明和表示希望维系和平而蓄意对合众国进行了欺骗。……

于是,美国直接卷入了第二次世界大战。英国首相丘吉尔听到美国参战的消息,高兴得流下了眼泪,而希特勒则怒斥道:"日本人真是太愚蠢,为什么要惹那个美国人!"

12月8日,苏联政府声明,苏联不会因太平洋战争而改变1941年4月13日中立条约所确定的苏日关系。12月11日,德意对美宣战。12月12日,匈罗保向美宣战,保对英宣战。

"我带队偷袭珍珠港"

——日本前海军上校渊田美津雄的自述

"**如**果我们进攻珍珠港,你就率领空军部队。"

我听了不禁一愣。这是 1941 年 9 月下旬,如果国际局势继续恶化,攻击计划应该在 12 月执行,时间非常紧迫。

11 月中旬,我们完成了最严格的训练,飞机分别运上了所属各航空母舰。11 月 26 日清晨 6 时,天还没亮,阴云密布,我们这支 28 艘舰艇(其中 6 艘是航空母舰)的特混舰队从千岛出发了。

南云中将是进攻珍珠港特混舰队的指挥官。他得到的指示是:"如果同美国谈判成功,特混舰队就立即驶返本土。"可是不明真相的官兵都凝望着国土高呼:"万岁!"因为以后也许再也看不到国土了。我体会到官兵心情兴奋,斗志高昂。不过,对日本有没有真正的把握打一场大战,我却有点怀疑。

为了避开美机巡逻的范围,我们只能在阿留申群岛和中途岛之间航行,并派了 3 艘潜水艇开道刺探,严防美国潜艇袭击。

我们一路恪守不准发出无线电讯号的禁令,但不断收听东京和檀香山两地的广播,听听有没有战争爆发的消息。11 月 27~30 日,日本政府和统帅部每天都在东京举行会议,讨论美方在 26 日提出的建议。讨论的结果是,这项建议根本就是最后通牒,目的在于使日本屈服,因此战争已经无法避免,但和谈却要继续进行。

12 月 1 日,御前会议决定作战。次日,参谋本部颁发命令:"进攻日定为 12 月 8 日(夏威夷和美国时间是 12 月 7 日)。"据东京转来的情报,美国舰队每次到公海演习完毕,总是在周末驶返珍珠港,而且这次袭击要跟我们在马来亚的行动配合,所以进攻日选在这个星期天。

12 月 7 日(夏威夷时间 12 月 6 日),珍珠港内各主力舰四周未升防空气球,未布鱼雷防御网,主力舰全部留港。从敌方的无线电通讯情况观察，夏威夷地区并无远洋巡逻机飞行的迹象，航空母舰"列克星顿"号已于昨日离港，"企业"号也正在海上活动。

这时候我们接到山本五十六大将的训令："皇国兴亡，在此一战。全体官兵务倾全力，克尽厥职。"

12月7日（夏威夷时间），拂晓前，我们驶到珍珠港所在的瓦湖岛正北368公里处时，各航空母舰就转变方向，朝北逆风前进，所有舰桅都升起战旗。舰身颠簸摇晃得厉害，我们决定冒黑出击。

"起飞！"我发出命令。最前面的一架战斗机安然起飞。不到15分钟，183架战斗机、轰炸机和鱼雷机已经从6艘航空母舰上全部起飞，向珍珠港飞行。此刻是早上6时15分。

我直接指挥的是49架水平轰炸机，在我右面略低的地方，是40架鱼雷机；在我右面比我高约200公尺的地方，是51架俯冲轰炸机；掩护全队的是43架战斗机。

早晨7点，我估计不出1小时，就可以到瓦胡岛了。可是云层浓厚，遮住了视线，我们没办法矫正偏航。我只得扭开无线电定向仪，找准方向，纠正了航线。原来我们飞偏了5度。

7点30分，云层突开，下面现出一长条白色的海岸线，我们已经飞到瓦胡岛北端的上空。这是进攻再好不过的天气了。

根据侦察机报告的港内10艘主力舰、1艘重巡洋舰和10艘轻巡洋舰的位置，我们逼近了目标区。当我发现所有的军舰确实都在那里的时候，就发布了"攻击"的命令。这时是早晨7时49分。

第一批炸弹落在希肯机场，敌人的重轰炸机都排列成行，停放在那里。然后轰炸的地方是福特岛和惠勒机场。转瞬之间，一股股浓烟从各个基地腾升，而港内的军舰似乎还在熟睡，檀香山电台照常广播。我赶紧向舰队发电："突击成功，请转告东京。"

我看见各主力舰的旁边有水柱上升，鱼雷机正在投下鱼雷，现在应该是水平轰炸机采取行动的时候了。我命令驾驶员急倾机身，这是我们机群出击的信号，10个中队列成一字形，每个相隔200公尺，真是壮观。

可是，我们的第一枚炸弹投落下不到5分钟，美舰和岸上的高射炮弹在我机旁边就开始反击了。高射炮弹在我机旁爆炸，震得机身发抖，满空尽是浓烟。他们的速度快得实在令我们吃惊。日本人的反应绝不会有这么快——日本人的性格适宜进攻，不擅迅速应变，做防御抵抗。

我自领的那一个中队直朝美舰"内华达"号飞去。"内华达"号泊于福特岛东面主力舰碇泊区的北端。我们快要投弹的时候，忽然碰到了云块，只得作罢，在檀香山上空盘旋，等待机会。有的机群飞过 8 次才投弹。

这时，进攻已达高潮。主力舰碇泊区的弹药库爆炸了，一股赤黑的浓烟汹涌上升 300 公尺。我们的机身跟着震了一下，烟雾弥漫了整个珍珠港的上空。

我用望远镜窥测主力舰碇泊区，见到发生大爆炸的是"亚列桑那"号。舰身熊熊大火，黑烟遮没了我的目标"内华达"号，于是我另寻"马里兰"号作为攻击目标，大家再度飞进高射炮网里。

领炸员投下炸弹，其他各机的飞行员、观察员、无线电报员也都跟着大喊"投弹"！立时，弹如雨下。我赶紧伏在舱底上，从窗孔里下望，4 枚炸弹整整齐齐地像 4 个凶神似的一溜子落下，只见海面上有两组清晰可见的浪圈和两点闪光。我立刻大喊："两弹命中！"相信敌舰准受到相当严重的损害。我命令投弹完毕的轰炸机飞返航空母舰，自己则仍在珍珠港上空盘旋，观察并继续指挥作战。

珍珠港和附近地区一片混乱。"犹他"号已经倾覆，"西弗吉尼亚"号和"俄克拉荷马"号的船舷都几乎整个被鱼雷炸飞了，舰身倾斜得厉害，四周水面浮着一层重油。"亚利桑那"号不但歪倒，而且火光冲天。"马里兰"号和"田纳西"号已经起火，船坞里的"宾夕法尼亚"号却仍安然无恙，显然是唯一未遭袭击的主力舰。

我们出击期间，见到许多美国飞行员明知寡不敌众，却仍冒死驾机向我机直扑过来，他们的勇气是值得钦佩的。

第一批出击机群大概花了 1 小时才完成任务。损失战斗机 8 架，俯冲轰炸机 1 架、鱼雷机 5 架。等大家转头飞返航空母舰时，第二批飞机又风驰电掣地到达。

出击的第二批飞机战果辉煌，只是因高射炮火比以前更猛烈，所以伤亡较大，损失了战斗机 8 架、俯冲轰炸机 14 架。这次也大约花了 1 小时。

第二批机群掉头回航后，我在珍珠港上空又环飞了一圈子，一面观察战果，一面拍照。福特岛的水上飞机基地起火燃烧，其他机场也火光熊熊，惠勒机场的火势尤其猛烈。浓烟冲天，我真没办法确定各个机场的损失，不过岛上的空军力量，显然一大部分已被摧毁。我在上空整整盘旋了 3 小时，发现有 4 艘主力舰沉没，3 艘重创，还有 1 艘似乎只受到微创，其他各型舰只都是满目疮痍。可是有几个机库仍然屹立无恙，里面可能还有可以作战的飞机。

我的飞机差不多是最后回航的一架了。南云中将的参谋官员正等着我提出报告,他们一直在激烈争论是否应该再度出击。

"4艘主力舰确已沉没,"我报告说,"我们已经把机场和空军基地大加破坏,不过应该轰炸的目标还多得很。"

我竭力主张再出击一次,但是南云中将却决定回航。这项决定后来备受海军专家的批评。旗号立时升起,我们的舰队向北驶去。

1941年的珍珠港事件,引起了第二次世界大战中的日美交战,导致了1945年美国以同样的手法报复性地炸毁了广岛。

珍珠港事件之谜

  第二次世界大战结束后，世界舆论一直为珍珠港事件争论不休。有人认为，这是美国的战略估计错误和麻痹大意所致，但也有人认为，这一事件是美国总统罗斯福为了摆脱国内孤立主义势力而导演的一出"苦肉计"。后一种看法不无根据。

  1941年1月7日，日本海军大将山本五十六写信给海军大臣，正式提出了偷袭珍珠港的设想。他主张在美国舰队主力大部分停泊在珍珠港时，用空军将它彻底击溃。美国大使馆从秘鲁外交官和其他方面得到了这个情报。1月27日，美国驻日大使把这个情报电告了国务院。第二天，国务卿赫尔就把它的内容转告了陆军部和海军部。

  1月24日，美国海军部长诺克斯给陆军部长史汀生写信说："同日本的战争，极有可能是由对珍珠港的舰队或基地的突然袭击开始的。……这个危险，以可能发生的顺序来说，大概是轰炸、用空投鱼雷猛攻、地面扰乱、军舰炮轰……"

  在珍珠港上空，按驻地陆海军共同防御作战计划规定，陆军部队应在周围20英里巡逻侦察，海军应在周围700~800英里巡逻侦察，但是后来查明，在12月7日以前的一段时间里，当地陆海军部队都没有执行这项规定。

  1995年9月5日，当时的美国总统克林顿收到一位名叫海伦·哈曼女士的来信。哈曼在信中称她的父亲史密斯曾向她讲述过一些关于珍珠港事件的惊人内幕。第二次世界大战时，她父亲担任美军后勤部副主管。她父亲说，珍珠港事件爆发前不久，罗斯福总统紧急召开了一个由少数军官参加的秘密会议。总统在会上透露了一个惊人的消息：美国高层已经预见到日本海军将要偷袭珍珠港，可能造成大量人员伤亡和财产损失。他命令与会者尽快准备将一批医务人员和急救物资集结到美国西海岸的一个港口，随时待命启运。罗斯福总统特别强调，禁止将会议内容向外透露，包括珍珠港的军事指挥官和红十字会的官员。面对与会官员的惊讶与不解，罗斯福解释说，只有当美国本土遭到攻击时，犹豫不决的美国民众才会同意宣布投入战争。

这封信引起了很大轰动。克林顿收到信后不久，美国红十字会夏威夷分会的工作人员在查阅该会 1941～1942 年财政年度报告的影印件和有关国家档案时，意外发现美国红十字会和美军后勤医疗部队在珍珠港事件前一两个月曾进行过非常规的人员和储备物资紧急调动。例如，在那段时间里，夏威夷分会通过正常渠道，从国际红十字会总部得到价值 2.5 万美元的医疗急救物品，同时，还通过秘密渠道接收到价值 5 万美元的药品和物资。这批额外补给，在偷袭珍珠港事件的急救工作中发挥了重要作用。

1941 年 11 月的美国红十字会总部的月度报告也显示，那个月夏威夷分会共接收了 2534 名医护人员，其中 1505 名是被秘密调去的临时人员。有关人员还从夏威夷红十字分会会长阿尔弗雷德·卡瑟尔的弟弟威廉·卡瑟尔的日记中发现，12 月 6 日，夏威夷分会的全体人员奉命战备值班。

但是，因海伦·哈曼女士不是当事人，而她父亲史密斯已于 1990 年去世，人们无法从中得到更加详尽和更有说服力的材料。

早在 1935 年，美国陆军就重新组建了由密码专家威廉·弗里德曼领导的监听机关——信号情报处。它与随后成立的海军通信保密科被冠以"魔术"的代号。至 1941 年，"魔术"已能截获并破译绝大多数日本人用九七式打字机发出的"紫色密码"外交电报。

1941 年 11 月 22 日，美国海军部截获并破译了日本外相给日本驻美国大使野村的电报。这份电报把野村大使递交给美国国务卿赫尔的照会称为日本的"最后通牒"，并说这是防止发生"某件事情"的"最后努力"，其期限为一个星期。美国海军部认为，这份电报表明，11 月 29 日之后，美日关系中将会出现"某件事情"——也就是战争。这份电报作为急件，被送到了罗斯福总统手里。

1941 年年底，美方破译的秘密外交电报平均每周多达 200 页，这其中就包括许多有关珍珠港的情报。

12 月 6 日晚 9 时 30 分，美国总统海军侍从武官助理舒尔茨把"魔术"截获的日本外相发给野村的《对美通牒》前 13 段的译文交给了罗斯福。美国总统看了后说："这就意味着战争"，并马上打电话找海军作战部长斯塔克商量。但是，斯塔克当时正在国家大剧院看戏。为了避免惊动观众，罗斯福竟然把这样大的事情搁下来了。这天晚上，美国其他军政首脑也大多收到了上述内容的情报。7日上午，他们又收到日本《对美通牒》的最后一部分，即"终止谈判"的译文，并且得悉日本政府训令野村大使要在下午1时（华盛顿时间）把通牒交给国务卿赫尔。破译出来的这段文字又马上送入白宫。整份电报后来被称为"14段电报"，它不仅表明了日本方面要不宣而战，而且还给出了具体的进攻时间。

珍珠港事件发生后，该事件调查委员会将时任美军参谋长联席会议主席的马歇尔叫到了国会。议员们要求参谋长解释清楚：12月7日早晨，他到底做了些什么？马歇尔几乎回忆出了那天早晨的每一个细节，并叙述得很详细，却始终无法回答这样一个尖锐的问题：美国早就获得了日本偷袭珍珠港的大量情报，为什么没有采取任何预防措施？

对于珍珠港事件，美国史学界也有一种"罗斯福阴谋论"，自由撰稿人约翰·托兰就是一个代表。他们认为，罗斯福总统及其周围最亲近的军政要人在12月7日的前几天就已知道日本的"机动部队"正在向夏威夷进军，但罗斯福等人故意不向当地陆海军司令发出警报。

托兰在《耻辱：珍珠港及其后果》一书中写道："12月4日，罗斯福和少数顾问，包括史汀生、诺克斯和马歇尔面临着三种选择：他们可以向日本和全世界宣布'机动部队'的临近，这无疑将迫使日本人返航。第二，他们可以通知金梅尔和肖特说，日本航空母舰已在夏威夷西北面，并命令他们派出所有的远程巡逻机去搜索这支部队。如此秘密策划的进攻必须依靠突然袭击才能成功，一旦在远离目标的地方被发现了，'机动部队'就得返航……第三种选择就是这么办：除几个人以外，让金梅尔、肖特和所有的人都不知道，这样日本人就可以继续向他们发动进攻的地方前进，而自己还不觉得已被发现了。"

托兰还在书中说："1973年凯姆普·托利海军上将写道：海军部长诺克斯告诉他的密友詹姆斯·斯泰尔曼说，他（诺克斯）、史汀生、马歇尔、斯塔克和哈里·霍普金斯12月6日晚上都在白宫和总统消磨了大部分时光；他们都在等待着他们知道的那件事情的发生：进攻珍珠港。""6日和7日的错误闹剧是不可相信的。如果是一些荒谬的借口，那只能这样才说得通：罗斯福和他内部小圈子的人已经知道要进攻了。"

中途岛海战

中途岛海战是现代日本海军遭到的最惨痛的失败。在"宁求质量勿求数量"这一信条的指导下,为了打败数量上占优势的敌人,日本联合舰队进行了长期的训练和准备。但是,在中途岛,日本的强大海军却败于弱敌之手。以中途岛海战为转折点,战争的主动权断然转移到同盟国一边。

1941年12月7日,日本联合舰队袭击了珍珠港。与此同时,日本海军一举击沉英国远东舰队主力,并配合陆军相继攻占了马来亚、菲律宾、印度尼西亚、苏门答腊和孟加拉湾上的安达曼群岛。然而,美军的航空母舰和重巡洋舰并没有受到严重损失,它们仍对日本海军构成威胁。日本联合舰队司令长官山本五十六海军大将非常担心敌人以牙还牙,用舰载机或岸基机大规模袭击日本本土。为此,日本海军司令部经过研究,决定夺取中途岛,把它作为空军的前进基地,同时诱歼美国舰队。山本五十六坚决支持这个海军东进计划。

1942年4月18日,美国杜立特率领的16架B-25型轰炸机从"大黄蜂"号航空母舰上起飞,空袭了东京等城市,然后飞到中国的基地降落。这次空袭震动了日本朝野,更增加了山本要进攻中途岛的理由,他发誓要打垮美国舰队。5月5日,大本营终于同意山本的意见,命令联合舰队占领中途岛和阿留申群岛。

按照日军中途岛作战方案,在联合部队中,除山本大将亲率的主力编队外,另外还有6支战术部队:南云中将率领的航空母舰编队、近藤中将率领的中途岛攻略编队、田中少将率领的输送船团、细萱中将率领的阿留申编队、小松中将率领的先遣潜艇编队和冢原中将率领的岸基航空部队。联合部队共有11艘战列舰、8艘航空母舰、23艘巡洋舰、65艘驱逐舰、21艘潜艇和100余艘其他舰船。这些舰船共携带700余架飞机。届时,各编队将分两路出击,彼此保持数百海里距离。

1942年5月27日是日本海军节。这天早上，朝阳照耀着濑户内海的柱岛，锚地上停泊着6.8万吨的"大和"号战列舰——联合舰队司令长官山本五十六的旗舰。庞大的舰队已经装满了燃料和补给品，升火待发。此时，整个锚地一片寂静，只听见信号旗猎猎作响。8时整，"赤城"号航空母舰升起信号旗，发出"按时启航"的命令。各舰开始起锚。首批启航的水兵喜气洋洋地挥舞着帽子，向邻舰的人们欢呼告别。其他的参战部队也开始从大凑、塞班岛、关岛3处出发。

南云中将的旗舰率领着由21艘军舰组成的航空母舰编队，第一批驶向久田子水道。其中，"赤城"号、"加贺"号、"飞龙"号、"苍龙"号4艘航空母舰是舰队的主力，它们配备有260余架飞机。舰队以一路纵队通过水道。几架水上飞机从上空掠过，它们将扫清航道，搜索敌方潜艇。中午，舰队进入浩瀚的太平洋。4艘航空母舰分成左右两路，周围是由警戒舰组成的双层警戒圈。直到天黑，舰队都没有发现美军潜艇，无线电也没有监听到敌舰的讯号。在闯过危险区域之后，南云松了一口气，命令舰队向中途岛进发。

美国截获日本密码

实际上，当日本联合舰队在柱岛结集时，美军情报机构就截获并破译了日军的密码通讯，知道联合部队的攻击目标是中途岛和阿留申群岛。这一情报被十万火急地送到了美军太平洋舰队司令尼米兹海军上将的手里。头脑冷静的尼米兹洞悉山本的作战意图：佯攻阿留申群岛而实取中途岛，并在作战过程中诱出美国舰队，聚而歼之。尼米兹后来在《大海战》一书中说："为什么这样一支庞大的舰队未能完成它的任务呢？毫无疑问，决定性的因素是美国了解日本的计划。"

顾名思义，"中途岛"地处太平洋航道中途，是夏威夷的西北门户和美国海军的航空站。为了防备日军的袭击，尼米兹加固了防御工事和军事设施，增派了陆战队、炮兵以及16架俯冲轰炸机、30架水上巡逻机、7架野猫式战斗机和22架陆军轰炸机。岛上200多名守备部队进入了阵地。阵地四周布满了高射炮群。20艘潜艇分别在离岛100海里、150海里和200海里处布置了3条弧形巡逻线，许多鱼雷艇也日夜在海上巡逻，或执行夜袭任务。

这场海战的胜败取决于航空母舰。5月30日上午，在弗莱彻海军少将的指挥下，7艘重巡洋舰、15艘驱逐舰护卫着"黄蜂"号、"企业"

号和"约克城"号3艘航空母舰，急速驶赴中途岛东北某处待命。一切都已布置停当，但尼米兹并未掉以轻心。他明白，日本联合部队仍然占有优势。为此，参谋人员彻夜不眠，为他提供了一个又一个应对方案。

5月底，太平洋海面上浓雾弥漫，日舰各编队从普通水兵到司令都显露出笑容，认为天皇洪福，上天赐下了这场可贵的大雾，唯愿攻击日——6月4日是个晴天。浓雾持续多天，到5月30日，当山本的主力编队和近藤编队经过中部太平洋时，暴风骤雨劈头盖脸地从天而降。军舰颠簸着前进，泛着白沫的恶浪泼上甲板，航速减慢。就在这当口上，"大和"号旗舰的无线电兵截听到一艘美潜艇的长篇紧急电报。电报是密码，无法破译。据判断，输送船团已被美军发现。空气一下子紧张起来。不过，联合舰队司令部的参谋们却谈笑自若，他们认为，如果美国人来阻击，正好能达到诱敌出阵、予以歼灭的目的。

6月1日，雨停了，阴云低垂。"大和"号截听到夏威夷往来的电讯明显增加。从沃特杰起飞的一架日本水上巡逻机，在该岛东北500海里的海面上与一架美国水上飞机遭遇，这说明，美军已把巡逻半径延伸了700海里。局势异常紧张。2日，日军在中途岛附近侦察的"伊-168"号潜艇发现，美军飞机、快艇加强了在中途岛西南方面的巡逻，岛上的许多吊车也正在作业。

此时的尼米兹坐镇珍珠港，指示前线的指挥官们说："以强大的消耗性攻势，最大限度地重创敌人，并遵循有把握冒险的原则。如果暴露自己而不能重创敌人，就不要暴露自己。"

6月3日上午，美军一架水上飞机在中途岛以西600多海里处，发现一支由26艘军舰组成的日本舰队。飞行员立即报告了中途岛基地。这支舰队就是日军田中赖三少将指挥的输送船团，它载有5000人的登陆部队。下午，美军派来9架B-17轰炸机，日军输送船团各舰的炮火在空中交织成一张火网，迫使美机只能在高空投弹。炸弹爆炸，水柱冲天而起。深夜，又一批美机飞临这支舰队。美机发射的一枚鱼雷击中"曙丸"号油船船头，炸死20余人。

诸如此类的紧急报告接二连三地发至"大和"号旗舰，山本和他的幕僚们担心起来——在南云编队空袭中途岛之前，输送船团过早被敌人发现，这可不是好征兆。为了掩护已被发现的输送船团，阿留申编队第二机动部队以"龙骧"号航空母舰为首，高速向阿留申群岛靠近。6月3日，从"龙骧"号、"隼鹰"号两艘航空母舰上起飞的23架轰炸机和12架战斗机，分两批穿过云层，直朝阿留申群岛的荷兰港飞去。美军知道日军攻击荷兰港是声东击西,但他们仍以密集的高射炮火予以痛击。

南云编队以环形队形高速逼近中途岛,进入进攻位置。山本等人得到的情报仍然是:这个海域没有美国航空母舰,它们都远在所罗门群岛。然而,这天傍晚,南云站在舰楼上,注视着飞行甲板上忙忙碌碌的地勤人员,仍然感到惶惑——攻击就要开始了,敌舰的动向却还是一个谜。

日本舰队突遭伏击

6月4日凌晨,东方微露晨光,灯火通明的甲板上一片震耳欲聋的噪声。第一攻击波的飞机已准备完毕,整齐地排在飞行甲板上。南云的计划是:在搜索机与第一攻击波飞机同时起飞后,甲板上立即准备好第二攻击波;万一发现美军舰队,就用第二攻击波飞机去攻击。

第一攻击波的108架飞机,在15分钟内就从4艘航空母舰上腾空而起。南云中将看了一下手表,正好是4时30分,很准时。总指挥官——海军大尉友永文市率领机群在舰队上空绕了一圈,完成了飞行编队,然后升至4000米高空,向东南方向的天际疾飞而去。

嘈杂的飞行甲板上刚刚清静下来,扩音器里又传来命令:"第二攻击波准备!"地勤人员再次忙碌起来,用升降机把一架架飞机提升到甲板上,再推到起飞线的前面。第二攻击波的36架俯冲轰炸机每机携带一枚250公斤的炸弹,而36架水平轰炸机每机携带一枚鱼雷。36架护航的零式战斗机也都准备就绪,昂首待命。

此时,曾在珍珠港遭受惨败的美国人决计要洗刷奇耻大辱——由斯普鲁恩斯海军中将指挥的第16、第17特混舰队已神不知鬼不觉地隐伏在中途岛东北海面,始终保持无线电静默,等候攻击时机的到来。

5时20分,美空军一架巡逻轰炸机在海面搜索时,突然发现了拥有4艘航空母舰的南云编队,忙用无线电报告了中途岛基地。美军司令部即令岛上的所有飞机做好升空准备,对空炮火也严密戒备。与此同时,另一架美军巡逻机在离中途岛150海里的地方发现大群敌机后,立即居高尾随跟踪。中途岛美军雷达的荧光屏上也出现了无数黑点。"敌机!"雷达兵慌忙抓起电话听筒,向司令部发出警报。美军飞行员接到"紧急起飞"的命令后,一架接一架腾空而起,并按预定作战方案分散开来。部分轰炸机、鱼雷机避开敌机,朝日本航空母舰飞去。战斗机迅速抢占高度,以便居高临下攻击来袭的敌机。

当日机距中途岛只有30海里时,在高空尾随的那架美军巡逻轰炸机冷不防投下一枚照明弹，日本飞机登时全被照亮。接着，美军歼击机从5000英尺的高度俯冲下来，向日机发起攻击。曳光弹在暗空中纵横交错，日机被打了个措手不及。不过，日机领队友永大尉毕竟有丰富的作战经验，他一面指挥零式战斗机缠住美机，与之格斗，一面命令轰炸机群仍按原订计划空袭中途岛。

日本机群一进入射程，岛上的地面炮火就迎头痛击。日军俯冲轰炸机穿过橙红色的火网，超低空向中途岛狂轰滥炸。12架水平轰炸机集中轰炸了东岛机场和桑德岛的机库。在这场空对空、地对空的战斗中，日方损失了8架飞机，美方损失了15架飞机。友永大尉见汽油只够回程使用，就指挥机群边打边撤，冲出中途岛上空。但是就在这时，他突然感到机身一震，随即发现飞机左翼油箱中弹——幸未燃起火焰。

由于美军早有防备，日军的第一攻击波并未达到歼灭美机和舰艇的目的。早晨7时，友永在返航途中，用无线电向"赤城"号报告："迅速进行第二次攻击，趁美机返回基地时歼灭它们！"始终抿着嘴冷静观战的南云中将，此时完全赞同友永大尉的建议——放开手脚向中途岛展开第二波攻击。这就要把已装在飞机上的鱼雷换成炸弹。"赤城"号、"加贺"号两舰的地勤、军械人员马上动手，将飞行甲板上的水平轰炸机携带的鱼雷卸下，把飞机一架架送回机库，再重新装上炸弹，升上飞行甲板。

8时整，南云航空母舰上的飞行员发现了前卫驱逐舰散放的烟幕警报，耳机里也传来地面的指示："中途岛方向飞来一批小型敌机。"这批美国海军陆战队的俯冲轰炸机共16架，飞行员全是新手，他们在轰炸"飞龙"号航空母舰时，遭到10多架日本零式战斗机的猛烈攻击。美国轰炸机有一半栽进海里，其余的调头就走。

美国特混舰队接到中途岛被空袭的消息后，立即决定趁南云舰队派出舰载机外出攻击的时机，用"黄蜂"号、"约克城"号、"企业"号上的舰载机给日本航空母舰以致命打击。正当特混舰队悄悄向南云编队接近时，南云编队的"利根"号巡洋舰派出的一架搜索机正在远处暗中跟踪。"赤城"号收到搜索机的报告：发现10艘军舰，"好像"是敌舰。南云和幕僚们大吃一惊，他们没有料到美国舰队会那么快地出现，更没有料到敌方会就近伏击。

情报参谋马上在海图上查明了美舰的位置——相距200海里，在舰载机攻击半径范围内。有恃无恐的南云要搜索机迅速判明舰种，继而命令"赤城"号、"加贺"号两舰停止弹药换装，并令整个舰队准备攻击敌舰。几经周折，搜索机发来报告：美军舰队里好像有一艘航空母舰。这当头一棒使南云陷入进退维谷的境地。这时，第一攻击波的飞机急待降落，预备执行第二攻击波的战机已大部分卸下鱼雷换上了炸弹，而舰队上空护航的战斗机汽油也快耗尽了。用兵谨慎的南云下了决断，命令先腾清飞行甲板，回收第一攻击波的机群。于是，疲惫不堪的地勤人员再次把战机运到下边的机库，并按现时的命令卸掉炸弹，重新装上攻击军舰的鱼雷。返航的飞机在甲板上降落。机库里，只穿衬衣短裤的地勤人员忙得大汗淋漓。为抢时间，他们把卸下的炸弹顺手堆积在机库旁边。

南云指挥编队暂时北撤。这时，刚刚收到的情报证实，美国航空母舰不止一艘！南云明白，灾难即将临头，必须抢时间做好舰载机的起飞准备。于是，地勤人员卖劲地用升降机把已装上鱼雷的飞机运上飞行甲板。此时，从美舰"黄蜂"号起飞的第一批15架鱼雷机，在瓦尔德伦少校率领下，飞临南云部队警戒圈外。看到一大群军舰护卫着4艘航空母艘向北驶去，瓦尔德伦少校立即发出攻击的命令。这时，前方出现了50多架日军战斗巡逻机。美军鱼雷机还未进入有效射程，就被日本战斗机截住。这群没有战斗机护航的美机不一会儿就纷纷被日机击中，拖着黑烟坠毁海中。

消息传来，美军特混舰队司令斯普鲁恩斯冷峻的脸上没有一丝犹豫。随着他的命令，第二批41架鱼雷机在没有护航的条件下，又从3艘航空母舰上起飞了。9时30分，它们到达了目标上空。它们成单纵队队形，紧贴海面，从两侧逼近，直插南云编队，寻找攻击目标。日军零式战斗机迅速起飞迎战，当即击落美机14架，剩下的向"飞龙"号航空母舰发射了7枚鱼雷，"飞龙"号急忙闪避，鱼雷攻击全都落了空。美机左冲右突，挡不住日机的连续攻击，最后只有6架突围返航。

在美军鱼雷机攻击时，南云编队的4艘航空母舰一直在进行反击的准备。现在，飞行甲板上已排满了在5分钟内即能起飞的机群。为了便于起飞，航空母舰开始逆风航行。10时24分，日舰上的第一架零式战斗机如脱弦之箭，飞离了甲板。突然，瞭望哨高声喊道："敌机！俯冲轰炸机！"甲板上的人还没有回过神来，3架美国无畏式俯冲轰炸机已经从隐蔽的云块中钻出，垂直俯冲下来。紧接着，炸弹从机翼下摇晃着呼啸而下。一声声巨响，伴随着夺目的闪光，旗舰"赤城"号被直接命中。

美机这次没有遭到日机的截击，完成轰炸任务后立即调头返航。"赤城"号飞行甲板的中部被炸开一个大洞，下层机库里冒出浓烟，蓝色的火焰像蛇一样"嘶嘶"叫着不断蔓延。接着，又一阵猛烈的爆炸震撼着庞大的舰身。原来,先前给战机卸弹装雷时,暂时堆放在机库旁边的炸弹被大火引爆了。这真是一场致命的爆炸!当火势在比翼排列的飞机中蔓延时,飞机上的鱼雷开始爆炸了,弹片、机骸到处飞舞,整个机库和飞行甲板成了一片火海。"赤城"号全面丧失了作战能力,与外界的通讯也断绝了。参谋长草鹿少将主张把司令旗移到"长良"号巡洋舰上,而南云犹豫不决。"赤城"号舰长青木含泪恳求说:"有我照管军舰,长官,您到'长良'号继续指挥部队吧。"副官跑来报告:过道已经起火。在草鹿少将的一再请求下,南云才由副官搀扶着爬上舰桥的窗口,捋着绳子下去。

"加贺"号航空母舰也遭到了致命的轰炸,舰长和其他军官当场身亡,舰桥旁一辆加油车被炸,火势迅速蔓延开来。船体开始倾斜,官兵弃舰,纷纷乘救生艇向近旁的"荻风"号、"舞风"号转移。晚7时25分,"加贺"号上突然响起两声巨响,这艘曾是最精良的日本航空母舰沉没在冰冷的北太平洋海水中,全舰死亡800多人。

"苍龙"号在遭到13架美军轰炸机攻击后,中部升降机和甲板被炸毁,烈火引燃了油库和弹药库,舰艇完全被浓烟烈焰包裹起来。柳本舰长被迫下令弃舰,舰上官兵纷纷跳入海中,由"滨风"号和"矶风"号驱逐舰救起。当全体船员都撤走后,只有柳本舰长一个人留在舰桥上,默不作声。船员们明白,他要与军舰共存亡。晚7时13分,幸存的船员站在近旁的几艘驱逐舰上,眼睁睁看着"苍龙"号沉入黑色的海水。

"大和"号上的山本大将得知战局急转直下,顿时目瞪口呆,说不出话来。他足足花费了一个小时才集合好舰队,冒着大雾去支援300海里外的南云编队。他决定亲自指挥战斗,要把主动权夺回来,消灭美军舰队,占领中途岛。

山本忍痛撤回本土

中午11时50分,山本收到南云转移到"长良"号后发来的电报:南云要求阿留申编队的"龙骧"号、"隼鹰"号两艘航空母舰迅速前往支援。指挥阿留申编队的角田少将回电山本大将,表明他在8日下午以前,不可能赶到中途岛地区参加战斗。接着,山本又收到"飞龙"号遭到空袭的告急电。面对险境,山本此时格外镇静,低声宣布了集中现有力量与敌夜战的命令。但是,与美国舰队夜间决战,只是山本的一厢情愿——斯普鲁恩斯以若即若离的距离向东撤去。

就在"赤城"号、"加贺"号、"苍龙"号3舰被重创起火时,南云编队各舰以"飞龙"号航空母舰为中心,继续北撤。在此过程中,"飞龙"号舰长山口少将曾命令18架俯冲轰炸机和6架零式战斗机组成攻击队,攻击由3艘航空母舰组成的美国特混舰队。但是,这些飞机很快就被美舰的舰载机发现,于是,双方在空中展开了格斗。6架日本轰炸机乘隙向"约克城"号航空母舰俯冲投弹,命中3弹。"约克城"号升起了巨大的烟柱,停在原地无法航行。日军为此损失了13架轰炸机。"约克城"号经过30分钟紧急修复,又能以20节的航速继续航行。

海战进行到下午,"飞龙"号只剩下15架飞机。从拂晓战斗到现在的飞行员早已筋疲力尽。5时,当大家正以年糕团代替晚饭狼吞虎咽的时候,瞭望哨又突然喊叫起来:"敌机!敌机!"24架美机集中向"飞龙"号猛攻,4颗命中舰体的炸弹即刻引起大火和一连串的爆炸,浓烟烈焰冲天而起。舰桥的窗玻璃全被震得粉碎。当时任该舰副舰长的鹿江隆回忆说:

急急旋转的巨舰躲闪着从正上方俯冲下来的敌机。快!快!大家都屏住气息。高射炮、高射机枪开始射击,圆形阵中的战列舰、驱逐舰也同时开火。我们看到敌机机翼下有黑色物体丢下来,直奔我舰甲板。危险!全体立即卧倒。一瞬间,闪光过后,只听见一声强烈的爆炸,接着冒起了黑烟。此时,"飞龙"号的舰桥部被两枚炸弹命中,甲板也被一枚炸弹击中。虽然开始了消防作业,但是一枚命中发电机的炸弹的威力,竟将前甲板掀了起来,挡在舰桥的前面,以致使人看不清前方。灭火的速度赶不上火药爆炸的速度,舰上的炸弹和鱼雷终于被引爆了,汽油也被引燃了。随着一声巨响,火势进入舱内。

由于美机不断进攻,"飞龙"号开始倾斜。就近的"风云"号、"夕云"号两艘驱逐舰前往救援,但"飞龙"号已无法拯救,船员们只得弃舰。执意不愿离舰的山口海军少将把自己绑在舰桥上,随着一阵震耳欲聋的爆炸声,他便与舰艇一道徐徐沉入海底。

日本舰队失去了"加贺"号、"苍龙"号、"飞龙"号和旗舰"赤城"号。南云恨得咬牙切齿,青筋鼓胀,意欲纠集全部力量与美特混舰队决战。可是,斯普鲁恩斯已把舰队撤走,并利用空中优势,频频对日舰发动空袭,使南云无计可施,只得撤退。

东京军令部的永野海军大将在收到"赤城"号等4舰覆没的报告后,当即召集有关将领研究情况。会上,海军战略家们认为,再继续作战是愚蠢的。深知山本大将"要么全赢，要么输光"脾性的永野忧虑重重，他怕山本孤注一掷，去同美国航空兵死拼。尽管如此，东京没有发出任何命令或建议，听任山本大将自行决定。山本确实没有死心。此刻，他又提出攻占中途岛的新的计划。他的参谋长宇垣海军少将直截了当地否定说："用军舰与岸上设施交战，这是愚蠢的。况且，中途岛上还有很多陆上飞机，他们还有航空母舰。"有一个军官道出了人们的心声："我们如何向天皇陛下交代这一败仗呢？"部属的异议，使一直缄默不语的山本大将站起来说："对天皇陛下谢罪的只有我一个人。"他此时已放弃了攻击敌舰和占领中途岛的计划。

6月5日凌晨2时50分，山本沮丧地下令撤销整个中途岛作战计划。他怎么也想不通，如此优势的兵力，居然会落得一败涂地。他集结起残兵败将，缓缓向日本本土撤退。斯普鲁恩斯并没有罢休，他命令一批又一批的舰载机去追击，把火与铁倾泻在日本海军头上。

落日的余晖把海水染得血红。日军中途岛海战失败了。由于山本在战略、战术上犯了主观主义的错误，6支舰队的编队没有握成拳头，顾此失彼，以致南云部队孤军无援。当然，联合舰队还未出发就被美军破译了密电，也是对日本海军的致命打击。

中途岛战役目击记

[美] 沃尔特·克劳森

今天，一位负伤的海军航空兵飞行员详细回顾了中途岛战役白热化阶段的一些情况。他谈到自己怎样在海上漂流，目睹一队中弹着火的日本军舰从自己身边开过。

他还介绍了美国俯冲轰炸机和鱼雷攻击机怎样对日本航空母舰实施一场有声有色、卓有成效的攻击。他说，他在水中亲眼见到日本舰载飞机无法在被击中着火、炸得一塌糊涂的母舰上降落，在天上急得团团转。向记者介绍情况的，是来自得克萨斯州休斯敦城的25岁的鱼雷攻击机飞行员、海军少尉G·H·盖伊。他的伤势不重。

他在大海上漂流了整整10个小时。谁知"塞翁失马，焉知非福"，他却因此目睹了一场重大的海上战斗的全过程。

他所在的鱼雷攻击中队在用鱼雷攻击一艘较大的航空母舰时，遇到日本飞机的猛烈还击。这是6月4日早晨，中途岛战役刚刚打响。他们这架飞机有3名乘员，被日机击落坠毁后，只有他一人幸存。

盖伊少尉所在的飞行中队是从航空母舰起飞的，八九点钟时飞临目标上空。能见度极佳。飞机下面的海面上一字儿排开3艘航空母舰。两头相距不到10英里，一支相当大的由驱逐舰和巡洋舰组成的舰队给它们提供保护。盖伊在空中把这场戏看得一清二楚。两艘"加强"级航空母舰在召回它们承载的飞机，它们中间有一艘较小的航空母舰，也在召回自己的飞机。两艘较大的航空母舰中有一艘燃起了熊熊烈火，敌人的巡洋舰和驱逐舰围着它团团转，等待援救航空母舰上的人员。

20分钟以后，美国的俯冲轰炸机机群也飞过来了。它们冒着激烈的高射炮火，不顾敌人战斗机的阻拦，对敌舰实施俯冲轰炸。盖伊听到他的机枪手说自己中弹了，但仍驾机俯冲下去，到了离日本航空母舰不远的地方，他把鱼雷发射出去，随即把飞机拉上去，全速向相反的方向飞去。

突然，一架由零式战斗机发射的爆破弹击穿了他那架鱼雷机的方向系统，烧伤了他的左腿。几乎在这同时，一颗小口径子弹击中了他的左臂。盖伊少尉沉着地把飞机拉平，平稳地降落在距离敌航空母舰几英里的海面上。在进行这次紧急迫降时，机枪手业已牺牲，他的报务员没有来得及撤离座舱。

这时已是上午11时了，盖伊孤零零一个人，眼巴巴地瞧着他那架飞机的尾部从海面上消失。不幸中的万幸是，装有尚未充气的橡皮救生艇的口袋从飞机残骸中漂了出来——这实际上是一块黑色的垫子，轰炸手投弹时就跪在上面。盖伊立即想到他该干什么了。他听说日本人经常用机枪扫射敌方跳了伞的飞行员，连乘救生艇逃生的自己人也一概射杀。盖伊可不愿像这样给日本人干掉，于是，在日本战斗机蜂拥而至时，便把脑袋扎在气垫下面。他不知道自己的伤势，于是便摸一摸左臂。这颗子弹看来在击中他之前已经到达了弹道的终点，所以用手一碰，便掉到手里了。

"不晓得为什么，"盖伊回顾说，"我把它放到嘴里。也许我想留下它作纪念，但是没过多久就丢失了。"

他在水中把受伤的腿包扎好。他看到美国轰炸机投掷的炸弹直接命中另外两艘鬼子的航空母舰，浓烟卷着烈火随即冲天而起。两艘敌舰的内部发生了爆炸，升起了一股股烟火。在太平洋舰队这次攻击结束后，第二艘"加强"级航空母舰从头到尾被烈火包围了。

敌人的海面舰只几乎要了盖伊的命。一艘敌人驱逐舰全速赶来救援一艘中弹起火的航空母舰，朝着盖伊冲了过来。盖伊想，自己肯定会被撞死，但在这最后一刻，敌舰从他身边擦过。敌人的一艘重巡洋舰从离他不到500码的地方开过，他清楚地看到敌人水兵列队站在舰尾，他们的白色制服同军舰的保护色相辉映，显得很刺眼。他们眼巴巴地看着自己的舰队遭到惨重的打击，却毫无办法。

下午将尽，日本人开始发了疯似地从事抢救工作，以便减少损失。敌人的一艘巡洋舰似乎试图同另一艘被击伤的巡洋舰编队，但却无法靠近。盖伊看到这艘巡洋舰开始用大炮轰击负了伤的航空母舰，似乎想把它击沉。过了一会儿，一艘驱逐舰开了过来，靠在仍浮在水面的航空母舰旁，并开始救助舰上的幸存者。在头顶上空，日本飞机急得团团转，想降落在被击毁的航空母舰上，但却无法降落。这些飞机飞临航空母舰上空，旋即飞走，从空中消失，过了一会儿又飞了回来。

天快黑了，盖伊搞不清楚它们的下场是什么。在暮色笼罩中，他用二氧化碳瓶给救生艇充足了气，心想："还是先顾自己吧。"他说，他喝饱了海水。他手忙脚乱地补好了橡皮艇被子弹射穿的地方，总算使它能承载自己了。他一头栽进救生艇。漫漫长夜降临了。

在他的北面，不时有巨大的光束射入天空。盖伊想，这大约是日本人的救助船只用探照灯搜寻航空母舰的落水者。看到无事可做了，盖伊便决定"打个盹儿"。天快亮时，响起了3声爆炸，把盖伊惊醒了。他想，这大约是在进行爆破作业。天亮几个小时以后，一架搜寻落水人员的美国巡逻机发现了他的橡皮艇，把他救了上来。一位海军军医问他，他腿上的烧伤是否治过。他说："我把伤口放在盐水中浸了10小时。"

阿图岛血战

阿图岛长约 64 公里，宽约 32 公里，是美国阿拉斯加半岛以西上千公里外的阿留申群岛中的一个小岛。该岛是白令海与太平洋的天然分界，是美苏之间领土距离最近的地方，同时又是日本通往北美和北欧的一条捷径。1942 年春天，日军 2500 多人占领了阿图岛，开始在那里修建机场，以作为日后轰炸美国本土的基地。这是 1812 年美国独立战争以来，外国军队唯一一次侵占美国领土，因此，阿图岛犹如一根扎在美国喉咙上的芒刺。

中途岛海战之后，美军在太平洋上转入反攻——美军第 7 师被紧急派往北太平洋战场收复失地。1943 年 5 月 11 日，1.1 万名美军分成 3 路在阿图岛登陆，一路在东北部，另两路在东南部，作战计划是登陆之后，两个方向的部队对进，占领阻隔两个登陆场的那座高山间的隘口，会合之后再由东向西推进，把日本人赶下大海。

美军登陆比较顺利，几乎没有遭遇到由山崎保代大佐率领的 2665 名日军的有效抵抗。但是，接下来的却是一场苦战，而给美军造成麻烦的是地形和天气。在光秃秃的荒原上，找不到隐蔽物遮拦的美军为了减少损失，只能步步为营。当时岛上的气温接近冰点，美军很多人没有御寒物品，他们的耳鼻面孔被冻伤，手指脚趾冻得发紫变黑，很多人不得不因冻伤而截肢。更糟的是，由于冻土地带处于解冻时期，美军的登陆车和昵称为"猫"的拖拉机经常陷在泥里寸步难行。美军士兵只能靠人力拉着火炮前进，甚至排成人龙，手递手地向前线传送弹药和给养。

但日军已濒临绝境，他们被困在东部的冻土高山上，频繁遭受飞机轰炸和大口径舰炮的轰击，伤亡惨重，食物将尽，药品用光。

5 月 29 日夜，守岛日军在指挥官山崎保代的率领下，突然冲下山，对美军中心营地发动赌博式攻击，试图夺取美军军火。由于黑暗和大雾，美军被打了个措手不及，中心营地伤员和后勤人员惨遭屠戮。如果日军再冲上另一个高地，就将夺取美军辎重。此时，500名没有受过多少正规军事训练，专门维护车辆装备的美国工程兵打退了日本人的多次冲锋，守住了那个至为关键的山头，并把日本人逼下了山谷。弹尽粮绝的日军5月30日在谷地内集体自杀：日军士兵密密麻麻地聚在一起，把手榴弹绑在胸口上并拉动引信。爆炸之后，残缺不全的日军死尸乱糟糟地叠在一起，惨不忍睹。

战役结束时，日军只有27人幸存，他们大多是自杀未遂者。

1943年5月31日，日本电台报道了阿图岛守军全军覆没的消息，日本报纸上这一天也出现了黑字标题：《阿图岛皇军全员玉碎》。这是日本在战争中第一次在战报上使用"玉碎"一词。

日本右翼分子最新编撰的教科书写道："阿留申群岛的阿图岛上，只有2000人的日军守备队面对2万美军这个敌手，一步也没有退让。在弹药、粮食的补给中断后，最后剩下的大约300名伤兵，一面强撑躯体前行，一面挥舞着日本刀从容不迫地逼近美军，战至牺牲。"

一名日本军医生前在日记中写道："5月27日，冻雨继续，疼痛刺骨。我们寻找一切东西来使人们安息：吗啡、鸦片、安眠药……""5月28日，我们的弹药用光了……自杀事件到处继续。"在5月29日的最后一篇日记里，这名军医又说："今天晚上8点钟，我们全体在总部集合，战地医院也参加了，我们将发动最后一次攻击，医院的所有伤员都被命令自杀，剩下的33个活人和我也将死去，我毫无遗憾。为天皇尽忠，我感到骄傲，因为我此刻内心平静。我们的儿子只有4岁，他将不受阻碍地长大。可怜的小儿子多喜谷，今年2月才出生，再也不会见到父亲了。"

一个美军连长也记述了这场血战的最后情景："我突然发现浓雾之中传来一种异样的声音，然后终于看清——在咫尺之外有一大群幽灵般的人踩着残雪，向我们步步逼近。这些日本人衣衫褴褛、脸色发青、神情呆滞，男人握着步枪或赤手空拳，而女人则举着一把刺刀或一根木棒。我们的士兵看到这种景象，无不毛骨悚然。猛烈的扫射开始了，枪弹炮弹在人群中炸响，树上的积雪簌簌落下，日本人也纷纷倒下。"

阿图岛战役对于整个太平洋战场来说并不具有决定性的意义，但是几十年后，日本人还对它记忆犹新。1987年，日本政府花了55.2万美元，在岛上树立了一座6米高的星状纪念碑，而美国政府则在战后把该岛辟为国家历史公园。

瓜岛争夺战

澳大利亚东北方的所罗门群岛像两串并列的翡翠项链，横展在新几内亚和新赫布里底群岛之间的海洋中，瓜达尔卡纳尔岛（简称"瓜岛"）则是项链南端的倒数第二大岛。它东西长 145 公里，南北宽 40 公里，总面积 6500 平方公里。岛上河流交错，山岭连绵，长着一片片杂草和毒蘑菇，到处都有鳄鱼、毒蛇和热带毒虫。1568 年，西班牙航海家阿尔瓦拉·德·内拉率领考察船队到达该岛，队中一名野营队长佩德罗·奥特加最先上岛，因此，内拉决定以奥特加在西班牙自己家乡的名字为该岛命名。

瓜岛原为美国属地，后来被日本占领。由于它具有重要的战略地位，因而在太平洋战争期间，从 1942 年 8 月到 1943 年 2 月，日军和美军为争夺该岛，展开了人类战争史上十分惨烈的一场陆海空大战。

1942 年 4 月 18 日，日军大本营认定：要攻占澳大利亚，重新夺回在南太平洋的战略主动权，就必须首先攻占新几内亚东南海岸的重要海空基地莫尔兹比港，继而攻占所罗门群岛东南的图拉吉岛，从而扩大腊包尔防御体系，封锁美澳之间的交通线。进攻莫尔兹比港的任务，由陆军少将堀井富太郎指挥的南海支队和井上成美海军中将指挥的第 4 舰队负责。这两支部队于 5 月 4 日从新不列颠岛上的腊包尔日军基地出发，向莫尔兹比港实施两栖突击。

美军从破译的密电中，事先知道了日军的军事目标。美国太平洋舰队司令尼米兹上将（司令部设在新西兰）命令弗莱彻海军上将率领一支航空母舰特混队迎击日本舰队。5 月 8 日，日美两支舰队在澳大利亚和新几内亚以东的珊瑚海海面相遇，立即展开激战。结果，美军挫败了日军攻占莫尔兹比港的计划。但是，日军也趁机占领了图拉吉岛，完成了第二个战略目标的任务。

6 月初，日美中途岛海战结束，日本海军遭到了 350 年来的第一次失败，但陆军仍然锋芒未挫。日军决心在南太平洋上同美军大战一场。于是，日本海军分别以"瑞鹤"号、"翔鹤"号航空母舰为中心，成立了第3舰队和第8舰队。这时，美军也想乘中途岛大捷之机，在太平洋上采取转守为攻的策略。西南太平洋战区司令麦克阿瑟上将主张在澳大利亚境外保卫澳大利亚，要求立刻进攻日军的腊包尔基地，然后施行"跳岛战术"，一直打到日本本土。

7月2日，美军参谋长联席会议决定，第一阶段的目标是占领所罗门群岛中的图拉吉岛和瓜岛，这一任务由美军南太平洋部队完成，并由太平洋舰队司令尼米兹指挥；第二阶段的目标是夺取所罗门群岛的其余岛屿和新几内亚沿海地带；第三阶段的目标是夺取腊包尔的日军基地。后两个阶段由麦克阿瑟指挥。

美军顺利登岛

在日军占领图拉吉岛时，一个原在当地政府工作的英国上尉马丁·克莱门斯逃到瓜岛，同两个新西兰人在当地土著居民的支持下，组成"海岸监视者"，密切侦察日军的动向。

6月底，日军派遣海军警备部队240人、施工部队2700人登陆瓜岛，在隆加河以东的沿海平原上修建机场。当"海岸监视者"打探到机场快要竣工，日军将在8月7日大规模登陆的情报时，立即通过无线电报告了尼米兹。尼米兹当机立断，决定马上夺取瓜岛及其机场。这次军事行动的主力部队是阿切尔·范德格里夫特少将指挥的海军陆战队第1师和第2师的一个团，共1.9万人，担任护航与支援任务的是由弗莱彻海军少将指挥的一支特混舰队，该舰队拥有"企业"号、"黄蜂"号、"萨拉托加"号3艘航空母舰和其他80艘舰艇。

其时，范德格里夫特对瓜岛一无所知，所有资料仅是一张陈旧的航海图和一叠传教士拍摄的年深日久的照片。据"海岸监视者"估计，岛上的日军有2000～1万人，图拉吉岛及邻近的两个小岛上也驻有日军。范德格里夫特找来一些澳大利亚人了解情况，并绘制了一张登陆草图。

8月3日，范德格里夫特率领美军陆战队分乘23艘运输船，在航空编队和弗莱彻舰队的掩护下，从斐济岛出发向西北航行，于6日深夜绕过瓜岛西北顶端。部队在这里分兵两路：一路去攻占图拉吉岛，另一路在黑暗中悄悄开向东北去攻占瓜岛。攻占图拉吉岛的6000名美军陆战队同驻在岛上的400名日军激战了一昼夜，终于击败了日军。

8月7日拂晓6时14分，抵达瓜岛的美军首先由海空军发起猛烈的炮击和轰炸，准确地击中岛上的目标，火光映红了灰蓝色的海面。9时，登陆开始，强击艇向瓜岛隆加河与提格拉鲁河之间的登陆点驶去。范德格里夫特率领的1万人的陆战队未遇到任何抵抗，很快就登上了滩头。此后，美军陆战队分成两股，一股向岛的西面推进，另一股向岛的西南的机场高地进逼。机场上的日军警备队和正在施工的工程兵只进行了轻微的抵抗，便扔下机场逃进丛林。美军轻易占领了机场。这个拥有1000米跑道的丛林机场设备完整，有很深的地下掩蔽部、发电厂、氧气厂、无线电台，还有一条通往海滨的道路和各种卸运补给物资的设备。美军将这个机场命名为汉德森机场，以纪念中途岛空战中牺牲的飞行英雄汉德森。两天之内，范德格里夫特的陆战队便占领了瓜岛的高地和河道，从海上运来的饮水、燃料、武器弹药等，也迅速卸在海滩上。

日军报复受挫

在美军占领瓜岛的当天，逃进丛林的日军向驻腊包尔基地的第8舰队司令三川军一海军中将拍发了告急电报："我军遭到美军登陆部队的袭击，现在撤入丛林。"同一天，三川还接到图拉吉岛守军发来的告急电报。8月8日，三川登上重巡洋舰"鸟海"号，率领轻型舰队和基地航空兵，从腊包尔出发，前去增援瓜岛守军。当天中午，日本空军的24架贝蒂式轰炸机和27架零式战斗机飞抵瓜岛上空。正当轰炸机群在瓜岛上空准备投弹时，负责空中警戒的6架美军舰载野猫式战斗机，在2万英尺高空发现了敌机群，立即冲下来截击。双方展开激烈空战，日机被击落30架。剩下半数的日机，慌慌张张向美军的运输船团投下炸弹后急忙飞走。结果，美军只有"艾诺特"号运输舰被击中起火，一艘驱逐舰被击伤，其他运输舰仍开向海滩，准备卸下军用物资。

当晚，由于萨沃岛上的火山峰阻挡了美军的视线，三川的军舰才得以隐蔽地接近美国舰队。他立即下达指示："发扬帝国海军夜战传统，建立必胜信心。"凌晨2时，善于夜战的日本水兵对萨沃岛的美舰进行突然袭击，一串串射程11海里的鱼雷带着1000磅炸药，以每小时49海里的速度奔向美国舰队。美军舰只在黑暗中猝不及防，仓促应战，双方在所罗门群岛海域展开了第一次海战。只有几分钟，澳大利亚巡洋舰"堪培拉"号、美国重巡洋舰"阿拉托里亚"号、"昆西"号相继被日舰炮火击沉，"芝加哥"号受到重创。美国巡洋舰"文森"号猛烈还击，打算进攻日军巡洋舰"衣笠"号,但立即被击沉,官兵伤亡近1000人。

拂晓,残余的美国舰队向南撤去,那些运输船只还未来得及卸下物资便也跟着撤走了。瓜岛上的美军听到枪炮声,急忙从机场赶来海滩搬运物资,然而,他们看到的只是一片蓝色的海洋。这时,岛上美军的弹药仅够4天之用,粮食也将吃光。范德格里夫特命令在汉德森机场周围构筑防御工事,布置力量对付日军的轰炸和袭击。同时,组织工兵抢修机场,争取早日启用,以结束孤立无援的处境。

美国在瓜岛登陆的消息传到日本后,大本营十分震惊,裕仁天皇迅速从旅行途中赶回东京研究对策。8月13日,日军大本营向联合舰队司令山本五十六海军大将和第17军司令百武晴吉陆军中将发出指示,要动用第17军和第8舰队、第11航空队等速歼瓜岛之敌,夺回岛上机场和战略要地。大本营同时还抽调了受过专门训练的海军陆战队一木清直(就是当年指挥日军第28师团向北京卢沟桥发起进攻的那个"一木清直")支队(约3300人),配属第17军指挥,企图趁美军立足未稳夺回瓜岛。

山本则亲自率领联合舰队主力,包括近藤信竹中将指挥的第2舰队和南云忠一中将指挥的第3舰队,共有作战舰只50艘、舰载飞机150架,于17日出海南下,向所罗门群岛集结。8月18日夜,一木清直大佐率领第1梯队900人的先遣部队,分乘6艘快速驱逐舰驶抵瓜岛。他们登陆后,竟没有遭到一枪一弹的抵抗。于是,骄狂的日军不等后续部队到达便奔向机场。"海岸监视者"隐蔽地注视着日军行动,及时把发现的情况报告了驻岛美军司令范德格里夫特。为了查明敌情,范德格里夫特马上派出一支侦察队,在提格拉鲁河以东地区搜索前进。8月19日,美军侦察队与日军的先遣队在行进中相遇。侦察队马上向范德格里夫特报告:敌人是一支装备优良的较强大部队的前卫。范德格里夫特接到报告后,立即命令在提格拉鲁河以东组织防御,在河的两岸加强火力部署。

8月20日晚,一木下令先遣队拼凑一支敢死队,于当晚发起攻击,采用奇袭的方式向提格拉鲁河的美军阵地发起冲锋。当日军第一批敢死队到达河东岸的沙滩时,美军陆战队全部火力倾泻过来,在铁丝网前形成一道火海。日军伤亡惨重,无法突破。21日清晨5时,一木又派出400人的第二批突击部队继续进攻,可是,仍未能冲到美军防御工事的铁丝网前。一小股日军乘黑夜迂回到河上游内陆地区,绕到西岸,但在天亮之后也被美军歼灭。

21日白天,一木的部队没有发动新的进攻,与美军隔河对峙,互相射击。这时，范德格里夫特派出预备队，顺着小股日军过来的路线插入敌后。午后3时，美军陆战队从东西两线对一木支队实行夹击。5辆轻型坦克冲入阵地，压死不少走投无路的日军。坦克炮大量击毙日军狙击队的士兵，被围日军大半被歼。天黑时，椰林里只剩下一小撮日军，他们团团围住身负重伤的一木大佐。一木在绝望中，命令旗手把染上自己鲜血的军旗浇上汽油，划火柴烧掉，随后拔出军刀，切腹自杀。就在这一天，美军海军陆战队两个航空中队——有19架野猫式和12架无畏式俯冲轰炸机的"仙人掌"航空队和有14架P-400型飞机的陆军战斗机中队，在瓜岛汉德森机场着陆，进驻机场。从此，美军驻守瓜岛的陆战队得到了有力的空中支援。运输机不断运来补给物资，撤走伤员，从而鼓舞了美军的士气。

8月19日，山本的舰队准备在护送一木支队的后续部队到瓜岛时，再次诱歼美国舰队。近藤指挥的第2舰队和南云指挥的第3舰队，则集结在所罗门群岛东北海面，准备在美军舰载飞机攻击"龙骧"号时乘机围歼，进而夺回瓜岛。美军太平洋舰队司令部得到"海岸监视者"的报告后，及时做好了周密的部署。太平洋舰队副总司令戈姆利命令弗莱彻率领一支以"企业"号、"萨拉托加"号、"黄蜂"号航空母舰为核心，拥有作战舰只23艘的特混舰队，在瓜岛东南集结，准备迎击敌人。

8月24日，双方舰队在瓜岛东北海面展开了第二次所罗门海战。当美舰发现"龙骧"号时，即派出36架飞机把它炸沉，同时还炸沉了大批日本运输船。南云按计划马上命"瑞鹤"号、"翔鹤"号两艘航空母舰的全部飞机，集中力量袭击美国舰队，但此时美军战斗机早已在高空云端隐蔽，等候敌机到来。当80余架日机飞抵美舰上空时，隐蔽在云端的53架野猫式战斗机立即从高空对着日机猛扑下来。这时，在瓜岛汉德森机场的美机也赶来助战，日美双方的机群在空中互相穷追猛打。激战半小时，日机被击落70余架，美机损失17架；美航空母舰"企业"号受了重伤，返回珍珠港。

这次失败之后，日本大本营深感过去对瓜岛美军估计不足。8月31日，大本营决定暂时停止对莫尔兹比的攻击，集中兵力夺回瓜岛。日军同时决定，将川口清健指挥的约3500人的第38旅团，从特拉克岛调往瓜岛。9月初，6000余人先后在瓜岛登陆，然后隐蔽在丛林里等待时机。

9月12日，驻瓜岛的日军发动了第一次总攻——川口旅团分3路对汉德森机场实施向心突击。这天黄昏，中路军在海军炮火的支援下，向机场南面山岭的美军阵地发起猛攻，双方为争夺全岛制高点展开了激战。

13日拂晓，日军突破美军第一、第二线阵地，占领了机场南侧高地。一小股日军已窜到美军陆战师的指挥所附近，形势十分紧张。整个白天，双方步兵混战在一起，使美军的飞机和火炮无法轰击。战斗进行到14日凌晨，美军才得以发起反冲锋。大炮齐鸣，火炮、机枪摧垮了一批又一批冲上来的日军，坦克乘势追杀残存的敌兵。日军血染山岭，最后抛下600具尸体向南撤退。日军因此称这条山岭为"血岭"。

川口旅团的东路军越过提格拉鲁河，进入蒸笼般潮湿闷热的丛林中，在蜇人的毒虫和吸血水蛭的围攻下，个个筋疲力尽。他们运动了几天之后，好不容易才到达攻击位置，但是错过了总攻时间。13日晚9时，这路日军分成若干小股进行突击，但冲锋时已缺乏他们特有的那种"武士道"精神，因此没有取得什么成果。至于西路军，它直到14日午后才开始发起进攻，但由于处于孤立无援的境地，虽经过多次冲杀，仍然无法取胜。

二次总攻失败

日军在瓜岛的第一次总攻击失败后，第17军与联合舰队的将领们于9月17日共同决定，将丸山政男中将的第2师团从爪哇调赴瓜岛增援；以佐野忠义的第38兵团为第2线预备兵团，在布干维尔岛集结待命。为了护送第2师团在瓜岛登陆，日军联合舰队除计划用飞机进行轰炸外，还特别赶制了一种大口径炮弹，实行舰炮射击，使得美机不能起飞，然后以6艘大型快速运输艇运送增援部队强行登陆。

10月3日，丸山政男率领主力部队，决心与美军决一死战。他表示，如果失败决不生还。出发时，丸山对部队说："这是日本与美国之间的决战，帝国兴亡在此一役，如果不能占领这些岛屿，谁也别想活着回国。"10月中旬，约2万日军在瓜岛马塔尼考河以西地区登陆集结，美军在岛上的兵力也已增加到2.3万人。

此时，麦克阿瑟向罗斯福总统汇报："要是我们在所罗门群岛被打败的话，整个西南太平洋就十分危险了。"罗斯福于是下令："将全部可以调动的陆、海、空武器迅速调往瓜岛。"接着，美军各种物资被源源不断地运到岛上，数量之多令人难以置信。与此同时，日本裕仁天皇也宣称："瓜达尔卡纳尔岛之战是决定性的战役。"日军准备将集结在瓜岛上的2.2万余日军，全部投入第二次总攻。

10月13日白天，日机轮番轰炸停在汉德森机场上的美军飞机，机场的油库中弹起火，跑道被炸毁。夜间，日军战列舰和重巡洋舰又以排炮轰击机场一个多小时，把机场变成了一片废墟。15日，日军炮兵继续轰击，数百枚8英寸炮弹倾泻到机场上，美军油料被烧得一滴不剩，飞机也只剩下3架。

10月16日，美军哈尔德·鲍尔中校奉命率领野猫式战斗机中队，由圣埃斯皮里图岛飞赴瓜岛增援，同时，"麦克法兰"号驱逐舰载着4万加仑燃料抵达瓜岛。当鲍尔的19架战斗机正要降落时，14架日军俯冲轰炸机前来袭击，炸坏了"麦克法兰"号。鲍尔的机群咆哮着直冲下去，击落日机4架，"麦克法兰"号才得以卸完燃料。

24日下午5时，日军第2师团正准备全线出击时，突然大雨倾盆，致使各路部队相互失去联系，在密林深处无法行动。9时，大雨停歇，日军开始向"血岭"以东地区发动进攻。日军匍匐前进，爬出了潮湿阴暗的密林。当首批日军冲锋到铁丝网前，美军才开始射击，击毙了所有进攻的日军。第二批日军爬过同伴的尸体，向前猛冲，仍未突破。两小时内，日军连续发动了7次冲锋，美军拼命抵抗，始终坚守住阵地。

26日，3路日军协同发起了"最后的决死进攻"。他们高呼口号，一群群地向美军阵地猛冲。但是，由于美军布置得当，炮火准确有力，机场抢修及时，终于将日军第二次总攻击退。战斗中，日军被打死2500人，丸山不得不下令让仙台师团撤到丛林中去。

这期间，双方海空战也在激烈地进行。配合丸山师团的日本海军第8舰队才抵达瓜岛附近，就遭到美机的袭击，两艘驱逐舰被击沉。联合舰队得知这一情况后，迅速派出南云的第3舰队赶来援助。26日清晨，南云的第3舰队和美军哈尔西海军上将率领的舰队，在瓜岛东南200海里的圣克鲁斯群岛的洋面上相遇。7时，美军俯冲轰炸机群首先发现了日本的南云舰队，飞行员勇猛地冲过零式飞机的拦截，对准日本的轻航空母舰"祥凤"号发动攻击。"祥凤"号被击中起火沉没。这时，日机集中力量对美舰进行报复，一名日军飞行员以"神风攻击"式自杀行动，猛撞在美军航空母舰"黄蜂"号的甲板上，接着，两枚鱼雷也击中了要害部位，将"黄蜂"号击沉。正在空中飞行的"黄蜂"号舰载飞机，又一齐对准日本航空母舰"翔鹤"号俯冲轰炸，一颗颗1000磅重的炸弹击中了"翔鹤"号，舰上登时燃起大火。这时，日机一齐对着航空母舰"企业"号进行轰击，使"企业"号受到重创。在这次海战中，日军尽管打了个平局，但南云忠一仍因"翔鹤"号受创而被解除职务。

日军无力再战

　　日军第二次总攻失败后,便丧失了岛上的制空权。因补给困难,士兵们一个个衣衫褴褛,骨瘦如柴,死于饥饿、营养不良和热带传染病的士兵日益增多。伤病员成群地睡在潮湿的丛林中,由于缺乏医药,伤口化脓生蛆,疼痛得难以忍受,惨叫声昼夜不停,无数伤员只好自杀,瓜岛成了日军的绿色地狱。百武晴吉得知这一情况后,即致电腊包尔基地总部,要求立刻增派部队和运送给养。总部随即抽调佐野忠义的第38师团,于11月12日分批乘坐运输船,在第8舰队护卫下赶往瓜岛增援。

　　11月13日夜1时,正当日本庞大的舰队驶往瓜岛时,在黑夜沉沉的海面上,美国海军少将卡拉汉率领一支舰队,突然冲入日本舰队队列之中,双方战舰互相回旋追逐,战成一团。日美两支舰队展开了第三次所罗门海战。双方舰只抵近射击,美舰"旧金山"号被日舰舷侧炮击毁,卡拉汉将军也在炮火中阵亡。美"亚特兰大"号巡洋舰被日舰探照灯发现,立即被日军疯狂的炮火击毁,舰上的斯科特将军当即牺牲。日本方面损失两艘驱逐舰和一艘战列舰。

　　第三次所罗门海战刚结束,日军第8舰队护送1万名援军迅速到达了瓜岛附近,舰炮先轰击瓜岛机场,美机临危不惧,飞来袭击,炸沉7艘日本运输船,数千名日本兵葬身海底。日军护航舰和"衣笠"号重巡洋舰也被美军鱼雷击中起火。在这严重时刻,日军担任支援的第2舰队立刻赶来救援。美国的威利斯·李将军也率领舰队前来阻击。海面上空,双方照明弹划破夜幕,炮火在海空闪耀。美军3艘驱逐舰顿时被炸成碎片,战列舰"南达科他"号也受到重创。这时,美军战列舰"华盛顿"号用雷达扫描的重炮,在8000米射程内,打沉了日军近藤的旗舰"雾岛"号。日本剩余的4艘运兵船利用黑夜,迅速驶向瓜岛海滩。天刚亮,还未卸完物资,又遭到美机轰炸。在佐野第38师团的1万名士兵中,只有4000步兵登上瓜岛,随即逃入丛林。

　　12月9日,美军范德格里夫特的海军第1陆战师换防,撤离瓜岛。接替他们的是海军陆战第2师等共5万余人,统由巴区少将指挥。巴区率部队接防后,立即准备对日军发动全岛攻势。

　　日军由于丧失了制海、制空权,补给十分困难,许多日军吃树皮、草根、水苔、蛇等,加上疾病流行,药品缺乏,病死饿死者越来越多,瓜岛成了"饥饿之岛"、"死亡之岛"。岛上日军体力消耗殆尽,无力再战。

　　但是，日军最高领导层并不甘心。12月下旬，大本营在讨论战况时，仍然坚持要夺回瓜岛，并从朝鲜抽调第20师团，从中国抽调第41师团，编入第17军内，准备作最后的顽抗。不料这时美军已攻入新几内亚北部，直接威胁日军腊包尔基地，日军统帅们处于进退维谷之中。1943年1月4日，日军大本营经过反复讨论，在御前会议上作出了撤离瓜岛的决定。2月1日至7日，日本用300架飞机和30艘驱逐舰，趁着黑夜，分3批撤走了瓜岛上的1.6万名败将残兵。

　　瓜岛之战成了日军在南太平洋的末日。日军在这次陆海空战中共死亡5万多人。此后，整个太平洋战争的主动权完全落入了美国及盟军手中。

伏击山本五十六

1943年2月日军撤出瓜岛后，决定加强自己在所罗门群岛和新几内亚的战略地位，以阻止盟军的进攻。3月25日，大本营制定了《陆海军在东南方作战的中央协议》，并责成第8方面军和联合舰队负责执行。联合舰队总司令山本五十六根据这个协议，集中了300多架飞机，准备对瓜岛和新几内亚盟军的舰艇实施空袭。4月3日，山本从太平洋中部的加罗林群岛的首府特鲁克（联合舰队司令部所在地）出发，到了腊包尔，打算亲自指挥前线的战斗。为此，山本计划于4月中旬率领他的参谋人员，飞往所罗门群岛北部去视察军事设施和鼓舞士气。

把山本五十六鼓动到腊包尔去的是他的参谋长宇垣缠海军少将，后者在《战藻录》里是这样说的："已经让长官去当地了，虽然只是一场规模很小的航空战，但在这种难局下余辈到最前线去是很自然的。……日俄战争时，满洲军总参谋长儿玉大将为了敦促攻克旅顺亲赴前线，这是一种什么精神？即使这次倒了下来也绝不是无谓牺牲，联合舰队参谋长职位虽然分量不轻，只要能打开战局，为了第一阶段以来殉国的2万'英灵'，相信这种牺牲是值得的。"

当然，山本五十六亲赴前线指挥作战，也有他自己的理由。首先，第2师团的第16联队在进攻汉德森机场时被消灭了，这支在新潟县新发田市组建的联队，其中大多数官兵是山本五十六的同乡——新潟县长冈市人，山本长官不去给家乡子弟上一炷香，在良心上说不过去。第二，这次作战的主力是南东方面舰队的陆基航空兵力和第3舰队的舰载航空兵力。南东方面舰队司令长官为草鹿任一中将，在配合作战时，草鹿中将是先任长官，第3舰队的小泽治三要听他的。但是这次作战的主要力量还是小泽手下的舰载机，这些舰载机不仅在数量上超过陆基机，而且飞行员的素质也高。第3舰队的飞行员肯定看不起南东方面舰队的"土包子"。草鹿要是指挥不动第3舰队的话，作战计划就无法实现。

由于日军当时已丧失了制空权，有些参谋认为山本这样做非常危险。但是，山本不听劝说，断然下令：

G长官将于4月18日前往视察巴拉尔岛、肖特兰岛和布因基地。具体日程安排是：06∶00乘中型轰炸机（由6架战斗机护航）从腊包尔出发，08∶00到达巴拉尔；然后，转乘猎潜艇，于08∶40抵达肖特兰……14∶00再乘中型轰炸机离开布因，15∶40返回腊包尔。……若遇天气不好，本视察日程往后顺延一天。

4月13日17时55分，美军设在阿留申群岛荷兰港的监听哨收到了这份重要密电，马上交给了太平洋舰队，并由情报官罗奇福特通过"魔术"破译出来。14日下午，罗奇福特向尼米兹递交了这份电报。罗奇福特中校是美军的密码破译人才，他主持揭开了"日本海军25号密码"。与此同时，蒋介石也向美方提交了中方破译的山本五十六的这份密电。

现在，尼米兹接过电文，瞟了两眼，本能地瞪大了眼睛。那封电报是由日本海军东南航空战队总司令发给布干维尔岛驻布因的日本驻军司令的！

尼米兹再次认真读完电报，站到了巨幅军用地图前面。罗奇福特走上前去，补充说道："新不列颠岛首府腊包尔距离布干维尔岛首府布因约320公里。"略作停顿后，罗奇福特又说："美军驻瓜岛的机场距离山本五十六座机的第一站布因的距离为500公里。"

尼米兹大声问罗奇福特："我们能不能结果山本五十六？"

罗奇福特回答："瓜岛机场驻有最新式的战斗机，最高时速达765公里，活动半径达926公里，升高达12200米。我们可以到布干维尔岛高空设伏，击毁山本五十六的座机。"

尼米兹又问："我是说，伏击日本海军总司令，是否光明磊落？"

罗奇福特再次回答："将军，你忘记珍珠港了吗？难道日军偷袭珍珠港就光明正大吗？山本是日本海军的军魂，干掉山本五十六胜过干掉几艘航空母舰。没有人能够代替山本五十六。"

尼米兹命令有关指挥官拟定瓜岛机场的美军战斗机群伏击山本座机的作战计划。接着，尼米兹向华盛顿作了报告。罗斯福总统感到事态严重——战争期间暗杀敌方高级将领是要遭到报复的，他自己就曾差点被德军潜艇发射的鱼雷暗杀。

当时，美国人欣赏骑士风度，认为暗杀是懦弱行为，因此一直没有暗杀希特勒、墨索里尼，虽然美国间谍遇到过多次这样的机会。

罗斯福召集陆海军要员，在午餐会上密商这件事情。

海军部长诺克斯强烈反对："这太不光彩了，我们必须听听主教大人的意见，看看谋杀敌军领导人是否符合基督教的教义。"

陆军部长亨利·史汀生笑道："难道日军偷袭珍珠港，就符合基督教的教义吗？山本五十六既然如此卑鄙，也就得不到基督教教义的保护。况且，在战场上，敌方司令官和普通士兵都应该被消灭！"

金上将说："对美国来说，山本是凶神，这次绝不能放过他。"

马歇尔说："山本是美国的心头之患，如果我们趁这个机会干掉他，能够使美军免受更大的损失。"

诺克斯问道："山本的巡视日程好像是精心安排的，这是不是圈套呢？要是他们趁机将美军飞机歼灭呢？"

海军情报局负责人扎卡赖亚斯说："这份密电不可能是伪造的，它使用的是日军的五位乱数式密码，乱数表是4月1日刚刚变更的，日本人不会想到我们能够破解这种密码。"

罗斯福说："那就干掉这位'老朋友'。我们给它取个什么代号呢？"

诺克斯说："为了报珍珠港的一箭之仇，就称它为'复仇者'行动吧！"

罗斯福总统和诺克斯海军部长正式批准了这一计划。

4月15日，尼米兹下令伏击山本五十六的座机。

4月18日晨，腊包尔迎来了春光明媚的早晨。59岁的山本五十六早早起床，为他的这次视察做好准备。部下请他脱掉白色的海军服，山本作了让步，改穿草绿色军服，并戴上白手套，挎好军刀，按计划到了机场，登上一架日本海军轰炸机。参谋长宇垣缠及随行人员登上另一架轰炸机。6时整，两架轰炸机相继起飞，随行护航的有6架日军战斗机。轰炸机的时速为438公里，活动半径为1288公里，装4挺机关枪；战斗机的时速为564公里，活动半径为1208公里，综合性能居各国空军战斗机之首。

7时30分，山本的座机飞抵布干维尔岛上空。就在这时，在30米低空绕了一个大圈子，避开了日军观察哨和雷达的8架美式战斗机，突然在日军机群的上空闪现。6架日本战斗机全都扑向美军机群，双方上下翻飞，厮杀在一起。两架日军轰炸机趁机降低高度，贴着树梢朝东南方的布因日军机场飞去。

没想到这时又有9架美军战斗机飞来，分头朝两架日军轰炸机连续开炮。很快，一架日军轰炸机中弹起火，栽入丛林中坠毁，包括山本五十六在内的机组 11 人全部身亡。宇垣缠参谋长乘坐的二号机被击伤后在海面上迫降成功，他和 3 名参谋负伤。

美军机群伏击山本的座机成功后，立即向瓜岛的美军基地发报："老爹见了黄鼠狼。"

4 月 19 日，日军找到了山本五十六座机的残骸。山本系着安全带，坐在飞行座椅上，一手紧握佩剑，尸体没有血污。一颗机枪子弹从他颌部穿过，穿透了太阳穴。他身上还带着一份遗书："开战以来，有几万忠勇将士浴血疆场，已成护国之神。吾有何颜去晋见天皇？又何言以告慰牺牲之战友们的父老兄弟？虽身非铁石，但欲示日本男儿之满腔热血。我虽不能似血气方刚之青年那样与敌军决一死战，但随将士英灵而去之日，也不远矣……"

山本五十六死亡的消息传到日军统帅部，要员们恰似五雷轰顶，惊得说不出话来。他们都知道，"名将之花"的凋谢，对民心军心来说，是何等沉重的打击！为了避免引起恐慌，山本五十六的死讯被严格保密。

日本所谓的"海军甲事件"发生后，军令部曾怀疑是不是密码出了问题。但是海军密码专家们经过讨论，得出结论：绝不可能。他们的理由是，首先，日本海军密码的强度非常之高；其次，这次发送山本五十六出行时间表所用密码的等级是日本海军密码五等级中仅次于最高级的次高级；最后，这次使用的密码刚刚更换过。当时的海军省次官泽本赖雄中将在战后的回忆录中说："官僚集团保身的原则就是'害怕负责任'。"

另一方面，为了迷惑日本人，尼米兹上将命令美军航空兵部队，多次在伏击山本五十六的上空巡逻，使日本人误以为山本的死纯属偶然。直到战后，美国才公布了这一事件的真相。

塞班岛战役

1944年,同盟国军队在各个战场上转入了战略反攻。在中太平洋战场,美军逼近了日军内防御圈的重要基地特鲁克岛和马里亚纳群岛。有"日本珍珠港"之称的特鲁克岛是西太平洋上加罗林群岛的一个珊瑚岛,由于地理位置特殊,它已成为日军在太平洋上侵略扩张的一个重要基地。同加罗林群岛一起构成日军海上内防御圈的马里亚纳群岛,是美军向西太平洋进攻的必经之地,其北部的塞班岛尤为重要。

塞班岛是马里亚纳群岛的第二大岛,长约21公里,宽约4~8公里,面积约184平方公里。地势中央高而四周低,岛上多山峰、丘陵、沟壑、岩洞,制高点是岛中央海拔450米的塔波乔峰。岛屿西海岸有一条覆盖整个海滩的珊瑚礁,加拉潘角将之一分为二。最早的居民是来自菲律宾等地的移民,它的原始美丽被世人所认识,是在1521年航海家麦哲伦环球旅行之后。第一次世界大战结束时,塞班岛变成了日本的海外领地,大批日本移民在当地经营达20余年。岛屿北面有天然良港——塔那潘港,该港是整个马里亚纳群岛的经济和文化中心;南面为平坦的马基奇思海滩,是理想的登陆滩头。

当美军突破日军在太平洋上的外防御圈后,日军大本营惊恐万分,错误地认为美军即将进攻菲律宾,因而准备在那里同美军"决一死战"。盟军巧妙地利用了日军的错觉,决定直接夺取马里亚纳群岛。太平洋战区总司令尼米兹在一次军事会议上说:"进攻该群岛在于占领海空军前进基地,切断日本本岛与南太平洋诸岛之间的海上交通,为下一步进攻帛琉、菲律宾打开通道。"

1944年2月16日清晨,美第5舰队司令斯普鲁恩斯及其快速航空母舰司令米彻尔奉命率舰队来到距特鲁克岛90海里的海面上。担任首批攻击任务的美军"泼妇"歼击机群从航空母舰上呼啸着向特鲁克岛飞去。日本零式战斗机立即起飞迎战。双方几百架飞机在该岛上空互相追逐、炮击。不一会儿，127架日机被击落，葬身海洋。紧接着，大批美军轰炸机又炸毁了停放在特鲁克岛机场上的60多架日机。

午后，美军对特鲁克岛的军事设施进行轰炸，许多工事及岛上的椰树随着爆炸声腾空而起，整个海岛笼罩在硝烟烈火中。当天夜里，美军12架飞机从60米低空掠过海港，对侥幸躲过美机白天攻击的日本舰船进行了猛烈的轰炸。日本水兵措手不及，都同舰船一起被击沉海里。待美机离开后，惊魂甫定的日军才用高射炮对着夜空漫无目标地射击。

斯普鲁恩斯和米彻尔在重创特鲁克岛日军后，又率领舰队向下一个目标——马里亚纳群岛进发。日军在马里亚纳群岛驻军很少，防御工事也很简陋。2月23日上午，美军第5舰队的轰炸机从6艘航空母舰上起飞，对该群岛塞班岛上的日军机场进行轰炸。日本空军惊慌失措，几架战机刚刚起飞就被击中起火，东倒西歪地栽了下来。塞班岛机场上，未及起飞的101架日机被炸毁，残骸碎片犹如凋谢的樱花撒满一地。

为了阻止美军的进攻，日军大本营急忙把偷袭珍珠港的"英雄"、海军中将南云忠一调任中太平洋舰队司令，并任命陆军中将小畑英良为负责防守马里亚纳而新组建的第31军的司令。

5月下旬，增援塞班岛的日军第47师团在军舰护航下，分乘7艘运输舰从日本出发，但遭到美军潜艇的袭击，被击沉5艘。师团的幸存者挤在其他两艘运输舰上，他们之中只有少数人还带有武器装备，多数人被烧伤或有其他伤病。小畑看着这些残兵败将和十分薄弱的防御工事，一筹莫展，只得报告南云："如不立即供给物资器材，修筑工事，就无法进行防御。"日军大本营急忙向塞班岛调运武器弹药和建筑材料，但是，美军潜艇部队已将塞班岛严密封锁，日本运输舰队几乎全部被击沉海底。

1944年6月6日，美军第5舰队的535艘舰船运载着12.7万多兵力向塞班岛扑去。11日，第5舰队的216架飞机又对塞班岛进行轰炸，机场上的147架飞机来不及起飞就中弹燃烧。13日，美军舰开始用巨炮对塞班岛进行炮击，铺天盖地的炮弹把日军残存的简陋工事一座座夷为平地。第二天，美军两支由96人组成的水下爆破队在炮火掩护下，潜水逼近到塞班岛西面的加拉班镇岸边，清除水中的障碍物和珊瑚礁，为登陆部队靠岸扫清道路。

日军第43师团司令斋藤义次中将急忙调兵遣将，把师团指挥所也搬往西岸，准备对付美军在加拉班镇附近的登陆。直到此时，一心一意要和美军在菲律宾以南海域"决战"的日军大本营才搞明白，美军的进攻目标是塞班岛。

美军登岛　日军反扑

6月16日，晨曦刚退，美军舰炮再次对塞班岛上的日军防御阵地进行了一个半小时的猛烈炮轰。塞班岛地动山摇，硝烟弥漫。炮击一停，150架轰炸机立即对查兰卡诺阿地区进行摧毁性轰炸，以压住日军滩头阵地的火力。接着，美第5两栖军第2、第4师8个营的海军陆战队士兵分乘700辆水陆两栖车，在两栖坦克和炮艇掩护下强攻登陆。

日军在滩头阵地残破的工事里顽强阻击，一些美军坦克和两栖车被击中起火或沉没海底。美军立即出动飞机掩护，对日军滩头阵地反复进行低空俯冲扫射。18辆美军两栖坦克，在飞机和舰炮掩护下，像螃蟹一样艰难地越过珊瑚礁障碍，进入环礁湖，冲上了塞班岛海滩。紧接着，大批两栖车载着8000多名美军陆战队员陆续登上海滩，向滩头阵地冲去。

这时，在加拉班后面的一个山坡上，当南云中将从望远镜中看到美军强大的舰队和源源不断上岸的机械化部队时，不禁目瞪口呆。他已明白：日本帝国的失败是无法挽回了。但是，缺乏实战经验的斋藤中将却盲目对战斗充满乐观，他电告日军大本营说："天黑后，我师团将发起大规模夜袭，可望一举歼灭敌军。"

入夜，斋藤调集36辆坦克和1000多人组成了夜袭队。当他准备给夜袭队打气时，突然，美军一阵准确猛烈的炮火袭来，斋藤吓得扔下部队，独自抱头鼠窜。士兵们被炸得血肉横飞，鬼哭狼嚎。一阵慌乱之后，日军才整顿队伍，跟随在坦克后面，向美军占领的滩头阵地发起反扑。美军士兵在炮火支援下，用各种自动武器向日军猛烈还击。日军不少坦克中弹燃烧，一次次冲锋都被击退。天亮时，700多具尸体横七竖八地倒在美军阵地前面。奉命寻找斋藤中将尸体的平栉少佐进入一片甘蔗林，美军燃烧弹引起的熊熊大火迅速将他包围。平栉被烧得焦头烂额，拼命挥舞军刀，砍出一条通道，才逃出火海。当他筋疲力尽地回到师团指挥所时，才发现斋藤中将并没有死，而是垂头丧气地坐在指挥所洞外的一块大石头上。

第二天晚上，不甘心失败的斋藤中将再次组织了25辆坦克和500名士兵，向集结在加拉班附近的美军海军陆战队阵地进攻。日军在美军照明弹下暴露无遗。美军的火箭炮、迫击炮和机枪一齐向他们开火。不到1小时，日军坦克大部分被击毁或击伤，士兵伤亡惨重，只得狼狈逃回原地坚守。

双方展开海空激战

6月17日,由9艘航空母舰和53艘军舰组成的日军小泽舰队,从菲律宾南部海域北上时,被美军潜艇"海马"号发现。"海马"号立即向美军第5舰队发出警报,并悄悄尾随日本舰队向马里亚纳驶去。第5舰队司令斯普鲁恩斯和快速特遣舰队司令米彻尔接到"海马"号来的情报后决定:集中美军航空母舰和作战舰只南下,到提尼安岛以西迎战日本舰队。

19日黎明,小泽舰队舰载侦察机在关岛以西的海面上,发现了由米彻尔将军率领的美第5舰队快速特遣队的15艘航空母舰和97艘各种战舰的庞大编队。狡猾的小泽知道,如进入强大的美舰打击圈内,定要吃大亏,于是他决定采用穿梭轰炸战术,待舰载机起飞后,日本舰队立即后撤,让日机扔完炸弹后去塞班岛机场降落。

几百架日轰炸机吼叫着刚起飞,小泽的旗舰"大凤"号航空母舰后面的水面上,突然出现一条潜艇潜望镜划开的"人"字浪迹,接着两枚鱼雷直向"大凤"号奔来,日本舰队顿时大乱。最后一架起飞的日机飞行员小松立即拉起操纵杆,向鱼雷俯冲下去。一声巨响激起一根巨大的水柱,飞机和鱼雷同归于尽。但紧接着另一声剧烈的爆炸声,美军潜艇"大青花鱼"号已发射的另一枚鱼雷击中了日舰"大凤"号的燃料舱,顿时引起熊熊大火。一艘日本驱逐舰企图袭击"大青花鱼"号,但它已潜入水中,不见踪影。披着重铠厚甲的"大凤"号被鱼雷击中后,仍继续战斗,但半小时后,大火蔓延到弹药舱,引起猛烈爆炸,把甲板上的船舱、设施炸得粉碎。"大凤"号渐渐沉入水中。出师不利而想随舰下沉的小泽在参谋的劝说下爬上航空母舰"瑞鹤"号,继续指挥作战。

这天中午,日美双方空战方酣时,美"海马"号潜艇在凯勒斯艇长指挥下,悄悄开到日本航空母舰"翔鹤"号附近,瞄准"翔鹤"号一气射出6枚鱼雷后迅速离去。连续剧烈的鱼雷爆炸将水兵的破体残肢抛向空中,"翔鹤"号舰上立即变成一片火海,接着就陪着"大凤"号一起沉入太平洋。

为彻底消灭小泽舰队,米彻尔率领舰队向西南方向紧追,并派出侦察机四下搜索。第二天,飞行员纳尔逊少校终于在离米彻尔舰队400海里处发现了小泽舰队,并及时报告了米彻尔。此时,离夜幕降临只有3

小时了,如派飞机攻击,要摸黑返航,这要冒极大风险,且美机的续航能力又仅够来回路程,加上战斗时间,后果是难以设想的。米彻尔一度陷入两难的选择中,但他最后决定冒险,下令216架美机立即起飞攻击小泽舰队。在暮云四起的海面上,美机终于赶上了还有7艘航空母舰和37艘各种战舰的小泽舰队。美机立即像饿鹰扑食般向日本航空母舰俯冲攻击。小泽舰队拼凑了75架舰载机在高射炮支援下匆忙起飞迎战。

海面上空炮声隆隆,火光闪闪。天上到处飘着飞行员跳伞时张开的白色降落伞。80多架飞错方向未能参战的日机,只好把炸弹扔在海里。当机群正向关岛奥罗特机场降落时,早已隐藏在云中的27架美机猛冲下来,击落日机30架。日本小泽舰队在几小时的战斗中被击沉了两艘航空母舰和397架飞机,而取得的战果仅是击落15架美机。受到重创的小泽为避免全军覆没,急忙下令舰队后撤,狼狈逃往冲绳。辽阔的太平洋上只留下一条记录日本海军惨败的油迹。

美机返航的漫长行程,对飞行员来说确是一场噩梦。当时,或因天黑而迷航,或因燃料耗尽而无法继续飞行的80多架美机,一架接一架地栽进了漆黑的太平洋里。米彻尔听着无线电中传来的飞行员和同伴们告别时的绝望呼叫,痛苦万分,他不顾可能遭到日军潜艇攻击的危险,命令舰队打开全部灯光,为迷航的美机导航。一束束探照灯光柱照亮了夜空和航空母舰的甲板,仍然活着的美军飞行员驾着飞机,歪歪斜斜地降落下来。

日军以"死亡游戏"收场

6月22日,美军第5两栖军在塞班岛美军总指挥霍兰·史密斯中将指挥下,终于站稳了脚跟,并向岛北发动进攻,而陆军27师则负责扫荡被分割在岛南的残敌。攻击部队在炮火掩护下,向日军第136联队盘踞的达波乔山发起了一次次进攻,日军躲在工事和山洞里拼死顽抗,美军进展十分缓慢。

第二天,当27师沿着一条丛林密布的狭窄山谷向另一高地进攻时,日军从两边悬崖和山洞里向美军猛烈射击。美军伤亡惨重。"咆哮的疯子"霍兰·史密斯中将极为恼火,他下令解除了该师师长拉尔夫·史密斯少将的职务。然而,当时美军仍未能突破日军防线。27师的士兵疲惫不堪,伤亡惨重,因而都把这个山谷称为"死亡谷"。直到25日,美海军陆战2师才占领了山顶日军阵地,把日军压缩到岛北的山地里。随后,美军又在飞机和海陆军炮火掩护下，把日军从一个个山洞里逐出来。日军防线开始崩溃，美军阵地连成一片。

25日傍晚，仅剩3辆坦克和300名士兵的日本第31军参谋长井桁少将电告在关岛的军长小畑英良中将：塞班岛守不住了！这天，在塞班岛的日军指挥部绝望地命令日军唐纳山野战医院玩"死亡游戏"，日军军医人员便把能够行动的日军伤员带走，然后给近千名不能行动的伤员每人发给一颗手榴弹，命令他们"要像日本军人那样光荣舍生"。当200多名能够行动的伤员互相搀扶着走出山谷时，后面响起了连续不断的手榴弹的爆炸声……

7月6日，当美军在坦克、飞机和炮火支援下向日军最后阵地逼近时，躲在同一个山洞里的陆军31军参谋长井桁少将和43师团司令斋藤中将在绝望中剖腹自杀。7月7日凌晨4时，残存的日军部分士兵在军官驱赶下，穿着破烂的军装，手持各种枪支、军刀甚至竹矛钻出山洞，悄悄向山下美军阵地摸去。临近美军阵地时，这支3000人的"敢死队"一齐"哇！哇！"地吼叫着向塔纳伯格的美军阵地冲去。防守这片阵地的美陆军105团1营营长布顿恩中校手持双枪，指挥部队坚守阵地。他负重伤后，又操起机枪向冲上来的日军猛打。日军士兵不顾伤亡，踏着同伴的尸体，冲进了美军阵地。美军士兵抵挡不住日军的自杀冲锋，登时伤亡了650多人，其余美军惊慌失措，望风而逃，一口气退下2000多米。当这支日军向美军炮兵阵地冲去时，美炮兵把大炮对准这群疯狂的日军平射，把他们打得血肉横飞，但日军还是直往前冲。直到援兵到来，在猛烈炮火的支援下，炮兵们才夺回这片遍布碎尸残骸的阵地。傍晚，除小股日军仍在抵抗外，美军夺回了全部阵地。这时整个战场到处死尸枕藉，鲜血浸透地面。

7月7日当天，南云忠一命令日军端着上了刺刀的长枪押着妇女、老人、孩子向岛屿北端高30米的石崖走去，在那里举行了"殉难仪式"。在刺刀的威逼下，妇女、老人们机械地喊着"天皇万岁"的口号，抱着孩子跳下石崖，坠入大海。从此，这个无名的石崖竟有了"万岁崖"之称。次日，南云忠一又下达一道命令，要所有军人殉职，以向天皇效忠。先是全体日军士兵集合起来向天皇宣誓，接着1000多名官兵被赶上山头，而跟在他们后面的是100多名塞班女子中学的师生。到了山上，校长向学生们讲话说："将士们浴血奋战，完成了天皇赋予他们的使命，他们就要殉职效忠了，我们女子中学的学生面对要被美军侮辱的危险，不如把美丽的身体献给为天皇效忠的大和民族的英雄们……"此时，南云忠一也在石崖下的司令部里剖腹自杀。美军随后在打扫战场时，发现崖下有1053具日军尸体和107具少女尸体。少女们都一丝不挂。美军在岛上搜索、清剿日军散兵游勇时，又发现一些随同日军躲藏在山洞中的日本母亲，为了不被美军发现，竟将啼哭的孩子活活捂死。美军在炸塌一个日军负隅顽抗的山洞时，数百名士兵和平民全部窒息而亡。

在塞班岛战役中，日军伤亡4.1万人，被俘近2000人；美军伤亡1.6万人。战役一结束，美第5舰队立即挥戈向南，对关岛进行了14天连续不断的轰炸和炮击。7月21日，5.6万名美军分两路登上关岛海滩。力量薄弱的守岛日军在第31军司令小畑英良中将指挥下，退往内陆进行顽抗。8月1日，美国海军陆战队3.5万人占领了提尼安岛。8月10日，美军攻占了关岛，日军司令小畑自杀身亡，残留的零星日军分散潜入山洞和丛林之中，直到日本战败投降后才纷纷出来投降。关岛之战，日军战死1.7万人，美军伤亡9200人。

美军在马里亚纳群岛的胜利，沉重地打击了日本海空军力量，粉碎了日军在太平洋的内防御圈。从此以后，盟国飞机即从塞班岛起飞，攻击日本帝国的心脏地区。

日本零式战斗机

日本零式舰载战斗机在20世纪40年代初可谓世界上最优秀的战斗机。它于1940年正式进入日本海军编制，这一年是日本纪元2600年，因此被命名为"零"式。第一个编队就被派往中国。零式一共生产了1万多架，是日本海军的主要战机。在1941年12月日本对珍珠港发动的突然袭击中，零式更是大显身手。

零式的设计师崛越二郎曾在德国和美国的航空公司深造，他使零式采用了当时所能采用的一切先进技术，具备了世界级优秀战斗机所具有的一切优点。零式重量轻、转弯半径小、机动灵活、火力强、航程远、速度快，实现了多个第一，如首次采用全封闭可收放起落架、电热飞行服、大口径机关枪、恒速螺旋桨、杜拉铝承力构造、气泡形座舱和可抛弃的大型副油箱等设备，被誉为"东方战斗机的骄傲"。

太平洋战争初期，零式性能超过所有盟军战机，特别是其机动性和续航力更是无机能及。当时美国的F2A"水牛"、P-40"战鹰"等战斗机，面对零式一筹莫展。在香港地区、新加坡、菲律宾甚至印度洋，零式统治着整个天空。

1942年6月，日本联合舰队司令山本五十六指挥中途岛海战，企图一举消灭美军太平洋海空力量。作为佯攻，一批零式战斗机和轰炸机前去阿留申群岛的美军基地，一架零式战斗机在美防空炮火中迫降到沼泽，飞行员丧生。5周后，美军侦察机发现了它，运到军港重新组装，再运回美国本土海军航空兵基地修复一新。

这是美军缴获的第一架完整的零式战斗机，军事科技人员对它进行了细致的结构分析和研究，在不到1个月内，由海军优秀试飞员进行了24次试验飞行，获得了零式宝贵的第一手资料。美军得出结论：这种飞机只有在较低航速下，才具有极佳的操作性能和极小的转弯半径，当航速达到371千米/小时以上时，它就会变得十分笨拙，滚翻控制便很困难,而且这时拉动操纵杆必须付出极大的体力。零式机向左滚翻、转弯,比向右要容易得多。此外,在负加速条件下,该机的发动机极易熄火——这是它使用的浮动式化油器的最大缺点。

零式的最大优点——自重轻,同时也是它的弱点。出于重量的要求而省略了装甲防护,采用大量铝合金,导致机体极容易燃烧和解体,生存性能很差。这一缺点在战争初期被零式其他性能比较优异以及日军飞行员的高素质所掩盖。

根据上述分析,美军摸索和总结出了针对零式性能弱点的空战格斗战术:空战中,美机只要以垂直方向进行动力俯冲并打开加力,就可以迅速摆脱攻击;而零式机此时往往突然停车。美机还可在370千米/小时的航速时,飞机突然向右转并横滚,零式机根本无法追上。这些战术迅速在盟军战斗机部队中推广。

日军发现零式战斗机失踪后,立即着手改进了零式战斗机高速状态下的操作性,但战时技术力量越来越薄弱,也没有更强的经济实力改造旧战机,零式右侧滚翻笨拙的致命弱点一直没有得到改进。战史记录表明,1942年年底以后的空战,大批英、美、澳等国盟军飞行员成功地以右滚翻动作,摆脱了零式机的追杀,零式在空战中的失误、事故迅速蹿升。零式的解密使美军在空战中获得了极大的成功。

1943年后,美国针对零式飞机推出了F6F战斗机(俗称"泼妇"),零式的性能优势丧失殆尽。再往后,美国F4U、P-38、P-47、P-51等优秀战斗机大量服役,零式无论在性能上还是数量上均处于劣势,其机体脆弱的缺点,逐渐成为致命伤。在特鲁克和马里亚纳海空战中,零式几乎成为被猎杀之鸟。第二次世界大战后期,零式战斗机更是无法胜任空战任务,沦为"神风敢死队"的自杀飞机。

硫磺岛之战

硫磺岛是太平洋火山岛中最大的一个岛屿，它与小笠原群岛和北面的伊豆岛共同组成"南方诸岛"。这是一个长形的岛群，从东京湾向南延伸约1200公里，距马里亚纳群岛不足480公里。岛上的硫矿就在地表之下，岛屿北部的高地上布满了二氧化硫。

该岛呈长梨状。从岛的东北到西南不足8公里，北部宽4公里，南部宽0.8公里，整个面积不足21平方公里。岛上地形起伏，沟壑纵横，溶洞密布，峭壁高耸。全岛被棕色的火山灰和黑色的火山渣覆盖，只有人和履带式车辆能在岛上行走。岛的南端有一座死火山——摺钵山，它高168米，为全岛的制高点。硫磺岛没有可供船只停泊的锚地或小港，涌浪情况对实施两栖作战也很不利。日本陆军的崛江吉高少校曾经写道："硫磺之岛，没有水，没有麻雀也没有燕子。"

硫磺岛虽是弹丸小岛，却处在战略要津。它位于塞班岛和东京之间，距两地都只有1200公里。美军占领塞班岛后，一直以该岛为基地空袭东京，但因硫磺岛的报警作用，空袭效果始终不佳。驻硫磺岛的日军战斗机还不时升空拦截，冲散美军机群。为对日本发起总攻，美军必须占领硫磺岛。

1944年6月8~10日，日军的栗林忠道将军到达硫磺岛，负责指挥该岛的防御部队。栗林亲眼看到，六七月间，美国7艘航空母舰上的飞机将硫磺岛等岛屿上的日军飞机击毁了213架，使得日军只剩下4架战斗机和1架轰炸机。

7月6日，在日本最后一次出动飞机后，由于美国海军舰炮对硫磺岛进行了长时间的炮击，日军余下的4架战斗机和地面设施被全部摧毁。几天以后，美军潜艇用鱼雷将日军的3艘运输舰炸沉。此后，日军心情沮丧，静等着对方的攻击，但是，出乎意料的是，他们居然等了7个多月。栗林将军利用这段时间，作了比较充分的战斗准备。

栗林的防御思想与众不同：他没有把太多人员配备在海滩上，而是将火炮、迫击炮和火箭炮配置在摺钵山的山脚下和山腰处，以及千鸟机场以北的高原地带；1/3 的火炮则部署在硫磺岛中部地区。鉴于舰炮易于攻击地面上的各种设施，栗林特从日本国内召来一批采矿工程师，让他们协助修建了错综复杂的地道和地下堡垒。

硫磺岛上到处都有经过改进的洞穴，卫戍部队有 1/4 被派驻在地道内。岛上的黑色火山灰与水泥混合，能变成质量最佳的混凝土。许多地下工事的墙壁和顶部还用钢筋加固，其厚度为 1.2~3 米。有的地下工事的深度达 23 米，可免遭空中打击。

1945 年 2 月，硫磺岛上的卫戍部队已增至 2.3 万人。岛上共有 75 毫米或更大口径的火炮 361 门，320 毫米的迫击炮 12 门，中型 150 毫米和轻型 81 毫米迫击炮 65 门，海军舰炮 33 门，75 毫米或更大口径高射炮 95 门。除此之外，还有小口径高射炮 200 多门，反坦克炮 69 门，火箭炮 70 门和坦克 22 辆。

栗林命令炮兵不要在美军实施炮火准备时发射炮弹——他打算用火炮袭击海滩，然后再将其移往岛之北部。他禁止战士拼命冲锋，要求在持久战中最大限度地杀伤敌人。

其时，新近提升为海军五星上将的尼米兹，把前进指挥部从珍珠港迁到关岛，根据参谋长联席会议的指示，准备占领硫磺岛和琉球群岛中的冲绳。

1945 年 2 月 16 日，美国第 5 舰队兵分两路，其中一支部队拥有 6 艘战列舰、5 艘巡洋舰和若干护航的航空母舰。就从这一天起，美国海空军开始轰击硫磺岛。美军对硫磺岛实施的炮火准备是太平洋战场上最猛烈的炮火准备之一，共投掷了 6800 吨炸弹。但是，效果不佳。由于美军用舰载机轰炸日本本州岛，因此海军对硫磺岛的突击时间从 10 天减至 3 天，这是后来海军陆战队士兵遭受巨大伤亡的主要原因。

硫磺岛之战的代号为"分遣队行动"，总指挥是第 5 舰队司令官斯普鲁恩斯海军上将。他的作战计划制定得完美无缺，但情报工作出了 4 点纰漏：把日军的兵力少算了 70%；没有搞清楚硫磺岛的土壤特点；没有预计到日军会采用新的战术；把美军的伤亡低估了 80%。结果，美军伤亡 27499 人，这超过了日本守军的人数。

1945 年 2 月 19 日早晨，登陆战打响。炮舰由慢射改为速射，以便把日军赶入地下。第 58 特混舰队派出 100 多架飞机在岛上盘旋，实施机枪扫射，投掷普通炸弹和凝固汽油弹。一时间，尘土飞扬，烟云蔽日，近

500艘登陆艇把吃了传统牛排和鸡蛋的海军陆战队队员运到海滨。8时59分，第一批登陆部队乘坐68辆两栖装甲车，驶向海滩。海军的炮火和50多艘步兵登陆炮艇立刻给予相应的支援。

第一个出乎意料之处是，硫磺岛的海岸是陡峭的台阶状海岸，这限制了陆战队士兵的射界，并且阻碍了运动。第二个令他们吃惊的是岛上的火山沙，一个负重100磅（45.4公斤）的士兵几乎不能爬上陡坡。第三个出乎意料的是，上午9时15分，数量多得令人吃惊的日军迫击炮开始射击，非常密集、非常准确。海滩上布满了反坦克地雷，火炮的火力也异常猛烈，而且集中攻打履带式登陆车辆、登陆艇和整个海滩地带。同时，日军从堑壕内和伪装工事内进行凶猛的、密集的直接瞄准和间接瞄准射击。

美军陆战队士兵除了碰到上述情况外，还遇到了太平洋战场上的一个熟悉而令人讨厌的情况：日军步兵极其顽强，作战技能极其娴熟。只有在极端情况下，特别是在遭到火焰喷射器和大型火箭的突击时，他们才肯放弃阵地。

战斗中，坦克成了日军最乐意攻打的目标。美军坦克往往因地形复杂而难以行动，并且常常成为日军埋设的地雷和栗林的69门反坦克炮的牺牲品。

日军对拥挤的海滩地区进行了极为猛烈的炮击，因此，海军修建营和工程部队遭受的伤亡有时比处于正面的部队所遭受的伤亡更为严重。

到第一天夜里，陆战队士兵实际控制的地盘甚至不及预定指标的一半。但是，美军掌握了牢固的滩头阵地，补给品也应有尽有。上岸部队已近3万人，但伤亡2400人。

20日，登陆的第二天，陆战队推进到了岛南的摺钵山的山脚下，北面则推进到了飞机场。23日，美军陆战队攻到摺钵山山顶，24日又控制了摺钵山四周的山坡地带。

向硫磺岛北部的大规模强攻是一场"恐怖的大屠杀"。美国海军的支援舰艇发射炮弹近30万发，约1.4万吨。但是，路面越来越坏，美国士兵难以行进。21日，50架神风自杀飞机攻击了美军舰队，"俾斯麦"号航空母舰被击沉，"萨拉托加"号受了重伤，"基奥库克"号供应船也被炸得燃起大火。但是，美国海军陆战队还是不断向前推进。在海军陆战队的战史上，充满了这样的词句："死亡谷"、"绞肉机"、"通过更加令人可怕的地形"……

美军本来计划5天拿下硫磺岛，结果却碰上了一块硬骨头，打了整整一个月。

3月25日，隐藏的日军还跑出洞穴，发动最后一次进攻。结果，除200名日本兵被俘外，其余全被击毙，栗林忠道可能就是在这次进攻中阵亡——他的尸体没有找到。3月26日，美军宣布占领琉璜岛。

在这次战役中，进攻美军的伤亡大大超过了日军：美国陆海军战士负伤1.9万人，阵亡约7000人。尼米兹将军对双方的士兵给予了高度评价："非凡的英勇是他们共同的优点。"

攻击即将开始

[日] 半藤一利

在1944年6月的塞班岛防御战中，继而在次年2月的硫磺岛防御战中，日军总参谋长东条英机大将和以后在硫磺岛战役时接任总参谋长的梅津美治郎大将，以及日军最高指挥官们，都曾反复酝酿并积极主张对美实施细菌战。1944年11月3日，首次向美国本土放飞气球吊装炸弹，就是一个明证。当时日军业已完成细菌弹的研制，并已有大量的细菌弹运抵釜山，只要命令一下，即可行动。

日军最高指挥官认识到，塞班岛防御战一旦败北，日本就不可能赢得这场战争。因此，在这一时刻，必须孤注一掷，拼死一战。当时无论是陆军还是海军，都在挖空心思采用所谓"特殊兵器"，甚至还组建了在日本称之为"肉弹"（意即把人的生命化作炸弹）的敢死队。

一

早在1940年，日本陆军细菌战特种部队就在中国浙江省的宁波、湖南省的常德附近秘密进行了细菌战——散布鼠疫菌获得成功。这是日本驻南京第1644多摩部队利用3架轻型轰炸机作超低空飞行，向地面喷洒的雾状细菌，即向该地区散布沾染了鼠疫菌的跳蚤。

这一秘密行动的情报被火速传到了美国。美国陆军部便向新闻界透露了这一"非人道的行径"。日本陆军当局得悉这些报道后，由于害怕世界各国舆论的谴责，便慌忙向中国派遣军下达了"关于细菌战要采取十分慎重的态度"的指令。这样，以特种部队为中心的细菌战术被全面地中止实施。然而，关于细菌战的研究仍在秘密地抓紧进行。

作为这项研究的成果，便是东北第731部队的石井四郎中将指挥下研制成功的细菌炸弹。这种细菌炸弹是用黏土经特别的窑烧制而成的陶瓷炸弹。考虑到细菌炸弹必须是低温炸弹，才能使沾染了细菌的跳蚤不致因高温而死亡，选用容易破碎的陶瓷做炸弹则是最理想的材料。这种炸弹取材于黏土，既便于制造、重量轻，又便于搬运。经过一年时间的研制，这种特别陶瓷炸弹便试验成功了。陶瓷炸弹长70~80厘米，直径20厘米；形状似炮弹的弹筒形；中间呈空状，在底部的小孔内安装着曳光信管，弹筒表面刻着锯齿形的沟槽，在沟槽中填充炸药，作为爆破弹筒的装置。

陶瓷炸弹的爆炸试验很快也获得了成功。在距地面100米的低空，随着陶瓷炸弹发出的一声沉闷的炸裂声，沾染了鼠疫菌的跳蚤便散落到地面。它们几乎都还活着。但是，由于爆炸的冲击，跳蚤会不会失去在人体的寄生功能呢？为了解除这个疑虑，日军又进行了一系列人体实验。当然，也取得了满意的结果。

于是，几百个代号为"7号炸弹"的陶瓷细菌弹自哈尔滨运抵釜山。以东条英机为核心的最高指挥官们，心里当然明白这是非人道的武器。但是，他们认为用这种特殊武器说不定真能扭转目前战局的逆境。他们此时此刻的心情，还是"试试看"，继而"很想用"，最后变成"豁出去了，用了再说"。

尽管如此，细菌武器毕竟是一种灭绝人性的武器，围绕着是否对美军使用细菌弹的问题，在日军总参谋部内不能不引起十分激烈的争论。

二

但是，当争论尚未得出结论，塞班岛便被美军攻占，为此总参谋长东条英机引咎辞职；接着，日本内阁也于1944年7月18日宣布辞职。嗣后接任总参谋长职务的梅津美治郎便更加不遗余力地推行细菌战计划。

在此期间，为了使用细菌弹，日军又推出了一种新式武器——气球吊装炸弹。气球吊装炸弹是日军第9技术研究所的草场季喜大校于1944年5月设计的一种新武器。这种武器装置，是用直径为10米的大气球吊装35公斤重的炸弹或燃烧弹，放飞到1万公尺高空，乘冬季强大的偏西风的推动，横越太平洋，历时72小时抵达美国本土上空时，将炸弹或燃烧弹投下。气球是用质地优良的纸和魔芋淀粉浆糊裱糊加固而成，并装有等高保持装置。按照计划，利用这一新式武器对美国本土实施攻击的时间定在1944年秋季。

新任总长的梅津所拟定的作战指导方针是，1944年下半年投入70%

的决战兵力，而留出30%的兵力用作今后的长期战争。为了构筑日本本土防御体系，计划在1944年年内对敌军进攻兵力给予最严重的打击。

考虑使用70%兵力的梅津，其脑海里肯定打着东北第731部队研究成果的主意，因为他以前曾作为关东军司令指挥过这支部队。耗费巨资所研制成功的陶瓷炸弹，不就是为了在同美国或者苏联作最后决战时使用的吗？因此，当决战的瞬间到来之前，日军一直在极为严密的保密措施下，大量贮存细菌武器。在塞班岛失守后，日军最高指挥官们认为，最后决定的时刻大概将在敌军进攻台湾、冲绳或者菲律宾之时，而这段时间正好在秋冬季，可以利用冬季的偏西风放飞气球吊装炸弹，对美国本土实施攻击，代号为"富号试验"。

与此同时，海军司令部副部长小泽治三郎中将提出，日本海军也制订了利用小型飞机或者超大型伊百型潜水艇携带细菌弹，对美国西海岸人口稠密的城市实施细菌战的计划。

如果这两项细菌战计划获得成功，可以想象，美方将会陷入何等混乱的局面，因为欧美人在历史上就对鼠疫怀有异常恐惧的心理。日军最高指挥官们正是抓住这种恐惧心理，企图连续向美国本土散布鼠疫菌，先引起美国国民的恐惧和反战气氛，从而迫使美国政府结束战争。

这种如意算盘，犹如溺水者攀草求援一般。尽管如此，日军参谋部内还是意见分歧。强硬派坚决主张使用吊装坏疽性毒气弹和细菌弹。原作战部部长真田穰一郎少将在1944年6月27日至8月8日的工作日记中，频繁地记有毒气弹、瓦斯弹、细菌问题的内容，就是真实地反映当时日军最高统帅部内在细菌战问题上发生大争论的有力证据。

三

在日美开战之前，美国陆军当局对日军在中国战线秘密使用细菌武器等一系列活动，一直给予极大的关注。直到日美开战前夕的1941年秋季，美军才姗姗来迟，但终于也加入了细菌战的角逐。

然而，美军似乎并不怎么重视细菌战和细菌武器的研究，及至1944年2月还停留在如下的判断上：日本已具备实施细菌战的能力，但目前不会马上加以实施。同年5月，美军才从日军俘虏的口供中了解到有关日军细菌武器的关键性的证据，9月，又获悉了以石井中将为部队长的日本细菌武器研究部队在哈尔滨的存在。

美国方面的考虑是，与其在细菌武器上花功夫，不如将重点放在毒气研究方面。美国的方针是，制造毒气武器但不首先使用，一旦日本或者德国首先使用，便作为报复手段立即大规模地使用。为此，美军大量贮存的毒气达18种之多。这些毒气以致死性持久毒气芥子气和路易斯毒气为主，均属糜烂性毒气。

假如日军首先使用毒气弹或者细菌弹，而美国立即实施报复性反击的话，那么，下达命令后只需7小时，便有数十架飞机在战斗机强有力的掩护下从基地起飞，将液状芥子气像雨一样喷洒在日军占领区。如要防止伤害，必须装备完全防毒衣及橡胶长靴才行，而当时日军装备的只有防毒面具，当毒气雨即将结束时，紧接着第二个冲击波就是装载着由芥子气和路易斯毒气填充的成百磅重的毒气弹的轰炸机从基地起飞，继续向日军占领区实施正式的毒气弹攻击。

尽管日军在细菌弹方面处于遥遥领先的地位，有着将跳蚤沾染鼠疫菌这样异想天开的研究，但在毒气这类的化学武器方面，无论在质量上还是数量上都远不是美军的对手。假如美军向日军防守的岛屿使用毒气武器，日军既无法投入增援部队，又无法将部队撤退，恐怕只好眼睁睁地看着全军覆灭。不仅如此，美军还将使用毒气武器对日本本土实施破坏性攻击。

四

1944年9月26日，从事操纵"富"号武器攻击美国本土这一使命的气球部队正式完成组建工作。该部被列入绝密建制，直属总参谋长指挥。作战计划也已制订，确定于11月3日明治节凌晨开始对美国本土实施攻击。只有一个细节尚未确定，即是否悬挂细菌弹的问题，这将留待总参谋长梅津一人去决断。

在这千钧一发的关键时刻，梅津陷入了极度的苦恼之中。10月25日，梅津终于不得不将"富"号的实施方案上奏大元帅天皇陛下。然而，关于细菌弹一事，天皇竟一言未发就离开了。事后，侍从武官向陆军部传达了天皇的意向："用于杀戮的细菌武器绝对不可使用……"梅津从宫中归来，耸耸肩膀叹了口气，痛苦地说了声："未获陛下的许可。"

直到原定开始实施"富"号方案的11月3日早晨，梅津在会见总理大臣小矶国昭大将和陆军大臣杉山元帅时，才明确地报告说："将决定不使用细菌炸弹。"小矶和杉山均默默点头。

1945年2月,当美军在硫磺岛登陆时,日军总参谋部曾重提实施细菌弹反击的作战方案,又遭到了野战卫生官的反对。最高军事当局不得不撤销了总参谋部的细菌战计划。

就这样,几乎酿成世界性悲剧的细菌战计划被中止了。

莱特湾大海战

1944年7月27日，美国总统罗斯福在珍珠港同中太平洋战区总司令尼米兹、西南太平洋战区总司令麦克阿瑟研究作战行动时，指着巨幅太平洋地图问麦克阿瑟："道格拉斯，你认为我们应向哪儿进攻？"麦克阿瑟用长棍指着地图说："先是莱特，总统先生，然后吕宋。"麦克阿瑟陈述了进攻菲律宾的战略意义：占领莱特可以分割进而各个击破菲律宾日军，取得海空和后勤基地，更重要的是可以切断日军与东印度群岛的石油海上通道。最后，罗斯福决定以美军为主力，于同年12月20日开始行动。

莱特岛的面积在菲律宾群岛中排名第八，它像一个大楔子插在以吕宋和米沙鄢群岛为主的北菲律宾和以棉兰老岛为中心的南菲律宾中间。它的形状像颗臼齿，齿根指向棉兰老岛。东海岸是一片长35英里的肥沃平原，海岸空旷，没有暗礁，是较理想的登陆作战地点。但是，进入内陆10余公里后，就是地形复杂的沼泽地、河流和稻田。

日军本部对美军把进攻矛头指向菲律宾感到十分恐慌。他们深知，日军是靠东南亚的战略资源维持战争，而菲律宾的战略地位十分重要，失去菲律宾就意味着输掉这场战争。于是，日本军部制定了代号为"捷1号"的作战计划，准备孤注一掷，把菲律宾作为在陆上和海上"最后决战"的战场。按照"捷1号"计划，在陆上，日军把进攻马来亚时曾立下赫赫战功的"马来之虎"——山下奉文大将调任驻菲律宾日军第14军司令，武藤章中将任参谋长。山下所部必须竭尽全力歼灭美军登陆部队。在海上，日本海军总司令丰田大将拟用一艘日本航空母舰做"诱饵"，诱使美军舰队北上，然后用日军两支舰队加以钳制、夹攻，予以歼灭。

莱特战役的关键是夺取菲律宾的制空权。因此，9月初，尼米兹把以18艘航空母舰为核心，拥有100多艘战舰的美国海军哈尔西上将率领的第3舰队调到了西南太平洋。9月12日和13日，哈尔西指挥舰载飞机2400多架次，对菲律宾日本空军发动了大规模袭击，击落和摧毁日机近500架，并严重破坏了日军的机场设施。哈尔西当时发现莱特岛上日军防御力量十分薄弱，便立即发电给尼米兹，建议取消在棉兰老岛等地作战的中间阶段，尽早直取莱特岛，以缩短战争时间。麦克阿瑟回电答道：美国三军参谋长联席会议同意比原计划提前两个月，于10月20日发起莱特战役。

9月21日，美军舰载机群再次对菲律宾发动凌厉攻势，猛烈袭击了马尼拉，破坏了克拉克附近机场跑道，又炸毁日机200多架，几乎全歼了驻菲律宾的日本空军。接着，第3舰队挥戈北上。10月10日，美军战机出动1400架次，袭击冲绳岛，消灭日机100多架并击沉港内大批舰船。第二天，第3舰队舰载飞机轰炸了吕宋岛上的日本军队。10月12日清晨，美机又对台湾的日本空军进行了猛烈袭击。

日本驻台湾第6基地航空司令福留繁中将急忙派出230架飞机迎战，双方在台湾上空展开格斗。晴空中飞机互相追逐，火光闪闪，炮声隆隆，一架架被击中的飞机拖着一股股烟火坠入大海。起初，每当美军一架飞机坠落，福留繁就得意地手舞足蹈，鼓掌大叫："干得好！干得好！大成功！"但美军机群仍以完整的队形相继飞来，日机被频频击落。到了后来，福留繁已经没有可以派出的飞机了。美空军对台湾的3天袭击，击落日机500多架，摧毁了驻守台湾的日本空军。14日黄昏，恼羞成怒的日军出动了300多架夜战轰炸机，贴着海面向美军航空母舰舰队飞去。激战中，3架日机躲过美军的截击和舰船上的防空火网，炸伤了美军航空母舰"富兰克林"号和重巡洋舰"堪培拉"号，美军只好拖着受伤的舰船撤出战斗。

一个月的空战，美军击落击毁日机1200多架，毁灭性地打击了日本驻菲律宾的空军力量，夺取了对菲律宾地区的制空权，为发动莱特战役创造了有利条件。

麦克阿瑟　涉水登岛

1944年10月16日，麦克阿瑟叼着他那支举世闻名的玉米棒烟斗，登上"纳什维尔"号巡洋舰，率领由800多艘舰船组成的庞大舰队，带着18万精兵强将杀向莱特湾。17日，菲律宾上空台风呼啸，大雨倾盆。凌晨，十多艘美军战舰在炮火掩护下，一支步兵突击营的登陆艇冲过风浪，迅速登上了莱特湾口上的苏兰岛。美军消灭了岛上日本守军，占领了莱特湾口两边的小岛荷蒙汉和迪纳加特，并在岛上装起了为舰队进攻指示前进道路的标志灯。日本军部惊恐万分，下令执行"捷1号"作战计划——出动一切可以动用的舰只参加"决战"。

10月19日夜，天空一片漆黑，20多万美军在第3、第7舰队的300多艘军舰护航下，分乘400多艘运输船，顶着逐渐减弱的台风，在莱特岛外的海面会合。20日拂晓，护航舰队开始对日军滩头阵地进行猛烈炮击，在炮火的呼啸和爆炸声中，整个海岸一片火海，太平洋上当时最大的一次登陆作战开始了。10多万名美军冒着日军的炮火，乘登陆艇一批批冲到岸上，迅速建立了坚固的滩头阵地。接着，美军在坦克和炮火的支援下，突破了日军的环形防线，从南北两路向莱特岛纵深插入。上午10时，麦克阿瑟涉水上岸。

10月21日，美军登陆部队攻占了莱特岛的首府——塔克洛班，并肃清了周围的残敌。22日，随美军回到莱特的菲律宾总统奥斯梅纳，在莱特省议会大楼前召开群众大会，号召人民支援盟军攻打日军，解放菲律宾。

日本海军的5个战斗舰群按照"捷1号"作战计划的规定，除一个战斗舰群为增援莱特的运兵船队护航外，其余的分为3路，急急忙忙向莱特湾开来，准备和美军决一死战。为运兵船队护航的日舰群从文莱偷偷摸摸向马尼拉开去，路上被美军巡逻潜艇发现，潜艇立即发射鱼雷攻击，日军重型巡洋舰"青叶"号中弹负伤。

此时，日海军为把美军第3舰队诱离莱特湾，以海军中将小泽率领的机动舰队作为"诱饵"，正从日本南下，耀武扬威地向莱特开来。小泽舰队外强中干，只有4艘航空母舰和两艘带飞行甲板的战列舰，10多艘其他舰只和108架飞机，整个舰队并无多大战斗力。该舰队一出海就解除无线电管制并施放浓烟，但这并未能引起美军快速航空母舰编队司令哈尔西上将的注意，小泽只好派出56架飞机攻击哈尔西的舰队。哈尔西没有截获小泽舰队发出的电报，却突然发现数十架日机来袭，于是下令舰载飞机出击，双方进行了激烈的空战。

这时，日军栗田和西村两支主力舰队悄悄从文莱开出，栗田准备从北边穿过圣贝纳迪诺海峡，西村则从南面在苏里高海峡与从澎湖来的志摩舰队会合，然后两支舰队分别从南北夹攻莱特湾，一举消灭登陆美军。

23日凌晨，担任北路主攻，拥有"大和"号和"武藏"号两艘世界最大的战列舰的栗田舰队，向莱特湾全速开来。排水量达7万吨的"大和"号和"武藏"号战列舰,各装有9门18英寸主炮和100多门其他火炮,其排水量、主炮口径和全舰火力在世界上绝无仅有。加上舰身装甲是分层叠装,不易击沉,因而被誉为"日本海军的骄傲"。不料,舰队在菲律宾巴拉望岛外海,就被两艘美军担任巡逻警戒任务的潜艇"海鲫"号和"鲦鱼"号发现。"海鲫"号潜艇瞄准领头的重巡洋舰"爱宕"号射出全部鱼雷,猛烈的爆炸过后,这艘栗田的旗舰立即沉入大海。重巡洋舰"高雄"号也受到重创,不能继续前进。栗田和参谋长小柳少将慌忙随同日军水兵纷纷跳入救生艇中,划到附近的军舰上逃命。"鲦鱼"号潜艇瞄准了重巡洋舰"摩耶"号射出全部鱼雷,随着猛烈的爆炸,"摩耶"号也从海面上消失了。

日本海军偷袭莱特湾的企图破产了。一心要"决一死战"的栗田不顾出师不利,从沉没了的旗舰爬上巨型战列舰"大和"号后,仍下令穿过锡布延海,继续朝圣贝纳迪诺海峡前进。为摸清栗田的行踪,"海鲫"号和"鲦鱼"号潜艇暗暗跟踪栗田舰队,并不断将关于栗田的情报电告美军第3舰队和第7舰队。24日凌晨,进入锡布延海的栗田舰队被哈尔西的侦察机发现,栗田慌忙电请马尼拉日军派飞机掩护。这时,日军在菲律宾的残余空军力量——180架飞机已派出袭击美军第3舰队,基地司令接到栗田的告急电报后,只得回电栗田说,基地已无飞机,无法给予有效的空中掩护。美军第3舰队和来袭的日机展开了激烈的空战,击落了几乎全部日机。美军航空母舰"普林斯顿"号中弹爆炸沉没,"伯明翰"号巡洋舰也因伤势过重退出了战斗。

哈尔西得悉侦察机在锡布延海发现栗田舰队后,立即用无线电向部下发出战斗命令:"攻击!重复一遍:攻击!祝你们顺利!"从哈尔西的航空母舰起飞的几十架战斗机、俯冲轰炸机和鱼雷轰炸机立即向栗田舰队飞来。日舰上巨炮齐鸣,组成密集的火网,企图阻止美机的攻击。美机飞行员冲破日舰密集的防空火网,对准巨型战列舰"大和"号和"武藏"号发起轮番的攻击轰炸。号称"打不沉的战舰"的"武藏"号受到连续不断的攻击,连连中弹,创伤累累,舰身开始倾斜,甲板上到处是血肉模糊的尸体。"大和"号也遍体鳞伤,舰上的水兵尸体狼藉,焦头烂额的栗田为逃脱全军覆灭的命运,急忙下令扔下"武藏"号,带领残部,掉头向西逃窜。黄昏时,"武藏"号向左一滚,船底朝天,露出了被鱼雷击穿的大洞,没死的日军水兵不顾伤痛,有的跳水,有的爬上船底龙骨逃命。在落日余晖中,这艘超级巨舰的尾翼高高翘出水面,接着就沉入大海。侥幸未死的日军水兵在漂满油污的海面上挣扎。

为把哈尔西诱离莱特海面，小泽指挥机动舰队继续南下。24日傍晚，哈尔西的侦察机发现了这块"诱饵"。小泽急忙电告栗田：美军航母舰队现正被引向北面与他交战，要栗田抓紧时机乘虚通过圣贝纳迪诺海峡，袭击莱特岛。但是，栗田没有收到这个电报。这时，哈尔西认为栗田舰队已被彻底击败，不敢再南下袭击莱特岛，而小泽航空母舰的飞机会给今后的战斗带来危险，于是下令全速紧追小泽舰队。哈尔西舰队的舰载飞机大批轮番攻击，并紧紧尾追，双方战斗十分激烈。10月24日，哈尔西全力北上时，日军西村舰队和志摩清英舰队，正按计划分别从各自的基地悄悄向苏里高海峡集中，准备从南边攻击莱特湾，以配合栗田从西北的进攻，形成夹攻之势。

鹤凤双沉　海战谢幕

夜色朦胧中，从新加坡启航，先期到达的西村舰队，首先鱼贯而入，穿过狭窄的苏里高海峡，妄图进入莱特湾。美军第7舰队立即向日舰队射出急雨般的炮火，并发射了鱼雷。西村舰队的一艘驱逐舰沉没了，两艘驱逐舰因负重伤失去了战斗力，旗舰战列舰"山城"号也被鱼雷击中。西村下令反击，双方在苏里高海峡口展开激烈的夜战。随着美舰猛烈炮火的轰击，西村舰队的主力战列舰"扶桑"号被拦腰炸成两截，两堆熊熊燃烧的烈火映红了夜空，受伤的驱逐舰"满潮"号随着爆炸声沉入海底。西村仍不死心，带领战列舰"山城"号、重巡洋舰"最上"号和驱逐舰"时雨"号顶着炮火，继续前进，妄图冲进莱特湾。第7舰队紧紧围住残敌，一串串曳光弹编织的火网紧紧罩住日舰，被打得失去战斗力的"最上"号拖着熊熊烈火转身回逃，"山城"号也中弹起火，急忙跟着"最上"号撤退逃命。但是，死神紧紧拖住了"山城"号，舰队司令西村和全体水兵一起沉入了夜色茫茫的大海。

从日本濑户出航的志摩舰队，10月25日正好到达苏里高海峡，不料刚进入海峡就遭到美军鱼雷艇队的攻击，巡洋舰"阿武隈"号忽被击中，失去了战斗力，志摩下令丢下该舰继续前进。这时，从美军第7舰队火网中逃出的"最上"号慌不择路，撞上了志摩舰队的旗舰"那智"号。志摩由此得知西村舰队已全军覆没，继续前进只有死路一条，于是集中自己和西村的残部，借夜色掩护掉头逃跑。天亮时，美军机群追上志摩舰队，"最上"号在美军飞机的攻击下葬身海底。至此，日军南路舰队彻底失败。

向西南逃窜的栗田看天色已晚，估计盟军飞机不会再来，决定杀个回马枪，遂下令掉转航向，向圣贝纳迪诺海峡扑来。舰队到达萨马岛东部海面，远远看见了美军用商船改装成的小型航空母舰的4根桅杆。这是美军第7舰队的一个用于护航的小型航空母舰——"达飞-3"。栗田大喜过望，下令发起攻击，"达飞-3"舰群被突如其来的攻击打得措手不及，急忙施放烟幕退走，并紧急电告司令部，令北上的哈尔西舰队返回增援。

为掩护航空母舰撤退，"达飞-3"舰群的3艘护航驱逐舰冒着猛烈的炮火，勇敢地迎着日舰冲去，同日舰展开了激烈的炮战。"约翰斯顿"号驱逐舰在印第安人舰长埃文斯的指挥下插入日军舰群，一气射出10枚鱼雷，把日军重型巡逻舰"熊野"号击成重伤，迫使其退出战斗。"霍尔"号驱逐舰也紧跟着冲入日军舰群之中，一面向日舰射击，一面瞄准日军领头的巡洋舰"羽黑"号发射鱼雷。在日军几艘巡洋舰的包围中，"霍尔"号用火炮和鱼雷英勇还击，最后因中弹40多发，弹药库起火而沉没。在护航驱逐舰的掩护下，"达飞-3"舰群的飞机也迅速起飞，冲破火网，对日舰发起反击。美军驱逐舰顽强地拖住栗田舰队，并在飞机支援下把栗田舰队冲散，使"达飞-3"舰群摆脱了栗田的攻击，从南面海上撤走。

战斗结束，正在返航的"达飞-3"舰群忽又响起了战斗警报，刚得到喘息的美军士兵急忙奔上各自的战斗岗位。这时，天际出现了9架日军零式飞机，这是日军匆忙组织的"神风特别攻击队"，妄图以自杀攻击来打击美军航空母舰。自杀式飞机冲破美军截击机的拦截，向"达飞-3"舰队的航空母舰俯冲下去。"达飞-3"舰群立即以密集的防空火力迎头痛击，日机有的化为一团烈火在空中爆炸，有的拖着浓烟坠入大海。一架燃烧的日机"轰隆"一声，撞上"圣洛"号航空母舰，"圣洛"号立即爆炸起火，慢慢下沉。在这场海空战中，"达飞-3"舰群损失两艘航空母舰、3艘驱逐舰和100多架飞机，其余舰只保护着受伤的"加里宁海"号航空母舰，撤往更南面的安全海域。

这时，北上追逐小泽舰队的美军哈尔西舰队，接到了莱特湾金凯德舰队的告急电讯。哈尔西不愿放弃消灭小泽航空母舰的机会，自己继续指挥追击小泽舰队，命令第4特遣队司令米切尔率5艘航空母舰增援金凯德，攻击栗田舰队。栗田舰队此时虽然受到南撤的"达飞-3"舰群和前来支援的"达飞-2"舰群的舰载飞机的攻击，但栗田却突然下令停止追击，舰队转向直扑莱特湾。莱特岛港口此时停靠着数十艘正待卸载的运输船,近旁却无大型舰只掩护。

栗田从截获的电讯中得知,北上的哈尔西舰队正在南下,大批美机在莱特岛着陆,而他的"大和"号已没有可以派出的侦察机去侦察美军的动向了。他拿着电讯纸站在指挥台上苦苦思索:南下美国舰队如果封锁我们后退的必经之途圣贝纳迪诺海峡,该怎么办?美机转移到莱特,是否意味着将有更大的军事行动?袭击面前的美军运输舰只又有多大意义?栗田在权衡得失之后,内心感到一种压力,就好像美军已经从四面八方把他包围住了。于是,他断然下令:立即掉头全速朝北撤退!

北上的日军小泽舰队不断遭到美军哈尔西舰队机群的攻击,损失了不少飞机。25日上午,哈尔西舰队机群冲破日舰防空火网,集中攻击日军航空母舰。一串串炸弹、一颗颗鱼雷纷纷落到小泽舰队的舰船上,水兵们惊慌失措,一片混乱。日军航空母舰"千岁"号随着第一轮攻击的爆炸声开始下沉,"瑞鹤"号航空母舰也被鱼雷击中,伤势严重。第一轮攻击结束,第二轮攻击接踵而至。36架美军飞机冲破密集的防空火网,集中攻击日军航空母舰"千代田"号。炸弹不断在甲板上爆炸,该舰已无法控制,日军只得扔下该舰,急忙撤离。下午,日军航空母舰"瑞鹤"号被炸沉,"瑞凤"号也中弹起火。该舰在逃跑途中又被美机追击,爆炸沉没。

世界上最大的海战——莱特湾大海战结束了。盟军在这次海战中击沉日军各类战舰30万吨。日军的海空力量从此一蹶不振,盟军牢牢控制了西南太平洋的海上交通线。

冲绳：最后的海战

1945年2月，太平洋战场上的美军占领了马里亚纳群岛和吕宋岛，突破了日军的"绝对防御圈"，向日本本土逼近。2月19日，被称为"活机器"的美国海军上将斯普鲁恩斯奉命率部向日本硫磺岛发起攻击。3月初，硫磺岛的战斗尚未结束，美军联合参谋部就秘密拟定了夺取冲绳岛的"冰山作战"计划，并开始调兵遣将。

冲绳岛是琉球群岛中最大的岛屿，面积1200平方公里，距日本本土仅360海里，是日本南部的天然屏障。盟军占领冲绳，就可以对日本的工业中心进行有效的空袭。

为了遏制日军对冲绳岛的支援，3月中旬，美军先后从关岛基地出动3000架"超级空中堡垒"B-29，对日本的东京、大阪等地进行了轮番轰炸。硫磺岛战役接近尾声时，美军联合参谋部立即调集2500多架飞机、1500多艘战舰，18.3万余名登陆部队，由斯普鲁恩斯上将统率，挥戈直指冲绳。

日本帝国大本营为了保护本土，决定死守冲绳岛，并制订了诱敌深入、层层抵抗，用海空力量摧毁美国舰队后再举行陆上反攻的计划。大本营在本土和台湾机场集结了以"神风"自杀飞机为主的2990架飞机，拼凑了一支由10艘战舰组成的特攻舰队，并将守岛的艰巨任务交给第32军司令牛岛满中将。

按照大本营的决定，牛岛满把冲绳岛97%的兵力集中到南部的多山地带。日军沿陡峭的山崖挖壕筑垒，屯集粮弹，修建了许多明碉暗堡，构成了牧港、首里和八重岳悬崖3道坚固的防线。牛岛满还在冲绳岛周围布置了700多艘自杀艇，同时逼迫岛上的男子组成"敢死队"，女学生组成"娘子军百合团"，从而使总兵力达到11万人。

1945年3月18日凌晨，第一批美国飞机奉命从米彻尔海军中将指挥的第58特遣舰队起飞，对琉球群岛上所有的日军军事设施进行猛烈轰炸，使日军损失了400余架飞机。第二天，恼羞成怒的牛岛满下令残存的日机对美舰进行报复。日本飞行员冒着密集的炮火，疯狂攻击美国舰队，美"富兰克林"号和"瓦斯普"号战舰当即受创，而美军在慌乱中又误伤了"企业"号航空母舰。

3月26日，斯普鲁恩斯遵照联合参谋部的旨意，首先派出一个师的美军，在军舰、飞机的掩护下，登上了冲绳岛西部15英里的庆良间岛。驻岛的800名日军一面向牛岛满求援，一面进行殊死抵抗。然而，牛岛满无法提供增援。驻岛日军寡不敌众，被迫退守地堡。美军用火焰喷射器、推土机把龟缩在地堡内的日军活活堵死。27日，美军占领了该岛，缴获了300艘自杀艇。

天皇舰队荡然无存

冲绳岛战役的序幕已经拉开。斯普鲁恩斯在发动总攻之前，召集参战的陆海空三军将领，详尽部署了"冰山作战"计划：米彻尔海军中将和特纳海军中将率58特遣舰队和第5舰队担任整个战役的海空支援；巴克纳陆军中将率领第10集团军实施登陆进攻。斯普鲁恩斯特别指出：一俟战斗打响，巴克纳指挥的步兵和陆战队必须在冲绳岛西、北两个预选地点同时登陆，把该岛拦腰切断，然后步兵向南、陆战队向北推进。

4月1日，即复活节这一天，夺取冲绳岛的总攻开始了。米彻尔将军下令第58特遣舰队上的重型轰炸机起飞，银光闪闪的机群像无数把利剑一样，飞临冲绳岛上空进行了持续3小时的轰炸。接着，特纳将军指挥的1400余艘战舰，从四面八方向冲绳岛围拢。这支一眼望不到边的庞大舰队万炮齐射，把冲绳岛炸成一片火海。在海空军强大火力的支援下，上午8时30分，随着巴克纳的一声号令，浩浩荡荡的第10集团军登陆士兵，乘坐密密麻麻的各式登陆艇，海潮般直扑冲绳岛。

由于牛岛满吸取了硫磺岛战斗的教训，不愿把兵力消耗在滩头作战中，因此，美军步兵在冲绳岛西岸的羽贝岐海滩登陆时，没有遇到任何抵抗。大批的美国坦克和火炮拥上了海滩。负责西岸登陆的美步兵第24军指挥官霍奇斯将军在滩头站稳脚跟后，立刻命令先头部队向冲绳岛南部推进。在西岸登陆的同时，巴克纳指挥的美国海军陆战队第3军也平安地在冲绳岛北部预选地区登陆，并按计划向北挺进。当晚，登陆的6万美军占领了近岸的嘉手纳和读谷的日军机场，建立了牢固的滩头阵地。

4月3日，向北推进的海军陆战队在永丹机场的东面发现了几个日军的暗堡阵地，以骁勇著称的陆战队士兵们发起冲锋，一举歼灭了日军，占领了机场。霍奇斯将军率领的美军第24军在向南穿插中，于4月5日同固守在牧港第1道防线的两个半师团的日军遭遇了。至此，登陆美军才遇上了牛岛满部队的真正抵抗。

4月6日这一天，气候恶劣，北风呼啸，日军统帅部下令执行"天号作战"计划。中午，米彻尔的第58特遣舰队的雷达荧光屏上，蓦然出现了第一批密不可数的"幽灵"阴影。这是400余架由"神风"特攻队员驾驶的日本自杀飞机！在这群亡命徒中，有的才16岁，仅受过几周的仓促训练，就头扎白布条，身穿传统礼服，佩戴特别荣誉徽章，气势汹汹地赶来找美舰同归于尽。死神的阴影顿时笼罩在美国舰队的上空，各航空母舰上响起了一片凄厉的战斗警报声。飞行员们立即钻进机舱，驾机升空拦截。然而，这场空战异常奇特：由于日机只想撞击美舰，既不作机动飞行，也不顾美机拦截，因此大部分未接近目标就被击毁。这次空战，美机击落日机300多架。

当天深夜，一艘在九州岛与四国岛一带海域担任警戒的美国潜艇，在雷达荧光屏上发现了可疑的阴影。1分钟后，斯普鲁恩斯的作战指挥部收到了这位艇长发来的加急电报："1艘日本装甲舰和几艘其他敌舰朝正南180°航行！"与此同时，仅带了单程燃料的日本巨型战列舰"大和"号，正率领1艘巡洋舰、8艘驱逐舰，在夜幕的掩护下，悄悄朝美军第58特遣队驶来。第二天拂晓，米彻尔派出40架歼击机在乌云翻滚、波浪滔天的洋面上空搜索。8时20分，在九州南面海域发现了这支日本特攻舰队。由132架歼击机、50架俯冲轰炸机、98架鱼雷机组成的美军第一批攻击机群，黑压压地飞临日本舰队上空。日军"大和"号令各舰开火，霎时间，天空硝烟弥漫，炮声震耳欲聋。由于没有飞机护航，经美国轰炸机、歼击机和鱼雷飞机轮番轰炸、扫射，日舰甲板上火光四起，血肉横飞。两艘驱逐舰当场沉没，"大和"号也被炸得千疮百孔。

第一次空袭后不久，从米彻尔第58特遣队上起飞的88架歼击机、75架俯冲轰炸机、33架鱼雷机又接踵而来，把雨点般的炸弹投到了日舰上。日军巡洋舰和另外两艘驱逐舰顷刻覆没。随着一声惊天动地的巨响，"大和"号连同舰上的数千名官兵全部沉入海底，剩下的3艘驱逐舰忙拖着浓烟仓皇逃遁。日本天皇的最后一支舰队不复存在了。

日军将领集体自杀

在陆地战场上，向北进军的美军陆战队第 3 军势如破竹，在粉碎了小股日军的零星抵抗后，于 4 月 21 日占领了最北端的伊江岛。

此时，南下的美军第 24 军却正与牛岛满的主力在牧港地区激战。当美军发起攻击时，日军利用精心构筑的暗堡群，从地堡里推出带有轨道的火箭炮，猛烈轰击美军。霍奇斯将军多次组织反击，都不奏效。4 月 10 日至 11 日，冲绳岛上又连续下雨，被炸弹炸成粉末的土地变得泥泞不堪，美军所有的重型机械和武器深陷泥坑，寸步难行。部分步兵先头部队前仆后继，浴血奋战，才突破了日军正面山脊的工事。但是，当这些士兵越过山头继续冲锋时，又往往被山脊背面突然出现的日军隐蔽火力点击毙。第 24 军伤亡惨重，巴克纳只好抽调第 1、第 2 海军陆战师前往增援。霍奇斯也横下一条心，连连组织士兵向日军阵地发起进攻。美军官兵踏着同伴的尸体冲进敌人堑壕，同日军展开了残酷的肉搏战，终于在 4 月 24 日攻破了牧港防线。

牛岛满为了保存实力，伺机反攻，下令日军南撤，退守到首里的第 2 道防线。巴克纳不忍看到美军官兵牺牲太多，也命令部队暂缓硬攻，决定凭借武器优势，用钢铁来消耗日军兵力。此后，两军在连绵雨天中展开了激烈的炮战。

尽管防御战对日军有利，但帝国大本营的首脑们却厌恶这种旷日持久的战术，因而决定让牛岛满发起一次"决定帝国生死存亡"的大反攻。5 月 4 日，在"神风"攻击机的配合下，牛岛满指挥日军嚎叫着冲出首里防线，向美军反扑过来。这一愚蠢举动正中巴克纳的下怀，他立即下令所有的炮火痛击日军。顿时，暴露在光天化日之下的日军官兵被炸得血肉横飞，抱头鼠窜。这一战，日军死亡 5000 人，元气大伤。

另一方面，美军联合参谋部对久战不休的冲绳岛战局大为不满。5 月 28 日，在日机发动最后一次大规模攻击的同时，被称为"公牛"的哈尔西海军上将冒着倾盆大雨赶到冲绳，接替了斯普鲁恩斯的最高指挥权。哈尔西上任后，责令巴克纳不惜一切代价，立即向日军阵地发动进攻，只许成功，不许失败！固守在首里防线内的牛岛满虽然率部进行了拼死抵抗，但终究抵挡不住哈尔西一连串"公牛式"的猛攻。日军防线频频告危，伤亡惨重。5 月底，美军一鼓作气击溃日本守军，把星条旗插上了尸横遍野的首里防线。牛岛满趁冲绳岛上连降大雨，率领日军残部向南后撤，退守到沿八重岳悬崖构筑的最后一道暗堡防线。

哈尔西突破首里防线后，传令巴克纳乘胜追击。美军官兵冒着瓢泼大雨，在泥泞的道路上艰难行进，经过几天的连续行军，好不容易才抵达八重岳悬崖。6月10日，巴克纳下令全线出击。在飞机、大炮的掩护下，美军朝设在达克陡坡上的一条长8公里、高150米的日军防线发起了进攻。牛岛满下令达克守军启用暗堡群中的最后一个秘密重炮火力网，才把美军的攻势压了下去。但是，这些暴露了的暗堡群，很快就被美军铺天盖地的炮火摧毁了。

此时，由于日本国力衰竭，日军大本营断绝了对冲绳岛守军的海空支援，牛岛满孤军奋战，弹尽粮绝，伤亡惨重，陷入绝境。鉴于这种形势，巴克纳命令用降落伞向日军空投劝降书，限牛岛满在36小时内接受"体面的投降"。劝降书说："阁下的部队作战英勇顽强。你的地面战术赢得了你的对手的尊敬。……与我一样，你也是个陆军将领，长期研究和运用步兵战术。因此，我相信你与我同样清楚，彻底摧毁本岛日军抵抗，只不过是时间问题。"与此同时，巴克纳又命令海军陆战队的两个师利用这一期限，冒着敌人的枪弹，强行攀登达克陡坡，向日军施加压力。但是，牛岛满决心效忠天皇，对巴克纳的劝降建议置若罔闻，下令日军残部决不投降，血战到底。

6月13日，限期已到，巴克纳一声令下，全线美军又跃出掩体，在飞机、坦克的掩护下，对负隅顽抗的日军发起了排山倒海般的总攻击。绝望的日军进行了垂死挣扎。"娘子军百合团"的妇女们腰缠手榴弹，披头散发地冲出岩洞，同手持刺刀的日本兵一道，号叫着扑向美军，和对手同归于尽。

18日，巴克纳在指挥作战时，一发日军炮弹在他身旁爆炸，他身负重伤，几分钟后就断了气。第二天，美国陆军第96师副师长伊斯利准将也在两军混战中饮弹身亡。气急败坏的哈尔西派出喷火坦克和增援部队，严令剿杀所有敢于反抗的日军。源源不断的美国官兵蜂拥钻进坑道、堑壕，和日军展开了激烈的白刃格斗。21日，美军终于攻破了达克防线。这天晚上，牛岛满向大本营拍出一份诀别电。

23日，牛岛满司令和长勇参谋长在八重岳悬崖的山洞里最后一次理发，然后面北跪下。五段剑师坂口大尉依照长官的最后命令，举刀向长勇的后颈劈去。牛岛满跪在白布上一声未吭，剖开了自己的腹部。就在血似喷泉涌出，牛岛满尚未倒下之时，藤田军曹从背后猛地一刀，削去了他的首级。7名第32军的参谋也集体开枪自杀。至此，历时96天，震撼太平洋的冲绳岛战役宣告结束。

在冲绳战役中，日军约损失11万人。绰号为"飘动着的菊花"的神风飞机的自杀性攻击使1500余名神风驾驶员丧生，其他日本飞机大概也进行了相同数量的自杀性攻击。冲绳民间死伤者超过10万人，其中有1000多人在日军的逼迫下，高喊着"天皇陛下万岁"的口号集体自杀。

在持续3个月的战役中，美军第10集团军死7600人，伤3.2万人；海军死4900人，伤4800人。这是美军在太平洋战争中伤亡最大的一次战斗。

冲绳岛之战是第二次世界大战中太平洋海域的最后一战。美军占领冲绳岛后，即以该岛为根据地，派遣大批军舰、飞机不断攻击日本本土，迫使日本帝国加速崩溃。

尼米兹在潜艇上移交指挥权

美国人在太平洋战争中战胜了日本人，取得了彻底胜利。1945年11月24日，担任太平洋舰队司令和太平洋战区司令的切斯特·尼米兹将军要把军权移交给继任者，回国担任新的职务。这个交权仪式放在什么舰上进行呢？许多将士猜测，一定是放在甲板宽阔的航空母舰上。可是，这位战功赫赫的将军，却出乎人们意料地选择了放在一艘潜艇的狭窄的甲板上。

尼米兹参加过两次世界大战，曾指挥舰艇、培训军官、制定战略，在世界各大洋上航行。当他担任太平洋舰队司令时，美国处在最危难的时刻，当时日本袭击了珍珠港，太平洋舰队的主要舰艇都毁坏了。他上任伊始，几乎找不到一艘像样的军舰来当他的旗舰，上任仪式只好选择在一艘潜艇的甲板上进行。太平洋舰队那时唯一有战斗力的是潜水艇，尼米兹将军就发挥潜艇的长处，对日本开展了无限期的潜艇战，切断了日本的海上主动脉——海上运输线，共击沉500吨以上的日本商船1113艘，总吨数达532094吨以上，击沉日本海军舰艇201艘，总排水量达577626吨，几乎使日本断绝了与外界的联系，对战争的最后胜利功不可没。美国也损失了52艘潜艇。

太平洋战争期间，尼米兹的办公桌上摆着一个相框，其中嵌着从报上剪下来的志得意满的麦克阿瑟的照片。尼米兹只有一次向友人解释说，他放这个相框的目的是想提醒自己，千万不要像照片上的那个人那样，在待人处事上"威风凛凛，暴跳如雷"。然而，日本投降后，当美国总统指示由麦克阿瑟代表盟国全权受降时，尼米兹为了自己所代表的海军的荣誉，一反"谦谦君子"的形象，表示受降仪式如果不能体现美国海军的巨大贡献，他就拒不参加。在他的坚持下，最后的受降地点搬到了"密苏里"战列舰上，舰上垂着红蓝两色五星将旗——红色代表麦克阿瑟，蓝色代表尼米兹。

1947年11月13日，杜鲁门总统宣布任命路易斯·登菲尔德为海军作战部长，62岁的尼米兹离开了自己的岗位，但他同时却又有一种解脱之感。他已圆满完成了所有的任务。他第一次以一个普通老人的身份回到他的家人中间，与他们一起驱车赶往加利福尼亚定居，渴望同这个家庭的第三代一起在公园里散步。他的夫人凯瑟琳写道："这是一个值得纪念的日子。对我们来说，这是一个重大的转折。今晚虽然下雨而寒冷，但我们是愉快的。这是切斯特多年来第一次卸去身上的重担。南希、切斯特、我以及上了年纪的长耳狗弗雷科斯正在南行，然后西去加利福尼亚，我们的心是年轻而愉快的。"

　　尼米兹后来出任过海军部长特别顾问、联合国督察员并担任加利福尼亚大学董事达8年之久。他著有《海上力量：海军史》和《太平洋的胜利：海军的抗日战争》等书。1966年2月24日，尼米兹在家中去世，享年81岁。按照他生前的要求，他被安葬在太平洋岸边的夏威夷国家公墓里。

　　为了纪念尼米兹，美国把20世纪70年代开发的世界上最大、最先进的核动力航空母舰以他的名字命名。

日本投降

美军的战略轰炸

第二次世界大战后期,美国陆军航空队对日本首都东京和其他城市进行了大规模战略轰炸,也就是所谓的"李梅火攻"。其中,美军"超级空中堡垒"B-29在1945年3月10日对东京的袭击最为惨烈,以致后来引发了道德问题的讨论,甚至有人指责这种轰炸违反了战争道义,是一种战争罪行。

大轰炸严重损坏了日本的战争机器,加速了日本帝国的灭亡。日本前首相近卫文麿就曾指出,大轰炸迫使日本开始认真考虑停战问题。

前期轰炸效果不佳

早在1941年12月日本偷袭珍珠港后,美国就曾派出16架B-25轰炸机袭击日本东京、横滨、名古屋、神户的油库、工厂和军事设施。但是,这种攻击仅仅具有象征意义。在此后两年多的时间里,美军都没有条件组织对日本本土的战略轰炸。

当美国终于成功研制出B-29轰炸机后,美军航空队便有了对日本实施毁灭性的战略轰炸的可能性。B-29轰炸机的时速达563公里,飞行高度1万米,续航里程6430公里,打击距离2400公里,并能携带9000公斤炸弹。这使轴心国的轰炸机望尘莫及。

1944年6月15日,B-29首次从中国成都起飞,袭击了位于日本九州岛的八幡钢铁厂。这次轰炸没有造成太大的破坏。在总共68架飞机中,有4架未能起飞,有4架坠毁,有6架因机件问题被迫抛弃携带的炸弹,其余飞机大多只轰炸了次要目标,只有47架命中了主要目标。

当时,如果美军轰炸机只从中国起飞,则会遇到严重的补给问题。而且,由于距离太远,B-29必须减少载弹量而增加燃料。直到美军占领了马里亚纳群岛,美国第20航空队才被编配到第21轰炸司令部,并开始筹备使用 B-29 对日本本州岛实施大规模轰炸。1944 年 10 月，美军第 73 轰炸机联队进驻马里亚纳群岛的塞班岛。

李梅彻底改变战术

1944 年 11 月 24 日，美军陆军航空队的 111 架 B-29 轰炸了日本最大的飞机发动机制造厂——东京郊外的中岛飞机制造厂，由此开启了美军对东京进行战略性轰炸的序幕。这次尝试性的轰炸，旨在检验进行白昼精确打击的效果。当飞机在 1 万米高空投弹时，只有约 30 架找到了目标，命中率仅为 10%。到 1945 年年初，B-29 轰炸机持续对东京等日本大城市进行了多次白昼重点轰炸，但都收效甚微。同时，美军航空队损失了 150 多架 B-29 和上千名机组成员，而日本兵工厂仍然在制造各种武器、弹药和军需品，并把它们源源不断地运往前线。

1945 年 1 月底，美国陆军航空队总司令阿诺德将军委任 38 岁的柯蒂斯·李梅少将负责指挥第 20 航空队对日实施战略轰炸。2 月 19 日，第 20 航空队的指挥部发出命令：把"试验性"燃烧弹空袭摆上突出位置。2 月 23 日和 24 日，174 架 B-29 轰炸机在东京抛下了大量凝固汽油弹，焚毁了东京约 2.56 万平方公里的地区。这坚定了李梅实施大规模夜间火攻的决心。

李梅曾在欧洲战场指挥 B-17 轰炸机部队在白天对德国进行精确打击，取得了骄人的战绩。但他很快就领悟到，日本的诸多因素使他不能采用这一战术。他仔细比较了日本与德国在工业生产模式上的区别，发现日本不像德国那样，依靠大规模集中的工业中心进行统一生产，而是先由居民区内星罗棋布的小作坊生产零部件和预制件，再送进大工厂组装。因此，对德国工业中心致命的白天集中精确轰炸方式，在对付日本的小作坊时却难以奏效。此外，他还判明了日本城市的许多弱点，如夜晚防空能力差，住房密集且多为木质结构，消防能力有限等。于是，他决定在夜间进行地毯式燃烧弹轰炸。

1945 年 2 月底，美国海军陆战队攻占了硫磺岛，这为 B-29 赢得了轰炸日本本土的中转机场。获此喜讯后，李梅对轰炸战术进行了彻底改革：他命令 B-29 卸下除尾炮以外的所有其他武器，全部携带燃烧弹，这样，每架 B-29 的载弹量就从白天精确轰炸时的平均 3 吨，增加到了 7 吨以上。每架 B-29 轰炸机可携带 40 束、每束 38 枚燃烧弹，而每枚燃烧弹可以使面积 6 公顷到 7 公顷的地面燃起熊熊烈焰。为了避免不必要的伤亡，空袭时各轰炸机在被导航机引入目标区后，单独进行轰炸而不必进行编队。这一计划使习惯于安全的高空投弹方式的机组人员疑虑重重，但是，李梅本人却十分自信，他在进行战前动员时大声疾呼："我们要烧掉那些木板做的日本城市！让我们放一个日本人从未听过的大鞭炮吧！"

日本河原敏明在《日本天皇——裕仁》一书中描述当时的状况说："对 B-29 飞机的空袭，我方飞机几乎没有进行反击；美国海军的机动舰队，在日本沿海游弋，就像在自家水池里游动一样，并且还不断对军队和工厂的设施进行炮击。房屋财产变为灰烬，粮食行将断绝，交通瘫痪，真是吃没吃的，住没住的，国民哪里还有战斗意志啊！"

东京大轰炸

3月9日，东京街头熙熙攘攘，好不热闹——第二天就是日本著名的"军人节"。傍晚5时34分，托马斯·鲍尔准将率领334架 B-29 从马里亚纳群岛的塞班岛和提尼安岛机场起飞，扑向东京。每架飞机携带了6~8吨燃烧弹，足可以使燃烧面积超过6000平方米。东京时间10日零时15分，两架导航机飞入东京下町地区上空，在离地面约500米的空中投下十字形的两串凝固汽油弹，为 B-29 机群标明了轰炸目标。紧接着，300多架 B-29 依次鱼贯而下，向东京狂泻下 2000 多吨燃烧弹。与此同时，数十架经过改装的 B-29 直接洒下了数十吨汽油。大火造成的灼热气浪与冷空气混合，形成强劲的对流风，使原本零散的火焰迅速聚集成一股烈焰风暴。大火席卷了东京，地面温度接近 1000℃，树木、房屋以及人体全都被点燃了，就连金属都被熔化了。巨大的热浪使天空中的 B-29 轰炸机发生了上下颠簸，机组成员后来发现，原本银灰色的机腹竟被熏成了黑色。

天亮时，幸存者被眼前的景象惊呆了：大部分建筑物荡然无存，街道已无法辨认，只剩下东倒西歪的水泥柱子和钢筋混凝土的残垣断壁。一个幸存者回忆道："我家附近所有的房屋都变得像融化的糖块一样。河水几乎都蒸发掉了，无数烧焦的尸体遍布干涸的河床。士兵和警察正在堆放死尸，尸体呈各种姿势蜷缩着。空气中弥漫着烧焦的臭味。天哪！那一刻我怀疑自己是否还在人间。"

3月10日的大轰炸使东京的 1/4 被夷为平地，其中 63% 是商业区，18% 是工厂区，其余则是居民区。26.7 万幢建筑物被付之一炬，美军计划中的22个工业目标也被彻底摧毁。据当时日本政府统计，轰炸中约有10万人被烧死，另有10万人被不同程度烧伤，伤亡人数竟超过了后来遭到原子弹袭击的广岛。

当然，大轰炸时，美军也把东京一些地区列为保护地区，如圣公会的圣路加国际医院、东京大学、基督教救世军和日本天皇居所等。

在美军轰炸过程中，许多东京市民慌忙逃离了城市。李梅派飞机向他们投下了警告传单——通知下一步轰炸的目标，这使他们更加恐惧。仅东京就有上百万人逃到农村，工厂工人的出勤率下降到此前的一半。

军事专家认为，3月10日的东京大轰炸是人类历史上最具破坏性的非核武空袭，这比第二次世界大战中任何一次军事行动都造成了更多的伤亡。大火之后，日本政府花了25天的时间，才把烧焦的尸体清除完毕。

轰炸中，美军有9架B-29被击落，42架被击伤，这些飞机后来都在近海迫降，大部分空勤人员被美军潜艇救起，安全返回了基地。

火攻东京后不到30小时，317架B-29轰炸机又夜袭了名古屋，使该市的飞机制造中心化成一团火焰。13日，日本第二大城市大阪也遭到了300架B-29的轰炸，1700吨燃烧弹在3小时内焚毁了约20.7平方公里的市区。16日，美军轰炸神户，摧毁了市内的造船中心。美军还在4～6月空袭了日本其他大中小城市。及至6月中旬，李梅又将燃烧弹轰炸范围扩大到其他小城市和交通线，使得整个日本似乎都在燃烧。7月4日美军宣布，当时日本已遭受10万吨炸弹的攻击。

神风突击队

第二次世界大战临近尾声时，战场形势对日本越发不利。在日本风景如画的房总半岛海滨，刚刚就任日本第一航空舰队司令的大西泷治郎中将面对本国全线崩溃的危局，大胆提出："最大效率地使用我们的微薄力量的唯一办法，就是组织零式战斗机编成的敢死攻击部队，每架带上 250 公斤炸药，俯冲撞击敌方航母，只有这样才有可能阻止美军的锐利锋芒，此外别无他法。"大西泷治郎的想法得到了许多狂热的日本海军官兵的欣赏。

1944 年夏天，希特勒德国千方百计企图阻止盟军部队向欧洲挺进。与此同时，他们的日本盟友也在竭力抵挡美国对菲律宾的攻势。在争夺菲律宾的海战中，日本损失了 3 艘航空母舰、300 多架飞机以及数百名飞行员。是年 6 月 19 日，日本皇家海军冈村舰长第一次正式提出，应采取大规模的自杀飞机行动。当时，日本海军大将福留正在房总半岛空军基地视察。

冈村在向福留汇报工作时说："我坚信，采用我们的飞机同敌舰相撞的方式，是目前情况下扭转战局的唯一办法。"冈村还表示："请给我 300 架飞机，我一定能扭转战局！"返回东京后，福留即向日本海军副总参谋长伊东转达了冈村的建议，同时提醒说，他已就此建议同日本空军进行了磋商。

尽管伊东当时认为作出这一决定的时机尚不成熟，但他还是如实向上级汇报了这一想法。几乎与此同时，在菲律宾海域同美国人作战时遭到重创的另一艘航空母舰舰长射屋，也向上级提出了类似的建议。他表示："用传统方式已不可能再击沉敌军的航空母舰，我请求紧急建立特别突击队，采取直接相撞的办法。我要求担任这支部队的指挥官。"

7 月底，日本皇军总参谋部策划了一项海上作战计划，该计划被命名为"胜利"行动，初定于 10 月 18 日开始实施。日本新任驻菲律宾海空部队司令尾西在计划开始实施的前一天抵达马尼拉。井口舰长后来在回忆录中写道，尾西亲自给那些即将实施自杀行动的飞行员们起了"神风突击队"（亦译"神风特攻队"、"神风敢死队"等）的名字。

相传1281年元世祖忽必烈远征日本时，在海上遇到一股不可思议的旋风，把他的舰队吹散了，使日本逃脱了被征伐的厄运。日本人称此风为"神风"。

"神风突击队"的装备通常是单引擎或双引擎的轰炸机。起飞后一般要将起落架抛掉，以示决不生还，然后携带炸弹由战斗机掩护到所要攻击的美国舰队附近，飞行员各自选择一艘敌舰，最好是航空母舰，高速冲向军舰，与敌舰同归于尽。

1944年10月19日深夜，大西泷治郎召集第一航空舰队的精华，成立了以寻歼美军舰艇为目的的"神风突击队"。当大西询问上尉关行男，是否愿意首当其冲时，刚刚结婚4个月的23岁的关行男闭起眼睛，低头沉思了10多秒钟，才说出"请让我去带领他们"这句话。从此，世界上第一个"神风突击队"产生，而关行男成为突击队的第24名队员，走上了一条不归之路。

莱特湾海战开始后，10月25日上午10时50分，美军"范肖湾"号护航航母的瞭望哨发现9架日机直奔美航母编队而来。由于日机飞得很低，雷达没有发现，不一会儿工夫，日机便在你追我赶的混乱局面中出现在头顶，其中一架直向"基昆湾"号左舷的狭窄通道撞去，只听一声巨响，飞机变成碎片，"基昆湾"号的甲板上则血肉横飞。在整个莱特湾海战中，"神风突击队"第一次大显身手，共出动飞机55架，击沉美航母一艘，重创4艘，轻伤1艘；击沉巡洋舰1艘，重创1艘，另击沉击伤其他各种小型舰船若干。

在太平洋战争的最后两次战役中，即在硫磺岛战役和冲绳岛战役中，日本都把"神风突击队"的攻击作为一张王牌。仅在冲绳岛战役中，日本飞机就以1900架次的"神风"攻击和5000架次的正常轰炸，共击沉24艘、击伤202艘美军舰船。

截至1945年8月15日日本投降，"神风突击队"共发动了约2000次袭击，约死亡4000人。但是，日本仍然未能扭转战局。9月2日，在盟军完成受降仪式后，"神风突击队之父"大西泷治郎切腹自杀。战争结束后，"神风"突击队员只剩下几百人，而驾机出击后的生还者则少之又少。

日本帝国覆灭

1945年6月底美军占领冲绳,获得了进攻日本本土的海空军重要基地。此后,美军即不断从这里派遣"超级空中堡垒"B-29和各种类型的飞机轰炸日本本土。一个月后,美军炸沉了日本125万吨的船只,破坏了日本的交通运输,使600多家工厂成了残垣断壁。但是,日本法西斯困兽犹斗,妄图以和、战两手苟延残喘。一方面进行战争末期空前庞大的军事动员,广泛搜罗炮灰,妄图挽救失败;另一方面努力防止苏联参加对日战争,并请苏联从中斡旋,同美英进行和谈。

为了促使日本法西斯及早投降,美国新任总统杜鲁门意味深长地表示:"恐怖轰炸配合陆上进攻,才是最有效的手段。"

何谓"恐怖轰炸"?

早在1939年10月11日,前美国总统罗斯福就下令成立研究原子武器的委员会。两年后,美英科学家证明,铀原子的裂变可以产生巨大的能量。接着,美国科学家又对设计、制造原子弹的工艺进行了积极而有效的科学研究,取得了巨大进展。1945年7月16日,美国在新墨西哥州的沙漠地区阿拉莫戈多试验原子弹成功。

1945年7月17日到8月2日,苏美英3国首脑斯大林、杜鲁门、丘吉尔及其外长在柏林西南的波茨坦举行会议,商讨处置战后德国的问题和其他许多重大问题。这次会议包括首脑会议、外长会议和全体会议3种形式,仅全体会议就举行了13次。会议期间,美国陆军部长史汀生向杜鲁门汇报了试验原子弹成功的情况。在以后几天里,杜鲁门和本国军政要员磋商了使用原子弹的细节,并于24日指令美国陆军战略空军司令斯帕茨将军派遣第20航空队第509大队,于8月3日以后,在天气许可的条件下,对日本投掷原子弹。

波茨坦会议最后拟定了征求过中国意见的美中英3国促令日本投降的《波茨坦公告》(又称《波茨坦宣言》)。中国派出代表,于7月26日签署了《波茨坦公告》。28日，《波茨坦公告》正式公之于世。8月2日，苏联正式在《波茨坦公告》上签字，使该《公告》成为4国对日的共同法律文件。《波茨坦公告》宣布：

美利坚合众国、不列颠王国和中国强大的地面、海上和空中力量已准备好给日本以彻底打击。……充分使用我们充满决心的军事力量，意味着日本武装力量不可避免地彻底失败，同时也意味着日本宗主国不可避免地彻底崩溃。

现时日本应该决定：或者让那些已把日本帝国引向灭亡边缘的顽固军国主义谋士们继续统治，或者走上如上所述的理智道路。

《波茨坦公告》形成了一些基本的政治原则，这些原则应该适用于无条件投降之后的日本。《波茨坦公告》规定：彻底根除军国主义；占领日本领土；履行开罗宣言的条件；日本的主权范围仅限于本州、北海道、九州、四国等岛及盟国指定的其他一些不大的岛屿；解除日本武装；严厉惩办战犯；消除恢复和巩固国内民主倾向的一切障碍；言论、宗教和思想自由，尊重人的基本权利。《波茨坦公告》允许日本拥有和平的工业部门，但不允许拥有"可使其重新武装起来进行战争的部门"。

《波茨坦公告》指出，"一旦这些目的得以实现并建立起和平和负责的政府"，盟国即应从日本撤走占领军。《波茨坦公告》的结语是：

我们要求日本现在就宣布所有日本武装力量无条件投降，并对此作出适当的、足够的善意保证。否则，等待日本的将是迅速、完全的覆灭。

这样，《波茨坦公告》不仅要求日本无条件投降，而且确定了日本战败后盟国的政策，规定了日本的非军事化，反映了第二次世界大战的反法西斯解放事业的特点。

这期间，盟国飞机在日本大城市上空散发了3万张《波茨坦公告》和150万张传单，还同时发出空袭警告。

美动核武　苏联出兵

《波茨坦公告》在东京发表后，日本多次召开最高军事会议和内阁大臣会议。在7月27日的日本最高军事会议上，铃木首相和东乡外相表示接受《波茨坦公告》，而阿南陆相和丰田海军参谋长却主张"不予理睬"，并请求天皇向全国发表强硬的声明，激励全国人民把战争继续进行下去。进退两难的铃木首相向陆海军施加的压力屈服了,于是,日本官方的立场是:"坚决把这场战争进行下去,直到胜利结束为止。"28日,铃木对报界说:"日本政府认为,波茨坦公告并不是什么重要的东西,我们绝不会予以注意。"

美国决定惩治日本,派出飞机,开始对日本本土各地机场、港口、车站、轮渡等目标进行大规模轰炸和炮击。日本政府对此仍未作出任何反应。在这种情况下,杜鲁门于8月6日下令对日本使用原子弹。

这天清晨,天气晴朗。7时,数架美国飞机飞到广岛上空,盘旋几周后即行离去。8时整,美军第20航空队的两架"超级空中堡垒"B-29又从高空进入广岛上空,引起很多市民仰头观看。8时15分,其中一架向广岛投下了世界上第一颗原子弹。原子弹顿时发出令人眼花目眩的强烈的白色闪光,广岛市中心随即发生无与伦比的大爆炸。顷刻间,地面上涌起了巨大的蘑菇云,全市立即被黑暗笼罩。接着,地面上又冒起几百根高大的火柱,广岛市化为一片焦热的火海。

广岛其时有34.3万人,原子弹爆炸后,死者约14万人[①]。在全市7.6万幢建筑物中,全毁的4.8万幢,半毁的2.2万幢。当天下午,设在广岛的日军第2总司令部将该市被炸情况转报了东京:"敌人使用了具有从未见过的破坏力的高性能新型炸弹!……"

8月7日,在美国空军对东京进行大规模轰炸后,杜鲁门发表广播讲话说:"在波茨坦发出的最后通牒,旨在拯救日本人民免遭彻底的毁灭。日本政府马上拒绝了最后通牒。如果他们现在还不接受我们的条件,他们的毁灭将自空而降。"同日,日本原子能最高权威仁科芳雄博士等有关人员组成了调查委员会,立即赶赴广岛进行调查。仁科芳雄一行于8日下午到达广岛查看被炸情况,证实美国投下的新型炸弹确为原子弹。他当即报告了东京大本营。

8日下午,日本东乡外相在皇宫地下室晋谒天皇裕仁,奏明美国使用原子弹及其有关事项。裕仁面谕:"敌既已使用此种新武器,则战争之继续更不可能。为获得有利条件,不得丧失结束战争之有利时机,应努力迅速结束战争。"

---

① 第二次世界大战后,日本中央和地方政府分别对广岛原子弹受害者人数进行调查,而广岛市从1979年起对两项调查进行了归拢。2013年3月广岛市公布的最新调查结果是:在原子弹投下时,与广岛市相邻的一些町村的"直接受害者"有38.4743万人,加上在爆炸中心受害的人员和身体状况受害不很明显的人员,共有55.7478万人。

8月8日晚11时，苏联外交人民委员莫洛托夫召见日本驻苏大使佐藤尚武，交给他一份声明：自8月9日零时起，苏联同日本处于战争状态。声明指出："在希特勒德国失败和投降后，日本是坚持继续进行战争的唯一大国。……苏联政府认为，苏联实行这一政策，是使和平早日到来，解救各国人民，使其避免进一步遭受牺牲和痛苦的唯一手段。"

英国首相艾德礼表示欢迎"俄国的这一伟大决定"，他说："苏联政府今日对日宣战，证明了主要盟国间的团结，它定能缩短战争进程，创造促进建立全面和平的条件。"华盛顿也赞赏苏联的行动。

8月9日拂晓，苏联红军150多万人以迅雷不及掩耳的凌厉攻势，从东、北、西三个方向发起进攻。同时，苏军太平洋舰队在朝鲜北部的南库页岛、千岛群岛登陆，协同作战。

9日上午，中国共产党主席毛泽东在延安发表了《对日寇的最后一战》的声明，号召全国国民举行全国规模的大反攻。中国人民解放军总部朱德总司令随后发布了进军令，号令中国共产党领导的八路军、新四军、200万民兵和其他部队，在东北、平津、平汉、陇海、济南、沪宁、鄂豫、华南等前线，向日本侵略者发动全面反攻。

天皇宣读《终战诏书》

1945年8月9日上午11时2分，美国飞机又在长崎上空投下了第二颗名为"小胖子"的原子弹。长崎是九州南部的一个港口和工业城市，当时约有居民24万人。这颗原子弹长3.25米，直径1.52米，重4.5吨，爆炸时释放的能量相当于2.1万吨高性能炸药。但是，由于受山谷地形影响和当日无风，原子弹爆炸后破坏程度较轻，但也有70%的工厂被摧毁，约7.4万人死亡，7.5万人受伤。

于是，天皇下旨，要众臣入宫商议危局。主持会议的铃木首相先让人宣读了《波茨坦公告》，然后提出议案：

日本政府准备接受1945年7月26日由美国、英国和中国政府，以及后来由苏联政府签字的在波茨坦发表的联合公告中所列举的条款，但应取得如下谅解，即上述公告并不包含任何有损于陛下作为至高统治者之特权的要求。

天皇说道："最近几天，美国人连续两次使用原子弹，使帝国臣民伤亡惨重。苏联人又不讲信誉，竟然进攻关东军。为了避免帝国遭到毁灭，朕欲仿效昭治天皇受到三国欺压时的做法，先接受《波茨坦公告》，无条件投降，卿等意下如何？"

文武百官都不吭声。隔了一会儿，铃木首相说："以目前的局势，只能接受盟军的一切条件。"

陆相阿南接着说："我也认为可以接受盟国的公告，可是必须提出条件，维护大日本帝国的尊严。"

天皇问："有什么条件？"

阿南回答："盟国必须保证皇宫的地位和安全；保证帝国驻外军队安全回国；战犯由帝国自己处置；不准占领军进驻日本本土。如果盟军不同意，臣等愿誓死战斗。"

陆军参谋总长梅津美治郎此时表示："我同意阿南君的意见，目前已经做好了本土决战的准备，不能放弃重创盟军的机会。如果无条件投降，日后有何颜面去见那些阵亡的将士！"

海军军令部总长丰田也说："我赞成阿南君和梅津君的意见。我军已有准备，不能不给敌以重创而无条件投降。"

天皇拿不定主意，宣布退朝。

下午1时，首相提议，等午后举行内阁例会后再行讨论。

下午2时30分，内阁举行例行会议。铃木征询各人意见。陆相阿南仍是主张战争，东乡仍然主张在维护国体的前提下接受《波茨坦公告》。于是，铃木问各大臣：是否赞成东乡的意见？海相米内、农相石黑、军需相丰田、运输相小日山、文相太田、左近司国务相6人赞同外相意见，反对的是陆相阿南、法相松阪和国务相安井3人。另有5人没有表态。内阁会议开到晚上10时30分，仍然议而不决，于是铃木说，阁员既不能决定，只好上奏天皇。至此，内阁会议休会。

就在这天，日本一些重臣和政要已通过木户内大臣，几次上奏天皇，请求圣断。所以，铃木在御前会议上上奏时，裕仁已胸有成竹。天皇先命铃木就座，当即面谕采纳东乡提案。他说，虽然一直尽听些有取胜自信的话，但计划和实践并不一致。以目前的样子，要对付美英军队，没有胜利的希望。他最后说："军人是朕的股肱，要解除他们的武装，并把朕的臣下作为负有战争责任的人引渡出去，这是不能忍受的事。但是，在大局上应以明治天皇在三国干涉时所作的决断为例，加以效法，忍其所不能忍，为了将人民从悲惨的结局中拯救出来，为了世界人类的幸福，只有作出这样的决定。"铃木马上答奏说，坚决以"圣断"为本次会议的结论。这时已是10日零时30分。

10日凌晨3时，内阁会议继续开会。铃木恳请天皇早日决断，宣布无条件投降。天皇留下铃木一人，命他立即通过瑞士和瑞典同盟国联系——如果接受日本提出的条件，日本将接受投降。

此时，皇弟松宫拿着报纸进了皇宫，大喊："阿南与梅津联名发表了《告全军将士书》，说是只要坚持作战，日本仍能置之死地而后生。"

天皇听了，心情郁闷。

10日上午6时45分，日本外务省打电报给日本驻中立国瑞士的公使，请驻在国政府把日本接受《波茨坦公告》的照会交给美英中苏4国政府。照会内容除上述御前会议的决议外，还说"日本政府真诚地盼望这一谅解能得到保证，并迫切地希望能很快获得对上述谅解的明确指示"。

8月12日凌晨，日本方面收听到美国广播的同盟国的答复，主要内容是："自投降之时刻起，日本天皇及日本政府统治国家之权力，即须听从于盟国最高司令官"；"按照《波茨坦公告》，日本政府之最后形式将依日本人民自由表示之意愿确定之"。

对此，日本法西斯死硬派很不满意，陆海军两总长于上午8时同时上奏天皇，断然反对接受同盟国波茨坦公告，但海相、内大臣、外相等则主张接受同盟国的促降公告。上午10时半，外相先访首相，11时晋谒天皇，上奏同盟国复照的要旨和日本准备采取的措施。天皇面谕，主张接受。阿南认为，国体问题，殊为不安，应再照会交涉。铃木也认为，国体问题没有解决，应再提出照会。

12日下午6时后，日本驻瑞士和瑞典公使相继发回美国国务卿贝尔纳斯代表4国政府的正式复照。当天晚上，内大臣木户又在宫中同铃木恳谈，告知陛下意图，劝铃木断然接受同盟国的复照。铃木以"圣断"如此，当即表示同意。13日凌晨2时许，日本驻瑞典公使冈本又发回背景报告，说明关于天皇制度问题，经美英与苏联交涉，实质上是承认了日方的条件。冈本的这份报告对日本阁员产生了很大影响。

13日上午9时，日本最高战争指导会议开会，争论仍无结果。下午，日方收到美国广播，其中谴责日本故意拖延，迟迟不作答复。与此同时，美军舰载飞机猛烈轰炸关东和东北地区，迫使日本从速投降。

8月14日，一架轰炸机飞到东京上空散发传单，上面写道："日本军民：天皇已经提出投降的条件，而你们有权知道天皇提出的条件以及美国、中国和苏联所作的答复。你们现在有了结束战争的机会。"

内大臣木户幸一看完传单，马上进宫说："美国人把陛下想降的事情公布于军民，这对没有思想准备的军民来说无疑是一个沉重的打击，恐怕会引起叛乱，望陛下早日决断。"天皇立刻召开御前会议，不顾军队的反对，决定投降。天皇说：

我的异乎寻常的决心没有改变。

我不是轻率地作结论，而是根据内外形势、国内情况和彼我双方的国力战力来判断的。关于国体，敌方也是承认的，我毫无不安之处。

……如果继续战争，无论国体或是国家的将来都会消失，就是母子都会丢掉。

如果现在停战，可以留下将来发展的基础。……希赞成此意。

天皇还哭述道："若有朕应做之事，朕在所不辞。任何时候，我都可以站在麦克风前面。官兵的动荡可能很大，希望陆海军大臣共同努力，好好管理。"

满朝文武失声痛哭，铃木却说道："臣遵旨马上草拟诏书。"

阿南、梅津、丰田和大西泷治郎回到寓所后哭个不停。作战参谋长天野正一说："哭有什么用？不如干掉主和派，攻下皇宫，继续作战。"

梅津听后，等着阿南发言。可是，阿南没有说话。梅津失望地对天野正一等人说："算了，你们不要做出大逆不道的事情，败坏军人的名声。"

几个青年军官气呼呼地走了。

夜里11时，诏书在政务室里录制。天皇以独特的抑扬顿挫的声调，开始宣读诏书。由于录音是在连日来疲劳和睡眠不足的情况下进行的，因此个别地方不够流畅。在现场试放录音时，天皇说："不行，这个录音盘的语调稍微低沉了一些，再来一次吧。"再录时，声音虽然高了，但是仍有一两个地方的接续词漏掉了，也有念错的地方。不过，谁也没有加以理会。就这样，侍从德川把录音盘放进了保险柜。

11时30分，录音的一伙人刚走到皇宫城内的坂下门，杀气腾腾的一伙士兵就把他们围住，不分青红皂白地把他们带到卫兵总部监禁起来。

这是守卫宫城的近卫军发动了叛乱。

原来，陆军省的畑中少佐、椎崎中佐知道了录音盘的事情后，就与近卫师的古贺少佐和石原少佐等人进行策划，决定在第二天阻止广播天皇的录音。近卫师团的师团长森纠中将说："我也不愿意投降，但我不想落个不忠不义之名,你等先杀了我再造反吧。"于是,一帮人当场杀死了森纠,搜遍了宫内省也没有找到录音盘。德川侍从不肯协助,就被狠狠地打了几个耳光。

东部军司令官田中得知此事后,赶到现场,大声怒斥,叛乱者才听从了他的命令。东条大将的女婿古贺在森纠师团长的遗体前剖腹自杀,椎崎、畑中也用手枪结束了生命。这场宫城内部的叛乱完全被镇压下去了。

天空微微发亮的时候,天皇对侍从长藤田说:"那些人究竟想干什么?怎么就不理解我这难过的心情呢?"他担心外地不明真相的日军叛乱,急忙派皇族到各地传达圣旨。

接着,田中司令官来到皇家书库,对叛乱表示忏悔,然后自杀。当叛乱正在激烈进行的时候,陆相阿南回到家里,燃香沐浴,换上天皇赐给的衬衣,也走到廊下切腹自尽。

8月15日中午,天皇裕仁向全国广播了日本接受同盟国《波茨坦公告》,实行无条件投降的《终战诏书》。

朕深鉴于世界大势及帝国之现状,欲采取非常之措施,以收拾时局,兹告尔等臣民,朕已饬令帝国政府通告美英中苏四国愿接受其联合公告。

盖谋求帝国臣民之康宁,同享万邦共荣之乐,斯乃皇祖皇宗之遗范,亦为朕所拳拳服膺者。前者,帝国所以向美英两国宣战,实亦为希求帝国之自存与东亚之安定而出此,至如排斥他国主权,侵犯其领土,固非朕之本志。然自交战以来,已阅四载,虽陆海将兵勇敢善战,百官有司励精图治,一亿众庶之奉公,各尽所能,而战局并未好转,世界大势亦不利于我。加之,敌方最近使用残酷之炸弹,频杀无辜,惨害所及,真未可逆料。如仍继续交战,则不仅导致我民族之灭亡,并将破坏人类之文明。如此,则朕将何以保全亿兆之赤子,陈谢于皇祖皇宗之神灵。此朕所以饬帝国政府接受联合公告者也。

朕对于始终与帝国同为东亚解放而努力之诸盟邦,不得不深表遗憾;念及帝国臣民之死于战阵、殉于职守、毙于非命者及其遗属,则五脏为之俱裂;至于负战伤、蒙战祸、损失家业者之生计,亦朕所深为轸念者也。今后帝国所受之苦难固非寻常,朕亦深知尔等臣民之衷情,然时运之所趋,朕欲忍其所难忍,堪其所难堪,以为万世开太平。

朕于兹得以维护国体,信倚尔等忠良臣民之赤诚,并常与尔等臣民同在。如情之所激,妄滋事端,或者同胞互相排挤,扰乱时局,因而迷误大道，失信义于世界，此朕所深戒。

宜举国一致，子孙相传，确信神州之不灭。念任重而道远，倾全力于将来之建设，笃守道义，坚定志操，誓必发扬国体之精华，不致落后于世界之进化，望尔等臣民善体朕意。

御名御玺
昭和二十年八月十四日
各国务大臣副署

从此，散布在远东、南亚、南洋和太平洋诸岛上的330万日军开始停止反抗，陆续向盟军投降。当天下午，铃木首相辞职，日本天皇遴选东久迩亲王组织投降内阁，东久迩任首相兼陆相，重光葵任外相。新内阁在盟军的指示下，处理投降事宜。前首相近卫文麿、内阁大臣小泉和一些将领也效法阿南，开枪自杀或服毒自杀。

各国代表签署《日本投降书》

这时，盟军总部将8月12日拟就的《总命令第一号》，分别送往各盟国，同时也通知日本政府，要求日军按《总命令》指定的地区，分别办理投降事宜。命令规定：中国内地包括台湾和北纬16度以北的印度支那地区，由中国战区最高统帅受降；中国东北和北纬38度以北的朝鲜和库页岛地区，由苏军远东最高统帅受降；东南亚、北纬16度以南的印度支那和从缅甸至所罗门群岛地区，由东南亚盟国最高统帅和澳大利亚部队司令官受降；日本、菲律宾、朝鲜北纬38度以南地区，以及太平洋的其他地区，由美国太平洋最高统帅受降。对第一号命令，苏联提出修订意见，要求将整个千岛群岛和北海道北半部划归苏联受降。美国反对。鉴此，苏军从8月18日开始，先后在千岛群岛以及国后岛、择捉岛、色丹岛和齿舞岛登陆。

8月18日，日本关东军总司令山田乙三向远东司令部投降。8月底，中国东北和朝鲜北部的日军全部解除了武装。日本扶持的东北伪满洲国政权彻底消亡。自此，日本在中国东北长达14年的殖民统治宣告结束。

日本政府正式签署投降书的准备工作，是由太平洋美军总司令麦克阿瑟设在马尼拉的司令部负责进行的——他已被任命为驻日本本土的盟军占领军总司令。8月19日，日本代表到达马尼拉，听取了有关签署投降书的必要指示,并收到了同盟国拟定的投降书的全文。

8月26日,麦克阿瑟通知日本帝国大本营,美国舰队已开始向东京湾进发。这支舰队拥有383艘军舰,1300架舰载飞机。

8月28日,美军先头部队在东京附近机场着陆。30日,美英军队也在东京附近和其他地方登陆,对日本实行军事管制。同日,麦克阿瑟到达东京,控制了该市广播电台,建立了自己的新闻局。

原定于8月底举行的日本正式签署投降书的仪式,因台风的影响改期举行。

1945年9月2日上午9时,在停泊于东京湾的美军战列舰"密苏里"号上举行了隆重的签降仪式。日本新任外相重光葵代表日本天皇和政府,陆军参谋总长梅津美治郎代表帝国大本营在投降书上签字。随后,接受投降的同盟国代表依次签字,他们是:盟军最高统帅麦克阿瑟、美国代表尼米兹海军上将、中国代表徐永昌上将、英国代表福莱塞海军上将、苏联代表杰列维亚科中将,以及澳加法荷新等国代表。

《日本投降书》共有8条,其中最重要的是第2条和第8条:

(二)余等兹宣布:日本帝国大本营与所有之日本国军队以及日本国支配下任何地带之一切军队,向同盟国无条件投降。

……

(八)天皇及日本国政府统治国家之权力,应置于为实施投降条款而采取其所认为适当步骤之同盟国最高司令官之下。

日本向盟国投降仪式举行后6天,麦克阿瑟下令逮捕了首批被指控的40名日本战犯。

9月9日,日本侵华派遣军总司令冈村宁次大将在南京黄埔路中国陆军总部所在地,代表日本签署了投降书。中国人民八年艰苦战争终于取得最后胜利。接着,印度支那北纬16度线以南的日军向英军司令蒙巴顿投降;此线以北的日军向中国军队投降。9月20日,越南劳动党领袖胡志明在河内巴亭广场举行了有50万人参加的集会,向全世界郑重宣布:越南民主共和国成立。9月21日,法国军队在英国支持下,重返越南南方,占领西贡,建立了南方政权。此后不久,中国撤回驻北越的全部军队。

美军与苏军在朝鲜以"三八线"为界,分别接受了日本投降。美军于9月8日在南朝鲜的仁川登陆,进驻汉城,第三天就指定李成晚为"最高统治者";同时,以金日成为首的朝鲜劳动党也在平壤成立政府,此后即形成战后朝鲜南北两个政权。

　　战争结束后，同盟国家即组织了国际法庭，分别审判了德意日法西斯战犯。他们都各自受到了罪有应得的判决惩处。

原子弹！原子弹！

原子弹，亦称"裂变弹"，它利用重元素原子核裂变在瞬间释放出的巨大能量，产生杀伤作用。主要组成部分是核装料（铀235和钚239等）、引爆装置、中子源、反射层和外壳。当引爆装置爆炸使核装料超过临界质量时，它就在中子的作用下，发生核裂变的链式反应，猛烈爆炸。用铀作核装料的原子弹称"铀弹"，用钚作核装料的原子弹称"钚弹"。

汉语的"原子"直接借用了日语汉字，日语则来自英语 Atom。这个词最早起源于古希腊，当时的一些思想家断定，物质是不能无限分割的，最终只能获得一种小到不能再分的粒子——Atomas。英语 Atom 由此而来。

原子弹爆炸时产生的高温，可达 10 亿℃。

巨额投入

1932 年，著名犹太裔物理学家阿尔伯特·爱因斯坦因遭受纳粹迫害，不得不离开德国，到了美国定居。很多在欧洲工作的科学家也同爱因斯坦一样，把美国作为栖身之地。这些科学家带来了一个惊人的消息——德国正在计划制造原子弹这种大规模杀伤性武器。

1939 年 9 月 26 日，第二次世界大战刚刚爆发，希特勒就签发了一项研制原子弹的命令。当天，他召开全国高级物理学家会议，成立了铀协，并且拟定了工程计划。德国的这一计划使反法西斯国家寝食难安，因为它们知道，如果纳粹德国制造出原子弹，人类就将面临史无前例的核灾难。它们也意识到，要想遏制像希特勒这样的战争狂人，唯一的办法就是反法西斯国家抢在德国之前首先造出原子弹。当时，恩里科·费米、利奥·西拉德等科学家出于热爱和平、维护世界正义这种历史责任感，在美国到处奔走，呼吁政府开始原子弹的研制工作。然而，军界的一些领导人却对这一新生事物不太理解，竟把这些科学家视为"怪人"，甚至对他们嗤之以鼻。

1905年，爱因斯坦发表了题为《论运动物体的电动力学》的论文，提出了狭义相对论和著名的核动力公式 $E = mc^2$，为原子能的发现和利用提供了理论基础。但是，这一理论还没有通过实验得到验证，许多人还不相信原子弹的毁灭性杀伤作用。科学家们心急如焚。他们断定，只有直接把建议提交给罗斯福总统，才有可能尽快开展原子弹的研制工作。为了增强说服力，他们推举爱因斯坦为全权代表。爱因斯坦经过思索，就在科学家们的建议上签上了自己的名字。

总统阁下：

我读到了费米和西拉德近来的研究工作手稿。这使我预计到，元素铀在最近的将来，将成为一种新的、重要的能源。考虑到这一形势，人们应当提高警惕。必要时，还要求政府方面迅速采取行动。因此，我的义务是提请你注意下列事实：在不远的将来，有可能制造出一种威力极大的新型炸弹。

为此，我建议，请授权一位你所信任的人士，使他可以非正式地和各政府机关联络，经常向他们报告全部研究情况，并向他们提供建议，特别是要努力保证美国的铀矿石供应。同时，和有关人士及企业界实验室建立接触，来促使实验工作加速进行。

据我所知，目前德国已停止出售它侵占的捷克铀矿的矿石。如果注意到德国外交部次长的儿子在柏林威廉皇帝研究所工作，该所目前正在进行和美国相同的对铀的研究，就不难理解德国何以会有此举了。

阿·爱因斯坦（签名）

这项建议开始时并未引起罗斯福的重视。负责转交建议的罗斯福的科学顾问萨克斯为了说服罗斯福，向总统讲了一个拿破仑因为没有采纳新发明的蒸汽船而未能建立起先进的海军，最后被英国打败的故事。他说："英国历史学家认为，如果拿破仑有远见的话，历史必定会改写。"罗斯福沉默了很久才说："我不会成为第二个拿破仑。"但是，罗斯福仍然对原子弹半信半疑，他的第一笔拨款只有可怜的6000美元。后来，到1945年为止，这项工程共耗资20亿美元，并消耗了美国1/4的电力。

1941年12月7日珍珠港事件后，美国对日宣战，并加快了研制原子弹的准备工作。1942年6月，美国的原子弹研究正式开始。由于研究计划的总部起先设在纽约市曼哈顿区，因此，这项工程也叫做"曼哈顿工程"。为了提高效率，罗斯福决定把所有分散在军队、大学和各个实验室的研制单位联合起来，这种体制被称为"三位一体"。陆军格罗夫斯少将被任命为工程总负责人，而理论物理学家、"原子弹之父"罗伯特·奥本海默则担任了技术顾问——洛斯阿拉莫斯原子弹实验室主任。罗斯福还赋予该工程以高于一切的特别优先权。12月2日，由美国核物理学家恩·费米在芝加哥建立的第一个原子反应堆开始运转。

1945年4月12日，罗斯福因脑溢血突然去世。这天晚上，副总统杜鲁门宣誓继任美国总统。典礼仪式只进行了短短1分钟。随后，美国陆军部长史汀生告诉了新总统一件后者从来没有听说过的事情：罗斯福总统早已开始研制一种威力巨大的新式武器——原子弹，现在，这个能彻底扭转战局的武器在今后4个月内就会被制造出来。果然，7月初，在希特勒自杀两个月后，美国的3枚原子弹就诞生了，它们分别被命名为"大男孩"、"小男孩"和"胖子"。

试爆成功

原子弹研制成功后，奥本海默选定有"死亡原野"之称的新墨西哥州阿拉莫戈多沙漠为核试验场。他为这次非同寻常的试验起了一个古怪的代号——"三一"，有人认为这是"三位一体"的缩写。"大男孩"降生的代号则为"复活日"。当研制者把"大男孩"安装在35米高的钢架上时，奥本海默、格罗夫斯及其代表法雷尔将军，以及科学家费米、贝特、特勒、西拉德等就原子弹的爆炸当量打赌。特勒乐观地估计爆炸当量会达到4.5万吨TNT炸药，贝特赌8000吨，而奥本海默认为只有300吨。

7月16日早晨，试验场上一片忙碌。为了排除临时出现的小故障，引爆时间两度推迟。试验人员还在14公里外设置了观察所，里面隐藏着425名科学家和军事专家，他们都怀着紧张的心情，等待着惊心动魄的最后时刻的到来。5时30分，"大男孩"轰然炸响，美国记者威廉·劳伦斯描述当时的情景说：

说时迟，那时快，只见地球的肚腹中射出一道光芒——这绝不是地球的光芒，而是众多太阳合而为一的光芒！

这是这个世界前所未有的一次日出：一轮巨大的绿色超级太阳，在转瞬间就爬上了 8000 多英尺的高空，它扶摇直上，直达云端，其光辉灿烂，映彻天际。

这个直径为 1 英里的巨大火球在向上升腾，其色彩不断变化——由深紫色变成桔黄色——其体积不断膨胀，在膨胀中又不断升腾。被禁锢了亿万年的大自然的能量终于获得了自由。

在短暂的一刹那，这个火球就呈现出一种人间没有的绿色，很像日全食时日冕的颜色。

此时此刻，天崩地裂。人们似乎感到，自己有幸在目睹世界的诞生——在这创世的时刻，上帝说："发光吧！"

一朵巨大的云团紧跟在这巨大的太阳之后拔地而起。

开始，它只是一根巨大的烟柱，随即又变成世间未有的蘑菇状，转瞬它又变成自由神塑像的形状，不过体积要大许多倍。它向上升腾着，在激烈的震颤中越升越高。它直上五彩缤纷的云端，其峰顶穿过云海，不停地升上去，直达 4.1 万英尺的高空，这比地球上最高的山峰还要高 1.2 万英尺。

这次爆炸的威力超出了所有人的想象——后来公布的爆炸当量为 1.9 万吨 TNT，以至整个美国西南部都感到了震动。当地的钢铁大桥被高温蒸发得不知去向，周围 700 米的沙漠被冲压成一个白热的盘子，附近的一切生物荡然无存。奥本海默面对核爆炸的巨大威力，说了一句"它管用"，同时引用印度古诗中的名句来表达自己的感想：

如果一千个太阳在天空一起放光，
人类就会灭亡，
我似乎成为死神，
成为世界万物的毁灭者。

为了隐瞒真相，美国政府编造谎言说，这是阿拉莫戈多军事基地的弹药库发生了爆炸。

慎告苏方

当美国的原子弹试验安排就绪时，杜鲁门总统正准备去参加波茨坦三国首脑会议。德国投降后，为了协调和处理德国相关问题和对日作战问题，同盟国决定于 7 月 17 日至 8 月 2 日在德国的波茨坦举行代号为"终点"的首脑会议。这次会议原定于 7 月 1 日举行，但杜鲁门为了借助原子弹爆炸抬高美国的地位，特别建议将会议日期推迟了两个星期。7月15日，杜鲁门到达波茨坦。就在当天，陆军部长史汀生递给刚刚参观完柏林的杜鲁门一份从华盛顿拍发的军方电报："行动已于今晨开始。分析尚未完成。结果看来令人满意且出乎意料之外。"次日，史汀生接到第二份电报："医生刚兴奋地回来，他保证小男孩和哥哥一样壮实。"

原子弹的成功试爆，使杜鲁门感到春风得意，信心满满。18日下午1时15分，杜鲁门乘车来到丘吉尔的别墅，英国首相请他共进午餐。他带来了华盛顿发来的关于原子弹试验结果的电报。他让丘吉尔看过电报后，提出一个问题：应该对斯大林讲些什么和怎么讲呢？如何避免俄国人指责他居心叵测呢？杜鲁门认为，如果将原子弹爆炸的细节告知苏联，只能加速苏联参加对日作战，而这是他竭力要避免的事情。假如书面通知，那会显得太过正式并引起苏方的警觉。两人在权衡各种可能性后得出结论：最好趁斯大林在考虑别的事情时，偶然地、好像顺便地对他说一声新炸弹已经试验成功。杜鲁门说："我认为最好是在我们开了一次全体会议后告诉他，我们有一种完全新型的特殊的炸弹（不提"原子"这个词），我们认为它对日本继续作战的意志会产生决定性的影响。"丘吉尔略加思索后回应道："我同意。"

7月21日，杜鲁门得到了关于原子弹试验的详尽报告。他的女儿玛格丽特·杜鲁门曾在叙述父亲政治功名的著作中写道："就在这种错综复杂的争论正在进行的时候，关于阿拉莫戈多空军基地原子弹爆炸的详尽报告来了……下午3时，陆军部长史汀生向总统报告了此事。父亲邀请贝尔纳斯国务卿一起听取。史汀生兴奋地朗读1945年7月16日所进行爆炸的报告。史汀生在日记中写道，杜鲁门听到爆炸的详细情节后'大为振奋'，并说'这个报告使他在会议上有了全新的地位'……这就使我父亲可以更大胆和更直率得多地进行谈判……波茨坦这个舞台被用来进行若干极其艰难的谈判。"

杜鲁门急不可待地想使苏联方面明白，他的手里握有一张王牌。7月24日全体会议结束后，他立即把早先预定的计划付诸实施。玛格丽特·杜鲁门写道："爸爸踱到那位俄国领袖的眼前，对他说美国已制造出一种'具有异常破坏力的'新武器。丘吉尔首相和贝尔纳斯国务卿站在只有几码远的地方，仔细端详斯大林的反应。斯大林显得异常冷淡……我的父亲、丘吉尔先生和贝尔纳斯先生都断定，斯大林没有理解刚才听到的那句话的含义。"

实际上，斯大林对美国研制原子弹的了解要比杜鲁门早得多，从

1942年起，他就通过美国人莫里斯·科恩、英国人克劳斯·富克斯等十几名间谍，知道了"曼哈顿工程"的详情。1943年年初，他又通过一名代号为"伯修斯"的物理学家，掌握了美国相关实验室的情况。朱可夫后来回忆说："当斯大林会后返回住所，就在我在场的情况下，跟莫洛托夫谈到杜鲁门这次谈话。莫洛托夫听后说：'他们是想抬高身价。'斯大林笑道：'让他们抬高身价好了。应该告诉库恰托夫，加快我们的工作速度。'我知道，他指的是（苏联的）原子弹。"

三种方案

当新墨西哥州的上空升起第一朵蘑菇云时，"小男孩"的核心部件——密封筒里的铀235，正在旧金山装箱并被运上"印第安纳波利斯"号重型巡洋舰。第一枚原子弹爆炸4小时后，装载着致命武器的"印第安纳波利斯"号穿过金门大桥向西航行，目的地是马里亚纳群岛中的提尼安岛。舰长接到的命令是："你的行程每节省一天，战争就会缩短一天。"舰长当时并不知道舰上载有什么秘密货物。原子弹的弹体已用B-29运抵提尼安岛。把铀235和弹体分开运输，是为了保证原子弹的绝对安全。

此时，杜鲁门仍在波茨坦和美国高级军官讨论下一步的作战行动。三种战胜日本的方案摆在他们面前。

第一种方案是，继续对日本进行毁灭性的空袭。从美军占领塞班岛、关岛和提尼安岛并在那里修建空军基地起，中程轰炸机继远程轰炸机之后也加入了对日空袭的行列。从1944年11月起，B-29轰炸机日复一日地轰击日本。在1945年2月以前，美军主要投掷高爆炸弹。随后李梅将军走马上任，下令美国轰炸机改装燃烧弹。因为弹药消耗过大，有时美军不得不中止空袭，等待补给。1945年春，美国空军将一座座日本城市化为灰烬。到1945年7月，有的日本城市市区的70%被夷为平地。李梅自鸣得意地说："我们要把日本炸回石器时代！"他与杜鲁门的一些顾问坚信，只要继续轰炸下去，日本就会屈服。

美军的参谋长们不认可这一方案，他们主张采取曾经得到杜鲁门支持的第二种方案：占领日本。根据这一方案，美军将于1945年11月1日登陆九州岛，于1946年3月1日从东京湾登陆本州岛。总兵力达150万人的36个师将参与地面作战，如果包括海军、空军和后勤部队在内，则将有500万人参与这一行动，总兵力是1945年初斯大林为攻克柏林所准备的兵力的两倍。

然而，在马尼拉、硫磺岛和冲绳之战后，杜鲁门和参谋们对攻占日本本岛所要付出的代价不再抱任何幻想。美军估计至少会牺牲30万人，而阵亡100万人仍非上限。30万人！在第一次世界大战中只有5.3万美军战死。战胜纳粹德国已使美军牺牲了约20万人。再牺牲30万甚至100万人——其中还包括数以万计的英军——这种前景令人不寒而栗。因此，第三种方案，即使用原子弹，似乎成了唯一的选择。

美国准备使用原子弹的想法，遭到了许多人的反对。有些核物理学家联名上书总统，认为对美国来说，使用原子弹得不偿失。奥本海默说："我们应该谨慎行事，是否可以通过空中封锁，使日本人投降呢？"欧洲战场的功臣艾森豪威尔将军也对使用原子弹感到沮丧，他后来写道："首先，日本人愿意投降，没有必要对他们使用这种可怕的东西。其次，我不愿看到我国成为首先使用这种武器的国家。"

1945年7月26日，美英中联合发布了《波茨坦公告》，要求日本立即无条件投降。如果日本不接受这份最后通牒，盟军将立即对日本进行毁灭性的全面打击，使日本"彻底崩溃"。也许日本无法理解，这不是空洞的威胁。就在《波茨坦公告》发布的当天，"印第安纳波利斯"号重型巡洋舰已将"小男孩"运抵提尼安岛。第三枚原子弹"胖子"的第一批部件也正在空运途中。然而，日本内部经过激烈辩论，正式拒绝了《波茨坦公告》，全国到处都在举行誓死"玉碎"的集会。

杜鲁门在乘军舰回国途中，向军方发出指示："去投掷那颗大炸弹吧，现在没有任何选择的余地了。"美国陆军部长史汀生和乔治·马歇尔将军接着向太平洋战略空军的新任司令卡尔·斯帕茨将军下达了命令："只要天气条件允许，第509特混大队即可向下列目标投放第一枚特种炸弹：广岛、小仓、新潟和长崎。"根据美军对日本天气的观察，日本8月份多以晴朗和少云天气为主。

实施轰炸

为了保证原子弹的攻击效果，美国专门成立了"目标委员会"，这个委员会综合考虑了政治、经济、军事等诸多因素，为确定轰炸目标制定了一些原则，如城市地幅不大，此前未受轰炸，没有美军战俘营等。美方还采纳了中国建筑学家梁思成先前提出的建议，把保存了许多古建筑的奈良和京都排除在外。

7月29日，斯帕茨将军致电华盛顿："据战俘报告，广岛是4座目标城市中唯一没有战俘营的城市。"次日华盛顿回电："指定目标不作更改。但是，如果您确信情报可靠，则应优先考虑广岛。"8月2日，美军司令部下达进行原子弹攻击的命令，并规定这次行动的无线电呼号为"酒窝82"。8月4日，509大队召开全体会议，大队长蒂贝斯上校宣布：509大队之所以训练10个月，是为了在日本投掷一颗特殊的炸弹。会上，核武器专家帕森斯上校为参战飞机的全体空勤人员播放了第一颗原子弹爆炸的纪录片。8月5日下午，序号为82号的B-29轰炸机开始装弹。

1945年8月6日凌晨2时45分，B-29轰炸机"伊诺拉·盖伊"号的副驾驶开动了发动机。为节省燃料，飞机在5000英尺高的低空向目标飞行。7时30分，飞机开始了耗时45分钟的爬升，最后飞抵1万米高空。先行派出的气象侦察机报告：广岛的天气适宜投弹。于是机长蒂贝斯下令飞机向广岛飞行。

空中不见日本战斗机的踪影，B-29轰炸机也未遭到高射炮火的阻截。广岛市民对习以为常的空袭警报无动于衷，因此，很少有人进入防空洞躲避。投弹手费里比最后一次校正目标——市中心的相生桥。副驾驶刘易斯打开了投弹保险开关。8时15分前的几秒钟，报务员对护航机发出了最后警告："15秒投弹。"机长蒂贝斯终于摁下投弹按钮，原子弹被抛出弹舱。由于飞机顿时减轻了4吨多的重量，蒂贝斯的身体竟然晃动起来。霎时，当量为12500吨TNT炸药的"小男孩"在相生桥东南方约170米处的希玛医院的庭院上方580米的高度上爆炸，强光刺得机组人员睁不开眼睛，冲击波使B-29的机身如同受到高射炮轰击一般剧烈震动。蒂贝斯立即向基地报告："击中目标，据我们观察效果很好。"他后来还在回忆录里写道："我们转过身，向广岛望去。这座城市消失在恐怖的巨大蘑菇云里。"杜鲁门接到报告后大声说道："这是最伟大的事件，我们战胜了一切！"

面积为42平方公里的广岛就这样被摧毁了：死亡约14万人，损坏的房屋超过70%。

"伊诺拉·盖伊"号下午2时8分返回提尼安岛，飞行时间将近12小时。这一天，提尼安岛非常炎热，岛上的空军将领都守候在机场上等待"伊诺拉·盖伊"号归来。蒂贝斯上校走下飞机，一名美国将军把一枚飞行十字勋章别在他的胸前。接着，509大队给白宫发了一份电报："日本人猜不到他们受到什么武器的打击，他们也许会以为，一个巨大的陨石撞击了广岛。"

8月7日,在广岛遭到原子弹轰炸16小时后,杜鲁门正式向全世界宣布,美国使用了原子弹。同日,由于没有听到日本人的任何反应,又一颗原子弹被推出了提尼安岛机场的武器库。这颗原子弹取名"胖子",据说是因为受到丘吉尔体型的启发。美军官兵还在原子弹上写上对日本人的赠言:"美军向日本人庄严保证,他们将把致命武器扔到你们头上。"两颗原子弹的区别是:"小男孩"的核装料是铀,而"胖子"的核装料却是钚。

8月9日9时,被机组人员命名为"搏克小汽车"的B-29飞到了日本上空。按照计划,这颗原子弹的攻击目标是小仓,但是由于天气不好,飞行员在小仓上空盘旋了40分钟后改飞长崎。11时2分,"胖子"被投向有24万人口的海港城市长崎。

第二天,美国的原子弹轰炸和苏联出兵中国东北,迫使日本天皇接受了《波茨坦公告》。日本虽然投降了,但是,奥本海默对广岛和长崎遭到原子弹袭击深感内疚。在此后的岁月里,这位"原子弹之父"成了反对核武器运动的积极倡导者。爱因斯坦也为他的签名感到后悔,并且表示:"如果当时我知道德国不可能制造出原子弹,那我连手指头也不会动一动。"

"他们看上去简直不成人样了！"

[美] 霍默·比加特

今天，记者巡视了广岛市各条大街。在这里，4周前第一颗原子弹爆炸的幸存者，现在仍以每天上百人的速度死于灼伤和感染，而日本医生看来对此束手无策。

这种人类设计的最可怕的武器造成了重大伤亡：现已查明，有5.3万人死亡，失踪者加上估计已经死亡的人多达3万，重伤员和濒于死亡边缘者为13960人，还有4.3万人受伤。这个数字是由大治广国提供的，此人是广岛县思想控制长官——想来是负责侦查国民颠覆性思想的。

8月6日清晨，广岛市34万居民被他们所熟悉的空袭警报的尖叫声惊醒。在这之前，这座城市由于工业地位无足轻重，还没挨轰炸。吴市海军基地在广岛东南仅12英里的地方，美国轰炸机经常光顾那里轰炸帝国海军的残余力量，有时从那里路过，向西飞往下关的海峡执行布雷、轰炸之类的任务。几乎每天都有敌机飞过广岛的上空，但是这座城市始终没有挨炸。

早上8时，警报解除了，大群人从军事公园浅浅的防空洞出来，匆匆忙忙奔向主要商业街八丁崛，到沿街那十几座现代化防震建筑物上班。数以千计的小炉灶在煮早饭，炉火尚未熄灭，谁也没料想，它们即将燃起一场大火。

当"超级空中堡垒"在离本城5英里的上空首次出现的时候，见到它的人很少。有些人似乎见到飞机投下了一具降落伞，伞上摇摇晃晃挂着一个黑东西。然而，对大多数广岛人来说，他们根本不知道落到他们头上的是什么东西。

在吴市基地工作的日本海军军官金泽正男说，12英里以外的爆炸所产生的冲击波"像一阵狂风，把这儿的树都吹得倒向一边"。他的副官、一位陪同我们进入广岛的大尉则不待得到允许就补充说，他那时正在吴市睡觉，也被那团极其灼目的火光照醒了。爆炸的轰鸣如此巨大，以至于许多人误认为炸弹是在吴市爆炸的。

外科医生安木泰良海军中尉是下午 2 时 30 分抵达这座城市的。他见到广岛城北角的废墟上和田野里，数以百计的伤员无人照管，相继死去。"他们看上去简直不成人样了，"他说，"他们面部和双手烧得见了骨头，许多人眼瞎耳聋。"

爆炸发生时，大治广国正站在自己家的门口，距爆炸中心约有 2 英里。他刚从东京回来。

"我先见到一片耀眼的火光，"他说，"一两秒钟后，地动山摇，像发生了地震。我立刻意识到这是一颗新型炸弹。房子倒了，我被木料砸中。"

"我发现妻子躺在废墟中，不省人事，于是，我就把她拖到安全的地方。我的两个孩子遍体都是伤口。在这以后的时间里，我忙得团团转，来不及去想这座城市发生了什么事情。"

从吴市海军基地匆匆调来的医生——其中包括安木泰良。但是，爆炸后产生的灼人热浪把他们阻隔在城外达 6 小时之久。爆炸后几分钟便引起了大火，据市政官员说，许多房间里的人被埋在倒塌的围墙和房顶下，随即被烧死。幸存者心中的第一印象是有一大队在高空飞行的"超级空中堡垒"突破了防空警戒线，投下了几千枚燃烧弹。直到今天，仍有许多人拒不相信一枚炸弹能把这座城市夷为平地。

由约翰·麦克拉利上校率领的一队新闻记者是首批抵达广岛的美国人。我们今天乘坐的是 B-17 型飞机，我们今天的飞行员马克·麦格南上尉在吴市上空的云海中找到了一个洞，他驾驶着飞机降落在海军航空兵基地的小跑道上，这条跑道只有 70 英尺长的一段可用。

基地司令在给我们讲述了他所了解的轰炸情况之后，给我们派了两辆轿车和一辆卡车。于是我们驱车驶过一座山梁，穿过被夷为平地的吴市，从海军船坞旁驶过。

离广岛市还有 3 英里，我们就看到了爆炸所造成的破坏——地上散乱着从房顶上震落的瓦片，偶尔还能看见破碎的窗户。来到城边，只见许多房屋的房顶都被掀掉，面向市中心的墙壁都向里倒塌。最后，我们来到了河边，见到那个被称作"广"的岛，"广岛"市名称就是出于此处。这个岛是——或者说曾经是——广岛市的主要地区。

河东岸城区的毁坏情况同欧洲被炸弹摧毁的城市没有什么不同。许多建筑物只剩下残垣断壁，街上堆满碎砖破瓦。

但是，在河的那边，却又是另一番景象：一片平坦的瓦砾看上去令人胆战心惊，荒无一人的废墟一片死寂，偶尔能见到的熏黑了的光秃秃的树木残干和钢筋混凝土建筑物的空壳，使这一片死寂更加触目惊心。

我们驱车来到军事公园，在废墟中步行了一段路。

看来，炸弹似乎是直接命中军事公园的。我们在这儿没看到弹坑，爆炸的全部威力似乎都向四周发挥了。

从空中拍摄的照片上看不到瓦砾，使人感到在爆炸地区的一切都已化为尘埃。但是在陆地上我们看到的情景却不是这样：四处都是碎砖破瓦，但是要比正常的小得多。

在走到离八丁崛不远的地方时，我们从曾经是一些小店铺的一个街区走过。我们之所以能辨认出这里曾经有过店铺，是因为在一片空地中每隔一段便能看到一个保险箱，其周围只剩下铁和锡的碎片。有的保险门被炸得向里倒去。

三井银行4层楼巨大的拱形钢门被击开了，该银行领导只好安装了一扇临时性的可以上锁的门。广岛市的三家银行——三井银行、三菱银行和日本银行——都只能在日本银行坚固的混凝土建筑中营业，因为这座建筑物的受损程度略轻。

开门办公的只有银行和警察局。我们问带路的海军中尉是否可以进去看看。他从我们面前消失了，离开了有几分钟。

我们心神不安地站在银行建筑物外的角落里，心情简直就像第一次穿着刺眼的新奇服装走过纽约主街的小伙子。附近见不到许多人，只有几个衣衫褴褛的男人和女人——他们都睁大眼睛盯着我们。

有的人目光中饱含仇恨，但总的来说，好奇的成分要大于仇恨。我们是敌国代表，这个敌国对他们使用了一种比毒瓦斯更可怕、更能置人于死地的武器。然而，我们在广岛逗留的4小时中，既没有人朝我们吐口水，也没有人向我们扔石头。

我们请那位曾在萨克里门托住过的海军中尉拦住几个行人，以便了解一下炸弹爆炸时的现场情况。对此，他们很不情愿。

"他们可能不愿意同你们讲话。"他说。不过，他最终还是拦住了一位老人。老人咧了一下镶了金牙的嘴，似乎挺友好。

"我是一个基督徒。"老人说着画了一个十字。他指指自己的耳朵，表明他已经聋了。中尉费了半天劲也没有使他听见他的话，只得对我们说，这个老人也跟其他人一样，被原子弹的爆炸声震碎了耳膜，永远丧失了听力。

中尉又拦住了几个市民，但他们都在鞠躬致敬咧嘴微笑后便走开了。他们都说8月6日那天自己不在广岛。

两个男孩光着脚在瓦砾中走来走去，居然不怕感染，尽管没有任何医生敢肯定危险已不存在了。男孩子们说，他们是被人从乡下带来帮助清理这座城市的。

大街上还充溢着令人作呕的尸臭。中尉总算把我们带进银行了，大家不由得非常高兴。

医生说，那些进入广岛只几个小时的人不会染病，而许多企图在废墟上生活的人则会受到感染，这种感染会严重损伤人的血液细胞，使人身患白血病，所不同的是受到损害的是白血球而不是红血球。患者会完全秃顶，丧失食欲，他们还会吐血。

广岛市的几条主要街道已经清理出来。有轨电车穿过遭到摧毁的地区，通往海滨。但是井水仍严禁饮用，居民的饮用水都是从乡间运来的。

日本新闻记者向我们提出的第一批问题中有一个是："原子弹对未来战争将产生什么影响？"他们还问：广岛是否"在70年内仍为危险区"？我对他们说，我们一无所知。

日本关东军覆灭记

[苏] 华西列夫斯基

早在1943年12月举行的苏美英三大国首脑德黑兰会议上,苏联代表团就向盟国表示,原则上同意帮助对日作战。1945年2月雅尔塔会议上,签署了《三国关于远东问题的协定》,规定苏联在德国投降后两三个月内参加对日作战。

早在雅尔塔会议之前,最高统帅就要我和安东诺夫考虑缩短对日作战的准备期。雅尔塔会议后,最高统帅部大本营,特别是总参谋部,进一步加紧了对日作战的准备工作。

1945年4月5日,苏联政府通过外交人员向日本驻莫斯科大使发表声明,废除苏日中立条约。

鉴于远东战场极其遥远,幅员辽阔,自然条件复杂,再加上必须最适当、最及时地使用太平洋舰队为三个方面军服务,国防委员会为了对军事行动实行战略领导,决定成立远东苏军总指挥部,委任我担任领导,任命希金中将为军事委员,伊万诺夫上将为参谋长。

大本营计划在对日开战后打三个战役。一是兴安岭—奉天(沈阳)战役,由后贝加尔方面军会同蒙古人民共和国的军队负责。部队在越过大兴安岭后,应该用主力突击奉天。二是哈尔滨—吉林战役,由远东第一方面军从滨海地区发动,主攻哈尔滨和吉林两大城市。这是两个主要战役,它们实行夹攻,在满洲心脏会师,分割关东军,从而动摇其战斗力的基础。

整个6月和7月初,我们在总参谋部同各个方面军的司令员们一起修订远东战局计划。到6月27日,总参谋部根据大本营作出的战略决策,拟就对各个方面军的训令。6月28日,这些训令就经大本营批准。7月5日,我抵达赤塔,把大本营的训令交给后贝加尔方面军司令,同时分送滨海军队集群司令和两个远东方面军司令。

7月16日，斯大林从波茨坦打电话到离赤塔西南25公里的远东苏军司令部找我。他查问战役准备工作做得怎样，关心这一工作能否提前10天完成。我报告说，部队的集中以及一切最必要物资的调运不许可做到这一步，要求维持原定日期。斯大林对此表示同意。

7月30日，最高统帅部大本营发出命令，正式任命我为远东苏军总司令。

8月9日对日开战

8月7日，大本营发来新训令。训令说，后贝加尔、远东第一和第二方面军应在8月9日开始军事行动，完成大本营6月28日训令中规定的任务：各方面军航空兵的战斗行动从8月9日晨开始；后贝加尔方面军和远东第一方面军的地面部队8月9日晨越过满洲边界；远东第二方面军照我的指示行动；太平洋舰队进入一级战备，着手布雷，停止单船航行。舰队从8月9日晨开始战斗行动。

各个方面军的战斗行动展开了，它是按照下列战役部署实现的。马利诺夫斯基方面军：乔巴山元帅率领的蒙古人民革命军从大戈壁的赛音山德对德王的部队和张家口方面的绥远集团军群发起突击。普利耶夫上将的苏蒙混合骑兵机械化集群从北戈壁向多伦市方向突击；达尼洛夫中将的第17集团军从尤哥孜庙向赤峰突击，粉碎日本第44军的左翼。由于这一作战意图顺利实现，关东军因同日本驻北平地区的北方方面军隔断联系而陷于孤立，失去了获得南方增援的可能。马纳加罗夫上将的第53集团军从马马特向日本第三方面军司令部的驻地奉天进攻，突击第44军的右翼。柳德尼科夫上将的第39集团军从塔木察格布拉克突出地带粉碎日本第30军和日本独立第4军左翼，沿铁路向关东军司令部的驻地长春挺进，同来自东边的远东第一方面军第5集团军会师。卢钦斯基中将的第36集团军从道乌里亚经海拉尔直奔齐齐哈尔，突击第4军的中心。从空中支援后贝加尔方面军的是胡佳科夫空军元帅的空军第12集团军。后贝加尔方面军走的是难以通行的地区。

8月10日，蒙古人民共和国正式参战。我们的联合进攻一开始就发展得很顺利。最初几次的突然进攻和强大的威力，使苏军立即取得主动权。

苏军开始军事行动，引起日本政府的惊慌。铃木首相8月9日发表声明："苏联今晨参战，使我们最终处于绝境，无法继续作战。"由此可见，日本领导人供认，决定日本命运并加速结束第二次世界大战的，正是苏联的行动，绝不是美国飞机8月6日和9日在日本城市投掷原子弹。就美国方面而言，投原子弹与其说是结束第二次世界大战的行动，不如说是对苏联实行"冷战"的第一步。

苏军的进攻是在敌军顽抗下进行的。后贝加尔方面军的先头部队早在8月11日就到达大兴安岭西坡。主力军的快速部队越过大兴安岭后，前出至中满平原。8月14日，后贝加尔方面军经过250至400公里的急行军，前出至满洲中部地区，继续向满洲首府长春和大工业中心奉天挺进。在同一时间，远东第一方面军在深山老林、行军困难的条件下突破了敌人的强大防御地带，攻占了7个强大的筑垒地域，深入满洲120~150公里，开始对牡丹江市进行争夺战。远东第二方面军在接近齐齐哈尔的佳木斯的地方作战。这样一来，关东军在我军发动进攻的第六昼夜就已四分五裂。

在面临必败的情况下，日本政府8月14日决定投降。次日，铃木内阁倒台。但是，关东军继续顽抗。对此，红军总参谋部8月16日在苏联报纸上发表声明：

（1）日本天皇8月14日关于日本投降的公告只是关于无条件投降的一般宣言。对武装部队还未发出停止战斗行动的命令，日本武装部队依然继续抵抗。因此，日本武装部队还没有真正投降。（2）只有当日本天皇命令自己的武装部队停止战斗行动并放下武器，而且这一命令确实付诸实行时，日本武装部队才算投降。（3）有鉴于此，苏联远东武装部队将继续进攻日本。

随后几天，苏军大大加快进攻速度。在后贝加尔方面军的1000公里宽的地段上，普利耶夫骑兵机械化集群前出至张家口和承德；第17集团军经赤峰冲向辽东湾沿岸，近卫坦克第6集团军虽然由于供应时断时续而遇到极大困难，但依然坚决执行方面军下达的占领奉天的主要任务；第39集团军把敌人退却时破坏的桥梁和铁路一一修复，然后经洮安向长春挺进。这样，后贝加尔方面军于8月19日攻打到赤峰、长春、奉天和齐齐哈尔等地。这就是说，我们的部队从西边向关东军打进了一个面积大约60平方公里的巨大楔子。远东第一方面军也继续发动进攻。第35集团军8月16日挺进到佳木斯—图门铁路线，从而确保了方面军主力集团的右翼，切断了向南退却的日本独立第4军同牡丹江集团的联系。在开战后一周，日本第5军已经全部被歼，第3军以及第一方面军的其他部队损失惨重。

远东第二方面军在这几天内占领了佳木斯市，并同阿穆尔河区舰队配合，沿松花江向哈尔滨进攻。苏联空军在整个战场上掌握了制空权。太平洋舰队牢牢控制了朝鲜北部沿岸。关东军连连遭受惨败。

关东军缴械投降

8月17日，关东军总司令山田乙三大将对溃不成军的部队最终丧失指挥并意识到继续反抗已毫无意义时，发出了同远东苏军总指挥部谈判的命令。当天15时，关东军司令部广播如下声明：

为了尽快实现停止军事行动的命令，我们关东军首长今晨颁布命令，以便我方代表乘坐的飞机能在8月17日10时至14时（东京时间）之间飞往下列城市：牡丹江、密山、穆棱，同红军当局建立接触。关东军司令希望这一措施不致引起任何误会。

8月17日17时，我们接到关东军总司令的一份无线电报，说他已命令日本军队立即停止军事行动，向苏军缴械。19时，日本飞机在远东第一方面军驻地投下两个通信筒，筒内装有关东军第一方面军司令部关于停止军事行动的要求。但是，多数地区的日军继续反抗，而且有的地区还进行反扑。因此，我不得不发报给山田将军：

日本关东军司令部虽发报给远东苏军司令部提议停止军事行动，但只字不提满洲的日本武装部队的投降问题。同时，日军在苏日战场的许多地区还转入反攻。兹向关东军司令提出：从8月20日12时起在全线停止对苏军采取任何战斗行动并缴械投降。提出上述期限，是为了使关东军司令部能将停止抵抗和投降就俘的命令下达到自己的一切部队。一旦日军开始缴械，苏军将停止战斗行动。

同时，我命令远东第一方面军司令派出参谋到牡丹江和穆棱的机场，授权他们通知关东军司令部的代表：只有当日军开始投降就俘时，苏军的军事行动才能停止。采取这一措施是由于许多日本部队和警备队因失去联系而未接到山田的命令或拒绝执行命令。8月18日3时30分，山田通过电台答复苏军总指挥部，准备履行一切投降条件。8月18日，日军在前线的许多地区开始投降就俘。

为了加速解除已投降的日军的武装并解放日军占领区，8月18日我下令后贝加尔方面军以及远东第一和第二方面军："鉴于日军的反抗已被摧毁，道路不通的情况又严重阻碍我军主力迅速前进，完成既定任务，为了立即占领长春、奉天、吉林和哈尔滨这几个城市，必须派出专门编组的、装备精良的快速支队。还必须用这些支队或与此类似的支队来解决各项后续任务，不要怕它们离自己的主力太远。"

这样的支队在后贝加尔方面军和远东第一方面军的各集团军中纷纷建立起来。它们由坦克部队、乘坐汽车的步兵分队以及自行火炮和反坦克歼击炮兵分队组成。为了占领重要的军事目标和工业目标并接受日军警备部队的投降，向奉天、长春、旅顺口、大连、哈尔滨和吉林派出了空降兵。先遣支队继空降兵之后进入奉天、长春、旅顺口和大连，随后是近卫坦克第6集团军的部队和兵团。

日军张皇失措，纷纷当了俘虏。在俘虏中还发现了满洲皇帝溥仪。1933年，这个23岁的清朝代表人物在日本主子扶植下当了满洲皇帝，实际上成了日本主子的傀儡。他的寸步不离的伙伴和日常顾问便是日本吉冈将军。那里还设有日本大使馆，领导大使馆的是关东军司令官。1945年8月17日，当我们的空降分队在奉天机场着陆时，溥仪及其侍从，连同他的日本顾问，正准备飞往日本，但来不及飞走就当了苏军俘虏。

8月18日，远东第一方面军副参谋长谢拉霍夫少将指挥的空降兵，在哈尔滨机场出人意料地碰上了关东军参谋长秦彦三郎中将。谢拉霍夫在同他谈话时，建议他乘坐我军飞机，到远东第一方面军司令指挥所商谈有关全部关东军投降事宜。秦彦三郎接受了这一建议。8月16日远东时间15时30分，我们同秦彦三郎和日本驻哈尔滨领事宫川举行了会晤。

我们提出投降程序，指定受降的集合点、行动路线和时间。秦彦三郎接受了全部条件。他解释某些日本部队之所以没有执行缴械命令，是由于关东军当局未能及时把投降令传达下去，因为关东军司令部在红军进攻的第二天就失去了对部队的指挥。接着，我们警告秦彦三郎，日军必须有组织地缴械投降，包括军官在内，而且俘虏的伙食在投降初期应由日军领导负责安排。部队必须同伙房和存粮一起移交到我军手中，日军将领必须同自己的副官一起到场。

值得注意的是，秦彦三郎要求红军部队到达前准予日本士兵在满洲和朝鲜的个别地区保留武装，据他解释，因为"那里的居民不可靠"。我们回答说，苏军当局会保证红军占领区的全部秩序，不准有任何非法的越轨行为。

在整个谈判过程中，秦彦三郎和他的多数随行人员神色沮丧。"武士道"的自负精神已荡然无存。昨日还傲慢自矜的满洲太上皇，今日却俯首听命，甚至显得卑躬屈膝。我们每说一句话，他们都连连点头。

从 8 月 19 日起，日军纷纷缴械投降。被俘的日军将领有 148 名。军官和士兵 59.4 万名。到 8 月底，关东军以及驻在满洲和北朝鲜的其他敌军也全部解除武装。关东军的覆灭加速了日本的彻底投降。

落 日

——记日本签字投降的一幕

《参考消息》编者按（2005） 朱启平先生（1915～1993年）在第二次世界大战中曾受《大公报》派遣，在美国太平洋舰队任随军记者；1945年9月2日①，参加了"密苏里"战舰上日本向盟军的投降式，写成一时传诵的通讯《落日》（刊登在1945年11月2日《大公报》）。值此纪念抗战胜利60周年之际，本报将《落日》全文刊登，再次重温那不寻常的一幕……

1945年9月2日上午9时10分，我在日本东京湾内美国超级战舰"密苏里"号上，离开日本签降代表约两三丈的地方，目睹他们代表日本签字，向联合国投降。

这签字，洗净了中华民族70年来的奇耻大辱。这一幕，简单、庄严、肃穆，永志不忘。

天刚破晓，大家便开始准备。我是在7点多钟随同记者团从另一艘军舰乘小艇登上"密苏里"号的。"密苏里"号舰的主甲板有两三个足球场大，但这时也显得小了，走动不开。到处都是密密簇簇排列着身穿咔叽制服、持枪肃立的陆战队士兵，军衣洁白、折痕犹在、满脸堆笑的水兵，往来互相招呼的军官，以及二百多名各国记者。灰色的舰身油漆

---

① 2010年7月25日，俄罗斯总统德·梅德韦杰夫签署法案，把每年9月2日定为"第二次世界大战结束纪念日"。这项法案原先把9月2日定为"对日胜利纪念日"，后经日方游说，才最终定为第二次世界大战结束纪念日。日本媒体认为，"俄罗斯这一举动似乎意在赋予俄罗斯对南千岛群岛实际控制的正当性"。

1905年，在日俄战争中失败的沙俄被迫向日本转让了整个千岛群岛和南萨哈林岛控制权。日本不仅封闭了俄国及苏联舰队通往太平洋的出口，而且还封闭了通往堪察加和楚科奇半岛各港口的海上通道。因此，当1945年苏联对日宣战后，远东苏军总司令华西列夫斯基元帅将进攻千岛群岛的作战称为"夺门之战"。当年8月15日至23日，苏军第101步兵师和太平洋舰队密切配合，经过激战，夺取了从堪察加半岛到日本北海道之间的所有岛屿。

一新，16英寸口径的大炮，斜指天空。这天天阴，灰云四罩，海风轻拂。海面上舰船如林，飘扬着美国国旗。舱面上人影密集，都在向"密苏里"号舰注视着。小艇往来疾驶如奔马，艇后白浪如练，摩托声如猛兽怒吼，几乎都是载着各国官兵来"密苏里"号舰参加典礼的。陆地看不清楚，躺在远远的早雾中。

签字场所

　　签字的地方在战舰右侧将领指挥室外的上层甲板上。签字用的桌子，原来准备向英舰"乔治五世"号借一张古色古香的木案，因为太小，临时换用本舰士官室一张吃饭用的长方桌子，上面铺着绿呢布。桌子横放在甲板中心偏右下角，每边放一把椅子，桌旁设有四五个扩音器，播音时可直通美国。将领指挥室外门的玻璃柜门，如同装饰着织锦画一般，装着一面有着13花条、31颗星、长65英寸、阔62英寸的陈旧的美国国旗。这面旗还是92年前，首次来日通商的美将佩里携至日本，在日本上空飘扬过。现在，旗的位置正下视签字桌。桌子靠里的一面是联合国签字代表团站立的地方，靠外的留给日本代表排列。桌前左方将排列美国50位高级海军将领，右方排列50位高级陆军将领。桌后架起一个小平台，给拍电影和拍照片的摄影记者们专用。其余四周都是记者们的天下，大炮的炮座上，将领指挥室的上面和各枪炮的底座上，都被记者们占住了。我站在一座机关枪上临时搭起的木台上，离开签字桌约两三丈远。在主甲板的右前方，紧靠舷梯出入口的地方，排列着水兵乐队和陆战队荣誉仪仗队，口上又排列着一小队精神饱满、体格强壮的水兵。

白马故事

　　8点多钟，记者们都依照预先规定的位置站好了。海尔赛将军是美国第三舰队的指挥官，"密苏里"号是他的旗舰。因此从来客的立场讲，他是主人。这时他正笑吟吟地站在出入口，和登舰的高级将领们一个个握手寒暄。之后，美国太平洋舰队总司令尼米兹将军到了，海尔赛将军陪着这位上司走入将领指挥室，舰上升起尼米兹的五星将旗。海尔赛以前曾在向记者的一次谈话中说过这样一件事：他看中了日本天皇阅兵时骑的那匹白马。他说，想等击败日本之后，骑上这匹名驹，参加美军在东京街头游行行列。他还说，已经有人在美国国内定制了一副白银马鞍，准备到那时赠他使用。一个中士也从千里外写信给他，送他一副马刺，并且希望自己能在那时扶他上马。我还想起，第三舰队在扫荡日本沿海时，突然风传"密苏里"号上正在盖马厩。现在，马厩没有盖，银驹未渡海，但日本代表却登舰投降来了。

乐队不断奏乐，将领们不断到来。文字记者眼耳倾注四方，手不停地作笔记。摄影记者更是千姿百态，或立或跪，相机对准各处镜头，抢拍下这最有意义的时刻。这时候，大家都羡慕四五个苏联摄影记者，其中两个身穿红军制服，仗着不懂英语，在舰上到处跑，任意照相。可是我们这些记者因为事先有令，只能站在原定地点，听候英语命令，无法随意挪动。这时，上层甲板上的人渐渐多了，都是美国高级将领，他们满脸欢喜，说说笑笑。我还从来没有见过在这样一块小地方聚集这么多的高级军官。

代表到来

8点半，乐声大起，一位军官宣布，联合国签字代表团到。他们是乘驱逐舰从横滨动身来的。顷刻间，从主甲板大炮后走出一列衣着殊异的人。第一个是中国代表徐永昌将军，他穿着一身洁净的哔叽军服，左胸上两行勋绶，向在场迎接的美国军官举手还礼后，拾级登梯走至上层甲板上。随后，英国、苏联、澳大利亚、加拿大、法国、荷兰、新西兰的代表也陆续上来了。这时，记者大忙，上层甲板上成了一个热闹的外交应酬场所。一时间，中国话、英国话、发音语调略有不同的美国英语以及法国话、荷兰话、俄罗斯话，起伏交流，笑声不绝。身移影动时，只见中国代表身穿深灰黄军服；英国代表穿全身白色的短袖、短裤制服，裤管上还镶有长长的红条，海军则穿海蓝色制服；法国代表本来穿着雨衣，携一根手杖，这时也卸衣去杖，露出一身淡黄咔叽制服；澳大利亚代表的军帽上还围有红边……真是五光十色，目不暇接。

8时50分，乐声又响彻上空，盟军最高统帅麦克阿瑟将军到。他也是坐驱逐舰从横滨来的。尼米兹在舰面上迎接他，陪他进入位于上层甲板的将领指挥室休息。舰上升起他的五星将旗，和尼米兹的将旗并列。军舰的主桅杆上，这时飘起一面美国国旗。

上层甲板上热闹的场面渐渐结束了。联合国代表团在签字桌靠里的一面列队静立。以徐永昌将军为首的50位海军将领和50位陆军将领，也分别排列在预先安排好的位置上。这时有人说，日本代表团将到。我急急翘首望去，只见一艘小艇正向军舰右舷铁梯驶来。不久，一位美国军官领先，日本人随后，陆续从出入口来到主甲板。入口处那一小队水兵向美国军官敬礼后，即放下手立正。乐队寂然。日本代表团外相重光葵在前，臂上挂着手杖，一条真腿一条假腿，走起路来一瘸一拐，登梯时有人扶他。他头上戴着大礼帽，身穿大礼服，登上上层甲板就把帽子除了。梅津美治郎随后，一身军服，重步而行，他们一共11个人，到上层甲板后，即在签字桌向外的一面，面对桌子列成三行，和联合国代表团隔桌而立。这时，全舰静悄悄一无声息，只有高悬的旗帜传来被海风吹拂的微微的猎猎声。重光一腿失于淞沪战争后，一次在上海虹口阅兵时，被一位朝鲜志士尹奉吉投掷一枚炸弹炸断。梅津是前天津日本驻屯军司令，著名的《何梅协定》日方签字人。他们都是中国人民的熟人，当年在我们的国土上不可一世，曾几何时，现在在这里重逢了。

仪式开始

9时整，麦克阿瑟和尼米兹、海尔赛走出将领指挥室。麦克阿瑟走到扩音机前，尼米兹则站到徐永昌将军的右面，立于第一名代表的位置。海尔赛列入海军将领组，站在首位。麦克阿瑟执讲稿在手，极清晰、极庄严、一个字一个字对着扩音机宣读。日本代表团肃立静听。麦克阿瑟读到最后，昂首向日本代表团说："我现在命令日本皇帝和日本政府的代表、日本帝国大本营代表，在投降书上指定的地方签字。"他说完后，一个日本人走到桌前，审视那两份像大书夹一样白纸黑字的投降书，证明无误，然后又折回入队。重光葵挣扎上前行近签字桌，除帽放在桌上，斜身入椅，倚仗桌边，除手套，执投降书看了约一分钟，才从衣袋里取出一支自来水笔，在两份投降书上签字。梅津美治郎随即也签了字。他签字时没有入座，右手除手套，立着欠身执笔签字。这时是9时10分，军舰上层传来一声轻快的笑声，原来是几个毛头小伙子水兵，其中一个正伸臂点着下面的梅津，又说又笑。但是，在全舰庄严肃穆的气氛下，他们很快也不出声了。

麦克阿瑟继续宣布："盟国最高统帅现在代表和日本作战各国签字。"接着回身邀请魏锐德将军和潘西藩将军陪同签字。魏是菲律宾失守前最后抗拒日军的美军将领，潘是新加坡沦陷时英军的指挥官。两人步出行列，向麦克阿瑟敬礼后立在他身后。麦克阿瑟坐在椅子上，掏出笔签字。才写一点，便转身把笔送给魏锐德。魏锐德掏出第二支笔给他，写了一点又送给潘西藩。他一共用了6支笔签字。签完字后,回到扩音机前说:"美利坚合众国代表现在签字。"这时,尼米兹步出行列,他请海尔赛将军和西门将军陪同签字。这两人是他的左右手。海、西两人出列后,尼米兹入座签字,签完字,就各归原位。麦克阿瑟接着又宣布:"中华民国代表现在签字。"徐永昌步至桌前,由王之陪同签字。这时我转眼看看日本代表,他们像木头人一样站立在那里。之后,英、苏、澳、加、法、荷等国代表在麦克阿瑟宣布到自己时,先后出列向麦克阿瑟敬礼后,请人陪同签字。陪同的人澳大利亚最多,有4个,荷兰、新西兰最少,各一人。各国代表在签字时的态度以美国最安闲,中国最严肃,英国最欢愉,苏联最威武。荷兰代表在签字前,曾和麦克阿瑟商量过。全体签字毕,麦克阿瑟和各国首席代表离场,退入将领指挥室,看表是9点18分。我猛然一震:"九一八"!1931年9月18日日寇制造沈阳事件,随即侵占东北;1933年又强迫我们和伪满通车,从关外开往北平的列车,到站时间也正好是9点18分。现在14年过去了。没有想到日本侵略者竟然又在这个时刻,在东京湾签字投降了。天网恢恢,天理昭彰,其此之谓欤!

投降书脏了

按预定程序,日本代表应该随即取了他们那一份投降书(另一份由盟国保存)离场,但是他们还是站在那里。麦克阿瑟的参谋长苏赛兰将军本来是负责把那份投降书交给日方的,这时他却站在签字桌旁,板着脸和日本人说话,似乎在商量什么。大家都不知道出了什么事,记者们议论纷纷。后来看见苏赛兰在投降书上拿笔写了半晌,日本人才点头把那份投降书取去。事后得知,原来是加拿大代表在日本那份投降书上签字时签低了一格,占了法国签字的位置,法国代表顺着签错了地方,随后的各国代表跟着也都签错了,荷兰代表首先发现这错误,所以才和麦克阿瑟商量。苏赛兰后来用笔依着规定的签字地方予以更正,旁边附上自己的签字作为证明。倒霉的日本人,连份投降书也不是干干净净的。

日本代表团顺着来路下舰,上小艇离去。在他们还没有离舰时,11架"超级堡垒"排列成整齐的队形,飞到"密苏里"号上空,随着又是几批"超级堡垒"飞过。

机声中,我正在数架数时,只见后面黑影簇簇,蔽空而来,那都是从航空母舰上起飞的飞机,一批接一批,密密麻麻,不知有多少架,顷刻间都到了上空，然后向东京方向飞去。大战中空军将士厥功其伟，理应有此荣誉，以这样浩浩荡荡的阵势，参加敌人的投降典礼。

我听见临近甲板上一个不到20岁满脸孩子气的水手，郑重其事地对他的同伴说："今天这一幕，我将来可以讲给孙子孙女听。"

这水兵的话是对的，我们将来也要讲给子孙听，代代相传。可是，我们别忘了百万将士流血成仁，千万民众流血牺牲，胜利虽最后到来，代价却十分重大。我们的国势犹弱，问题仍多，需要真正的民主团结，才能保持和发扬这个胜利成果。否则，我们将无面目对子孙后辈讲述这一段光荣历史了。旧耻已湔雪，中国应新生。

（1945年9月3日写于横须贺港中军舰上，原载《大公报》）

东京审判

1945年12月16~26日，苏美英三国外长莫斯科会议决定：驻日盟军最高统帅应采取一切必要的措施，保证使包括惩办日本战犯在内的"日本投降及占领和管制日本"诸条款一一实现。随后，苏、美、中、英、法、澳、加、新、荷9国代表经过多次谈判，决定将日本首要战犯交由这些国家代表所组成的国际军事法庭审判。印度和菲律宾后来参加了这项协议，远东国际军事法庭遂由11国组成。

为了防止日本战犯逃避审判，早在此前的1945年9月，盟军最高统帅麦克阿瑟就下令逮捕甲级战犯。9月11日，前日本首相东条英机被捕。此后，盟军总部又陆续将前陆军大臣荒木贞夫等72人追列为甲级战犯。12月中旬，除前首相近卫文麿等数人自杀外，其余100多名日本甲级战犯全部被盟国逮捕收监。

1946年1月19日，麦克阿瑟签发了"特别通告"，即"设置远东国际军事法庭"（又称东京法庭）的命令，并批准了《远东国际军事法庭宪章》。2月15日，盟军最高统帅部根据各同盟国政府的提名，任命了11名远东国际军事法庭法官，美、中、英、苏、加、法、新、荷、印、菲各一名。法庭庭长是由麦克阿瑟指定的澳大利亚法官韦伯爵士。中国法官是42岁的梅汝璈。后者1924年从清华大学留美预备班毕业后，在美国学习4年，获芝加哥大学法学博士学位，回国后曾在多所高校教授法律课程。这次，他受国家的重托，于3月20日从上海飞抵东京履行新职。

根据英美法律习惯，被告享有充分的辩护权利，法庭还为此组织了有日美两国著名律师参加的庞大的国际辩护团。因此，审理过程充满了激烈的对抗。

1946年5月3日，远东国际军事法庭宣布开庭。法庭的左侧是贵宾席，盟国在东京的要员几乎都到场听审。法庭的右侧有两层楼，楼下是四五百名各国新闻记者，楼上是六七百名听众。

审判台上，韦伯坐在中间，他的右边是美国法官，而左边则是中国法官梅汝璈。战犯们在军警的押解下一一进入法庭，坐在审判台的对面。他们是：20世纪30年代煽动青年将校们用武力改造国家的"雄辩家"荒木贞夫、同陆军省合作的原首相平沼骐一郎和广田弘毅、东条内阁的大藏相贺屋兴宜、1940年开始成为日本天皇耳目的内相木户幸一、外相松冈洋右、把战争说成外科手术的海军军令部总长永野修身，等等。天皇裕仁由于"不存在有罪的证据"而免于受审。前排居中是东条英机，他佯作镇静，一动不动，就像死人一样。

这28名甲级战犯是盟军总部国际检察处根据各同盟国的意见选定的。但在这个战犯名单里，并未出现日本天皇裕仁的名字。作为日本的最高元首，裕仁对日本的侵略行为负有不可推卸的责任。战争结束后，国际社会要求审判裕仁的呼声极高。但出于对战后利益的考虑，美国政府和麦克阿瑟宣布"保留天皇制，不逮捕也不起诉天皇"，理由是《波茨坦公告》允许日本在战后保留天皇制度。

梅汝璈主张审判裕仁，他提出，保留天皇制度与起诉裕仁并不矛盾——可以由新天皇即位。梅汝璈的主张得到其他一些法官的支持，只是由于麦克阿瑟的庇护，才使裕仁侥幸逃脱了法律的审判。

开庭后，检察长季南（美国人）首先宣读长达42页的起诉书。然后，根据法庭采用的英美法系规定，28名被告应对起诉书公开声明自己是否有罪。除大川昭明外，其他27人全都声称无罪。

法庭上，几十位美国、日本的律师（每一被告有美、日籍律师各一名）采用了拖延战术。律师代表清濑一郎（兼东条英机的辩护律师）节外生枝，攻击法庭超越管辖范围，声称庭长韦伯应该回避，因而使法庭无法正常工作。由于英美法系规定律师可以直接质询证人，他们便无孔不入，无隙不乘，从询问证人是否犯过罪，是否系精神病人，直至提出是否患有花柳病等不着边际的问题，妨碍检方提供的证人向法庭正常提供证言。

审判历时两年，开庭日数为417天（818次）。近12000人提出了口头或书面的证言，被受理的审判和辩护方面的证据近5200件。

1948年4月，法庭进入起草判决书阶段。在梅汝璈的争取下，法官们推定由中国法官负责起草判决书中有关中国的部分。梅汝璈与助手杨寿林、罗集谊、方福枢等通力合作，在300多页、10余万字的初稿上倾注了大量心血。

日本华中派遣军司令松井石根应该对南京大屠杀负直接责任，他却在法庭上声称，曾派出十余名宪兵维持全城秩序。可是，盟军缴获有德国驻南京大使馆发给德国外交部的密电，电文概述了日军在南京城里杀人如麻的情景，并得出结论说：犯罪的不是这个日本人或者那个日本人，而是整个日本皇军，它是一部正在开动的野兽机器。

法庭进入最后的秘密评议（量刑）阶段，11国法官在是否判处死刑的问题上，意见发生根本分歧。凡本国已废除死刑的法官，自然不愿投死刑票，譬如庭长、澳大利亚的韦伯爵士就主张将战犯们流放到荒岛上。美国法官同意死刑，但他仅限于对发动战争和虐待俘虏的战犯判处死刑。印度法官竟然主张无罪开释全体战犯。梅汝璈坚决表示："若不能严惩战犯，决无颜再见江东父老，惟蹈海而死，以谢国人。"经过他和助手们的艰苦工作，最后投票时，终以1票的微弱多数把东条英机、土肥原贤二、松井石根等7名首恶送上了绞刑架。

法庭于1948年11月4日开始进行判决，厚达1500页的判决书宣读了7天。法庭最后宣判25人有罪。

被判处绞刑的7人是：东条英机（历任陆军大将、陆相、内相、首相、参谋总长）；广田弘毅（历任驻苏大使、外相、首相）；土肥原贤二（历任陆军大将、驻满特务机关长、陆军航空总监）；板垣征四郎（历任陆军大将、中国派遣军总参谋长、陆相）；木村兵太郎（历任陆军大将、陆军次官、缅甸派遣军司令官）；松井石根（历任陆军大将、上海派遣军司令官）；武藤章（历任陆军中将、陆军省军务局长）。

被判处无期徒刑的16人是：木户幸一、平沼骐一郎、贺屋兴宣、坞田繁太郎、白鸟敏夫、大岛浩、荒木贞夫、星野直树、小矶国昭、畑俊六、梅津美治郎、南次郎、铃木贞一、佐藤贤了、桥本欣五郎、冈敬纯。

被判处有期徒刑的2人是：重光葵（7年）、东乡茂德（20年）。

东京审判的进行，大体是严肃和公正的，得到全世界包括日本本国进步舆论的支持。但是，由于美国在审判中起着主导作用，出于本国的利益和观念，审判对战犯的追究在某些方面相当宽容和不彻底，许多重要战犯和法西斯组织没有受到应有的惩处，大川周明就是一个典型的例子。

在远东军事法庭开庭的第一天，坐在被告席最上面的大川周明两次站起来，使劲拍打坐在他前面的东条英机的秃顶。当庭长下令把他带出法庭时，他一边挣扎，一边高喊："我要杀死东条！"第二天，法庭准许大川退庭去进行精神鉴定。医学专家最后认定他患有精神病。然而，在远东国际军事法庭闭庭后不到两个月，大川周明被释放了。奇怪的是，他的疯病居然马上好了。中国法官梅汝璈在他1962年开始写作、生前只完成4卷的回忆录《远东国际军事法庭》一书中，对大川周明在法庭上的丑恶表演评论道："这是对法律正义的嘲弄。"梅汝璈还有一句话流传甚广，令人深思："我不是复仇主义者，我无意于把日本军国主义欠下我们的血债写在日本人民的账上。但是我相信，忘记过去的苦难可能招致未来的灾祸。"

执行死刑

《朝日新闻》记者团

总司令部涉外局（1948年12月）23日4时10分紧急宣布：在远东国际军事法庭上被判处死刑的7名战犯，将于23日早晨在巢鸭监狱执行绞刑。执行时间从零点1分开始，33分钟后结束。

首先被押上绞刑台的是土肥原、松井、东条、武藤4名战犯——他们将被同时绞死；接着是板垣、广田、木村3人。21日晚9时，他们每次两人，被叫到监狱的佛堂听取执刑通知。7人都提出希望同监狱的法师花山信胜单独会见1小时。在这些会见中，只有东条一人提出特别要求——想在最后一天吃日本式的饭菜，并得到许可。

7人在最后一天都写了信，会见了法师，还相互致了最后的诀别辞。这一天的饭菜是美国军用餐，有要求者则是日本饭菜。但是，7人都没有食欲。他们在监房里特设的佛坛前最后一次念经。

执行场上，官方监刑人、医生和监狱重要人员都到场了，此外，总司令部还邀请了对日理事会的4国代表监刑：美国代表兼对日理事会长威廉姆·J·西波尔德公使、中国代表商震上将、英联邦代表巴特里克·肖、苏联代表库茨曼·迪利比扬格中将。

这些监刑人是根据麦克阿瑟的备忘录到场监刑的。备忘录说："对远东国际军事法庭宣判死刑的战犯的执刑，将于12月23日凌晨进行。执刑是向远东国际军事法庭派出代表的各盟国所下达的判决的实现，因此我特地邀请阁下作为盟国的正式监刑人，为使基于远东国际军事法庭判决的执刑确实实施而到场监刑。"

13级死亡台阶

在对第一批战犯执刑前20分钟，看守分别把4名战犯从单间牢房带到牢房一楼特设的佛坛前。战犯在这里听完念经后，将被护送到绞刑台。佛坛前的仪式一结束，就由监狱值日军官带路，后面跟着美国陆军牧师和日本法师。战犯按土肥原、松井、东条、武藤的顺序排列，每个人的两边都有两名美军看守护送。一行人静静地走向刑场，行列的最后跟着两名监狱的军官。

被执刑者来到绞刑台时，一个个受到确认。绞刑台入口处早已有监刑人在受刑人到来之前就在那里等着，在他们作了确认后，受刑者就上了13级台阶，站在绞刑台上，面对着监刑人。死刑囚一上绞刑台，头上就被戴上黑头巾并被套好绞索。在主执行官向执行指挥官敬礼并报告准备完毕后，执行官就向死刑囚方向发出了抽开4张踏台的信号，此时正好是零点1分30秒，即在战犯到达1分钟后。

土肥原于零点7分30秒被宣布死亡，东条为零点10分30秒，武藤为零点11分30秒，松井为零点13分。接着，第二批战犯于零点10分被带到刑场，同样受刑，踏台于零点20分抽掉。板垣于零点32分30秒被宣布死亡，广田为34分30秒，木村为35分30秒。

受刑者没有借助别人，而是自己走到了死亡的地点。他们在绞刑台上听了几句佛教祈祷，但没有留下遗嘱。死刑囚各有一个医生跟随，一旦断定已经死亡，医生便招呼上级医官检验、确认并宣布死亡。死刑囚穿的是没有任何标记的美军救护服。

美国陆军的死亡登记人员从灯火通明的绞刑台上放下尸体，送去火化，骨灰和以前处死的其他日本战犯一样撒掉。

死刑犯的最后时刻

在巢鸭监狱目睹东条等7名战犯最后时刻的唯一日本人是法师花山信胜博士。当天下午3点多，他坐吉普车出门，直接去东京大学印度哲学研究室会见内外记者。

花山信胜博士在21日以后在巢鸭监狱实际度过了3天两夜，并且感受了过去乙级、丙级27名战犯执刑时未曾感受到的非同寻常的体验。他疲劳到了极点。他说，早晨给7个尸体念完经，整理完有关战犯最后时刻面容的笔记，就像垮了一样倒在床上睡着了。他详细转述了7名战犯临死时的心情，然后回答了记者们的提问。

问：接到执刑通知后，7名战犯有什么动静？

答：他们非常沉着，好像都很放心，有人在写绝命诗，武藤在昨晚突然被叫去后写道："霜夜时，横下决心，出门去。"

东条写道：

"此一去，尘世高山从头越，弥勒佛边唯去处，何其乐。

明日始，无人畏惧无物愁，弥勒佛边唯寐处，何其悠。"

据他解释，意思是说：

"想起一直在100瓦的灯光昼夜照射下，竟能未得神经衰弱，觉得因为有了信仰，才一直到最后都能保持身心健康。"

土肥原从22日下午3点起，在1个小时的会见时，在佛堂里说：

"睡得很好，睡得这么熟把我叫起来，真难受，可是……"

他还作了和歌：

"往前跨，狭路亦变宽，二河白道如斯否，但愿亦见宽！"

所说的二河白道，是中国名叫善导大师的人在他编著的书里写下的有名的传说，说是在一条水河和一条火河中间有一条非常细的四五寸左右的路，从此岸通向彼岸。不灭的火焰和翻卷的波浪使道路变窄而不能通行。但是，如果下定决心往前走，那就会感到道路宽阔，可以毫无畏惧地走下去。

他还接着说，现在受到心口放光的如来佛的召唤，万分感激，心情恰似久旱逢甘霖一般。念着南无阿弥陀佛勇往直前地前行，有阿弥陀如来的安排，不需要自己费力，那白色的道路将顷刻变成一条康庄大道。

花山博士举起左手的念珠说："这是东条一直戴到最后的念珠。"又举起右手的念珠说："这是松井戴到最后的念珠。这些念珠是在上绞刑台之前他们求我交给家属的，所以两串我都收下了。"

问：念珠的球拔掉了，这是为什么？

答：说是玻璃危险，所以特地拿掉了，穗子也特地割掉了。

问：上绞刑台时也戴着念珠吗？

答：临死前四五分钟给了我。在入口处给我念珠时，我们握手告别。

问：此外还有别的绝命诗吗？

答：板垣说：

"根据波茨坦宣言，我们就是永远和平的牺牲者。跟随日莲和尚，为了永远和平而抛弃我们这把丑骨头，是变粪土为黄金的事，因此我们可以瞑目了。祝愿我国迅速和各国讲和，实现其再建并对世界和平作出贡献，也祈祷中国和大韩国国运隆盛，还感谢巢鸭当局给我们的长期保护。"

他的谢罪歌是：

"双膝跪拜神灵前，一心乞恕罪不浅。"

"无限怀念，中国友人，于今仍见，东亚之外，复有东亚。"

"朝夕待死，片刻亦是，人生之途，全力以赴。"

木村要我转告他的夫人：

"此类事是前世姻缘，应该想开。自己作为长久和平的一块基石，是欢欢喜喜地离开人世的，超脱了死便是永远的生！"

广田说：

"你看得出，我身体没有什么不正常，请转告我只是健康地默默地死去的。自己很早就不搞文学什么的了，倒是读过别人的东西，但自己没有写过，所以没有和歌呀俳句呀什么的。"

松井的作品是：

"天地无恨人无怨，心中唯有无畏念，思宁神安上旅程，无愁无虑趋向前。

何物欲留人世间？唯吾心肺一忠言，自他平等不可忘，于此应怀真诚胆。"

问：最后个别见面的情形如何？

答：从22日上午9点一直到晚上12点，连续不断地进行了会见。按照下面的安排一直会见到12点30分左右。

问：22日晚上东条怎么样？

答：东条左手戴着念珠，执刑通知完毕时举手向监狱长一拜，表示对他的感谢。还两次喊"OK、OK"，说翻译一通知，就非常清楚了，还说：

"其实昨晚忘了向监狱长道谢，请代我转达，因为24小时前正在睡觉，没有预告便被拖了出来，以为是要执刑了，但只是提前24小时通知我，非常感谢。"

问：接到执刑通知时情形如何？

答：一次两人叫去听通知，只有东条是字母顺序最后一个，所以是一个人。

关于尸体的处理，各家报纸报道称：当天凌晨2点5分，一辆大型卡车从巢鸭开出，两辆吉普车前后护卫，沿京滨国道直奔横滨方向去了。

23日凌晨3点，在京滨国道上风驰电掣般跑着的两辆大型篷车在两辆吉普车的护卫下进入横滨市，一辆卡车上装着的是7具棺材吧？不久，卫兵和卡车、吉普车共两辆沿京滨国道往回走，装棺材的卡车等待天亮，7时40分，进入横滨市西区久保町的久保山火葬场。

上午8时，火葬场高高耸立的烟囱里开始有一股淡淡的黑烟升向即将下雨似的灰色天空，10时10分，火化结束了吧？一辆吉普车驶出火葬场，不知奔向何方。

这天上午，教会、寺院等，举行了麦克阿瑟所说的和平祈祷。但东京银座等地，圣诞节即将来临，到处人山人海，这样重大的新闻也在腊月岁暮的忙乱中烟消云散。

东京靖国神社供奉的日本战犯

第二次世界大战结束后,远东国际军事法庭审判了 28 名日本甲级战犯和 2000 多名乙、丙级战犯,其中有 14 名甲级战犯的灵位供奉在东京靖国神社中。这些战犯无一不是日本对外侵略战争的发动者与指挥者,他们都对和平人类犯下了滔天罪行。

东京靖国神社位于都千代田区九段坂,里面供奉着自明治维新以来为日本军国主义战死的军人及其军属,其中绝大多数是在中日战争和太平洋战争中阵亡的日军官兵和殖民地募集兵。靖国神社在第二次世界大战前一直由日本军方专门管理,是国家神道的象征;第二次世界大战后,遵循政教分离原则,靖国神社改组为宗教法人。1978 年 10 月,靖国神社偷偷移入甲级战犯牌位,目的是否定远东国际军事法庭的判决。此后 30 多年来,日本内阁成员等政界要人参拜靖国神社,屡次引发外交纠纷,被认为是在"以身作则"地故意刺激饱受日本军国主义侵略的亚太各国人民的感情、美化日本侵略历史和挑战战后国际秩序。

靖国神社中供奉的 14 名甲级战犯是:

1. 东条英机

东条英机是日本法西斯统治集团的魁首,是侵苏战争、侵华战争和太平洋战争的主要决策者之一,被称为"战争狂人"。1935 年,东条英机任日本关东军宪兵司令官,在"强化治安"的名义下,以"剃头效率"大批逮捕和屠杀中国东北抗日军民。"七七事变"中,他作为全面侵华的急先锋,率"东条兵团"侵入承德、张家口、大同、包头等地。1940 年至 1941 年,东条英机任陆军大臣,极力主张进一步扩大侵华战争和发动对苏战争。1941 年 10 月,东条英机任内阁首相兼陆军大臣等军政要职,大搞"东条独裁",对内强化法西斯统治,对外扩大侵略战争。1941 年 12 月 8 日,东条英机悍然发动了太平洋战争。

1945 年 9 月,东条英机作为日本头号战犯被捕,后被远东国际军事法庭判处绞刑。

2. 土肥原贤二

土肥原贤二，日本陆军大将、侵华阴谋家。从1913年开始，他在中国长达30余年的间谍特务生涯中，竭力从事分裂中国、侵略中国的罪恶活动。

他参与策划了"九一八"事变，1931年年底劫持溥仪到东北，拼凑伪满傀儡政权，致使东北沦陷长达14年。1935年6月，他逼迫国民党政府签署《秦土协定》，攫取了察哈尔大部主权。1935年10月，他策划了以分裂中国为目标的"华北自治运动"。"七七事变"后，他率日军第14师团入侵中国。

1948年11月12日，土肥原贤二被远东国际军事法庭判处绞刑，12月23日在东京巢鸭监狱执行。

3. 松井石根

松井石根，日本陆军大将、南京大屠杀元凶。1937年8月，松井任侵华日军华中方面军司令官兼上海派遣军司令官。日军占领南京后，制造了惨绝人寰、震惊世界的南京大屠杀。被屠杀的中国军民达30万以上。日军还对南京进行了大抢劫、大纵火，历史名城被毁1/3，财产损失不计其数。

松井石根作为华中方面军司令官，有意纵容部队施行种种暴行，对惨无人道的南京大屠杀负有不可推卸的罪责。

1948年11月12日，他被远东国际军事法庭判处绞刑，12月23日在东京巢鸭监狱执行。

4. 木村兵太郎

木村兵太郎，日本陆军大将、杀人不眨眼的屠夫。曾长期在日本陆军从事野战兵器装备的开发与研制，是日本陆军的"炮兵专家"。1939年3月，木村兵太郎被任命为侵华日军第32师团师团长。

1939年4月，他率领8000多名日军对我国鲁南抗日根据地进行扫荡，命令士兵对手无寸铁的中国老百姓进行血腥屠杀，并将2000多人关押到济南新华院集中营做苦力。此后，每年数以万计的中国劳工从这里被掳掠到东北、日本的矿区。1944年，木村兵太郎在日军面临全面溃退时，被派任驻缅甸方面军司令官。他命令部下对缅甸平民和俘虏进行虐待与屠杀，制造了仰光大屠杀，被称为"缅甸屠夫"。

日本投降后，木村兵太郎被远东国际军事法庭判处绞刑。

5. 广田弘毅

广田弘毅，1932年任日本外务大臣、唯一的文官甲级战犯。1936年1月发表了企图吞并中国，将中国置于日本控制下的"广田三原则"。1936年3月出任内阁总理大臣，1937年年初参与日本帝国主义发动全面侵华战争的决策，是发动对华全面侵略战争的主谋之一。他表面上主张实行所谓"和平外交"，实质上是为军部对中国扩大侵略、独霸亚洲效力。在担任首相期间，他听命于军部，恢复了"军部大臣现役武官制"，致使军部得以干涉政务，在客观上为军部的独裁铺平了道路。日本战败后，他被远东国际军事法庭判处绞刑。

6. 坂垣征四郎

坂垣征四郎，日本陆军大将、"九一八"事变主犯。曾任驻华日军参谋，长期在昆明、武汉、沈阳等地进行阴谋活动。1931年参与策划"九一八"事变，炮制伪满洲国傀儡政权。

1934年任关东军副参谋长，制造内蒙古"独立"和绥远事件。1936年任关东军参谋长，1937年任第5师团师团长。1938年5月，他奉调回国，出任近卫内阁陆军大臣，主张扩大侵华战争，下令扩大战争范围。

1939年到1941年，坂垣征四郎到中国出任日本派遣军总参谋长。1941年太平洋战争爆发后，他带领所属部队参加太平洋战争。

1948年12月23日，他被远东国际军事法庭判处绞刑。

7. 武藤章

武藤章，日本陆军中将、扩大侵华战争的"谋士"。1937年担任侵华日军华中方面军副参谋长，12月协助松井石根攻占南京，是制造南京大屠杀的主谋之一。

在日本参谋本部作战课课长和陆军省军务局局长的职位上，武藤章操纵了历任陆军大臣。从"七七事变"后提出扩大侵华战争的方针，到"八一三"事变后悍然策划杭州湾登陆，武藤章都起了重要作用。

武藤章1942年至1945年先后任驻苏门答腊日军第2守备师团长等职。这期间，他对当地的平民进行屠杀，制造了"马尼拉大惨案"。

战后，他被远东国际军事法庭判处绞刑。

8. 松冈洋右

松冈洋右，侵华舆论制造者。1900年毕业于美国俄勒冈大学，从1904年起进入日本外务省，历任日本驻中国、美国等国外交官。

松冈洋右在"九一八"事变前多次担任日本驻中国领事，竭力鼓吹"满蒙是日本的生命线"，"日本确保和死守满蒙生命线当然是天经地义、无可非议的",为日本侵华大造舆论。"九一八"事变后作为日本驻国际联盟首席代表,为日本入侵中国东北辩护。1940年担任日本外相,参与缔结德国、意大利和日本的三国同盟。

1945年日本投降后,他作为甲级战犯接受审判,1946年病死。

9. 永野修身

永野修身,日本海军大将、偷袭珍珠港的下令者。"九一八"事变爆发后,他下令在上海制造了"一·二八"事变,造成中国军民伤亡3.4万人,五六十万人无家可归。1941年初,他出任海军军令部总长,指示山本五十六制定海军"南进"计划和偷袭珍珠港的具体方案,并竭尽全力协助东条英机指挥海军进犯东南亚国家。1941年12月,他签署了偷袭美国珍珠港的作战命令。1946年5月3日,他被远东国际军事法庭判为甲级战犯。1947年1月5日,他病死在美军医院,逃避了正义的审判。

10. 白鸟敏夫

白鸟敏夫,对外侵略的吹鼓手。1914年进入外务省,曾先后在日本驻美国、中国和德国等地使馆任职。1930年,白鸟敏夫就任外务省情报部部长。"九一八"事变后,他伙同外务省书记官长森恪和陆军省的铃木贞一等人,主张日本退出国际联盟,支持在中国东北建立傀儡政权。1938年,他就任日本驻意大利大使,在任期间,他向日本政府施加影响,力促日德意三国同盟的结成。1948年,白鸟敏夫被远东国际军事法庭判处无期徒刑。1949年6月3日,在服刑期间病死。

11. 平沼骐一郎

平沼骐一郎,日本天皇制司法官僚的总代表,天皇的狂热追随者和布道师。他所创立的专制主义思想理论和专制主义司法制度,为日本军国主义势力的发展提供了理论依据与制度保障,被称为"日本法西斯教父"。

平沼骐一郎1923年出任司法大臣,1939年1月,近卫内阁辞职,平沼骐一郎组阁,担任首相,不足8个月便下台,1940年至1941年任第二届近卫内阁内务大臣和国务大臣。日本投降后,他于1948年被远东国际军事法庭判处无期徒刑,1952年病死。

12. 小矶国昭

小矶国昭,陆军大将、镇压朝鲜人民的罪魁。历任陆军省军务局长、陆军次官、第5师团师团长、关东军参谋长等职。

1942年,小矶国昭出任驻朝鲜军司令官。他在朝鲜大力推行奴化教育，宣传朝鲜人民与日本人同根同族，愚弄朝鲜民众，残酷镇压朝鲜人民的反抗行动。1944年7月，小矶国昭继东条英机后出任首相。在内外交困中，他于1945年辞去首相职务。

战后，小矶国昭被远东国际军事法庭判处无期徒刑，1950年在狱中病死。

13. 梅津美治郎

梅津美治郎，日本陆军上将、残杀东北军民的刽子手。1911年从陆军大学毕业后，历任日本驻德国、丹麦使馆武官，参谋本部总务部长等职。

1934年3月至1935年8月，他被任命为日本驻天津的驻屯军司令官。他迫使国民党政府同他签订了有损中国主权的《何梅协定》，攫取了河北和平津地区的大部的主权。

1939年至1944年6月，担任关东军司令官的梅津美治郎在中国东北实行残酷的殖民统治，加紧对东北的经济掠夺与控制，对东北抗日联军实行"大讨伐"，给东北地区军民带来深重的灾难。

1948年11月12日，他被远东国际军事法庭判处无期徒刑，1949年病死。

14. 东乡茂德

东乡茂德，疯狂扩张的策划者。1912年进入日本外务省，历任欧美局局长、欧亚局局长、驻德大使、驻苏大使等职。

1939年5月至9月，专门负责处理"诺门坎事件"，与苏联达成停战协定。1941年10月至1942年9月，任东条英机内阁的外务大臣兼拓务大臣，参加太平洋战争的筹划和准备。太平洋战争爆发后，他曾与其他阁僚合作指导太平洋战争及对华战争。

1948年11月12日，他被远东国际军事法庭判处有期徒刑20年。1950年7月，于服刑期间病死于驻日美军陆军医院。

参考文献

一、长期积累的报刊剪报,这些报刊主要有:《新华每日电讯》、《参考消息》、《参考资料》(内部发行)、《环球》、《作家文摘》、《读者文摘》、《青年文摘》等。

二、中文书籍

[美] 威廉·夏伊勒著,董乐山等译:《第三帝国的兴亡》,世界知识出版社1979年版。

[苏] 朱可夫等著,王健夫等译:《斯大林格勒保卫战》,天津人民出版社1980年版。

《原火燎原》选编,中国人民解放军战士出版社1981~1982年北京版。

[法] 戴高乐著,北京编译社译:《战争回忆录》,世界知识出版社1981年版。

[苏] 别列日柯夫著,李金田等译:《外交风云录》,世界知识出版社1981年版。

[苏] 别列日柯夫著,李文厚等译:《外交风云录(续篇)》,世界知识出版社1982年版。

[德] 汉斯-阿道夫·雅各布森等著,中国人民解放军军事科学院外国军事研究部译:《第二次世界大战的决定性战役(德国观点)》,江苏人民出版社1982年版。

[德] 维·克赖佩等著,申庚译,史雁校:《纳粹将领自述》,商务印书馆1982年版。

[苏] 伊·爱伦堡著,戈宝权等译:《爱伦堡政论通讯集》,新华出版社1982年版。

[苏] 鲍·波列伏依著,徐耀魁等译:《粉碎"台风"计划——随军采访四年》,新华出版社1983年版。

[苏] 鲍·波列伏依著,徐耀魁等译:《大进军——随军采访四年》,新华出版社1983年版。

［苏］鲍·波列伏依著，徐耀魁等译：《距柏林 896 公里——随军采访四年》，新华出版社 1983 年版。

［苏］鲍·波列伏依著，徐耀魁等译：《纽伦堡审讯——随军采访四年》，新华出版社 1983 年版。

［苏］符·柯切托夫著，王庚虎等译：《战时札记》，新华出版社 1983 年版。

［美］詹姆斯·奥唐奈著，秦梅等译：《希特勒暗堡》，世界知识出版社 1983 年版。

陈漫远著：《第二次世界大战概况》，湖北人民出版社 1984 年版。

［美］小奥托·普·钱尼著，张光远、沈澄如译：《朱可夫元帅》，新华出版社 1984 年版。

［南］达姆扬诺维奇等编，达洲等译：《铁托自述》，新华出版社 1984 年版。

［苏］伊·科涅夫著，肖兵等译：《方面军司令员笔记》，军事译文出版社 1985 年版。

蓝鸿文主编：《外国新闻通讯选评》，长征出版社 1985 年版。

［美］内森·米勒著，祥里、黄建东、钟建国、李增国、张兆荣译，赵师传校：《罗斯福正传》，新华出版社 1985 年版。

解力夫著：《盗世奸雄——希特勒》，世界知识出版社 1985 年版。

［美］《读者文摘》社编，冯之丹、席林生译：《秘密与间谍》，商务印书馆 1985 年版。

［苏］朱可夫等著，余力译：《莫斯科会战》，军事译文出版社 1985 年版。

［苏］伊万·斯塔德纽克著，苏黎译，甘霖校：《战争》，中国青年出版社 1985 年版。

［英］约翰·科斯科洛著，王伟、夏海涛等译：《太平洋战争》，东方出版社 1985 年版。

［英］戴维·欧文著，张德广等译，邓蜀生校：《盟军高级司令部内幕——将军们之间的战争》，新华出版社 1986 年版。

［英］罗杰·曼维尔著，钟璜等译：《赫尔曼·戈林》，群众出版社 1986 年版。

张阁林、宋官德著：《日本大战犯东条英机》，商务印书馆 1986 年版。

张海麟、韩高润、吴广汉著：《第二次世界大战经验与教训》，世界知识出版社 1987 年版。

[德] 安·希尔格鲁贝等著，戴耀先译：《第二次世界大战大事记》，军事科学出版社 1987 年版。

[法] 马·博多等主编，曹毅风、华人杰、吕民序、曾获、熊秉慈等译，华人杰校：《二次世界大战历史百科全书》，解放军出版社 1988 年版。

[德] 施泰尼格尔编，石奇康等译，王昭仁校：《纽伦堡审判》，商务印书馆 1988 年版。

[日]《朝日新闻》东京审判记者团著，吉佳译：《东京审判》，河北人民出版社 1988 年版。

解力夫著：《临危受命——丘吉尔》，世界知识出版社 1989 年版。

吴继德、郑平、锁正甫、张东辉、武华、董保华等编文：《第二次世界大战史连环画库》（6 册），中国连环画出版社、云南人民出版社 1990 年版。

解力夫著：《大器晚成——艾森豪威尔》，世界知识出版社 1991 年版。

张京著：《第二次世界大战演义》，成都出版社 1992 年版。

[苏] 沃尔科夫著，彭训厚、高洪山、刘聪译，刘聪、王谊民校：《第二次世界大战内幕》，军事科学出版社 1992 年版。

[美] 道比·梅逊著，叶斌、张春林译：《海中杀手》，解放军文艺出版社 1992 年版。

[英] 伦纳德·莫斯利著，曾诚、赵鹏译：《不列颠战役》，解放军文艺出版社 1992 年版。

郑志国等编：《第二次世界大战画册》（上、下），世界知识出版社 1995 年版。

贺新诚主编，丁守庆等著：《血肉长城——中国抗日战争著名战役纪实》，世界知识出版社 1995 年版。

马骏主编，崔长崎等著：《远征欧亚——美军反法西斯著名战役纪实》，世界知识出版社 1995 年版。

吴伟主编，葛新生等著：《横扫千军——苏联卫国战争著名战役纪实》，世界知识出版社 1995 年版。

[捷] 尤·伏契克著，蒋承俊译：《绞刑架下的报告》，漓江出版社 1995 年版。

之学编著：《世纪大交锋》（2 册），中国文史出版社 1996 年版。

胡德庭、张坚、倪恩强著：《决胜之役——20世纪世界重大会战决战揽胜》，世界知识出版社1998年版。

葛立德、黄文政著：《挥别硝烟——20世纪世界重大战事结局揭秘》，世界知识出版社1998年版。

李树宝、吴杰斌著：《血铸金戈——20世纪世界兵器发明研制探秘》，世界知识出版社1998年版。

刘瑞敏编著：《震撼历史的瞬间》，河南文艺出版社1999年版。

蔡仁照著：《中国抗日时期的战争》，解放军文艺出版社2001年版。

郝雪廷著：《八路军改编纪实》，浙江人民出版社2005年版。

曾景忠、王东方等编著：《血色长空：空军抗战与抗日胜利纪实》，团结出版社2005年版。

埃伯利、乌尔著，朱刘华、韩梅译：《希特勒档案》，金城出版社2005年版。

范大鹏著：《往事千年——历史长河中的精彩瞬间》，世界知识出版社2005年版。

张子申、薛春德等著：《历史的耻辱柱——侵华日军将帅毙命全记录》，解放军出版社2005年版。

雪岗、阮家新主编，高玉亭等撰：《神圣抗战》，中国少年儿童出版社2005年版。

陈泽卿主编：《二战往事》（2册），中国长安出版社2006年版。

陈书方主编：《二战大海战》（2册），中国长安出版社2006年版。

陈泽卿主编：《二战地图》（2册），中国长安出版社2007年版。

朱贵生等著：《第二次世界大战史》，人民出版社2007年版。

马骏著：《马骏细解二战谜中谜》，中华书局2007年版。

杨天石著：《找寻真实的蒋介石·蒋介石日记解读》，山西人民出版社2008年版。

孔寒冰著：《东欧史》，上海人民出版社2010年版。

姜子钒编著：《世界特工全传》，凤凰出版社2010年版。

张越主编：《烽火东南亚》，外文出版社2010年版。

袁腾飞著：《战争就是这么回事儿》，湖南人民出版社2013年版。

胡兆才著：《战殇：国民党对日抗战实录》，台海出版社2013年版。

张宏伟编著：《二战风云大全集》，中国华侨出版社2013年版。

三、保加利亚文书籍

Хесус Ернандес：Загадки и мистерии на втората световна война

Лорънс Рийс: Тайните на втората световна война
Алексей Исаев: Десет мита за втората световна война
Марк Солонин: Анатомия на катастрофата
Джеймс Дъглас: Жестокият пръстен